희망을 여행하라

함께한 사람들

박하재홍 여행하는 랩퍼, 동물권 운동가

"랩퍼도 생태주의자가 될 수 있을까?"라는 질문으로 노래하고 세상을 만나기 시작한 비폭력 평화주의 랩퍼 박하재홍. 2003년 비폭력주의 랩 그룹 '실버라이닝'을 만들어 생명, 평화, 인권, 자유를 위한 공연을 펼쳤다. 2009년 동료 활동가 희조와 결혼하면서 대안과 가치를 키워드로 세상을 만나며 맵핑하는 공정여행 세계일주를 함께했다. 어느 곳에서든 자신의 삶에 깃든 키워드에 담긴 생명력을 발아시킬 줄 아는 평화주의 랩퍼 박하는 제주에서 살고 만나며 『10대처럼 들어라』, 『랩으로 인문학하기』, 『돼지도 장난감이 필요해』(슬로비) 등 삶을 담은 글쓰기를 통해 새로운 여정을 놓아 가고 있다.

서정기 여행, 평화교육 연구자

여행과 평화교육, 회복적 정의 연구자. 2008년 공정여행을 배우기 위해서 영국 투어리즘 컨선을 방문해 지온느 제임스와 책임여행센터의 헤럴드 굿윈 교사를 인터뷰하고, 덴마크 여행 평민학교 등을 방문하고 돌아왔다. 현재는 학교폭력과 회복적 정의에 대한 연구로 박사학위를 받고 연구자이자 교육실천가로 살아가고 있으며 회복적정의 평화배움연구소 에듀피스 대표로 일하고 있다.

솔가 독립뮤지션, 문화기획자

연극으로 세상을 만나는 여행을 시작한 솔가는 2006년부터 이매진피스의 맴버로 활동을 시작, 꾸준히 평화여행과 공정여행을 함께해 왔다. 국제 NGO 단체인 피스보트의 세계일주를 마치고 사회적기업 노리단의 공연팀장으로 활약했다. 현재는 싱어송라이터이자 사람들과 함께 노래를 짓는 문화예술교육자이다. '노래하는 여행'이라는 테마로 전국 곳곳에서 사람들에게 노래를 나누고 때론 여럿이 노래를 짓는 작업을 하고 있다.

조완철 공익 디자이너

녹색연합 생태주의 잡지 『작은 것이 아름답다』를 10년간 디자인했다. 2003년 '공익디자인센터 필'을 만들어 녹색연합, 아름다운재단, 정토회 등 여러 비영리단체와 작업했다. 그의 손은 디자인을 하지 않을 때면 목수가 되고, 사진가가 되고, 기타리스트가 되고, 저글러가 된다.

문용포 생명과 평화의 환경교육자

숲이 교실이고 오름이 운동장인 제주 '곶자왈 작은학교' 아우름지기. 봄가을이면 제주 어린이들과 헌책방을 열어 아시아의 분쟁 지역 어린이들에게 책을 보냈다. 곶자왈 아이들과 함께 해마다 베트남, 필리핀, 네팔 등 아픔이 있는 세상의 곳곳을 들여다보고 머물고 귀 기울이는 여행을 통해 평화의 지도를 새롭게 그려 가고 있다. 쓴 책으로는 『곶자왈 아이들과 머털도사』(소나무)가 있다.

양희창 희망을 가르치는 교사

비폭력 평화운동, 공동체적 삶, 자립하는 삶, 더불어 사는 삶을 가르치는 대안학교 제천간디학교의 교장으로 아시아 공정여행을 함께해 왔다. 간디학교에서 10년을 매듭짓고 지금은 지구마을평화대학, 또 아시아평화학교를 위해 국경을 넘는 여행과 경계를 넘는 만남을 이어가고 있다.

정효민 커뮤니티 맵퍼

커뮤니티community를 만나고 여행하며 기록하는 마을여행자. 2007년 여행인문학과 함께 이매진피스와 만났다. 필리핀 아시아 NGO센터, 희망청, 국제NGO 피스보트, 보편적인 여행잡지, 인도네시아 대안적 국제개발협력 프로젝트로 20대를 보냈다. 이시아 커뮤니티를 기반으로 여행하고, 강연하고, 글을 짓는다. 현재는 부산의 수영에서 마을에 관한 기록을 남기며 세상을 맵핑해 가고 있다.

조원영 소시민적 1인 활동가

인연을 맺어가는 사람에 따라 새로운 활동을 만들어 가는 1인 시민활동가. 사람과 사람, 마을과 마을을 잇는 것을 업으로 삼고, 누군가가 빛날 수 있는 무대를 만드는 일에 흥미가 많다. 쓰잘떼기 종합상사의 운영자이자 1,327가지의 잡다한 워크숍 프로그램 생산자이기도 하다. 삶의 고수를 찾아 나서는 '이매진 스쿨버스 프로젝트'를 지속하기 위해 청년들과 다양한 만남을 실험 중이다.

신주희 평화 여행자

공정여행을 통해 관광의 그늘과 그로 인해 일어나고 있는 여러 사회 문제들을 깨우쳤다. 2014년 필리핀 지진 이후 마을을 세우는 여행부터 네팔 지진 긴급구호와 재건캠프, 2017 서울공정여행 축제까지 꾸준히 함께 걷고 있다. 불공정한 여행뿐 아니라 불공정한 세상을 해석하고 바꾸기 위해 성공회대학 아시아 비정부기구 석사과정에서 공부하고 있으며, 이매진피스에서 '공정여행 세계일주 프로젝트, 희망의 지도'를 함께 만들고 있다.

Special Thanks

새로운 일로 바쁜 중에도 인터뷰에 응하고 글을 다듬어 주신 덴마크 여행평민대학의 교사 **한김지영** 님, 필리핀 섹스투어리즘 현장조사 경험을 나누어 준 **김주영** 님, 여행을 보는 새로운 시선을 함께 나누어 온 **여행인문학 친구들**, 인터뷰에 응해 주고, 귀한 사진까지 내어 준 **정효민, 김이경, 주세운, 빼마, 홍은, 김다은, 김태진, 문혜영, 이동근** 님, 귀한 사진 나누어 주신 **이도영, 유태영** 님 고맙습니다.

그리고 귀한 기록사진들을 무상으로 사용토록 허락해 주신 해외 단체들 – 오랫동안 관광산업의 그늘을 현장에서 조사해 온 영국의 Tourism Concern, 무거운 짐에 짓눌려 온 산악 포터들의 인권을 위해 일하는 IPPG, 네팔 여성을 가이드로 훈련시키는 사회적 기업 3sisters, 소수부족이 그들의 땅에서 스스로 미래를 결정할 수 있도록 지원하는 Survival International에 감사드립니다.

공정여행 가이드북
희망을 여행하라

초판 처음 펴낸날 | 2009년 6월 1일
개정증보판 처음 펴낸 날 | 2018년 8월 1일
개정증보판 두 번째 펴낸 날 | 2021년 10월 20일

지은이 | 이매진피스 임영신·이혜영
펴낸이 | 유재현
편집한 이 | 천소희
꼴을 꾸민이 | 조완철·박정미
알리는 이 | 유현조
인쇄·제본 | 영신사
종이 | 한서지업사

펴낸곳 | 소나무
등록 | 1987년 12월 12일 제2013-000063호
주소 | 경기도 고양시 덕양구 대덕로 86번길 85(현천동 121-6)
전화 | 02-375-5784
팩스 | 02-375-5789
전자우편 | sonamoopub@empas.com
전자집 | post.naver.com/sonamoopub1

ⓒ 이매진피스, 임영신, 이혜영, 2018

ISBN 978-89-7139-833-3 03980

이 도서의 국립중앙도서관 출판예정도서목록(CIP)은 서지정보유통지원시스템 홈페이지(http://seoji.nl.go.kr)와 국가자료공동목록시스템(http://www.nl.go.kr/kolisnet)에서 이용하실 수 있습니다.(CIP제어번호: CIP2018022167)

개정증보판

공·정·여·행·가·이·드·북
희망을 여행하라

이매진피스 임영신·이혜영 지음

소나무

공정여행, 세상의 지도를 새롭게 그리다

공정여행이라는 희망의 지도

2006년 필리핀 세부에서 마주친 관광의 그늘, 마닐라 호텔 로비에서 마주친 한국인 성매매 관광객들의 부끄러운 뒷모습을 보며 '공정한 여행은 불가능한 것일까?'라는 물음을 가졌습니다. 지도에도 없는 미답지를 향했지만 새로운 질문은 늘 우리를 가보지 않은 곳들로 나아가게 했고, 풀리지 않는 물음들은 더 높고 먼 곳으로 우리를 이끌었습니다. '여행하는 이도 여행자를 맞이하는 이도 함께 웃을 수 있는 여행, 소비가 아니라 관계와 연대를 맺어 가는 여행'이라는 새로운 여행에 대한 상상도 키워 나갔습니다. 이것은 하나의 답이 아니라 사람들이 걸어온 길과 기억 속에 담겨 있는 보이지 않는 길이라는 것을 수많은 만남과 여행 속에서 배웠습니다.

그리하여 『희망을 여행하라』는 하나의 거대한 답이 아니라 저마다 그 물음에 대해 답하며 던졌던 새로운 생각, 이야기 혹은 또 다른 물음들을 담아낸 커다란 생각 그물이 되었습니다. 멀리서 보면 완성된 그림이지만 가까이 들여다보면 수많은 점들로 이루어진 점묘화처럼 그렇게 작고 수많은 이야기들이 모여 '공정여행'이라는 새로운 풍경을 저희에게 선물해 주었습니다.

2006년 처음 시작된 공정여행 축제와 포럼을 시작으로 2009년 『희망을 여행하라』를 쓰기까지 수많은 벗들과 만남이 이 길 위에 깃들어 있습니다. 어느새 공정여행 운동은 10년의 시간을 넘어섰고, 2009년 태어난 이 책은 새로운 여행을 찾아 나서는 여러 독자들을 만나며 공정여행이라는 새 길을 스스로 놓아 왔습니다. 그 사이 15개가 넘는 공정여행 사회적 기업이 생겨났고, 공정여행이 교과서 곳곳에

수록되기도 하였습니다. 그림책으로 다큐로, 또 세계시민 교육부터 마을공동체 교육까지 곳곳에 깃들어 새로운 세상의 지도를 그려 가고 있습니다.

관광의 새로운 그늘, 오버투어리즘

이렇듯 곳곳에 작은 희망들이 피어나고 있음에도 불구하고 관광은 또 다른 어두운 얼굴을 드러내고 있습니다. 먼 곳에서 발견하던 관광의 깊은 그늘과 구조적 모순들, 관광의 개발로 삶이 내몰리고 쓰레기 더미와 소음 속에 고통당하는 주민들의 모습은 어느새 우리의 문제가 되었습니다. 무엇보다 관광은 이제 우리가 살아가는 도시, 집과 골목까지도 무서운 속도로 잠식해 삶을 몰아내기도 합니다. 관광에 의해 집을 빼앗기고 이웃이 쫓겨나는 여러 사회적 현상들을 부르는 젠트리피케이션, 투어리스티피케이션 같은 신조어들은 발음하기조차 어려운 낯선 것들입니다.

우리 사회뿐만 아니라 전 세계가 이 광폭한 행보로 인해 고통을 겪고 있습니다. 다만 다행한 일은 그 거친 행보를 막아 내기 위해 세계 곳곳에서 시민사회와 학계, 또 정부와 전문가들이 힘과 지혜를 모아 사람들의 삶과 그 도시와 마을을 지킬 새로운 정책과 제도를 고심하기 시작했다는 것입니다.

도시를 바꾸어 가는 공정여행

공정여행은 이제 하나의 캠페인이나 프로그램을 넘어 우리 사회의 관광 구조와 정책을 바꾸어 가는 새로운 걸음을 시작하고 있습니다. 한국을 찾는 관광객 1,700만 시대를 맞이한 서울, 제주 등은 준비 없이 맞이한 관광객의 물결로 몸살을 앓고 있습니다. 다행히도 서울시는 이를 해결하기 위해 시민들의 주거권을 침해하지 않는 도심 속 마을여행을 고민하고 대도시 공정여행을 위한 정책연구와 조례 등을 마련하기 시작했습니다. 다른 여행의 가능성을 여행자 간의 경험 속에서 찾고 공유했던 소박한 공정여행이, 어느새 서울이라는 대도시 안에서 공정한 여행을 위한 국제관광컨퍼런스를 열고, 공정관광 담당자가 배치되고, 정책과 연구로 개발되어 가는 여정 중에 있습니다.

경기도 화성시는 공정여행 시티투어를 7년째 운영하며 화성 곳곳의 로컬 식당을 찾아가고, 사람과 마을을 만나는 프로그램을 진행하고 있습니다. 대전시는 공정여행 조례를 재정했고 수원, 청주, 안산, 인천을 비롯한 수많은 지자체에서도 마을에 기반한 공정여행을 개발하기 위해 여러 공정여행 회사들과 공정여행을 기획하는 지역 일꾼을 키우기도 했습니다.

변하지 않은 가치와 새로운 성장

여전히 많은 숙제가 있지만 여행이 그러하듯 '공정여행'이라는 새로운 가치 역시 그것이 삶이 되고 길이 되기 위해선 끊임없이 질문하고, 방향을 살피고, 함께 걷는 것 외에 다른 길은 없습니다. 낯설고 새로운 여행을 처음으로 소리 내어 이야기하던 10년 전으로부터 많은 것들이 변화했습니다. 어렵고 불편한 개념들이 곳곳에서 관광의 그늘을 더욱 깊고 복잡한 것으로 만들어 가는 낯선 풍경을 마주하기도 합니다. 그러나 그것이 우리가 헤쳐 가야 할 과제라면 여럿이 함께 질문하고 궁리하여 이 새로운 세상의 지도를 그려 가야겠다고 마음의 매듭을 고쳐 봅니다.

처음 책을 준비했던 시간처럼 개정판을 작업하는 데도 3년의 시간이 걸렸습니다. 2017년 UN이 정한 '지속가능한 관광의 해'를 맞이하며 우리가 걸어온 길을 살피고, 우리의 주장에 부족한 부분은 무엇이었는지, 관광의 그늘 속에서 작은 변화는 없었는지, 우리가 여행하며 만난 소중한 벗들과 현장에는 어떤 변화와 성장 혹은 소멸이 있었는지를 직접 찾아가 묻고 들었습니다. 이 과정에서 벗들의 올곧은 가치와 새로운 성장을 확인할 수 있어 고마웠습니다.

특히 이번 개정판에는 몰디브 여행에 관한 새로운 글을 더할 수 있게 되어 기쁩니다. 2009년 당시 몰디브 여행의 경우에만 직접 현장과 사람을 접하지 못한 채

자료와 기사에 의존했던 터라 아쉬움이 무척 컸습니다. 그러나 지난 7년 사이 몰디브의 법과 제도가 바뀌어 로컬투어리즘이 활성화되었다는 소식을 듣고서 새로운 희망을 만들어 가는 몰디비안들을 직접 만나고 왔습니다. 그리고 이번 개정판에 그 소중한 기록을 남겼습니다.

희망은 작고 흔들리는 것들로 이루어진 점묘화

『희망을 여행하라』는 수많은 데이터와 사건, 기사와 이야기들이 점점이 수놓아진 책입니다. 이번 개정판에서 현장과 사람들 사이에 일어난 변화를 점검하는 일과 더불어 가장 중요했던 작업은 바뀐 통계와 수치들을 확인하고, 그 의미와 맥락을 짚어 확인하는 일이었습니다. 통계가 바뀌면서 전달하는 의미가 변화된 내용들은 덜어냈고, 숫자는 바뀌었지만 여전히 그 의미가 유효한 사례는 남기거나 이야기를 더했습니다. 가급적 수치와 통계들은 2016년 버전으로 업데이트하려고 노력했습니다. 원고가 마무리되는 2017년 후반까지도 발표되지 않은 통계들을 제외하고는 2016년을 기준으로 삼았습니다. 그러나 누군가의 기사와 책을 재인용한 본문들은 시간이 지났다 하여도 저희가 함부로 손댈 수 없기에 인용 당시의 데이터 그대로 남겨 두었습니다.

10년이란 시간 동안 관광의 데이터들만큼이나 우리 사회와 세계에도 많은 변화가 일어났고 이 책을 함께한 이매진피스 사람들, 또 함께 여행했던 벗들의 삶에도 크고 작은 변화가 있었습니다. 소셜투어, 쓰리 시스터즈 같은 네팔의 소중한 벗들은 2015년 강진으로 8,000명 이상이 사망한 거대한 재난을 겪었습니다. 그러나 그들은 관광이 중단된 어려움 속에서도 수많은 가이드 및 포터들과 쌀과 텐트를 지고 산을 오르며 함께 공정여행을 일구어 온 이웃과 주민을 돕는 일에 전력을 다했습니다. 세계 각처에서 지원된 구호물자를 전달했던 네팔의 라지는 "책임 있는 여행이 있다면 책임 있는 구호도 필요한 것이 아니겠느냐"며 받는 사람의 존엄을 훼손하지 않는 구호에 대한 메시지를 전하기도 했습니다.

모두에게 고마움을 전합니다

　우리 개개인의 삶에도, 또 우리가 여행하며 만났던 사람과 공간들 속에도 수많은 변화들이 일어나고 또 스러졌습니다. 그러나 우리가 지나온 삶의 기록이 그 순간의 의미와 결절을 담고 있는 것이기에 사람들에 관한 이야기는 많은 부분 그대로 두기로 마음을 모두었습니다. 우리 모두 그 순간을 지나왔으나 누구도 다시 돌아갈 수 없는 시간과 공간의 접점이기에, 무엇보다 지금 다시 대안과 가치의 키워드를 가지고 막막한 마음으로 여행을 시작하는 누군가에게는 그 역시 의미 있는 이야기와 디딤돌이 될 수 있으리라 믿기 때문입니다.

　마지막으로 개정판을 준비하는 기간이 길어지는 바람에 2013년부터 3년 연속 데이터들을 확인하는 번거롭고 까다로운 짐을 져준, 이매진피스의 동료 주희 씨에게 감사의 마음을 전합니다. 또한 긴 시간 신뢰로 함께해 주며 기다려 주신 소나무의 유재현 대표님, 개정판이 격랑에 부딪혀 넘어질 뻔한 시기에 나타나 어려운 여정을 함께 헤쳐 온 편집자 천소희 님께 깊은 감사를 전합니다. 우리가 그러했듯이 이 책 또한 스스로의 길을 찾아 여행을 하며 여러 사람과 공간을 만나겠지요. 다시, 새로운 길 앞에 함께 서야 할 시간인 듯합니다. 모든 것에, 모두에게, 고맙습니다.

2017년 12월 이매진피스

여행이 가르쳐 준 것들

2007년 4월 중국에서 티베트를 지나 국경을 넘어온 우리들은 카트만두의 공정무역 단체 마하구티를 찾았습니다. 그곳에서 우리를 맞아 준 수닐에게 말했습니다.

"'새로운 여행'을 함께할 이들을 찾아 먼 길을 여행하고 있어요."

그러자 그가 물었습니다.

"새로운 여행이 뭐죠?"

"서로를 깊이 존중하고 배우며, 그 만남이 머무는 시간이 공동체와 지역에 도움이 되는 여행을 꿈꾸어요"라고 답하자 그는 책상에서 몸을 일으켜 이야기를 시작했습니다.

"이상하죠, 저도 어제부터 하루 종일 '새로운 여행'에 관해 생각하고 있었어요. 네팔에서 관광은 너무 중요한 산업이에요. 하지만 공정무역 생산자인 시골의 가난한 여성들은 관광객을 만날 일이 거의 없어요. 그런데 외국에서 온 공정무역 바이어들은 히말라야 산속의 수공예품 생산 마을에 머물다 돌아가며 제게 말해요. '이런 아름다운 여행은 처음이었다'라고. 그 말을 되새기며 이런 생각을 하고 있었어요. '우리가 지금 하고 있는 공정무역이 물건의 여행이라면 사람의 여행도 그렇게 공정한 방식으로 할 수 있지 않을까?'"

'공정여행', 그것은 카트만두 수닐의 사무실에서 그와 우리가 동시에 소리 내어 발음한 '새로운 여행'의 이름이었습니다. 우리가 네팔에 머무는 날들 동안 수닐은 그가 알고 있는, 우리가 가본 적 없는 네팔의 길로 우리를 안내해 주었습니다.

100여 명의 여성들이 실을 잣고 옷감을 짜고, 물을 들이고, 목각도장으로 천에

문양을 새기며 새로운 삶을 일으키는 툴시메할 아쉬람. 지역의 유기농업을 지원하고 호텔의 수익을 지역에 환원하는 호텔 투시다. 가난한 농촌 여성들을 히말라야에 오르는 산악 가이드로 훈련시키며 여성들의 삶을 돌보는 사회적 기업 쓰리 시스터즈. 수닐이 안내해 준 길은 그와의 만남을 넘어 우리를 또 다른 관계로, 새로운 만남으로 이끌며 세 번의 봄을 네팔에서 보내게 했습니다.

새로운 여행이 새로운 세상을 만들어 갈 수도 있다는 어떤 희망을 하나하나 확인하는 동안, 동시에 피할 수도, 눈 감을 수도 없는 어둡고 차가운 관광의 현실들을 고스란히 마주하기도 했습니다. 지나온 길들을 돌아볼 때면 가끔은 이런 생각이 들기도 했습니다.

그때 치트완 국립공원에서 코끼리를 타지 않았더라면, 조련사의 쇠갈고리와 코끼리 머리에서 흐르는 피를 보지 못했더라면, 우리가 히말라야 그 가파른 산길을 오르는 포터의 등에 얹힌 거대한 배낭을, 파라솔을, 의자를 보지 못했더라면, 고산증으로 쓰러진 채 방치되었던 굴 아저씨의 사진과 동상으로 잘려 나간 발가락을 보지 못했더라면… 아마 우리의 여행이 이토록 멀고 긴 것이 되지는 않았겠지요. 그리고 그늘 속에서 움트고 있는 어떤 희망 또한 볼 수 없었겠지요. 이 책에 담긴 기록은 우리가 만난 그늘 속 '희망'에 관한 이야기입니다.

인도의 맨발대학을 새로운 길을 찾는 이들에게 소개해도 되겠느냐 묻자 설립자 벙커는 말했습니다.
"너무 많은 사람을 데려오지 말고, 너무 자주 오지 마세요. 당신의 삶의 자리에 뿌리 내리는 일이 당신의 여행보다 중요하니까요."
네팔 포카라의 티베트 난민촌에서 우리가 가지고 간 티베트 사진을 난민촌 강당에 함께 붙이며, 고향을 떠나온 지 35년 되었다는 타쉬는 말했습니다.

"우리가 티베트에 갈 수는 없지만, 당신들이 이렇게 사진을 나눠줘서 고마워요."
팔레스타인 베들레헴의 택시기사는 말했습니다.

"저 장벽을 넘어 베들레헴에 와 먹고, 마시고, 머물러 주는 여행자들이 우리에겐 선한 사마리아인 같아요."
민다나오 딸란디그의 부족장 다투는 말했습니다.

"관광객은 구경하기 위해 여행하는 사람일 뿐이지만 여행자는 만남과 배움을 위해 여행하는 사람이죠."

그들이 우리를 여행하게 했던 것처럼 이 책이 새로운 여행을 떠나는 이들에게 희망의 나침반이 되기를 꿈꾸며 서툴고 부족한 책에 '공정여행 가이드북'이라는 이름을 붙여 봅니다. 그리고 이제 2007년 티베트의 봄부터 2009년 팔레스타인의 봄까지 세 번의 봄을 지나는 동안 길 위에서 만난 고마운 이들, 민다나오에서, 티베트에서, 팔레스타인에서, 네팔에서, 인도에서 공정여행이란 낯선 지도를 함께 만들어 준 소중한 벗들에게 이 책을 보내기 위해 작은 선물 보따리를 꾸려 봅니다.

노래로 웃음으로 따스한 심장으로 늘 멀고 고된 여행을 아름다운 음악으로 바꾸어 주었던 로스, 와와이, 발룩토. 무거운 병중에도 생의 마지막이 될지 모를 시간을 내어 마음으로 맞아 주었던 맨발대학의 왓수, 마음으로 맞아 준 벙커 여행자들과 함께 티베트 난민들의 자립을 돕는 무료탁아소와 여성 작업장을 꾸려 가는 다람살라의 빼마와 잠양. 세상의 여성들과 히말라야를 오르고 있을 쓰리 시스터즈의 세 언니들. 농장을 돌보느라 까맣게 얼굴을 그을렸을 투시타 호텔의 프랸잘. 여전히 수천 개의 마을을 연결하며 공정무역의 길을 넓혀 가고 있을 수닐. 팔레스타인 농민들과 올리브 추수여행을 준비하고 있을 사다…

하지만 이 책을 전할 사람은 우리가 아니라 이 책을 들고 여행을 떠나려는 새로운 여행자, 바로 당신이었으면 좋겠습니다. 이제 더 많은 이들이 더 아름다운 여행을 경험하기를 꿈꾸며 오랫동안 풀어놓지 못했던 무거운 배낭을 내려놓습니다.

2009년 5월
이매진피스 임영신, 이혜영

차례

희망을 여행하라 개정판 서문 공정여행, 세상의 지도를 새롭게 그리다 **006**
희망을 여행하라 초판 서문 여행이 가르쳐 준 것들 **011**
개정판에 붙이는 글 지속가능한 삶, 지속가능한 여행을 위해 **022**

개정판 특별 기획 몰디브를 만나는 새로운 여행 **028**
몰디브 공정여행 1 몰디브의 빛과 어둠 **031**
몰디브 공정여행 2 진짜 몰디브를 만나는 시간 **039**
몰디브 공정여행 3 아름다운 섬에 여행자들이 남기고 가는 것들 **046**
몰디브 공정여행 4 몰디브의 희망을 만들어 가는 사람들 **052**

057
여행과 인권 당신의 웃음 너머 *Travel & human rights*

Fair Travel Story 굴 아저씨의 작은 카페 **058**

깊이보기 1 포터, 세상의 짐을 나르는 사람들 **066**
깊이보기 2 꿈같은 호텔, 꿈만 같은 노동 **076**
깊이보기 3 당신이 자유를 즐길 때 - 욕망의 여행, 섹스투어리즘 **083**

Special Interview 책임여행은 변화의 시작입니다 - 책임여행의 그루 헤럴드 굿윈 교수 **090**
Special Interview 공정여행에도 공정한 과정이 필요합니다 - 독일 관광감시운동 기구 투어리즘 와치 **093**

새로운 여행 히말라야의 나쁜 여자들 - 쓰리 시스터즈 트레킹 여행사 **098**
새로운 여행자 상큼 발랄 만효의 여행 프로젝트 - 아시아 여성들과 대안생리대를! **106**

공정여행 팁 히말라야 포터들을 돕는 여행 **074**
공정여행 루트 포카라에서 공정여행하기 **113**

포터 이야기 나는 상관없어요 **073**
Fair Travel Map NEPAL 포카라 **117**

119 여행과 경제 Travel & Economics
우리가 쓰는 돈은 어디로 가는 걸까?

Fair Travel Story   니마와 함께 안나푸르나 트레킹을!   120

깊이보기 1   여행하는 세계, 여행하는 대한민국   126

깊이보기 2   관광개발의 대가   136

깊이보기 3   싼 여행의 대가   146

Special Interview   윤리적 소비자는 힘이 세다 – 영국의 관광 감시 NGO 투어리즘 컨선   155

새로운 여행 1   새로운 길을 상상하라 Be Inspired! – 네팔의 책임여행사 소셜투어   160

새로운 여행 2   아름다운 커피, 아름다운 사람들   175

새로운 여행자   가난한 길 위에서 희망을 만난 세 친구 – 이경, 세운, 여정의 아시아 희망 대장정   169

공정여행 팁   현지인에게 도움이 되는 소비는 어떻게 하지?   154

부시맨 이야기   우리는 집에 가고 싶다   133

191 여행과 환경 *Travel & Environment* 지구를 사랑한 여행자들

Fair Travel Story 태국 코끼리를 품에 안다
　　　　　　　　　- 박하재홍의 치앙마이 '코끼리 자연공원'에서 여름휴가 보내기　**192**

Interview 코끼리는 정말 멋진 동물이에요 - 코끼리 자연공원 설립자 '렉'　**199**

깊이보기 1　편안한 여행의 대가 1　**202**
　　　　　　편안한 여행의 대가 2　**207**
깊이보기 2　보호되는 아름다움, 파괴되는 아름다움　**210**
깊이보기 3　즐거운 사람들, 고통받는 동물들　**220**
깊이보기 4　에코투어리즘? 에고투어리즘?　**230**

새로운 여행　히말라야를 지키는 그린카페 - 카트만두 환경교육 프로젝트, KEEP　**214**
새로운 여행자 1　나무의 집, 트리하우스에서 보낸 치유의 시간　**239**
새로운 여행자 2　숲속에 살고 있는 고릴라를 만나러 가자!　**247**

공정여행 팁　KEEP이 안내하는 책임 있는 안나푸르나 여행자 되기　**219**

까미귄에서 온 편지　쓰고 버리고 떠난 뒤에 남는 것들…　**235**

255 여행과 정치 | 여행이 자유를 꿈꿀 때
Travel & Politics

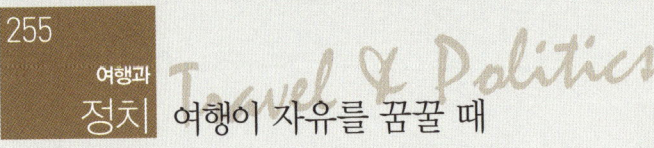

Fair Travel Story 팔레스타인 가는 길 256

깊이보기 1 정의로운 여행은 가능한가? 272
깊이보기 2 티베트, 관광지가 된다는 것 294

Interview 1 팔레스타인 올리브 숲으로 떠나는 평화의 여행
　　　　　　　- 팔레스타인 농업보호위원회의 사디 282
Interview 2 여행이 나를 여기로 데리고 왔네요 - 록빠의 왕언니 빼마 316

새로운 여행 세상을 바꾸는 여행, 글로벌 익스체인지 290
새로운 여행자 1 이스라엘 사람, 평화여행자 세라 266
새로운 여행자 2 사진을 보여줄 수 있나요? 302
새로운 여행자 3 다람살라에서 능력자 되기! 310

공정여행 팁 1 ATG와 함께하는 경계를 넘는 여행 280
공정여행 팁 2 이스라엘 평화여행을 위한 가이드 288
공정여행 팁 3 대안적 티베트 여행을 위한 가이드라인 300

공정여행 루트 가둘 수 없는 자유, 다람살라 속으로! 320
Fiar Travel Map INDIA 다람살라 325

327 여행과 문화 | 우리가 유럽을 여행할 때 우리가 아시아를 여행할 때

Fair Travel Story 쿠바는 힙합이지 328

깊이보기 1 당신이 나를 구경할 때 334
깊이보기 2 세계를 소장한 유럽의 박물관들 340
깊이보기 3 우리 안의 아시아, 우리 안의 유럽 348
깊이보기 4 인간 사파리, 관광 상품이 된 사람들 353

Interview 존중과 배움이 있는 만남은 신의 축복입니다 – 딸란디그 부족장, 다투 366

새로운 여행 1 평화의 부족, 필리핀 딸란디그 사람들 358
새로운 여행 2 에니그마타 크리에이티브 서클 – 민다나오의 생태·평화·예술을 만나다 372
새로운 여행자 딴따라의 여행 이야기 – 아비뇽에서 민다나오까지 378

송코 마을에 띄우는 편지 내 친구 아키에게 370

385 여행과 배움
여행이 내게 가르쳐 준 것들
Learning by Experience

Fair Travel Story 지구를 여행하는 바다 위의 학교, 피스보트 386

깊이보기 1 그랑투르를 아시나요? 402
깊이보기 2 움직이는 학교, 길 위에서 자라는 아이들 409

새로운 여행 사는 법을 가르치는 학교, 맨발대학 432
새로운 여행자 1 다람살라, 배움의 여행자들을 만나다 415
새로운 여행자 2 여행에서 만나는 모든 이들이 우리의 선생이다
 - 여행평민대학 교사, 한김지영의 배움을 찾아 떠난 여행 419

Special Interview 만남은 화해의 시작입니다 - 피스보트 공동책임자 노히라 신사쿠 396
Interview 인도로 가는 버스가 우리에겐 학교였죠 - 여행평민대학 교감 존 발센 428

443 여행과 나눔 *Share by Experience*
여행자가 만드는 세상의 변화

Fair Travel Story 재난 지역에서 여행자는 무엇을 할 수 있을까?
- 긴급구호와 자원봉사의 허브, 옐로우 하우스 **444**

깊이보기 1 책임 있는 여행, 책임 있는 구호 **450**

깊이보기 2 고아원 관광을 멈추어 주세요 **462**

깊이보기 3 '돕는 사람'이 아니라 '사는 사람'이 되는 곳, 라오스 **466**

Interview 나는 지금 네팔에 있습니다 - 라지 가왈리 **457**

새로운 여행자 세상을 배우는 여행을 시작하다 **473**

공정여행 가이드라인 10 이제 여행에도 '페어플레이'가 필요하다 **483**
도움받은 책과 자료 **490**

개정판에 붙이는 글

지속가능한 삶, 지속가능한 여행을 위해

만약 지구가 100명의 마을이라면

국제연합 세계관광기구(UNWTO)는 1950년 2,500만 명이었던 세계 관광인구가 2016년 12억 3,700만 명에 다다랐고, 2030년까지 20억 명의 인구가 여행하게 될 것이라 예측했다. 2016년 9월 27일, 세계 관광의 날(World Tourism Day)을 맞아 세계관광기구는 '모두를 위한 관광-보편적 접근성의 증진(Tourism for all-Promoting Universal Accessibility)'을 선포했다. 같은 날, 교황청 역시 "관광은 단지 기회가 아니라 모든 이의 권리이며 특정 사회 계층이나 지역에 국한될 수 없는 것으로 여겨야 한다"라는 담화문을 발표했다. 담화문에서는 1999년 발표된 세계관광윤리선언(Global Code of Ethics for Tourism) 중 "관광은 온 인류에게 평등하게 열려 있는 기회이며…, 어떤 장애도 있어서는 안 된다"라는 관광의 권리를 다시 한 번 강조하기도 했다. 대한민국은 그 어느 때보다 이 관광의 권리를 만끽하고 향유하는 시절을 지나고 있는 듯하다.

2002년 출간되어 전 세계적으로 읽히고 있는 『지구가 100명의 마을이라면』의 쉬운 셈법에 관광의 통계를 대입해 보면 새로운 지도 한 장이 펼쳐지기 시작한다. 만약 지구가 100명의 마을이라면 여전히 그중에 여행할 수 있는 사람은 단 16명에 불과하다. 그중 9명은 유럽인이고, 3.8명은 아시아와 호주 사람, 그리고 나머지 2.2명은 북미인이며 그리고 마지막 남은 1명은 아프리카와 남아메리카 그리고 중동이라는 거대한 세 지역을 모두 합한 한 사람이 된다. 조금 더 깊이 들어가 만약 한 대륙의 인구가 100명이라면 서유럽인 69명이 여행하는 동안 아프리카 사람은 1명이 여행하고 있는 셈이다. 모두가 국경을 넘고 세상을 여행하고 있다고 생각하지만, 여전히 여행할 수 있는 사람은 편리한 여권과 경제적 여건을 가진 몇몇 국적의 사람들인 것이다.

개발이라는 종교, 여행이라는 환상

1953년, 67달러에 불과했던 1인당 국민소득(GNI)이 2015년에는 2만 7,340달러(한국은행 발표)를 기록하며 무려 국민소득 400배 성장이라는 믿지 못할 기록을 수립했다. GNI의 성장과 더불어 한국 사람들은 미친 듯이 세계를 여행하기 시작했다. 여행자의 숫자를 처음으로 헤아리기 시작했던 1960년, 불과 8,000명이었던 여행자의 숫자는 2016년 2,238만 명을 기록하며 무려 2,800배의 성장률을 기록했다. 국민 3명당 1명꼴로 세상을 여행하는 시대, 도대체 무엇이 우리를 그토록 여행으로 내몬 것일까?

지난 60년간 한국이라는 배가 목적지로 삼고 항해해 온 것은 '개발'이었다. 그것은 신성한 종교였으며, 무소불위의 신성이었다. 그러나 정작 우리가 도착한 곳은 풍요로운 땅 '가나안'이 아니라 조선시대로 회귀한 듯한 '헬조선'이었다. 국가의 독점과 독재, 과도한 경쟁과 고립으로 점점 혹독해져 가는 사회구조 속에서 청년들은 지옥의 풍경을 발견하고, 그 이상한 사회를 헬조선이라 명명했다. OECD 국가 중 자살률 1위, 가구당 부채율 1위, 산업재해율 1위, 비정규직 비율 1위, 최저임금 최하위 국가 등 어쩌면 그 지옥 같은 삶을 견디기 위해 '여행'이라는 탈출구가 그토록 간절했는지도 모르겠다.

개발에 대한 믿음은 여행이라는 환상에도 고스란히 투영되었다. 한국 사람들에게 가장 여행하고 싶은 곳에 대해 물으면 1위를 차지하는 것은 언제나 유럽이었다. 여행의 로망은 나이와 관계없이 유럽, 미국, 호주 순으로 이어졌다. 그러나 평균 휴가일 일주일을 넘기지 못하는 한국인이 가장 많이 여행하는 곳은 뜻밖에도 중국과 일본이고, 그것은 이웃인 중국과 일본도 마찬가지였다. 일본을 찾은 관광객 1위를 차지하고 있는 것은 2014년에는 한국, 2015년에는 중국이었다. 중국관광문화원에 의하면 중국 방문 외국인 1위는 한국, 2위가 일본의 순위로 이어졌다. 그토록 유럽을 여행하기 원하면서도 여행지로 아시아를 선택한 이유를 묻는 질문에 대한 답은 간명했다.

"싸고 편하니까요."

싸고 편한 아시아를 여행한다는 일

일주일이 채 되지 않는 짧은 휴가 기간, 2~3일 안에 유명 관광지 방문과 쇼핑으로 정형화된 대량 관광의 물결은 서울로, 도쿄로, 상해로 이어졌다. 짧은 시간 동안 미친 듯이 버스를 타고 내리며, 사진을 찍고, 싹쓸이 쇼핑으로 일정을 마무리하고 떠나기 위해 사람들은 달음질치듯 여행했다. 여행마저도 속도전을 펼쳐야 하는 아시아 여행자들에게 내가 걷고 있는 길이 누군가의 마을이며 삶의 터전이라는 사실을 자각할 틈은 존재하지 않았다. 다른 문화에 대한 동경이나 존중이 아니라 싸고 편한 여행지를 찾아가는 소비자로서의 관광은 그 지나간 자리마다 폐허와 상처를 남기곤 했다. 문제는 그런 관광이 우리 삶의 자리까지 침범하리라는 상상을 하지 못했다는 것이다.

2016년 한국을 찾은 관광객은 1,720만 명, 그중 78%의 여행자들이 서울을 여행했다(문화체육관광부 발표). 물론 한국을 찾은 관광객 중 가장 많은 수를 차지하는 것은 800만 중국인이었다. 그러나 문제는 우리가 싸고 편한 아시아를 찾아 여행하는 사이 중국과 홍콩, 대만의 여행자들 역시 싸고 편한 아시아를 찾아 한국을 여행하기 시작했다는 것이다.

관광이 이웃을 내쫓을 때

2016년 4월 24일, 서울의 유명한 관광지인 이화마을에서는 하룻밤 사이, 마을의 가장 유명한 관광 포인트였던 계단 벽화가 사라지는 일이 발생했다. 복구에만

5,000만 원이 소요되는 대형 벽화 두 점을 지운 범인을 잡기 위해 수사하던 경찰들은 며칠 후 믿기 어려운 결과를 발표했다. 범인은 다름 아닌 이화마을 주민들이라는 것. 더욱 놀라운 것은 벽화를 지운 주민 5명의 행동이 우발적인 일이 아니라 벽화 주변의 가장 피해가 심한 45세대의 뜻을 모은 협의의 결과였다는 점이다. 벽화를 보러 찾아오는 관광객들이 버리고 가는 쓰레기, 소음, 그리고 아무 때나 사진기를 들이대며 사람들의 존엄을 침해하는 관광의 행태를 더 이상은 견디기 어려웠던 것이다.

관광이 삶을 침범하고 이웃을 내쫓는 일은 다만 이화마을에 국한된 일이 아니었다. 서울의 근대적 삶의 원형을 간직하고 있는 서촌과 북촌의 한옥과 단독주택들은 관광지로 이름을 알리기 시작했다. 주거지에서 관광지로 급격한 변화를 겪은 지역들은 지난 10년간 10배 이상 땅값이 올랐고, 관광객이 몰려올수록 마을의 집값과 땅값은 더욱 치솟았다. 빵집, 철물점, 서점, 과일가게 등 주민들과 삶을 같이해 온 동네의 작은 가게들은 오르는 임대료를 감당하지 못해 하나둘 쫓겨나기 시작했다. 그 자리엔 어김없이 대기업 프랜차이즈 카페나 빵집, 기념품점 같은 관광의 공간이 생겨났다. 마을이 관광지와 쇼핑센터로 변하는 동안 마을을 지키고 일구어 온 토박이 주민, 예술가, NGO들은 더 이상 머물 집을 구하지 못하고 도시를 표류하는 관광난민의 자리로 내몰렸다.

오버투어리즘 Over Toursim

그렇듯 어느 날 갑자기 어떤 동의도 구하지 않고 내 삶의 자리를, 마을과 도시를 관광객에게 빼앗긴 채 삶을 내몰려야 하는 당혹스러운 일상은 우리만의 고통이 아니었다.

12억 3,700만 명이라는 초유의 관광객 증가를 기록한 2016년의 세계 곳곳에선 관광을 반대하는 시위가 터져 나왔다. 내가 살아가는 도시와 마을, 골목길에 이웃보다 관광객이 넘쳐나고, 가던 식당과 가게가 모두 명품과 면세점으로 변하는 낯선 풍경 속에서 베니스 주민들은 삶을, 도시를 지키기 위해 입항하는 크루즈를 향해 "우리는 당신을 환영하지 않는다(You are not welcome)"는 깃발을 들고 바다로 나와 관광객을 향한 분노를 쏟아 내기도 했다. 벌거벗은 관광객들이 주택가의 상점을 난입해 관광을 반대하는 거대한 시위가 일었던 바르셀로나 시는 시민들의 삶을 지키기 위해 신규 호텔의 영업 허가를 중단하고 유명 관광지와 시장의 관광객 숫자와 관광 시간을 통제하기 시작했다.

"관광이 개발되면 일자리가 생기고 외화가 들어온다." 학교 『사회』 책에서 배운 관광의 금언에 누구도 이의를 제기할 수 없었다. 그러나 관광이 삶을 침범할 때, 관광이 이웃을 내쫓을 때 우리는 무엇을 통해 삶을, 이웃을 지켜 갈 수 있는지 어떤 책에서도 배운 적이 없었다.

공정여행에 대한 새로운 질문들

여행자들의 태도가 변한다면 새로운 여행을 통해 새로운 세계를 일구어 갈 수 있으리라 꿈꾸었던 공정여행운동은 이제 새로운 질문들 앞에 다시 서 있다. 우리의 마을을, 도시를, 삶을 잃지 않기 위해 우리는 무엇을 어떻게 지켜야 하는지, 도시와 국가의 관광정책을 향해 질문하는 새로운 여정을 시작하고 있는 것이다.

공정여행운동이 개인에서 도시로, 도시에서 국가로 나아가는 새로운 길 위에서 더 크고 무거운 과제와 질문을 안고 개정판을 낸다. 어쩌면 이토록 공들여 개정판을 작업하는 이유 또한 10년 전 시작된 그 질문이 여전히 유효하기 때문인지도 모르겠다. 다만 "공정한 여행은 가능한 것인가?"라고 물었던 새로운 여행에 대한 질문은 이제 한 개인의 차원에서 마을과 도시, 국가로 그 경계를 넘어서고 있다.

2017년은 유엔이 정한 '지속가능한 관광의 해'다. 세계 곳곳에서 지속가능한 관광 컨퍼런스가 열리고 책이 출간되고 선언들이 터져 나왔다. 그러나 지구촌 한편,

관광의 도시 베니스에서는 이웃과 삶을 내쫓은 피고인으로 관광을 국제강제철거 법정에 세우려는 생경한 사건이 생겨났다. 하루 평균 여섯 가구가 관광과 자본에 의해 삶의 터전을 떠나게 된 상황. 베니스 시민들은 자신들의 삶과 이웃과 도시를 관광으로부터 지켜내고 또 다른 베니스가 생겨나지 않도록 하기 위해, 바다를 향해 뛰어들어 메시지를 전하고 법정 투쟁을 진행하고 있었다.

베니스가 우리에게 가르쳐 준 것처럼 우리의 관심이 지속가능한 '세상'이 아니라 지속가능한 '개발'에 멈추어 있다면, 우리의 삶은 더 가파른 길로 내려가게 될 것이다. 이미 전 세계 도시와 마을들이 신음의 목소리로 우리에게 호소하고 있다.

삶을 일구고 미래를 만드는 여행

이번 개정판에는 특별히 2010년 로컬투어리즘 법이 통과되면서 변화된 몰디브 이야기를 담았다. 마을과 사람을 만나는 새로운 여행의 역사를 쓰기 시작한 몰디브 사람들은 이렇게 말했다.

"관광은 여전히 우리가 세상을 만나는 중요한 창이에요. 다만 쓰레기와 고통만 남는 기존의 관광은 이제 더 이상 원치 않아요. 여행자들이 행복을 누리듯, 우리도 그 여행을 통해 삶을 일구고, 아이들의 미래를 돌보는 새로운 여행을 시작하고 있어요."

몰디브의 작은 마을이 보여준 환대와 변화 속에서 여전히 여행은 우리가 세상을 만나고 희망을 발견하는 소중한 창임을 깨달았다. 더불어 여행자와 여행자를 맞이하는 사람들 모두에게 축복이 되는 새로운 여행의 희망을 몰디브에서 발견했다.

2017년 유엔이 정한 지속가능한 관광의 해, 우리는 다시 한번 지속가능한 개발 대신 지속가능한 삶을 향해 마음의 나침반을 가눈다. 어떤 화려한 수사와 가치들로 포장한다 해도 지속가능한 '삶'이 전제되지 않는다면 지속가능한 '여행'도 불가능하기 때문이다.

개정판 특별 기획 _ 몰디브 공정여행

몰디브를 만나는 새로운 여행

고대 여행자 이븐 바투타는 몰디브를 향해 '세계의 경이로움'이라 찬탄했다. 산스크리트어로 몰디브는 '화관'. 고대의 지혜는 하늘을 날지 않고도 지상의 가장 크고 아름다운 화관을 발견한 것이었을까. 1,190개의 산호가 피워 올린 아름다운 바다의 화관을….

마르코 폴로가 '인도양의 꽃'이라 극찬했던 몰디브는 지금도 여전히 세상에서 가장 아름다운 섬이다. 몰디브는 매해 신랑 신부가 가장 가고 싶어 하는 허니문 여행지로 손꼽힌다. 그러나 아름다운 리조트의 모습으로만 몰디브를 만나 온 여행자들은 그곳이 단지 휴양지가 아닌, 하나의 독립국이라는 사실을 쉽게 알아차리지 못한다. 꿈의 휴양지 몰디브에서 여행자가 아니라 주민으로 살아가는 몰디브 사람들의 삶은 어떤 것이었을까?

1987년 몰디브는 영국 보호령으로 스리랑카 식민지에 편입되었다. 1948년 스리랑카가 독립할 때에도 영국 직할 보호국으로 남아 있었다. 그 후 1965년 7월 몰디브는 비로소 독립을 맞이한다. 인도양의 소국 몰디브를 이토록 유명한 관광지로 개발한 건 1978년 몰디브의 두 번째 대통령으로 취임한 마우문 압둘 가윰 Maumoon Abdul Gayoom이었다. 그는 취임 후 본격적인 무인도 리조트 사업을 국책 사업으로 시작했다. 1978년부터 2008년까지 몰디브 정부는 외국관광 자본들과 손을 잡고 사람들에게 핑크빛 미래를 약속했다.

하나의 섬, 하나의 리조트를 표방하며 세계에서 가장 아름다운 리조트를 만들어 가겠다는 몰디브의 질적 관광개발 정책은 제법 성공적이었다. 세계의 초호화 리조트들이 차례로 둥지를 틀기 시작했다. 몰디브 정부는 꿈의 휴양지를 위해 80여개의 섬을 관광투자자들에게 내어 주었다. 아름다운 몰디브 바다를 배경으

로 한 리조트들은 세상 모든 사람들의 천국이 되기에 충분했다. 하룻밤 1,000달러를 호가하는 초호화 리조트들의 객실 점유율은 무려 86%(2016년 2월 몰디브 관광청 기준). 정부가 공언한 것처럼 관광은 해마다 10% 이상의 성장을 기록하며 GDP의 30%를 차지하는 경제의 심장이 되었다. 더군다나 몰디브 세수의 90%는 관광과 수입물품 관세에서 발생할 만큼 몰디브는 기록적인 관광대국이 되었다. 문제는 관광이 개발되고 관광대국으로 성장해 온 지난 30년간 단 한 번도 몰디브 대통령의 이름이 바뀐 적이 없다는 것. 한 사람의 대통령, 하나의 정당이라는 독재 치하에서 일구어져 온 30년의 관광개발, 그 핑크빛 개발의 약속들이 가져온 미래는 정부가 약속하던 것들과는 사뭇 다른 현실이었다.

독재와 자본이 약속한 핑크빛 미래는 그리 쉽게 도착하지 않았다. 여행자들은 몰디브에서 수천 불의 돈을 썼지만 그들이 쓴 대부분의 돈은 다국적 기업인 리조트 본사를 통해 다시 그들의 나라로 빠져나가 버렸고, 이와 같은 관광의 누손율은 누구도 통제할 수 없었다. 몰디브에 남겨지는 적은 이익마저도 30여 년간 한 사람의 독재를 유지하고 협력해 온 소수 특권층의 호주머니 속으로 들어가 버리고 마는 모순은 더더욱.

몰디브 사람들에게 리조트라는 '자본으로 만들어진 천국'에 들어갈 수 있는 방법은 단 두 가지. 리조트에 숙박할 만한 부자가 되거나 그 리조트에 근무하는 직원이 되는 것이었다. 천국으로 들어가는 길은 늘 그렇듯 좁은 문이었다. 리조트가 몰디브를 잠식하기 전에는 늘 바다를 가까이하며 자연스레 어부가 되었던 아이들이, 이제는 늘상 리조트 관광객들이 휴양하는 모습을 지켜보다 그들이 묵고 있는 리조트의 청소부나 룸 메이드가 되었다. 그러나 리조트의 고급 일자리 대부분은 외국인 전문가들의 몫이었다. 청소나 주방 등 단순노동으로 얻을 수 있는 일자리마저도 이웃나라에서 온 외국인 노동자들과 경쟁해야 하는 혹독한 미래는 그들의 청사진에서 본 적 없는 낯선 그림이었다.

그 비싼 리조트의 객실들이 손님으로 꽉꽉 찼던 지난 30년, 여전히 해마다 10%씩 관광이 성장하고 있는 관광대국 몰디브 국민의 GDP는 1인당 약 7,000달러(2015년 기준)에 머물렀다. 심지어 몰디브의 실업률이 28%에 이르고, 국민 5명 중 1명은 극빈층에 속한다(구정은, 『경향신문』, 2014.12.7)는 사실은 도리어 믿어지지 않는 비현실적 풍경이었다.

죽기 전에 꼭 한 번 가보고 싶은 여행지로 수많은 사람들의 버킷 리스트에 담겨 있는 몰디브, 그 아름다운 몰디브를 만나는 새로운 여행은 과연 가능한 것일까?

::몰디브의 빛과 어둠

세상에서 가장 작은 수도, 말레

길이 1.7킬로미터, 너비 1킬로미터의 크기, 평방 1.9제곱킬로미터의 작은 섬, 말레에 살아가는 사람의 수는 무려 14만 명, 몰디브 인구의 3분의 1에 달하는 사람들이 이 작은 섬에서 살아가고 있다. 1987년까지도 불과 인구 2만이었던 몰디브는 2006년 10만, 2015년 14만을 돌파하며 세계에서 가장 인구 밀도가 높은 섬이라는 이름을 얻었다. 신문지 접기 게임을 하듯 사람이 설 수 있는 면적은 점점 줄어들고, 그 위에 함께 서야 하는 사람은 계속 늘어나는 어려운 숙제를 안고 살아가는 것이다.

말레 섬을 한 바퀴 둘러보는 시티투어를 안내해 주는 핫산은 몰디브에서 나고 자란 사람이었다. 인사를 나누고 함께 걷기 시작하자 그는 말레에 있는 모든 건물을 다 보여줄 기세로 건물 하나하나를 꼼꼼히 소개하기 시작했다. "이건 인도에서

지어 준 병원, 이건 우체국, 저건 지금 중국에서 짓고 건설 중인 다리예요." 학교, 대학, 심지어 감옥까지 그는 말레를 촘촘히도 안내해 주었다. 도심투어가 끝나자 이제 걸어서 항구의 청과시장부터 생선시장을 지나 건어물시장까지 말레 구석구석을 보여주었다. 함께 걷는 동안 몇 걸음 떼지 못해 아는 사람을 만나 인사를 나누느라 바빴다. 골목골목까지 누비며 말레를 보는 데 걸린 시간은 불과 넉넉잡아 2시간. 땀도 식힐 겸 잠시 부둣가를 산책하다가 발견한 몰디브의 특산품 훈제 참치를 잔뜩 파는 시장에서 참치 이야기는 그의 고향까지 이어졌다.

"제가 태어난 섬은 여기서 멀어요. 우리 섬은 대대로 도니라는 몰디브 전통 배를 만드는 곳이에요. 저 바다 위에 떠 있는 어선들을 여기선 도니라고 부르는데 한 척에 1,500만 원 정도 하니 꽤 큰돈이죠. 관광이 개발되기 전에는 대부분 참치를 잡는 일이 주업이었으니까 배는 가장 큰 재산이었죠. 하지만 지금은 대부분 젊은 이들이 어부나 배 만들기보다는 리조트에서 일하길 원하는 경우가 많죠."

그 역시 그런 젊은 시절 고향 섬을 떠나 말레로 왔다고 했다. 다시 돌아가고 싶어지기까지 이미 제법 많은 시간이 흘렀고, 돌아가기엔 이미 도시의 삶이 너무 깊이 배어 버렸던 듯하다.

"말레 이외 대부분의 로컬 섬은 아직도 예전 그대로 살아가고 있어요. 비포장 도로이고 전기는 하루 두세 시간 들어오는 곳이 허다하죠. 물은 늘 부족한 것이니 우물이나 빗물에 의존해 살아가고 아무것도 할 게 없는 시골에서 청년들이 말레로 오고 싶어 하는 건 어쩌면 당연한 일이죠."

하지만 말레에서 살아간다는 일은 그리 간단한 것이 아니었다. 핫산과 함께 일하는 동료 알리는 말레에서의 삶에 대해 손사래를 치며 설명을 보탠다.

"누구나 말레에 살고 싶어 한다는 게 가장 큰 문제죠. 점점 말레에 산다는 건 미친 짓이란 생각이 들어요. 제가 사는 집은 말레에 방 두 칸짜리 작은 아파트예요. 거기 월세가 얼만지 아세요? 무려 1,000달러예요. 거기에 월세의 10%에 달하는 전기세, 또 10%쯤 차지하는 물세를 내고 나면 얼마가 남겠어요. 청년들이 말레에 와서 차지할 수 있는 방은 없어요. 그러니까 숙식을 제공하는 리조트에 근무하기 위해 잠시 머물고, 리조트로 들어가면 10명이 한방에서 묵는 척박한 환경도 어쩔 수 없이 견디는 거죠."

실업률이 28%인 몰디브에서 청년들이 택할 수 있는 진로는 리조트 노동자, 공무원, 혹은 어부라는 세 갈래 길이라고 했다. 그 세 가지는 정확하게 몰디브 GDP 비중의 1, 2, 3위를 차지하고 있었다. 전기세와 물세가 너무 높아 사람들이 폭동을 일으키기도 했을 만큼 몰디브의 에너지난은 심각한 것이었다. 또 공장이 하나도 없는 취약한 산업 기반, 농사지을 토양이 없는 섬의 환경에서 몰디브에서 쓰는 공산품은 99% 수입에 의존한 것이었다. 도시로 삶의 뿌리를 옮겼으나 뿌리내릴 흙도 기댈 숲도 찾을 길이 없었다. 〈미래소년 코난〉에서 나올 듯한 인공도시 말레의 항공사진이 유명해진 것은 지난 2015년 12월 말레의 식수 파동 때문이었다.

몰디브의 극심한 물 부족

2014년 12월 수도 말레의 사진이 여행철도 아닌데 뉴스의 메인에 올라왔다. 몰디브의 수도라는 설명이 없었다면 그곳이 몰디브라는 걸 알아차릴 수 있는 사람은 거의 없을 듯했다. 담수화 공장에 불이 나서 말레의 14만 시민들이 원조로 도착한 생수병을 받기 위해 긴 줄을 선 낯선 몰디브의 모습은 믿기 어려운 풍경이었다. 다행히 인도, 중국, 스리랑카 여러 이웃나라들은 긴급히 물탱크, 생수, 담수화 장비 등을 보내 몰디브 사람들을 돕기 시작했지만 말레의 일주일가량은 아무것도 할 수 없는 대혼란이었다. 당시의 상황을 『경향신문』은 이렇게 전했다.

수도 말레의 유일한 정수 회사인 말레 상하수도 회사(MWSC)의 정수 설비에서 불이 났다. 불은 곧 진화됐지만 말레에는 수돗물이 끊겼고 모든 상거래가 중단됐

다. 관광객들이 많이 찾는 레스토랑들도 문을 닫았다. 식당마다 씻지 못한 그릇들이 쌓였다. 위생국은 전염병을 염려해 모든 주민과 관광객들에게 식당이나 노점에서 음식을 먹지 말라고 권고했다. 말레이시아를 방문하고 있던 압둘라 야민 압둘 가윰 대통령은 6일 급히 귀국, '위기 상태'를 선언했다. 물 공급은 9일 밤에야 정상화될 것이라고 현지 일간 하비루는 전했다.

…

정부는 빗물 수집장을 곳곳에 만드는 등 물 공급·사용을 효율화하려 애쓰고 있으나 국토 곳곳이 바닷물에 침식당해 지하수조차 마실 수 없다. 주민들은 마실 물 외에는 바닷물을 퍼다 쓴다(구정은, 『경향신문』, 2014.12.7).

몰디브의 물 부족 문제는 어제오늘의 일이 아니었다. 오랫동안 식수 문제로 고통받아 온 몰디브 사람들은 끊임없이 대안을 모색하다 끝내 '담수화'라는 결론에 다다랐다. 지난 20년간 해수면의 상승으로 지하수가 침식되어 사람들이 사용할 수 있는 담수는 점점 줄어들고 있었다. 무엇보다 생활비의 10%를 차지할 만큼 비

싼 수도 요금은 말레의 모든 사람들이 지불해야 하는 첫 번째 대가였다. 그리고 두 번째는 담수화 공장이 멈추면 온 도시가 마비되는 난민 같은 일상이었다. 말레 시민 알리는 그 일에 대해 자조 섞인 이야기를 전했다.

"2014년 온 도시가 마비되었죠. 상상해 보세요. 물이 없는 도시라니. 그때 인도 중국 등 전 세계에서 물과 임시 담수화 장비를 보내주고 수백억 달러를 지원해 주었어요. 하지만 진짜 믿기 어려운 일은 다음 해에 일어났어요. 담수 공장이 또 멈춰 버린 거예요. 그것도 6개월 만에. 그 돈들은 다 어디로 간 거죠? 이게 우리가 살고 있는 현실이에요."

당장 마실 물이 없어도 누군가는 수영을 즐기는 몰디브

몰디브처럼 바다를 중심으로 개발된 관광지와 섬에서는 물로 인한 갈등이 흔하게 빚어졌다. 투어리즘 컨선에 의하면 관광객은 현지인보다 물을 최대 16배나 많이 사용한다. 북아프리카 대서양 연안의 감비아와 인도네시아의 발리, 탄자니아의 잔지바르, 인도의 고아와 케랄라 등 5개 지역의 물 사용량 실태조사 결과 잔지바르의 휴양지 키웬그와 등지에서는 주민 1명당 하루 93.2리터의 물을 쓰는 반면 5성급 호텔은 객실(2인 기준) 1개당 무려 3,195리터의 물을 사용한 것으로 나타났다. 호텔보다 저렴한 게스트하우스에 묵는 관광객들은 686리터를 소비하고 있었다.

무엇보다 호텔이 고객에게 물을 제공하기 위해 지하수를 독점하다시피 하자 일부 지역에서는 성난 주민들이 무력시위에 나서 갈등이 고조되었다. 잔지바르 호텔 앞에서는 건물 수도관을 부수려는 주민들과 호텔 측이 고용한 경호원들이 대치하는 상황이 빚어지기도 했다. 영국의 『가디언』은 잔지바르에서 콜레라가 빈번하게 발생하는 이유가 물 부족과 무관하지 않다고 지적했다. 이 섬에서는 2010년 콜레라로 3명이 숨졌는데 당시 물이 모자랐던 주민들이 호텔이 내보낸 하수를 사용하다가 병에 걸렸다는 의혹이 제기되어 왔다(『가디언』, 2012.7.9).

그토록 극심한 물 부족으로 몰디브 사람들이 고통받던 12월, 다른 언론 어디에서도 몰디브의 리조트들이 물 부족으로 영업을 중단했다거나, 그로 인해 신혼여행을 간 여행자들이 불편을 겪고 항의했다는 기사는 단 한 건도 발견되지 않았다. 다만 몰디브 사람들이 물을 받기 위해 길게 늘어선 사진을 세계에 타전했던 〈알자지라〉는 관광지 리조트들의 물 사정에 대해 한 줄의 기사를 기록해 두고 있다.

"이번 화재 뒤에도 고급 리조트들은 자체 발전기와 담수화 설비가 있어 피해를 입지 않았다"(〈알자지라〉, 2014.12).

우리가 인피니티 풀에서 수영을 즐기는 동안, 우리가 시원한 에어컨 아래 인도양의 밤을 즐기는 동안, 우리가 섬 하나를 통째로 소유하고 세상에서 가장 아름다운 꿈의 휴양지를 즐기고 있는 동안 말레의 시민들은 자신들의 땅에서 난민이 되어 버린 낯선 일상을 견디고 있었다. 그렇다면 우리는 어떻게 어떤 방식으로 몰디브를 만나고 여행해야 하는 것일까.

몰디브에 피어나는 로컬투어리즘의 꽃, 게스트하우스

몰디브를 만나길 꿈꾸는 여행자에게 세 가지 선택지가 있다. 첫 번째는 익히 알려진 화려한 리조트나 호텔을 이용하는 것, 두 번째는 다이빙과 해양 액티비티를 위해 선상 여행을 즐기는 리버보드, 세 번째는 최근 생겨나 아직 이용이 미미한 게스트하우스다. 그럼에도 불구하고 몰디브 사람들은 게스트하우스에 열과 성을 다한다. 배를 사야 하거나 호텔을 지어야 하는 기존의 관광과 달리, 게스트하우스는 기존의 집을 고쳐서 가족이 함께 시작해 볼만한 작은 규모의 사업이기 때문이다.

1978년부터 독재를 시작한 가윰 정부는 최고급 럭셔리 리조트 중심의 관광개발 정책을 펴왔다. 그러던 것이 2008년 '몰디브의 봄'과 함께 변화하기 시작했다. 처음으로 다수당을 구성한 몰디브 의회에 게스트하우스를 허용하는 법안이 상정되고 결의안까지 채택된 것이다. 하지만 기존 리조트 업계의 반응은 호의적이지 않았다.

게스트하우스가 많아지면 '싸구려' 이미지를 풍기게 되고 '꿈의 휴양지'라는 럭셔리한 몰디브 이미지를 망칠 수도 있다는 우려 때문이었다. 이런 이유로 2009년까지도 여러 논란 속에 묶여 있다가 2010년 마침내 시행령이 발의되고 몰디브에 새로운 게스트하우스의 역사가 시작되었다. 그것은 전 세계 배낭여행자들에게도 굿뉴스였지만, 무엇보다 관광 30년 역사에 처음으로 주인으로서 참여할 기회를 가지게 된 몰디브 사람들에게 가장 기쁜 소식이었다.

2010년 불과 23개 게스트하우스가 479개의 객실을 보유했던 것에서, 2015년 330개의 게스트하

우스가 5,000개의 객실을 보유하게 되면서 관광의 제3섹터로 떠오른다. 몰디브 사람을 만나 몰디브 섬을 경험하는 여행, 진짜 몰디비안을 만나고 몰디브의 섬을 경험하는 여행의 플랫폼이 되어 주는 게스트하우스가 몰디브 곳곳에 피어나고 있는 것이다.

그렇게 짧은 시간에 게스트하우스가 성장할 수 있었던 조건은 게스트하우스 법과 동시에 시작된 몰디브 주민들의 섬을 잇는 해상 대중교통망의 구축이었다. 아무리 70여 개의 섬에 게스트하우스가 있다 한들 그곳에 가기 위해 배를 통째로 빌리거나 비행기를 타야 한다면 그곳에 다다를 수 있는 여행자의 수가 얼마나 될까. 나시르 정권은 배낭여행자들이 게스트하우스에 쉽게 접근할 수 있도록 섬과 섬 간의 대중교통 시스템을 구축했고 훌루말레에서 말레까지, 말레에서 주변 섬부터 남부와 북부의 먼 섬까지 여객선과 스피드 보트 등 다양한 교통편을 이용해 접근할 수 있도록 교통 인프라를 구축했다. 특히 훌루말레 공항에서 가까운 섬들까지는 하루 24시간 배편을 운항하고 있어 한밤중 도착하는 저가항공 이용자들이 하루쯤 훌루말레나 말레, 빌링길리 등에서 숙박을 한 후 먼 곳의 섬으로 이동할 수 있도록 돕고 있었다.

우리가 새벽부터 하루 종일 공항에서 말레, 말레에서 빌링길리로 5,000원도 안 되는 돈으로 언제든 오갈 수 있었던 그 모든 배편과 길들이, 그토록 오랜 시절의 어둠 끝에 다다른 희망이었던 것이다.

- 몰디브 관광청 www.visitmaldives.com/en
- 몰디브 게스트하우스 사이트 maldiveguesthouse.com
  (몰디브 게스트하우스는 호텔닷컴, 부킹닷컴, 에어비앤비 등의 사이트에서 예약 가능하다.)

:: 진짜 몰디브를 만나는 시간

게스트하우스의 탄생지, 마푸지 섬

몰디브인들에게 진짜 몰디브를 여행하려면 어디로 가야 할지 조언을 구할 때면 열에 아홉이 '마푸지'를 외쳤다. 마푸지는 과연 어떤 곳일까?

말레와 마푸지를 오가는 페리에는 학교, 직장, 상점을 가려고 말레를 다녀오는 로컬 사람들로 빼곡했다. 부두에 도착하니 작은 선착장엔 곳곳의 게스트하우스에서 마중을 나온 직원들이 피켓을 들고 서 있었다. 여행자들이 트렁크를 들고 낑낑대며 내리면 직원들은 한걸음에 달려와 작은 손수레에 가방을 실어 주었다. 무리지은 서너 명의 여행자들이 손수레의 에스코트를 받으며 숙소를 찾아가는 진풍경이 골목골목 펼쳐지기 시작했다. 예상치 못한 재미있는 풍경을 사진에 담다가, 얼마 지나지 않아 왜 수레를 끌고 나온 것인지 깨달았다. 마푸지 섬 안쪽의 길은 물론 섬 전체를 두른 외곽로조차 모두 모래와 흙으로 만들어진 옛길이었다. 대중교통도 차도 다니지 않는 작은 섬 마푸지에서 수레는 가장 효율적인 교통수단이었던 것이다.

어느 골목길에 서든 길 끝에 바다가 펼쳐지는 작은 섬 마푸지, 그 작은 섬마을은 어느 구석에도 쓰레기 하나 버려진 곳 없이 정갈하고 단아했다. 군데군데 산호로 지은 옛집과 새로 지은 건물이 섞여 있었지만 아직은 서로 조화롭게 어깨를 기댄 모습이었다. 고층건물이나 대형리조트 없이 마을 사람들의 힘과 외부의 공동투자로 게스트하우스와 작은 호텔들이 생겨나고 있었다. 이런 소문을 듣고 찾아오는 수많은 여행자들과의 만남은 마을 사람들에게도 아직 낯선 일상인 듯했다.

우리가 묵은 숙소는 개업한 지 얼마 되지 않았다는 게스트하우스. 문을 열고 몇 발자국만 내디디면 맑고 투명한 몰디브 바다에 다다를 수 있는 바닷가 고요한 집이었다. 몰디브 전통가옥을 개조한 집 문을 열고 들어가니 마당 안쪽에 흰 산호모래가 정갈하게 깔려 있었다. 잠시 마당에서 기다리는 동안 한 청년이 웰컴 드링크를 내어 주고 깨끗한 물수건을 준비해 주었다. 패스포트 번호를 비롯한 정식 체크인 서류가 나오고, 접수가 끝나니 그제야 방 키를 내준다. 허름한 방문을 여니 뜻밖에 정갈하고 소박한 더블 룸이 준비되어 있었다. 더운 날씨 속에 걸어온 손님을 위한 배려인 듯 방 안은 이미 시원하고 쾌적했다. 깨끗한 에어컨에 평면 TV, 냉장고, 깨끗한 욕실까지 갖춘 작은 호텔급의 바닷가 게스트하우스 더블 룸 가격은 약 5만 원. 문득 누구든 아름다운 몰디브의 바다를 만나고 누릴 수 있도록 집을 내어 주고 게스트하우스를 열어 준 마푸지 사람들에게 고마움이 일었다.

가난한 여행자에게도 바다는 공평하다

마푸지가 배낭여행자들의 성지로 떠오른 것은 물론 바다 때문이었다. 리조트에 가지 않아도 혹은 갈 수도 없는 가난한 여행자들에게 세상에서 가장 아름다운 몰디브의 바다에 가닿을 수 있도록 길을 열어 주는 마푸지 섬은 고마운 선물 같은 것이었다. 스노쿨링 안경을 쓰고 물속에 얼굴을 담그기만 해도 몰디브는 아름다운 산호 정원과 그곳에 깃들어 사는 수많은 생명들을 보여준다.

무엇보다 마푸지에는 배를 타고 나가지 않아도 바다를 즐길 수 있는 두 곳의 아름다운 해안이 있다. 섬 입구의 비키니 해안과 섬 뒤편의 마을 해안이 바로 그곳,

모두 아름답고 안전한 바다였다. 다만 마을의 공용 해안에는 비키니를 입지 말아 달라는 안내판이 설치되어 있다. 마을을 위한 바다와 관광객을 위한 바다를 구분해 둔 것이다. 그러나 마을 해안에서 하루에 몇 번을 오가도 현지 사람들을 발견할 수 없었다. 바다에 몸을 담그고 있는 것은 몇몇 관광객과 가족 여행자들뿐, 해안에 머무는 현지 사람이 보이지 않아 굳이 그런 구분이 무슨 소용이랴 싶었다. 하지만 저녁이 되니 비로소 그곳이 '마을 사람들의 바다'임을 알 수 있었다.

한낮의 바다가 관광객들을 위한 것이라면 저녁 바다는 마을 사람들의 것이었다. 낚시하는 아이들, 수영하는 사람들…, 석양이 짙어질수록 바다에는 점점 더 마푸지 사람들이 늘어났다. 낮에 관광객들을 태우던 모터보트 업체 직원들도 손님이 아닌 아이들을 태우고 바다를 달렸고, 밀물로 깊어진 방파제 앞에서는 바다가 만들어 준 풀장에서 수영이 한창이었다. 또 밀물을 따라 선셋 피싱을 하는 친구들도 있었다. 곁에 다가가 뭐가 잡히는지 궁금해서 자꾸 들여다보니, 아예 낚싯대 만드는 법을 가르쳐 주었다. 유창한 영어로 플라스틱 병 낚싯대 만드는 법을 설명해

주는 예쁘고 똑똑한 아가씨 알루는 열일곱 살 어린 소녀였다. 하지만 이곳에서는 어느새 학교를 졸업하고 마을 학교의 특수학급 교사로 일하는 어엿한 직장인이었다. 더 좋은 교사가 되려고 일주일에 이틀은 말레에 가서 공부하는 과정을 밟고 있는 학생이기도 하다고. 그녀는 유창한 영어 실력을 가지고 있는 데다 한류스타까지 줄줄이 꿰고 있었다. 그런 그녀에게 작은 섬 마푸지의 변화에 대한 생각을 넌지시 물었다. 게스트하우스만 이미 80개가 넘어선 상황에서 새로운 건물들이 계속 지어지고 있었기 때문이다.

"좋은 점도 있고 당연히 불편한 점도 있죠. 서로 문화가 다르니까 당황하고 불편할 때도 많아요. 하지만 집에 손님이 온다는 건 기쁨이 더 큰 일이잖아요."

케이팝을 좋아한다는 열일곱 소녀다운 대답이었다. 그러나 이어지는 대답은 소녀가 아니라 교사의 것인 듯했다.

"고기 잡는 일 외에는 일자리가 없어 섬을 떠나야 했던 친구들이 많았어요. 하지만 이제는 그 친구들이 게스트하우스나 해양 활동 등으로 고향에서 일자리를 만들어 갈 수 있어 기뻐요. 하지만 '비키니 금지'라고 씌어 있는 해안에서 한낮에 비키니를 입고 수영을 하는 서양 여행자들을 보는 일은 아직 많이 불편해요."

아직 익숙지 않은 일상이지만 여행으로 인해 새로운 사람들을 만나는 일이 즐겁다는 알루 덕분에 우리도 저녁 바다를 한껏 즐길 수 있었다. 어느 게스트하우스에나 안내되어 있는 선셋 피싱은 여행자를 위해 일부러 개발한 프로그램이 아니라, 더위를 피해 시원해진 저녁 바다에서 저녁거리를 마련하는 몰디브 사람들의 일상이라는 것 또한 그 바다에서 배웠다.

관광객의 바다, 마을 사람들의 바다

알루와 서로 SNS 친구가 되는 것으로 만남을 갈무리하고 저녁 수영을 하기 위해 바닷물에 몸을 적셨다. 맑은 바닷물은 따스하고 안온했다. 아름답게 저무는 바다에 수영을 하고 싶었던 것은 우리만이 아니었다. 여행자들이 숙소로 돌아가기 그즈음, 고요한 저녁 바다에서 마주한 가장 아름다운 풍경은 히잡을 쓴 채 그대로 바다에 들어와 수영을 즐기는 마을 여성들이었다. 히잡을 쓰고 아무런 장비 없이 깊은 잠영과 유영을 오가는 그녀들의 자유로운 움직임이 펼쳐내는 거짓말 같은 풍경에 눈을 뗄 수가 없었다. 자연스럽게 이끌리듯 다가가자 그들은 환하게 웃으며 가족 소개를 해주었다. 시어머니와 며느리, 시누이들까지 온 가족 여자들이 바다에 나온 것이었다. 서로 통성명을 하고 어디 묵는지 이야기를 나누니 우리 게스트하우스 바로 옆집 사람들이란다.

"혹시 히잡을 쓰고 수영하는 일이 불편하진 않나요?" 하고 물었더니 "구명조끼와 그 장비들이 더 불편하지 않을까요?" 하고 되묻는다. 그 말에 한바탕 함께 웃었다. 그러고 보니 질문을 던지고 있는 우리는 구명조끼에 오리발과 물안경, 스노클까지 거추장스러운 장비를 잔뜩 갖추고도 바다에 불편하게 떠 있었다.

히잡을 쓴 채 수영을 한다는 일이 어떤 장애도 되지 않는 그녀들의 모습을 통해 어떤 편견 하나가 와르르 무너져 내리던 저녁, 그녀들에게 조심스레 다시 물었다. '비키니 금지'라고 표시된 해안에서 비키니를 입고 수영하는 여행자들을 바라보는

마음이 어떤 것인지.

"아름다운 바다에 와서 비키니를 입고 싶은 마음은 다른 문화지만 존중하려 노력하고 있어요. 그래서 섬 입구에 비키니 해안을 마을에서 따로 만들어 두기도 했어요. 하지만 우리가 그런 것처럼 여행자들도 우리 문화를 존중해 주었으면 해요."

몰디브 여성들이 어떻게 바다를 즐기고 만나는지 보여주고 싶어서, 여행자들에게 말을 건네고 싶어서 매일 저녁 5시 반이면 바다에 나와 수영을 한다는 그녀들. 다른 세계를 어떻게 만나 가야 하는지, 서로가 무엇을 지키고 무엇을 나누어야 하는지, 그 어려운 여행의 경계 위에서 새로운 길을 열어 가는 그녀들을 통해 사람을 만나고 세상을 여행하는 법을 고맙게 배웠다.

몰디브 공정여행을 꿈꾼다면!

1. 몰디브의 섬에서는 아무 데서나 비키니를 입을 수 없습니다. 마을에서 함께 결정한 공동 바다에서만 수영복을 입어 주세요.

2. 몰디브에서는 저녁에 술을 팔지 않습니다. 물론 공항에서도 통과가 되지 않습니다. 몰디브 여행을 계획하신다면 몰디브의 고요한 저녁을 보내는 쉼의 여행을 준비해 보세요.

3. 몰디브 사람들의 게스트하우스와 로컬투어리즘을 아름답게 발전시킬 수 있도록 몰디브 사람들이 운영하는 숙소와 해양활동 업체들을 선택하고, 몰디브 음식을 맛보는 진짜 몰디브 여행을 하세요.

::아름다운 섬에 여행자들이 남기고 가는 것들

세상에서 가장 아름다운 바다 정원

마푸지에서의 날들은 쏜살같이 흘러갔다. 갑자기 쏟아진 폭우로 하루를 고스란히 숙소에서 머물러야 했던 이틀. 다행히 책을 읽고, 이야기를 나눌 작은 정원을 갖춘 숙소와 아늑한 방은 온종일 머물기에 부족함이 없었다. 무엇을 해도 좋고, 안 해도 좋은 곳이 몰디브였다.

다음 날 예보는 맑음. 마지막 남은 하루를 잘 사용하기 위해 현지에서 오랫동안 일한 리사에게 조언을 구했다. 그녀는 망설임 없이 오전 10시부터 오후 4시까지 진행되는 반나절의 스노클링 여행을 권했다.

"전 이 근처의 리조트를 거의 대부분 가봤어요. 정말 아름답고 편리하죠. 하지만 만약 가족들이 필리핀에서 와서 단 하루 몰디브를 여행할 수 있는 기회가 주어진다면 리조트보다는 몰디브의 로컬 섬과 바다를 여행하도록 안내할 거예요. 거기에 진짜 몰디브가 숨어 있으니까요."

하루 동안 우리와 함께 배를 타고 여행할 일행은 10명 남짓이었다. 중국에서 온 신혼부부와 2명의 자유여행자, 그리고 대만에서 온 3명의 직장인 여성들로 짜인 팀이었다. 스피드보트로 운전기사 한 사람과 가이드 두 사람이 함께했고 배 안에는 물과 음료, 수건과 스노클 장비, 피크닉에서 먹을 도시락까지 차곡차곡 실려 있었다. 이 모든 것이 포함된 비용이 40달러라니, 숙박을 뺀 반나절 관광에 최소 100달러부터 200달러까지 드는 몰디브 관광 물가에서 믿어지지 않는 가격이었다.

섬에서 점점 배가 멀어지며 짙고 푸른 바다를 지나자 다시 물빛이 맑아지고 바닥이 온통 하얀 산호바다가 나타나기 시작했다. 물빛은 한없이 투명해지고, 몰디브는 이제껏 본 적 없는 아름다운 바다를 열어 주기 시작했다. 그리고 온통 에메랄드빛으로 빛나는 바다 한가운데서 배가 멈추어 섰다.

사람들은 끝없이 펼쳐진 에메랄드빛 바다와 아름다운 환초에 경탄을 감추지 못했다. 10년 차 레스큐 다이버인 주희 씨는 구명조끼도 없이 바다에 들어가 해양생물체인 양 도무지 나올 생각을 하지 않았다. 첫 스노클링을 마치고 배에 오르며 그녀는 탄성을 터뜨렸다.

"정말 아름다운 바다예요. 다른 바다에서 열 번을 다이빙해도 만나기 어려운 아름다운 물고기와 산호들이 여기선 스노클링만 해도 마주쳐요. 거짓말처럼 아름다워요."

바다거북이나 만타가오리가 아니어도 몰디브의 바다는 이미 산호와 수천 가지의 물고기들로 세상에서 가장 다양하고 아름다운 바다정원을 품고 있는 것이었다.

몰디브는 쓰레기 섬?!

배가 멈추어 서는 곳마다 다른 얼굴의 바다를 보여주었던 스노클링을 마치고 우리가 도착한 곳은 고요한 흰 모래톱(White Sand Bank). 바다 한가운데 나무 한 그루, 집 한 채 없는 하얀 산호 모래톱은 물빛을 그대로 비추어 신비한 푸른 띠를 화관처럼 두르고 있었다. 누구나 몰디브를 생각하며 꿈꾸었을 그 바다는, 그렇듯 깊은 물길을 건너서야 다다를 수 있는 곳이었다.

함께 온 사람들이 한껏 섬을 즐기고 만나는 사이, 가이드들은 배에서 차곡차곡 짐을 내려 자리를 펴고 준비해 온 도시락을 피크닉 매트에 펼쳐 놓았다. 시원한 음료와 후식까지 갖춘 정성이 깃든 도시락이었다. 한참을 저마다의 몰디브를 만나며 머물렀던 섬 피크닉이 끝나갈 무렵, 밀물이 차오르기 시작했다. 서둘러 짐을 챙기면서 식사로 생겨난 쓰레기들을 어찌해야 할지 몰라 가이드에게 물었다.

그는 섬 한편에 쓰레기를 쌓아 두라고 안내하며 출발을 재촉했다. 거기엔 이미 다른 여행자들이 두고 간 쓰레기가 수북했다. 황급한 마음에 서둘러 쓰레기를 담아갈 봉투를 찾자 가이드가 소리쳤다.

"그럴 필요 없어요. 놔두면 정부에서 고용한 청소부들이 와서 치워 가요."

"언제요?"

"한 달에 한두 번 와서 수거해요."

쓰레기를 담을 도구도 쓰레기를 제대로 처리하는 시스템도 없이, 그 아름다운 바다에 고스란히 여행자들의 쓰레기가 남겨지는 것이었다. 우리 쓰레기마저 거두지 못하고 그 아름다운 모래톱에 두고 온 저녁, 쓰레기의 무게가 마음에 무겁게 남았다.

몰디브의 쓰레기를 다시 마주친 것은 바로 다음 날 오후, 마을 산책길이었다. 나무 아래서 한적한 낮잠을 주무시는 마을 어르신 발치에 마치 우리가 어제 버린 쓰레기가 뱃길을 따라 마을로 돌아온 듯 해안 가득 수북이 쌓여 있었다. 밀물과 썰

　물로 살아 움직이는 바다는 우리가 두고 온 쓰레기들은 그렇게 어디론가 끊임없이 실어 나르고 있었던 것이다. 바다로 쓸려가 거북이와 물고기들의 배 속에 들어가고, 또 해류를 따라 마을 해안으로 쓸려와 사람들의 일상을 뒤덮어 버리기도 하는 것이었다. 천국 같은 몰디브 해안에 지옥이 덮친 듯 비닐봉투와 플라스틱 쓰레기로 가득 찬 그 믿고 싶지 않은 풍경을 보며 몇 해 전 보았던 몰디브 쓰레기 섬의 기사가 겹쳐 왔다.

　2012년 영국 BBC는 세계에 믿기 어려운 제목의 기사와 사진을 타전했다. 제목은 '몰디브, 천국에서 지옥으로'였다. 몰디브 말레 근처에 집중된 리조트들에서 나오는 쓰레기, 또 몰디브 인구의 3분의 1이 모여 사는 말레에서 나온 쓰레기로 섬 하나가 뒤덮이고 인도양으로 쓰레기가 둥둥 떠내려가는 충격적인 사진이었다. 투어리즘 컨선의 연구에 의하면 여행자 한 사람은 하루 3.5킬로그램에서 최대 4.5킬로그램의 쓰레기를 남기고, 현지인의 28~30배에 이르는 물을 사용한다. 소중한 섬을 관광객에게 내어 준 몰디브가 얻게 된 것은 다만 돈과 일자리만이 아니라 쓰레기와 물 부족, 치솟는 물가와 집값 상승 같은 거대한 구조적 그늘과 매일 부딪혀야 하는 일상의 고통이었다. 다행한 일은 관광의 그늘을 충분히 경험한 몰디브 사람들이 스스로 삶의 터전을 지키기 위해 움직이기 시작하고 있다는 것이다.

비닐봉투 사용을 전면 금지한 보두폴후두후 섬

마푸지처럼 유명한 관광지 중 하나인 보두폴후두후 섬의 주민들은 2016년 12월까지 점진적으로 섬 전체에서 비닐봉지를 쓰지 않는 정책을 스스로 만들었다. 이 섬은 리조트와 게스트하우스, 또 주민들의 마을이 혼재해 있는 독특한 형태다. 지속적인 관광객의 증가로 쓰레기 문제가 심각해지자 주민들은 2015년 2월, 주민회의를 통해 중요한 결정을 내렸다. 섬 내 비닐봉지 사용을 전면 금지하기로 결의한 것이다. 마을대표인 아흐메드 파야지는 마을 사람들의 생각을 대신 전했다.

"여행자들이 늘어나면서 쓰레기는 모두의 문제가 되었어요. 쓰레기가 떠다니는 몰디브 바다는 여행자든 주민들이든 원하는 일이 아니었으니까요."

그 소식을 들은 몰디브 게스트하우스 연합은 섬 주민들의 불편을 줄이기 위해 재사용 가능한 종이가방을 보내며 힘을 실어 주었다. 마을 사람들이 먼저 행동을 시작하자 게스트하우스와 리조트들도 그 걸음을 따르기 시작한 것이다. 비닐봉투를 금하는 것뿐 아니라 섬의 생태계를 보호하기 위해 그간 5,000그루의 나무를 함께 심어 왔다는 섬 사람들.

소중한 것일수록 지키고 보호해야 사라지지 않는다는 것을 세상에서 가장 아름다운 바다를 가진 몰디브 사람들은 이미 잘 알고 있는 것이다. 필요한 것은 다만 그곳을 여행하는 우리가 여행 후에 남는 것들을 돌아보는 일, 우리가 두고 온 것들이 누군가의 생명을 위협하는 것일 수도 있다는 일을 깨어 살피는 일일 듯하다.

몰디브 공정여행 ④

::몰디브의 희망을 만들어 가는 사람들

물고기 떼처럼 스쳐가는 관광객들

배를 타고 다시 도착한 빌링길리 선착장은 집에 도착한 것인 양 편안했다. 빌링길리의 게스트하우스에서 다시 만난 알리 씨와 이런저런 이야기를 나누다 아직 궁금증이 남은 몰디브의 리조트에 관해 물어보았다. 그러자 그는 게스트하우스 명함 대신 다른 명함 하나를 내밀었다. 놀랍게도 그의 원래 직업은 리조트 매니저. 게스트하우스를 시작한 것은 불과 한 달도 채 지나지 않았다고 했다. 무려 15년을 리조트에서 일하다가 올해 이 게스트하우스를 가족들과 함께 시작한 것이다.

"리조트 일을 완전히 그만둔 상태는 아니고… 잠시 휴직 중이에요. 얼마 전 다른 리조트에서 스카우트 제의가 있긴 했어요. 물론 외국인 매니저들에 비하면 반의반도 안 되는 급여죠. 하지만 지금 직장보다 나아서 그곳에 근무하는 친구들에게 물어봤더니 다들 몇 달째 월급을 못 받고 있다는 거예요. 하지만 제게는 말을 안 한 거죠. 비수기엔 종종 그런 일이 있기는 하지만 몇 달씩 이어지는 경우는 드물어요. 그럼 다들 팁에 의존해서 살아야 하는 거예요. 여전히 그런 일들이 끊이지 않아요. 외국인 직원들처럼 노동권이나 법에 의한 보장을 요구할 수 없으니 참을 수밖에요."

그에게 왜 게스트하우스를 열 결심을 하게 되었는지 조심스레 물었다.

"독립적으로 살고 싶어서죠. 평생 배운 게 관광이잖아요. 게스트하우스는 몰디브 사람들에게도 낯선 기회예요. 불과 2010년에 게스트하우스 법이 통과되었거든요. 평범한 사람들이 게스트하우스를 열고 관광객들을 섬에서 만나는 일은 그전엔 꿈도 못 꾸었던 일이죠. 몰디브 관광은 해마다 10% 이상씩 성장하고 있어요. 하지만 리조트에만 간다면 무슨 소용이 있겠어요. 그저 지나가는 물고기 떼일 뿐이죠."

같은 노동을 하면서도 다른 임금을 받는 현실과 차별이 그리 견디기 쉬운 일은 아니었다는 그의 이야기, 그럼에도 평생 배운 것이 관광이라 다른 일은 엄두가 나지 않더라는 그의 고민, 그리고 지나가는 물고기 떼 같은 여행자들….

그의 말에 담겨 있는 다하지 못한 말들을 헤아리며 마을 식당을 찾았다. 오늘 잡은 생선으로 만들었을 바닷가 마을의 저녁을 먹었다. 저녁을 지을 시간인지라 남자들만 가득한 식당, 낯선 여행자 둘이 저녁을 먹고 짜이를 마시는 모습이 어색한 듯했지만 마을 사람들은 싱긋 웃으며 고요히 지켜본다. 따갑게 꽂히는 무례한 시선이 아니라 저녁 불빛처럼 조용한 환대가 담긴 따뜻한 눈빛이다.

몰디브의 가장 크고 깊은 희망

마지막 인사를 나누고 선착장으로 향하려는 길, 마침 알리 씨를 찾아온 친구 2명이 선착장에 가는 길이라며 함께 동행해 주었다. 이제 집처럼 익숙해진 길과 골목을 찬찬히 걷는데, 첫날부터 눈에 밟혔으나 차마 물어보지 못한 그래피티 하나가 다시 눈에 띄었다. 얼핏 보기로는 수감 중인 전 대통령, 모하메드 나시르인 듯했지만, 30년 독재자의 동생이 다시 대통령이 되었다는 나라에서 어찌 그런 과감한 정치적 그래피티가 가능할까 싶기도 했다. 함께 걷던 알리의 친구에게 섬을 떠나기 전 마지막 부탁인 양 조심스레 물었다. 그는 망설임 없이 간명히 답해 주었다.

"나시르 대통령, 지금은 감옥에 수감되어 있는 전 대통령이에요."

짧은 집권 기간이었건만 그토록 나시르를 기억하고 위험을 감수하며까지 지지를 표명하는 이유를 다시 물었다.

"그건 그가 남긴 변화 때문이에요. 노인연금도 무상교육도 게스트하우스 법도 섬들을 오가는 대중교통 체계도 다 나시르 정권에서 이루어진 변화였어요. 그가 만든 정책들이 법이 되고 제도가 되어 지금까지도 우리의 삶에서 변화를 만들어 가고 있다는 걸 사람들이 느끼기 때문이죠."

그의 향수 어린 말투 때문인지 문득 나시르 대통령이 잡혀 가던 한 장의 사진에 대한 기억이 선명히 떠올랐다. 한 나라의 대통령 모습이라고는 상상조차 할 수 없는 두려움과 폭력으로 가득한 장면이었다. 2008년 30년간의 독재를 끝내며 그가 몰디브의 첫 민선 대통령이 된 것은 실로 엄청난 사건이었다. 그것은 단순히 대통령이 바뀌는 일이 아니라 독재의 종식이었고, 1당 독재에서 다수당 제도로 최초의 국민투표로 이루어 낸 엄청난 역사적 사회적 전환이었던 탓이다. 그러나 그는 군경 세력에 의해 2012년 다시 퇴임을 했고, 2014년 반테러법 위반으로 13년 형을 구형받았다.

그가 다시 끌어내려지고 체포된 후 몰디브의 새 대통령은 오랜 독재자 가윰의 이복동생인 압둘라 야민 압둘 가윰. 몰디브에 다시 어둠의 시간이 시작된 것이다. 그럼에도 벽에 나시르를 지지한다고 선명히 자신의 뜻을 밝히는 벽 앞에서 또 다른 나시르로 성장하고 있는 한 청년을 마주한다. 자전거를 끌고 함께 부두까지 걷는 길, 어떤 무거움을 눈치 챈 그는 한마디를 보태어 준다.

"하지만 절망할 필요는 없다고 생각해요. 독재를 끝내고 나시르를 뽑은 것도 결국 몰디브 사람들의 힘이었으니까요. 지금은 견디고 있지만 다시 과거로 돌아가야 한다면 몰디브 사람들도 가만히 있지만은 않을 거예요."

15년간 스무 번을 수감당하고 혹독한 고문을 두 차례나 견뎌 냈다는 민주화운동가 출신, 최초의 민선 대통령 나시르. 그가 다시 수감된 절망의 시간을 몰디브 사람들이 함께 견디고 있다는 것, 어쩌면 그것이 몰디브의 가장 크고 깊은 희망일지도 모르겠다. 몰디브 감옥에는 1,700명의 양심수들이 독재에 맞서다 수감되어 왔고, 나시르 대통령도 그중 한 사람이었을 뿐인 것이다. 나시르라는 뗏목을 통해 몰디브 사람들이 건너온 어떤 강물의 깊이를 그를 통해 가늠해 보았다. 마지막 인사를 건네며 문득 그의 직업을 묻자 그는 멋쩍어하며 답했다.

"보건소 의사예요."

새로운 세상에 눈을 뜬 사람에게 가장 어려운 일은 다시 눈을 감는 일. 그를 바라보는 마음의 무게가 무거워지는 것이 전해졌는지, 잠시 머뭇거리던 그는 또 한마디를 툭 던지며 페달을 밟기 시작한다.

"좋은 정치가 없다면 좋은 여행도 불가능해요. 너무 심각해지지 말고, 우리가 바꾸어 가는 몰디브를 잘 즐기세요!"

포터는 짐 나르는 도구가 아니라
우리와 같은 인간입니다.
- 안나푸르나의 의사 레이첼 비숍

Travel & human rights

여행과
인권

당신의 웃음 너머

굴 아저씨의 작은 카페
포터, 세상의 짐을 나르는 사람들
히말라야 포터들을 돕는 여행
꿈같은 호텔, 꿈만 같은 노동
당신이 자유를 즐길 때
책임여행은 변화의 시작입니다
공정여행에도 공정한 과정이 필요합니다
쓰리 시스터즈 트레킹 여행사
아시아 여성들과 대안생리대를!
포카라에서 공정여행하기

굴 아저씨의 작은 카페

굴 아저씨를 만난 건 우연이었다. 시도 때도 없이 비가 후두둑 후두둑 들는 네팔 카트만두의 여행자 거리, 타멜을 헤매며 환경단체 KEEP(Kathmandu Environmental Education Project : 카트만두 환경교육 프로젝트)이 운영하는 여행자 정보센터와 그린카페를 찾던 날들. 3일 만에 간신히 찾아온 KEEP의 대문은 굳게 닫혀 있었다. 간판을 보니 10시에 문을 여는 모양이다. 아직 1시간이나 남은 시간이라 어찌할지 골목을 서성이다가 KEEP 맞은편, 히말라야의 하늘빛 같은 푸른색으로 입구가 꾸며진 마운틴 펀드Mountain Fund를 발견했다. 유리창 안으로 누군가 부지런히 아침 청소를 하는 모습이 보였다. 여행자를 위한 작은 공간이 있다는 간판을 발견하곤 반가운 마음에 성큼 문을 열고 들어섰다.

안쪽에 들어가 보니 한편은 사무실, 한편은 나무로 된 긴 소파를 둔 거실로 꾸며져 있었다. 등산화를 신고 손에는 걸레를 든 아저씨가 아침부터 찾아든 우리를

어리둥절한 표정으로 웃으며 맞이해 주셨다. 눈인사를 나누었으나 서로의 언어를 알아들을 길이 없어 어쩔 줄 몰라 하던 아저씨는 몸짓으로 서서 앉으라며 금방 물걸레질을 마친 듯 반짝반짝 윤이 나는 나무의자를 가리켰다. 물기가 아직 남아 있는 우비를 벗지도 못한 채 그냥 앉았다. 그는 말 대신 익숙한 듯 마운틴 펀드의 소개가 담긴 브로슈어와 그 건물에 속한 다른 단체들의 활동이 담긴 브로슈어를 몇 장 가져다주었다.

도움이 필요한 산간 지역 마을과 자원봉사를 신청한 여행자, NGO들을 연결해 주는 것이 마운틴 펀드가 하는 일인 것 같았다. 거실 뒤로 이어진 복도 끝에 딸린 방은 그렇게 자원봉사를 하고 싶은 여행자들, 또 오가는 자원봉사자들을 위한 공간이었다. 작은 탁자 위에는 자원봉사가 필요한 곳에서 보내온 자원봉사 요청 리스트가 있었고, 벽에는 신문에 보도된 여러 여행자와 자원봉사자들의 인터뷰도 걸려 있었다.

2층이 궁금해 손짓으로 올라가 보아도 되느냐고 묻자, 그는 열쇠 꾸러미를 들고 앞장섰다. 잠겨 있던 2층 방들은 등산복과 등산장비가 가득한 창고였다. 포터들을 지원하는 프로젝트와 관련 있는 물건인 모양이다. 그렇게 건물을 둘러보기도 하고, 사무실에 놓인 이런저런 자료들을 보면서도 그의 이름조차 물어볼 수 없어 그저 누군가가 오기를, 아니면 KEEP 사무실이 어서 열리기를 기다리며 두리번거리다가 게시판에 붙어 있는 작은 광고지 한 장을 발견했다.

굴 바하두스 이야기 Kul Bahadus' Story

서른일곱 살의 굴 바하두스,
그는 7년 전 히말라야 1만 5,000피트 고도(약 4,600미터)에서
고산증을 겪었습니다.
그러나 그에게 고산증이 찾아왔을 때,
그를 포터로 고용한 여행자들은 아무도 그를 돕지 않았습니다.
여행자들은 그에게 하루치 품삯을 주고, 그를 혼자 내려 보냈습니다.
그는 산속에서 쓰러진 채 발견되어 긴급구호병원으로 보내졌고
의식불명(COMA) 상태로 9일간을 보냈습니다.
그가 깨어났을 때 그의 양쪽 발은 아주 심한 동상에 걸려 있었고,
그는 양쪽 발가락을 모두 절단해야 했습니다.
그 사고로 그는 다시는 포터가 될 수 없었습니다.
여기, 그의 작은 카페가 있습니다.
한 잔의 차로 굴의 삶을 함께 나누어 주십시오.
커피 30루피, 티 15루피.

돌아서서 조금 전 청소하던 아저씨를 멍하니 쳐다보았다. 게시판의 종이를 가리키며 당신이냐고 묻자 그가 고개를 끄덕인다. 그제야 그의 등산화와 걸레를 다시 바라본다. 깨끗한 바닥에서 등산화를 신고 있는 그를 보고 신발을 신어도 되는 곳이구나 싶어 여태껏 젖은 샌들로 저벅거렸던 걸음이 미안해 황급히 신발을 벗으니 그는 웃으며 실내화를 내주었다. 어찌 수습할 길이 없어, 커피를 부탁했다.

그는 손걸레를 내려놓고 차구들이 놓인 작은 주방으로 갔다. 아저씨는 정성스레 물을 끓이고 커피를 준비했다. 히말라야 고산에서 걸을 때처럼 아저씨의 손길은 느리게 천천히 움직였다. 20분쯤 지났을까, 마침내 커피가 나왔다. 짜이처럼 달

고 뭉근한 커피였다. 그는 차를 마시는 우리 얼굴을 조심스레 살폈다. 맛있다고 활짝 웃자, 그도 웃었다.

그때 마침, 누군가 오토바이를 타고 도착했다. 아저씨가 여러 번 전화를 하며 채근하던 사람이 그였던 모양이다. 헬멧을 안고 들어온 이는 '산악 포터 지원 프로젝트'의 활동가 린진 도르제였다. 그는 카트만두에 있는 대학의 사회학과에 다니는 학생이라 했다.

여기서 활동한 지 겨우 두 달째라는 산악 포터 지원 프로젝트의 앳된 활동가 린진. 그 프로젝트를 운영하는 단체의 이름은 IMEC(International Mountain Explorers Connection), 이곳은 1996년에 콜로라도에서 시작되어 지금은 히말라야의 포터들뿐 아니라 킬리만자로의 포터들을 지원하는 이 단체의 카트만두 사무실이었다.

포터들을 위한 의류은행

린진은 몇 가지 자료를 꺼내와 단체의 활동을 설명해 주었다. 그들의 활동 가운데 무엇보다 여행자의 마음을 끄는 것은 포터들을 위한 의류은행이었다. 잠깐 둘러보았던 2층의 의류와 장비 창고는 그냥 창고가 아니라 '은행'이었던 것이다.

옷이나 장비를 빌리는 건 무료다. 1,000루피의 보증금을 내면 누구나 언제든 트레킹 기간만큼 빌려 쓸 수 있고, 옷과 장비를 돌려주면 1,000루피를 고스란히 내어 준다. 포터 지원 프로젝트에 동의하는 등산장비 회사와 개인 여행자들의 기부로 적지 않은 옷과 장비를 보유하고 있었다. 특히 고산지대가 시작되는 랑탕 지역 등에도 의류은행을 열어 포터들이 전문장비를 쉽게 빌려 쓸 수 있도록 하고 있다.

그러나 그것은 위급상황에 대한 최소한의 대비책이다. 때문에 마운틴 펀드, KEEP 같은 단체들은 여행자를 만나 포터들이 처한 현실을 알리고, 여행자들의 윤리적 선택을 끌어내기 위해 카페나 여행자 정보센터 같은 공간을 열어두고 있었다. 찾아오는 일이 어렵다면 언제든 여행자들이 부르는 곳으로 찾아가 대안적 트

레킹에 대해, 포터들의 인권과 생명을 지키는 법에 대해 가르쳐 주는 교육활동도 하고 있다고 했다. 그리고 무엇보다 가장 우선으로 두는 것은 포터들에 대한 교육이었다.

"대부분의 포터들은 자신의 권리를 몰라요. 모르기도 하거니와 그렇게 까다롭게 굴었다가는 그 일을 못 얻을지도 모르기 때문에 그런 권리를 주장할 수 없죠. 네팔엔 10만 명이 넘는 사람들이 언제든 일을 얻기 위해 줄을 서 있으니까요. 그런 사람들에게 목숨을 잃거나 다쳤던 포터들의 사례를 가르쳐 주고, 스스로 몸을 지키기 위해 어떻게 해야 하는지, 사고를 당하면 어떻게 해야 하는지 알려주는 일을 해요."

드넓은 히말라야에서 일하는 10만 명의 포터들을 지원하기 위해 마운틴 펀드 외에도 포터즈 프로그레스, 국제포터연합(IPPG) 등 여러 단체들이 곳곳에서 의류은행, 교육 프로그램, 정보센터 등을 운영하고 있다. 마운틴 펀드는 국제포터연합과 함께 고산 지역에 포터들을 위한 대피소와 긴급구호소를 만들기도 했다.

물론 이런 활동에 필요한 기금을 지원하는 쪽은 주로 서구의 NGO들이었다. 그러나 추운 날씨에 산속에서 몇 달씩 머물며 대피소를 운영하고, 누군가 쓰러져 있다면 달려가 그들을 업고 내려오는 일은 포터들의 일이었다. 짐을 나르던 포터들이 생명을 나르기 시작하고, 여행사에서 떼어 가는 돈을 벌충하기 위해 끼니를 줄이던 포터들이 연대를 결성해 개인여행자들이 직접 정당한 임금을 주고 포터를 고용하도록 웹사이트를 만들기 시작했다. 부당한 일을 당하면 사진을 찍거나 기록을 남겨 증언을 하기도 했고, 동료 포터들을 돕기도 했다.

"포터들 중에는 글을 모르는 사람도 많아요. 또 열여섯 살밖에 안 된 어린 친구들도 많고요. 당장 먹고살기 바쁜 사람들은 권리나 인권 같은 걸 잘 모르죠. 또 누가 어려운 일을 당했다 한들, 그걸 도울 만큼 마음의 여유가 있는 사람은 드물어

요. 하지만 찾아가고 찾아오는 만남을 통해 우리 스스로 무언가 바꿀 수 있다는 걸 조금씩 배워 가고 있어요."

희망의 커피 한 잔

"포터들의 문제에 대해서 직접 현장조사를 해본 적도 있었어요?"
"아니요."
그는 잠시 후 웃으며 말했다.
"저도 포터예요. 지금도 방학 땐 산에 가서 포터로 일해요."
린진은 운이 좋은 편이었다. 가이드가 된 형 밑에서 일을 시작했고, 형이 가게를 책임져 대학에 갈 엄두를 낼 수 있었다. 학비는 독일계 장학금을 받아 해결했지만 생활비를 벌어야 해서 여전히 방학이면 산으로 간다고 했다. 학기 중엔 학교에서 공부하며 단체에 와서 다른 포터들을 돕기 위해 일하고 있는 것이다. 다행히 사회학이 재미있다 했다.
"대학을 졸업하면, 무언가 사람들을 도울 수 있는 일을 하고 싶어요."
그가 통역해 준 덕분에 굴 아저씨와 농담도 나누었다. 고향에 남아 있는 세 딸에 대해서, 두고 온 부인에 대해서도 들을 수 있었다. 한 달에 카페를 통해 생기는 수입은 너무 적지만 단체에서 지원금을 주어 가족에게 보내고 있다는 것도 알 수 있었다. 두 달을 함께 있으면서도 린진은 굴 아저씨의 지난 시절 이야기를 이토록 자세히 들은 적은 없었다고 했다. 통역을 해주기 이전에 그가 먼저 귀 기울이고 있었고, 아저씨가 웃으면 그가 함께 웃으며 우리에게 통역해 주곤 했다. 아름다운 모습이었다.

쓸모없어지자 버려지고 발가락마저 잃은 아버지 세대의 포터, 굴 아저씨. 그가 포터라는 사실보다 인간이라는 사실에 마음의 무게를 두고 있는 대학생 포터 린진. 두 사람을 바라보며

희망은 어쩌면 그들이 함께 앉아 있는 그 자리에, 한 잔의 차를 마시며 두 사람에게 귀 기울인 이 여행에 있을지도 모른다는 생각이 스쳤다.

   그때 짜이나 커피나 맛이 똑같다며 여기저기서 웃음 섞인 불만이 터져 나왔다. 그러나 아무도 차 값이 아깝진 않았다. 그 작은 카페엔 어디에서도 들을 수 없는 이야기들이 그득했으므로, 다른 세상을 여는 희망의 문을 희미하게 엿보았으므로…

::포터, 세상의 짐을 나르는 사람들

ⓒ International Porter Protection Group / Jim Duff

맨발의 포터

'히말라야를 감상하며 가볍게 걷는 산행, 트레킹'을 위해 등반객들의 짐을 날라 준다는 포터들이 어떤 사람인지를 안 것은 히말라야에 도착해서였다. 2007년 4월, 4킬로그램도 안 되는 배낭 하나를 메고도 가쁜 숨을 고르며 산을 오르던 길, 경사 60도를 오가는 가파른 계곡에서 잠시 숨을 고를 때면 곁으로 수많은 이들이 지나갔다. 산에서 마주치는 이들은 누구라도 두 손을 모으며 "나마스떼"로 인사를 건네곤 했다. 좁고 가파른 길을 오르던 포터들 역시 눈이 마주치면 "나마스떼" 하고 인사를 건네 왔다. 그러나 그들의 등에 얹힌 거대한 짐 더미들을 볼 때면, 그 인사가 그리 쉽게 나오질 않았다. 등산화는커녕 슬리퍼 차림에, 간혹 맨발의 포터들도 곁을 지나갔다. 갑자기 비가 쏟아져 비옷을 꺼내 입는 사이 다른 포터들도 잠시 짐을 내리고 비를 가릴 장비를 꺼냈다. 그들의 작은 배낭에서 나온 것은 커다란 비닐 한 장. 그것을 꺼내 머리부터 덮어썼다. 그러고는 이내 비가 와서 미끄러워진 길을 다시 오르기 시작하는 그들의 등에는 파라솔, 벤치, 텐트, 가스통… 상상하지 못한 짐들이 얹혀 있었다.

1960~1970년대 히피들의 행렬이 지나간 네팔 포카라, 1980년대에 들어서며 그

자리를 채우기 시작한 건 고어텍스 족이었다. 4,000~5,000미터에 이르는 안나푸르나 산군에 올라 짧게는 일주일에서 한 달간, 걷고 또 걸으며 히말라야의 영봉들을 바라보는 그 꿈의 트레킹을 위해 그들은 단단한 준비를 갖추고 왔다. 땀은 배출하고 비바람은 막아 주는 고기능 고어텍스 등산복, 방수복, 방한화, 등반용 오리털 침낭, 고글 등으로 중무장하고 포카라를 찾는 이들을 현지 사람들은 '고어텍스 족'이라 부르기 시작했다.

그러나 등반이나 원정이 아닌 '히말라야의 산을 바라보며 가볍게 걷는 산행, 트레킹'의 장비와 짐들은 너무 크고 무거웠다. 그것을 가장 먼저 알아챈 것은 물론 여행사들이었다. 여행사들은 깊고 높은 산에 대한 두려움으로 망설이는 여행자들을 위해 자격증을 가진 전문 등반 가이드와 포터들을 묶은 트레킹 패키지를 개발했다. 여행자들이 준비해야 하는 것은 돈과 시간뿐이었다. 작은 배낭 하나로도 산을 오르는 일이 벅찬 사람들을 위해 히말라야의 포터들은 10킬로그램이 넘는 50리터 배낭 서너 개쯤은 거뜬히 날라 주었다. 그뿐인가. 현지 음식이 싫은 이들을 위해서는 요리사와 조리장비, 그리고 그 모든 식재료와 가스통까지 지고 산을 오르는 포터들이 존재했다.

네팔 관광청에 따르면 1962년 6,000여 명뿐이던 히말라야 트레킹 인구는 1980년 2만 7,000명, 1990년 6만 명에 이르더니, 2014년엔 10만 명을 돌파했다. 물론 포카라를 찾는 여행자가 늘어날수록 포터들의 수도 함께 늘어났다.

여행자들이 포터들에게 짐을 넘기기 시작한 것은 단순히 짐의 무게 때문은 아니었다. 그것은 해발 3,000미터를 넘어서면 서서히 나타나는 히말라야의 고산증, 심각한 경우에는 목숨을 잃을 수도 있는 고산증에 대한 두려움 때문이기도 했다. 급격한 일교차, 하루에도 몇 번씩 비와 눈이 내리고 바람이 불어오는 험준한 산악의 날씨는 곧잘 감기를 불러왔는데, 산에서의 감기는 곧 폐렴이나 고산증으로 치달을 수 있는 위험한 것이었다. 일단 고산증이 시작되면 산을 내려가는 것 외에는 아무 치료책이 없기 때문에 그 두려움은 점점 여행자들의 짐을 늘렸고, 그 두려움의 무게는 고스란히 포터들의 등으로 옮겨지곤 했다.

세계가 그들의 맨발을 본 것은 벌써 오래전의 일이었다. 히말라야의 사진가 닉 메이슨은 그가 만난 포터를 이렇게 기록했다.

"네팔의 고르카 지역에서 온 포터. 그는 3명의 서양 트레커들의 배낭을 한 몸에 지고 가는 중이었다. 그 혼자 감당해야 하는 등정의 무게는 50킬로그램이 족히 넘었다. 트레커들은 각자 포터를 고용하기 원치 않았다. 3명이 함께 모아 그에게 지불한 돈은 하루 6달러(350루피)."

현지 음식인 '달밧'으로만 하루를 채운다 해도 그 돈 중 상당 부분은 흩어지기 마련. 돈을 아끼기 위해 하루 식사를 두 끼로 줄이고, 여행자들이 식사를 끝마치고 난 식당 바닥이나 창고에서 자거나, 캠핑을 하는 지역에서는 동굴 같은 곳에서 자기도 한다고 했다.

2015년 히말라야 포터들의 임금은 약 1,000루피에서 1,500루피 선으로 상승했다. 그러나 모든 물가도 함께 올랐다. 포터들은 그 수입으로 산 위의 밥값(한 끼당 300~400루피)과 숙박비도 감당해야 한다.

여행사를 거쳤다면 수수료를 내야 하고, 거기에 그룹 패키지라면 또 다시 두세 차례에 걸친 수수료가 떼어져 나간다. 과거에 비해 임금이 올랐다고는 해도 책임 여행사들처럼 직접 포터에게 임금을 지급하는 시스템이 아니라면, 그들 손에는 결국 아주 적은 수입만 남는 것이다.

그들이 그토록 가파른 선택을 하는 것은 차가운 현실 때문이었다. 여름과 겨울의 비수기를 빼면 봄과 가을, 단 두 계절에만 일할 수 있는 직업. 그리고 무엇보다 내가 지금 그 짐을 나르지 않으면 당장 그 짐을 나르기 위해 대기하고 있는 사람이 10만 명이 넘는다는 현실과의 경쟁이었다. 그 속에서 포터들에게 남는 선택은 최대한의 짐을 지는 것, 최소한의 돈을 쓰는 것밖에 없었던 것이다. 그러나 싸고 편한 여행을 위해 그들의 등에 얹은 짐은 간혹 그들의 생명을 빼앗는 무게가 되기도 했다.

한 포터의 죽음

시암 바아두르, 네팔의 포터였던 스물일곱 살의 그는 1997년 10월 25일 사망했다. 그가 포터로 일하기 시작한 것은 그의 나이 스물네 살 때였다. 그는 안나푸르나 트레킹 코스 가운데서도 해발 5,416미터에 이르는 토룽 라Thorung-La 지역까지 짐을 나르곤 했다. 1997년 10월 24일 아침, 그의 일행은 거의 목적지에 다다르고 있었다. 그러나 그는 몸 상태가 나빠지고 있음을 느끼기 시작했다. 고통을 호소했을 때, 그를 고용한 여행자들은 그에게 혼자 산을 내려가라고 했다. 만약의 응급사태에 대비할 돈 같은 건 주지 않았다.

산을 내려오던 시암은 구토를 시작했고 고통은 더욱 심해졌다. 그것은 심각한 고산증의 신호였다. 얼마 지나 시암은 공사 중인 롯지에 다다랐다. 당시 롯지를 짓고 있던 주인은 그가 심하게 몸을 떨고 있었으며 거의 탈진 상태였다고 증언했다. 다음 날 아침, 시암은 마침내 길가에 쓰러지고 말았다. 해질녘이 되어 한 미국인 등반객이 시암을 발견하고 그를 흔들어 깨웠지만 그는 이미 혼자 일어설 수조차 없는 상태였다. 그를 발견한 지역 주민과 포터들의 도움으로 이튿날 아침, 마침내 히말라야 구조센터에 도착했지만 시암은 이미 싸늘하게 식어 있었다. 그의 시신은 3일간 길가에 눕혀져 있었고, 수많은 등반객들이 애도하며 그의 곁을 지나갔다.

— 한 포터의 죽음, 국제포터연합

국제포터연합은 시암의 죽음을 기록한 증언의 말미에 이렇게 덧붙이고 있다.

"우리는 여전히 한 해에 얼마나 많은 포터들이 네팔의 트레킹 코스에서 죽는지 정확히 알 길이 없다. 이 죽음들은 보도되지도 알려지지도 않기 때문이다. 히말라야를 등반하는 외국인의 경우 그들의 죽음은 거대하고 대단한 것으로 보도되곤

한다. 그러나 포터들의 경우 함께 등반하던 등반객들, 심지어 그들의 리더마저도 그가 없어졌다는 것을 모르곤 한다."

도구가 된 사람들

새로운 여행을 만들어 가는 네팔 NGO 'KEEP'의 여행자 정보센터에서 마주한 다큐멘터리 〈Carrying the Burden〉(BBC, 2001)은 우리가 닿지 못한 포터들의 삶, 그 깊은 안쪽까지 우리를 안내해 주었다.

"5년 전, 폭설이 내려 60여 명이 죽고 수십 명이 고립되는 엄청난 눈사태가 있었어요. 저도 그때 사고 현장에 고립되어 있었죠. 트레킹을 하는 관광객도, 포터도 모두 눈 속에 갇혀 꼼짝할 수 없는 형편이었어요."

다큐는 그의 증언 위로 당시 신문들의 머리기사를 겹쳐서 보여주었다.

'외국인 ○○명 고립'. 네팔 포터들이 그 산에 함께 고립되었다는 이야기는 어느 신문에도 없었다. 그 당시를 증언하는 포터 발람에게 더 끔찍했던 기억은 산사태가 아니라 구조 헬기였다고 했다.

"헬리콥터가 착륙하자 저는 제가 지고 있던 등반객들의 배낭과 제 짐을 헬기에 실었죠. 그러자 헬기를 빌려 우리를 구조하러 온 트레킹 회사 직원이 제 짐은 밖으로 내던졌어요. 제가 왜 그러느냐고 외치자 그가 답하더군요. '이 헬기는 너희들을 위한 게 아니야. 관광객들을 위한 거라구. 너희들은 얼음이 녹기를 기다렸다가 걸어서 내려가.' 날씨는 너무 추웠어요. 우리는 눈 속에서 방한복도 없이 며칠을 걸었죠. 3일 후 룰카Lulka에 도착했지만 눈에 반사된 강한 빛 때문에 이미 실명한 후였어요."

소리 없는 죽음을 밟으며 올라가는 잘못된 트레킹, 아니 잘못된 관광산업의 구조를 바꾸기 위해 2002년부터 캠페인을 펼쳐 온 영국의 관광감시 NGO 투어리즘 컨선의 활동가는 이렇게 꼬집는다.

"사람들은 이상한 믿음을 가지고 있는 것 같아요. 포터들은 보통 사람과 달리 무거운 짐을 가볍게 나를 수 있고, 높은 고도에서도 고산증 따윈 상관없고, 영하의 날씨 속에서 슬리퍼에 면바지만 입어도 감기에 걸리지도 동상에 걸리지도 않는 슈퍼맨 같은 존재라는 이상한 믿음을. 하지만 히말라야를 오르는 많은 포터들은 낮은 구릉지대에서 농사를 짓다가 가난에 못 이겨 산에 오르는 평범한 사람들일 뿐이죠."

안나푸르나 지역 쿤데Kunde 병원에서 한 해에 평균 2,000명에 달하는 포터들을 치료하는 의사 레이첼 비숍, 그녀는 해마다 수많은 포터들이 동상, 고산증, 실명, 낙상과 부상 등으로 쿤데 병원을 찾아오고 있다고 했다. 그녀를 찾아오는 이들은 그래도 살아남은 이들이다.

"우린 여기서 해마다 수많은 포터들이 죽었다는 소식을 듣죠. 산에서 죽은 포터들 이야기는 밤을 새워도 모자랄 정도죠. 그들을 죽이는 건 고산병이 아니에요. 고산병이 찾아왔을 때 여행자들에게 하듯 포터들을 구하기 위해 적절한 응급조치와 동반 후송이 이루어졌다면 죽은 이들 대부분은 살았을 거예요. 포터들의 죽음을 막기 위해 장비보다도 먼저 필요한 건 사람이에요. 포터들을 짐 나르는 도구가 아니라 우리와 같이 생명을 가진 인간으로 존중해 주는 양심 있는 사람들…."

그곳으로 후송되지 못하고 죽어간 포터들이 얼마나 많을지는 그녀도, 누구도 알 수 없다고 했다.

나는 상관없어요

상관없어요.
비가 얼마나 오든
눈이 얼마나 내리든
심장이 얼마나 아파 오든.
나는 포터니까요.

나는 짐을 나르죠.
높고 낮은 산을 짐과 함께 걸어야 하죠.
가족들을 먹여 살리는 것
짐을 나르다 언젠가 죽는 것
이것은 나의 운명이니까요.
나는 포터니까요.

- 소남 세르파 Sonam Sherpa

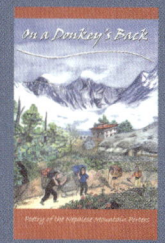

* 히말라야 지역 50명의 포터들이 쓴 시를 묶은 시집 『On a Donkey's Back』 중에서

공정여행 팁

히말라야 포터들을 돕는 여행

01 트레킹 상품 선택 전 여행사에 이렇게 물어 주세요

당신의 몇 가지 질문과 선택은 당신이 생각하는 것보다 훨씬 큰 힘을 발휘할지도 모른다. 네팔에서는 이미 20여 개 여행사가 포터들을 위한 인권규정을 만들고, 정당한 임금, 보험, 고산과 저온에 대비할 수 있는 등산장비 대여, 직접적이고 투명한 임금 지급 등을 지켜나가고 있다(www.ippg.net). 히말라야 트레킹, 티베트 카일라스 트레킹 혹은 남미나 아프리카로 트레킹을 계획하고 있다면 여행사에 전화를 걸어 이런 질문을 던져 보자. 우리의 전화 한 통이 또 한 명의 굴 아저씨를 구할 수도 있다.

- 포터에게 정당한 임금이 지급되고 있나요?
- 포터에게 보험은 들어 주었나요?
- 품삯은 누군가를 거치지 않고 바로 포터에게 전달되나요?
- 포터에게 추운 날씨와 고도를 견딜 수 있는 장비와 숙소가 제공되나요?

영국의 경우, 투어리즘 컨선과 리스폰서블 트래블닷컴이 함께한 포터들의 인권 캠페인을 통해 영국 내에서 전 세계의 트레킹 상품을 다루는 여행사의 약 50%가 국제포터연합의 포터 인권규정을 지키고, 여행자들에게 가이드라인을 알리는 일을 약속하는 성과를 거두었다. 여행은 누군가의 인권을 빼앗는 길이 될 수도 있지만 동시에 새로운 인권의 장을 여는 평화의 행동이 될 수도 있는 것이다.

02 포터의 인권을 위한 가이드라인

1. 포터들에게는 날씨와 고도에 맞는 방한, 방수 장비가 제공되어야 한다 (방풍 재킷과 바지, 양털 재킷, 등산화, 내복, 양말, 모자, 장갑, 선글라스 등).
2. 보온을 위한 침구와 적당한 숙소, 따뜻한 음료, 요리장비 및 연료가 제공되어야 한다.
3. 포터들의 사고와 부상 시 치료를 받을 수 있도록 여행자 보험에 가입해야 한다.
4. 포터들에게 고산병이나 저체온증 등 고산에서 겪을 수 있는 심각한 질병이 찾아올 경우 적합한 응급조치를 취해야 하며, 후송이 요구될

경우 반드시 의사소통이 가능한 동행과 함께 안전한 방법으로 병원까지 내려가 치료받도록 도와야 한다.

5. 포터들의 짐은 그들의 짐을 포함해 최대 30킬로그램 미만이어야 한다(네팔 30킬로그램, 킬리만자로 20킬로그램, 페루 25킬로그램).

— 국제포터연합(IPPG)

03 하산 후 등산용품을 포터들에게 기부하세요

필요 없는 등산장비는 포터들을 위한 의류은행에 기증하자. 의류은행은 포터들을 위한 등산복, 등산화, 장갑, 모자뿐 아니라 침낭, 아이젠, 배낭, 방수복 등 고가의 등산장비를 가난한 포터들에게 무상으로 대여해 포터들의 동상이나 저체온증을 막는 데 큰 도움을 주고 있다.

◎ 마운틴 펀드 www.mountainfund.org

◎ 포터들의 연합
   Porters' Progress UK www.portersprogressuk.org

◎ 쓰리 시스터즈 www.3sisters.org

04 네팔의 산간 지역에서 자원봉사를

긴 시간을 낼 수 있는 장기여행자라면 '마운틴 펀드'의 여행자센터에 들러볼 것을 권한다. 마운틴 펀드에는 여행자들이 네팔의 산간 지역 마을에서 할 수 있는 자원봉사 목록이 비치되어 있다. 1990년 트레킹을 통해 산간 지역 마을을 지원하는 일을 시작한 이 단체는 여행자들이 네팔뿐 아니라 페루 등 세계의 산간 지역에 살아가는 가난한 이들을 도울 수 있도록 안내하고 있다.

마운틴 펀드의 자원봉사 목록 중 원하는 곳에서 자신의 여행 계획에 따라 짧게는 2주에서 한 달, 길게는 1년까지도 자원봉사에 참여할 수 있다. 컴퓨터, 포터들을 위한 영어 교육, 산악 대피소에 필요한 의료지원, 산간 지역 아이들 돌보기, 태권도 등 무엇이든 자신이 가진 재능과 체류 기간에 따라 자원봉사가 가능하다. 여행자센터에는 포터들의 인권 문제, 산간 지역 사람들의 문제 등에 대한 다양한 자료와 영화, 다큐멘터리 등이 비치되어 있어 누구든 볼 수 있고 인터넷도 사용 가능하다. 같은 건물에 있는 포터들을 위한 의류장비 은행, 굴 아저씨의 카페도 둘러볼 수 있다.

깊이보기 ②

::꿈같은 호텔, 꿈만 같은 노동

ⓒ Hotel Workers Rising

　호텔 노동자들의 인권을 위해 10년 넘게 일해 온 영국 호텔 노조 대표 캐빈을 만난 건 2017년 3월, 베를린에서 진행된 투두(To Do Award) 인권상 수상식장이었다. 캐빈은 영국의 기존 노조들이 관심을 갖지 않았던 호텔 노동자들의 권리를 위해 나무의사(plant therapist)로 돈을 벌어 그 돈으로 호텔 노조 활동을 하고 있었다. 수상식에서 캐빈을 축하하기 위해, 런던의 한 호텔에서 일하는 엠마가 어렵게 휴가를 내고 동행했다. 케냐 출신인 20대 중반의 아름다운 여성 엠마는 호텔 노동자로서 자신이 겪은 바를 가감 없이 나누어 주었다.

　"가족이 함께 런던에 이주했지만 일자리를 구하는 게 쉽지 않았어요. 그때 마침 호텔 청소 구인광고를 보았어요. '영어 무관, 기술 필요 없음, 바로 출근 가능' 복음과도 같은 소식이었죠. 실제로 간단한 교육 후 바로 시내의 고급 호텔로 배치 받았어요. 시내 한복판 5성급 호텔에 출근이라니…. 설레기까지 했죠. 하지만 그건 악몽의 시작이었어요."

　그녀가 일한 호텔은 하룻밤 300파운드(약 45만원)부터 시작해 2,000파운드(약 300만원)에 달하는 최고급 호텔이었다. 하지만 정작 화려한 호텔에서 일하는 노동자들은 믿기 어려운 부당한 대우와 인권 침해를 경험했다. 호텔 노조 대표 캐빈은 그것이 비단 엠마만의 일이 아니라고 설명했다.

"대부분의 호텔들은 런던에 도착한 지 한두 달 이내의 영어가 서툰 이주 노동자들을 고용하길 선호하죠. 언어를 못하니 다른 일자리를 구하기도 어렵고 당연히 자신감도 독립성도 떨어지니까요. 무엇보다 그들은 노동법을 모르고, 설사 안다 해도 요구할 조직을 만들어 낼 힘이 없는 개인들이니까요."

전 세계의 호텔에서 방을 치우는 노동자들은 대부분 유색 인종, 이주 노동자들이다. 우리가 몰디브나 보라카이의 리조트가 아니라 뉴욕이나 런던 같은 대도시의 한가운데 위치한 5성급 호텔에서 잠을 잔다고 해도 방을 치우는 사람은 리조트와 크게 다르지 않다. 호텔 노조가 인터뷰한 또 다른 노동자 마리(가명)는 호텔에서의 강도 높은 업무를 이렇게 증언한다(호텔 노동자들은 실명으로 인터뷰할 때 생길 피해를 두려워해 대부분 인터뷰나 기록에 가명을 사용하고 있다).

"방 하나를 치우는 데 주어진 시간은 평균 28분이에요. 그 짧은 시간 동안 손님들이 엉망으로 망가뜨리고 떠난 방을 완벽하고 럭셔리하게 청소하고 정리해야 하죠. 이 호텔엔 그런 방이 무려 500개가 있어요. 가끔은 하루에 한 사람당 30개의 방을 청소해야 하는 일이 생기기도 해요. 하지만 일이 늦어져 초과근무를 해도 아무도 보상을 해주진 않죠."

호텔 노조에 의하면 시간당 임금이 아니라 하나의 방을 기준으로 임금을 지급하는 것은 엄연한 불법 행위다. 대부분의 에이전시는 표면상으론 최저임금(시간당 6.7파운드)을 지급한다고 공표한다. 그러나 이익을 극대화하기 위해 에이전시들은 노동자와 계약을 맺을 때 노동자들에게 방의 개수만큼 돈을 지급하고, 복도 및 창문 청소와 같은 추가 업무를 하게 만든다. 물론 추가 업무에 대한 수당은 호텔도 에이전시도 지불하지 않는다.

호텔 노동자들은 최저임금에 대한 교육, 기본적인 노동자의 권리에 대한 정보, 산재에 대한 안내 등 어느 것도 쉽게 전달되지 않는 노동의 사각지대에 서 있는 것이다.

"당신은 먼지에 불과해요. 손님이 왕이에요."

"그건 감옥이나 다름없었어요. 새벽부터 점심까지 수많은 방들을 치우기 위해 호텔의 어두운 복도를 오가다 보면 여기가 어딘지 길을 잃은 느낌이 들곤 하죠. 서로 대화를 한다거나 모임을 갖는 행위가 엄격하게 금지되어 있으니 도움을 구하거나 친구가 되는 일도 쉽지 않았어요. 그러나 무엇보다 힘든 것은 부당하게 초과근무를 시키고 임금을 떼어 먹는 고급 호텔 체인들의 얌체 짓과 하루걸러 일어나는 손님들의 성희롱이나 성추행을 묵과하는 호텔의 비인격적 태도였어요."

호텔 노조 사무국장 턴불은 방 청소를 하는 동안 투숙객에게 성폭행을 당한 여성 노동자 이야기도 들려주었다.

"호텔 투숙객에게 성폭행을 당한 동료 2명이 있었어요. 그녀들은 자신들이 당한 성폭력을 호텔 측에 알렸죠. 그런데 호텔이 한 일이 뭔 줄 아세요? 성폭행을 당한 그녀들이 받은 보상은 단 하루의 휴식뿐이었어요. 어떤 사과나 조사도 없이, 그녀들은 다시 원래 자리로 돌아와 같은 층에서 일해야 했어요. 심지어 호텔 측은 그녀들을 여전히 가해자 중 1명이 숙박하고 있는 층으로 보내기까지 했어요."

상습적인 성희롱이나 성폭력은 물론, 심지어 근무 중 부상이나 산재를 당해도 노동권에 대한 기초 상식조차 없는 이주 노동자들은 피해를 고스란히 감수할 수밖에 없는 현실이다. 북미 지역 호텔 노동자들의 연합인 '호텔 워커스 라이징Hotel Workers Rising'의 통계에 따르면, 호텔 노동자 노조가 캐나다 지역에서 일하는 600명의 호텔 객실 청소원들을 대상으로 조사한 결과, 그들 중 91%가 일 때문에 생긴 등, 허리, 무릎의 심한 통증 및 부상에 시달리고 있으며 3명 중 1명은 그 때문에 병원에 다니고 있었다.

이것은 일반적인 서비스 영역 노동자들의 부상률에 비해 40% 이상 높은 수치이며, 건축 현장 노동자 다음으로 높은 산재율을 기록하고 있다. 특히 그 대상자 대부분이 여성이며, 이들은 어떤 보험이나 산재에 대한 보장도 없고, 맡은 방을 다 청소하지 못하거나 기준에 미달되면 그저 해고될 뿐인 비정규직이다('Fact Sheet about Hotel housekeepers', www.hotelworkersrising.org).

'2016 세계 여성의 날' 발표된 여성과 관광의 인포그래픽에 의하면 관광업계에서 일하는 노동자 중 55%는 여성이다. 그러나 남성들에 비해 여성은 15~20% 더 적은 소득을 가져가고, 고위직으로 갈수록 남성이, 하급직으로 갈수록 여성의 비율이 높아진다. 특히 호텔과 식당업은 여성 노동자 비율이 그 어느 부문보다 높다.

호텔 노동자는 이직률, 산재율, 해직률이 가장 높은 직종 중 하나다. 그들은 권리보다는 생존에 목을 건 경우가 대부분이고, 그런 사실을 누구보다 가장 잘 아는 것은 힐튼이나 메리어트, 쉐라톤 같은 거대 호텔 체인회사들이다. 하물며 아시아, 아프리카, 남미 등 관광에 의존하는 나라들의 호텔과 리조트에서 일하는 노동자들의 삶은 어떠할 것인가.

럭셔리한 호텔에서 보내는 여행은 일상에서 탈출해 얻는 특별한 휴식일 것이다. 그러나 누군가는 그 호텔의 럭셔리함을 유지하기 위해 혹독한 대가를 지불하고 있음을 기억할 때 여행자도, 여행을 위해 일하는 노동자도 함께 웃을 수 있는 새로운 여행은 가능해질 것이다.

호텔에서 방을 치우는 일로 17년을 보낸 크리스탈 애비, 그녀가 당신에게 호텔 노동자의 인권과 존엄을 존중하는 쿨~한 게스트가 되는 팁을 들려준다.

호텔 노동자 운동에 나선 룸메이드

크리스탈 애비, 그녀는 뉴욕의 호텔 룸메이드다. 그녀 역시 보통의 다른 룸메이드처럼 하루 15개에서 18개의 방을 치우며 매일 약을 먹고 병원에 다녀야 하는 삶을 살았다. 그러나 그녀의 호텔은 그녀에게 의료보험을 제공하기는커녕 아프거나 병원에 가는 날에는 일당을 주지 않았다. 어깨와 허리 통증이 심해 좀 더 가벼운 짐을 옮기는 일을 배정해 달라고 부탁하면 호텔 측은 일관된 태도로 응수했다.

"그 일을 못하겠으면 나가라."

이렇게는 더 이상 참을 수 없다고 느끼고 있을 때, 애비는 호텔 노동자들의 인권을 찾는 단체인 '호텔 워커스 라이징'을 알게 되었다.

애비, 얼마나 오래 이 호텔에서 일했죠?

음, 19년쯤이요. 고등학교 졸업하고 바로 시작했으니까요. 처음에는 정말 힘들었죠. 하지만 이제 많이 익숙해졌어요. 그래도 욕실 청소는 아직도 힘들어요. 온통 신경을 집중해야 하니까요. 저는 욕실 바닥에 머리카락이 떨어져 있는 걸 못 참거든요.

어떤 일을 제일 잘해요?

침대를 탄탄하게 펴는 건 제 전공이에요. 시트가 반듯하게 펴진 침대를 보면, 꼭 초대받은 듯한 느낌이잖아요.

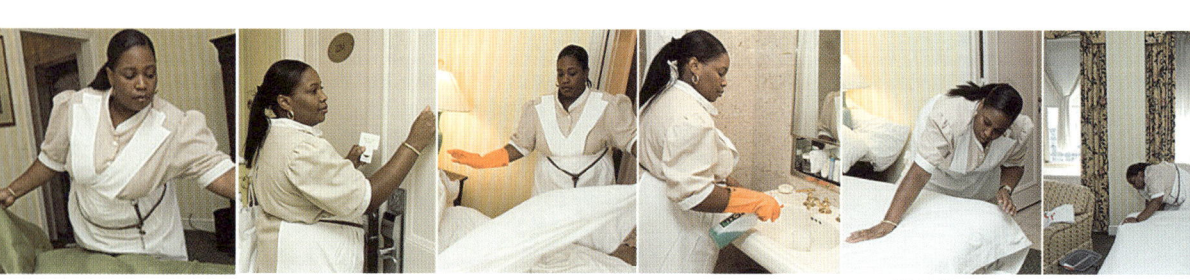

ⓒ Hotel Workers Rising

손님들은 어때요?

손님들은 아주 쿨해요. 하지만 늘 긴장이 있죠. 누군들 화가 나지 않겠어요. 비싼 돈 내고 호텔에 왔는데 아직 방이 깔끔하게 준비되어 있지 않다면. 하지만 저 역시 마찬가지죠. 단 하룻밤 만에 방을 도저히 알아볼 수 없을 지경으로 만들어 놓고 나가는 이들을 보면 화가 나죠. 이 작은 방에서 하룻밤 자는 데 무려 450달러를 내요. 그러니 사람들은 자기가 맘대로 해도 좋을 만큼 돈을 냈다고 생각할 만하죠. 그렇게 잔뜩 어질러 놓고 이렇게 말해요. "치워 줘요." 그런 사람들일수록 팁 같은 건 꿈도 꾸지 말아야죠.^^;

어떻게 하면 사람들이 당신을 도울 수 있죠?

음… 많은데요. 우선 수건을 제자리에 걸어 주세요. 그리고 쓰레기는 쓰레기통에 넣어 주세요. 옷은 벗으면 침대에 던져 놓지 말고, 의자에 걸어 주세요. 늘 제일 큰일은 침대 청소니까요. 예, 그건 물론 제 일이죠. 저는 청소를 해서 돈을 받잖아요. 하지만 이렇게 조금만 도와주면 얼마나 큰 힘이 되는지 몰라요.

왜 호텔 노동자 운동에 참여했어요?

난 좀 더 나은 조건의 계약을 원했어요. 하지만 그 임금 협상에 나가기 전까지 그들이 무어라 말하는지 뭘 원하는지 전혀 몰랐죠. 와우…, 정말 그 사람들은 우리를 무시하더라구요. 특히 우리처럼 방을 청소하는 사람들은 사람으로 안 보는 거 같았어요. 그들은 서비스를 높인다고 방에 자꾸 물건을 집어넣어요. 물건 하나가 늘어나면 우리에겐 그만큼 손이 가고 시간이 드는 일이거든요. 그런다고 임금을 더 주나요? 호텔 매니저는 그래요. 아무것도 아니라고, 그냥 하던 대로 하라고. 처음에는 그랬어요. "책 한 권만 방에 넣을게요. 고객들이 심심해할까 봐 그래요." 그래서 우린 당연히 괜찮다고 했죠. 그런데 보세요. 그렇게 시작된 것이 어느새 다섯 권이 되었고, 선반엔 네 권이 더 있어요. 늘 이런 식이었다구요.

활동의 가장 큰 성과는 무엇이었나요?

우린 이제 의료보험 혜택을 받게 되었어요. 그건 정말 큰 승리였죠. 난 이제 알아요. 우리의 권리는 쉽게 빼앗을 수 없는 것이라는 것을….

* 이 인터뷰는 호텔 워커스 라이징Hotel Workers Rising에서 진행한 것이다. 지면 관계상 부분적으로 생략했다. 호텔 워커스 라이징은 비정규 호텔 노동자들의 인권과 근무조건 향상을 위해 일하는 노동조합이다. 호텔의 크고 깔끔한 로비와 방 뒤편의 보이지 않는 곳에서 이루어지는 인권 탄압 등을 증언하고, 잘못된 근로환경 개선을 위해 작은 힘을 뭉쳐 나가고 있다. 현재는 유나이트 히어Unite Here라는 단체명으로 활동하며, 웹사이트에는 인권 기준을 지키는 호텔과 그렇지 않은 호텔의 리스트가 공개되어 있다 (북미 지역 중심).

◯ UNITE HERE www.fairhotel.org

:: 당신이 자유를 즐길 때 – 욕망의 여행, 섹스투어리즘

네팔 카트만두에 다다를 때면 늘 집처럼 찾아가는 작은 호텔. 마당이 있고, 정갈한 방이 있는 그곳의 주인은 우리에게 물었다. 무엇을 위해 이렇게 해마다 네팔에 오는 거냐고. 새로운 여행의 길을 찾고 조사하고, 만나가는 중이라 하니 그가 말했다.

"새로운 것을 만드는 것도 중요하지만 낡은 것을 고치는 것도 중요한 일이죠."

그리고 25년째 카트만두의 번화가 타멜에서 일해 왔다는 그가 겪었던 일을 들려주었다.

"한 노르웨이의 나이 든 작가가 석 달을 장기 투숙하고 있을 때였어요. 그런데 그가 며칠간 외출했다가 돌아올 때면 시골에서 온 듯한 네팔의 어린 소년들을 데리고 방으로 올라가 며칠을 지내는 거예요. 두세 번 그런 일이 이어지자 짚이는 데가 있어 몰래 사진을 촬영하고 증거를 모으기 시작했죠. 경찰에 의뢰해 수사한 결과, 그 작가가 네팔에 머무는 동안 무려 15명의 네팔 소년들을 성매매 상대로 삼아 인권을 유린했다는 것이 밝혀졌어요. 그러자 그는 자기 나라로 도망가듯 귀국해 버렸죠. 하지만 제가 모은 증거들이 있어 네팔 경찰의 협력을 얻어 노르웨이 경찰에 수사를 의뢰했고, 결국 그가 해외여행 때마다 몰래 했던 미성년자 동성애 성매매가 노르웨이에 알려져 크게 망신을 당하고 글을 쓸 수 없게 된 일이 있어요."

그는 호텔 청소부부터 시작해 25년간 호텔 일을 하고 있는 가난한 호텔리어였다. 호텔에서 일하며, 호텔을 경영하며 무엇이 가장 힘들었을까.

"보아선 안 될 일들을 보아야 하고, 때로 침묵해야 할 때가 가장 힘든 순간이죠."

어떤 면에서 투숙객이 호텔에서 누구와 자고, 무엇을 하느냐는 그의 자유일 수도 있지 않겠냐고 물었더니 그가 답했다.

"물론 우리 호텔에 머무는 여행자들이 어디에 가서 무엇을 하고 누구를 만나고 어떻게 즐기는지는 완전히 자유로운 일이죠. 하지만 그 노르웨이 작가처럼 그의 자유가 아무것도 모르는 아이들의 삶을 파괴하는 거라면 그건 용납될 수 없는 자유죠. 누가 다른 이의 삶을 파괴할 자유를 가질 권리가 있나요? 어떤 자유도 남에게 피해를 끼치지 않는 선에서 인정되는 것이고, 그것은 자신의 나라뿐 아니라 여행하는 곳에서도 마찬가지겠지요."

그의 이야기 사이로, 문득 마닐라의 5성급 호텔에서 어린 필리핀 여성들의 손을 잡고 한 명씩 방으로 올라가던 한국인 남자 단체 관광객들의 추한 뒷모습이 떠올랐다. 필리핀뿐만 아니라 한국인들이 활보하는 아시아 곳곳에서 벌어지는 부끄러운 여행 문화…. 그 욕망의 그늘 속에서 파괴되고 있는 것은 우리가 상상하는 것보다 훨씬 큰 것이었다.

아시아 아동 성매매 관광의 핵심 수요국, 한국

한국형사정책연구원이 2012년 진행된 현지 실태조사를 바탕으로 작성한 '동남아시아 아동 성매매 관광의 현황과 대책' 보고서에 따르면 동남아시아 지역 성매매 관광객 1위는 여전히 한국인이다. 성매매 여성의 송출국인 동시에 유입국이며 성 구매 남성들의 출발지인 동시에 기착지인 한국은 전 지구적인 성매매 시장에서 복합적인 위치에 있다. 일본인 관광객을 타깃으로 했던 기생관광, 88올림픽 유치 때 외국인 남성 관광객을 타깃으로 했던 성매매 관광으로 한국이 성매매 공급국임을 드러냈다면, 경제성장과 해외여행 자율화 이후 한국은 성매매 구매국으로 악명을 높이고 있다. 상대적으로 물가가 저렴한 동남아시아 국가가 성 구매 관광 지역으로 각광을 받고 있고, 유학생, 연예인 관광객, 일반 관광객, 비즈니스 접객 등 성 구매 관광객의 층이 확장되고 있다.

여행객의 절반 이상을 차지하는 남성이 동남아 여행지를 찾는 이유는 '색다른 재미' 즉 '섹스관광'에 있다. 남성들 몇몇이 그룹을 지어 골프관광이나 테마관광 형태로 성매매 관광을 떠나기도 하고, 따로 출발했다 현지에서 만나 정보를 주고받으며 즉석에서 담합해 성매매를 하기도 한다. 몇몇 도시의 거리는 성매매 지역으로 유명하다. 태국 방콕의 팟퐁거리, 해안도시 파타야, 필리핀 마닐라베이 근방 골목들, 세부 등이 유명 관광지인 동시에 '유흥 지역'으로 알려져 있다. 아시아 태평양 지역 어디라도 한국인 관광객들이 많이 몰리는 곳에는 예외 없이 성 산업이 성장세를 누리고 있는 것이다. 더불어 한국 관광객에 의한 아동 성 착취와 성매매 여성의 인권 침해 문제는 국제적으로 문제가 되고 있다(김선화, 「당신들의 '관광', 글로벌시대의 성매매」, 2007).

여행은 내 자유 아닌가요?

한편에서는 성매매는 성을 팔아 돈을 벌고자 하는 여성들의 '자발적인' 선택과 돈을 주고 성욕을 충족시키려고 하는 남성의 '개인적인' 행위가 만나 이루어지는 '자유로운' 거래라는 주장을 펴기도 한다. 그러나 이것이 얼마나 성 구매자 중심의 자의적 주장인지는 유엔의 보고 자료를 통해 여지없이 드러난다. 유엔의 조사와 추산에 따르면 인신매매의 약 80%가 성 착취를 목적으로 하고 있으며, 그 대상은 대부분 여성과 아동이었다. '성 착취적인 인신매매의 최종 수요 보고서(End Demand for Sex Trafficking Bill)' 또한 세계적으로 60~80만 명이 매년 외국으로 인신매매되고 있으며, 그중 80%가 여성과 소녀들이라고 증언하고 있다. 이처럼 성매매는 이미 인신매매와 분리해서 생각할 수 없는 문제임을 인식해야 성매매 문제의 심각성을 제대로 파악할 수 있다.

미 국무부에서 발표한 '인신매매 보고서(Trafficking in Persons Report)'는 "한국 남성은 동남아시아와 태평양 군도 국가들에서 자행되는 아동 성매매 관광의 주요한 고객 집단을 구성하고 있다. 특히 2010년 보고서에서는 한국 정부가 해외 아동 섹스관광에 나섰던 한국인을 단 한 명도 처벌한 적이 없고 이런 관광 수요를 줄이려는 노력도 하지 않았다"며 한국 정부의 무책임한 태도를 비난하고 있다(박선영·박찬걸, 『동남아시아 아동 성매매 관광의 현황과 대책』, 한국형사정책연구원, 2012).

아시아 성매매 관광의 핵심 수요국, 한국. 그 어두운 자화상의 한 면을 태국과 필리핀을 오가며 한국인의 관광 실태에 대한 현지조사를 했던 여행자, 김주영*에게 들어본다.

2007년 여름, 나는 열흘 남짓 필리핀에 머무르고 있었다. 한국 남성의 주요 섹스투어리즘Sex Tourism(해외 원정 성매매 또는 성매매 관광) 목적지 가운데 하나인 필리핀의 섹스관광 문제, 특히 한국 남성에 의한 원정 성매매의 현황을 조사하기 위해서였다.

아시아의 아동 섹스관광 근절을 위해 활동을 하는 ECPAT*이나 대표적인 반 성매매 국제 네트워크 조직인 CATW* 등 다양한 성매매 관련 NGO를 방문해 활동가들에게 현황을 듣기도 하고, 가출 청소년과 성매매 여성들로부터 직접 이야기를 듣는 기회도 가질 수 있었다.

활동가들과 성매매 여성들로부터 공통적으로 들었던 이야기는 주로 '한국 남성'

에 관한 것이었다. 물론 내가 한국인이고 게다가 남성이기 때문일 수도 있지만, 최근 몇 년 사이 한국에서 온 성 매수자가 눈에 띄게 증가한 것은 분명한 사실이었다. 소속 기업이 필리핀에 진출하면서 장기 파견된 노동자, 사업 목적으로 일시 방문한 사업가, 골프투어 또는 휴가를 위해 방문한 여행자, 그리고 어학연수를 위해 장기 체류하고 있는 대학생 등 다양한 계층의 한국 남성들이 성매매 업소를 찾고 있다는 것이다.

실제로 조사를 위해 손님으로 가장하고 들어갔던 클럽에서 성매매 여성들은 나에게 자연스럽게 한국어로 인사를 건넸고, 동행한 활동가들은 인근 지역의 한국 대기업 직원들이 클럽의 주 이용자라고 알려주었다. 또한 아이를 낳게 하고 연락을 끊어 버린 어학연수생과 성폭력을 저지르고 도망간 대기업 직원과 같은 '비열하고 무책임한 한국 남성'에 대한 이야기는 이미 너무 흔해서 식상한 주제로 여겨질 정도였다. 캄보디아의 한 아동인권단체 활동가로부터는 아동 성매매를 하다가 적발될 경우 무거운 처벌을 받을 수 있다는 내용의 경고 문구를 한국어로 번역해 달라는 부탁을 받기도 했다.

'기생관광'이라는 이름의 섹스투어리즘의 주요 목적지 국가였으며, '외화 획득을 통한 국익 증진'이라는 명목으로 정부가 나서 기지촌 여성들에게 성매매를 독려하던 것이 불과 20~30년 전 한국의 모습이다. 그러나 지금은 많은 한국 남성들이 성매매를 목적으로 아시아의 밤거리를 누비고 있다.

지구화의 시대, 네트워크의 시대, '성'이 사고 팔리는 시장 역시 다른 시장과 마찬가지로 공간의 제약을 넘어서고 있다. 노동시장이 성별화되고 지역 간 경제적 불균형의 골이 깊어지는 과정에서 많은 아시아 여성들이 상품화, 탈인격화되어 성매매 시장으로 내몰리고 있다. 반면 자본으로 무장한 남성들은 국경을 자유롭게 넘나들며 여성과 아동의 성을 착취하고, 그들의 무용담은 인터넷을 통해 전 세계로 퍼져 나가 공유되고 확산되고 있다. 현지에서 실시간으로 전해지는 '밤문화' 정보

와 이를 수용하고 재생산하는 남성들…, 성 매수자인 동시에 '포주' 노릇을 하고 있는 한국의 어두운 자화상이다.

성매매, 성적 목적의 인신매매 등 여성과 아동에 대한 성 착취는 더 이상 한 국가의 문제가 아니다. 그래서 성매매 관광의 예방에 '국제 연대'와 '기업 참여'는 중요한 역할을 할 수 있다. 지난 1998년부터 ECPAT Australia가 호주 정부의 지원을 받아 실시한 'Child Wise Tourism' 프로그램은 국제 연대와 기업 참여가 결합된 의미 있는 사례다. ECPAT Australia는 자국 국민을 대상으로 하는 섹스투어리즘 실태조사 및 예방 캠페인 실행뿐만 아니라, 태국·베트남·필리핀 등 해외 원정 성매매 목적지 국가의 정부 관련 부처, NGO, 여행업계와 연대하여 호텔·식당 등 현지 여행업체 종사자 교육 프로그램 개발 및 실행, 가이드라인 제시, 협약 체결, 지속적인 예방 캠페인 및 모니터링 실시 등 다양한 프로그램을 진행했다.

독일·프랑스 등에서는 이미 오래전부터 비행기 기내 영상물 상영 등을 통해서 해외 원정 성매매 예방 홍보 활동을 해왔으며, 이탈리아·독일·일본 등에서는 전체 여행업계 차원에서 해외 원정 성매매 예방을 위한 행동강령(Code of Conduct)을 채택했다. 또한 '대안관광', '공정여행' 등 목적지 국가의 문화, 환경 그리고 인권을 존중하고 보호하기 위한 세계 각국 시민들의 자발적이고 조직적인 노력도 점차 늘어나고 있다.

* 김주영은 아동 성매매 감시 국제단체인 ECPAT KOREA의 실무책임자로 일했으며, 성공회대 NGO대학원에서 섹스투어리즘 예방 프로그램에 대한 논문을 쓰고 성 매수자 재범 방지 교육 프로그램인 '존 스쿨' 강사로 활동하고 있다.

성매매 감시 국제단체

엣팟ECPAT　www.ecpat.net

1990년에 설립되어 주로 아시아 지역의 아동 섹스투어리즘 근절을 위한 활동을 하는 국제 NGO 네트워크다. 현재 전 세계 70여 개 국가에서 80여 개 NGO가 참여하고 있다.

※엣팟 코리아–탁틴내일 ECPAT Korea http://www.tacteen.net/ecpat

CATW　www.catwinternational.org

CATW는 성매매 근절과 피해 여성 인권 보호를 목적으로 1988년 설립된 국제 NGO 네트워크다. 아시아 태평양 지역 본부가 필리핀에 있다.

Special Interview 책임여행의 그루 헤럴드 굿윈 교수

책임여행은 변화의 시작입니다

그의 집은 런던에서 1시간 정도 떨어진 외곽에 있다. 하지만 그를 만난 곳은 재미있게도 워털루 기차역의 커피숍이었다. 출장을 가려던 그와 연락이 닿은 것. 길 위의 연구자답게 덥수룩한 턱수염에 소탈한 모습으로 나타난 헤럴드 굿윈 교수와 책임여행에 대한 이야기를 나누었다.

교수님이 창립하신 국제책임여행센터는 어떤 일을 하는 곳인가요?

국제책임여행센터(ICRT : International Center of Responsible Tourism)는 1999년에 시작되었으니 어느새 10년을 훌쩍 넘겼죠. 센터라고 부르긴 하지만 기관이나 단체라기보단 사람들의 그물망입니다. 메트로폴리탄 대학에 있는 ICRT센터는 사무실 기능 정도를 하는 것뿐이고, 실체는 전 세계에서 자기 현장을 가지고 연구하고 있는 50여 명의 학생들이 형성하고 있는 배움과 행동의 네트워크죠. 학생들은 자기 일을 계속하면서 온라인을 통해서 5~7개의 수업에 참여하고 있어요. ICRT는 그런 교육적 기능과 더불어 책임여행 연구, 자료수집 및 지원, 현장 사례연구, 또 실제적

인 책임여행 상품을 개발하는 일까지 다양한 형태로 세계에서 일어나는 책임여행 운동과 시도들을 지원하는 일을 하고 있어요. 지금은 제가 없이도 독립적으로 운영되고 있을 만큼 성장해 있으니 감사하죠.

여행에 '책임'이라는 단어를 붙인 이유가 궁금합니다
책임여행이라는 말이 본격적으로 사용된 것은 1998년이에요. 그전까지는 '책임(responsible)'보다는 '윤리적(ethical)' 여행이라는 말을 많이 사용했죠. 하지만 '윤리'라는 말이 원래 그렇잖아요. 늘 무언가 부담스럽고 무거운 마음이 들게 하지요. 하지만 막상 구체적 행동에 옮기려면 무엇을 해야 할지 막막해지죠. 책임여행은 커다랗게 느껴지는 말을 좀 더 잘게 쪼개서 우리가 할 수 있는 일들, 작은 약속으로도 만들어 갈 수 있는 변화를 시작해 보자는 뜻에서 붙인 말이에요.

어떤 책임을 말하는 건가요?
책임여행은 사상이나 이론이 아니라 사회운동입니다. 운동이란 그저 그것을 생각하는 것으로 족한 것이 아니라 구체적으로 참여하고 실천할 수 있어야 해요. 책임이라는 표현은 '무엇을 할 수 있을까'를 구체적으로 고민하게 만들어 주는 면이 있습니다. 100중에 10이나 20만큼만 책임을 져도 책임을 다하기 위해 노력했다는 의미는 남게 된다고 봅니다. 결국, 자기가 실천할 수 있는 만큼 자기 행동과 태도를 변화시키면 책임여행은 확장되는 거고, 사람들은 꼭 100만큼은 아니어도 각자가 책임진 만큼 참여한 것이 되는 거죠.

책임여행운동의 목표는 무엇인가요?
책임여행운동은 한 가지 공통되고 통일된 원칙이나 활동을 의미하는 것은 아닙니다. 각 나라마다 서로 다른 문제를 가지고 있고, 풀어가는 방법과 과정 또한 다 다르죠. 책임여행의 목표 역시 마찬가지예요. 예를 들어 남아프리카공화국은 관광과 경제의 문제, 잠비아는 환경, 그리고 인도는 백인 관광객들의 여행 태도가 책임여행운동의 쟁점이 되고 있어요. 물론 이런 관심들은 바뀌기도 합니다. 남아공의 경우 현재는 경제 문제에 초점을 두고 있지만 예전에는 관광과 환경의 문제가 가장 핵심적인 과제였죠. 영국은 한때 관광객들의 현지 성매매가 관광 문제의 주요 안건이었지만 지속적인 변화가 이루어져 지금은 핵심적인 안건이 아니죠. 그렇듯 책임여행운동은 획일적인 목표와 방향이 있다기보다는 그 사회가 필요로 하고 중요하게 다루어야 할 문제들을 함께 해결해 가는 과정이라고 보면 좋겠어요.

한국에서도 책임여행, 공정여행에 대해 고민하는 이들이 나타나고 있는데요, 아시아의 이런 움직임을 어떻게 보시나요?

1970년대 일본에 이어 이제 한국의 물결이 지나가고 중국 여행자들이 엄청나게 몰려오고 있어요. 그것은 유럽뿐 아니라 아시아에서도 겪고 있는 일일 겁니다. 전 세계 여행 인구 10억 8,000만 명 중 2억 5,000만 명 가까이가 아시아 사람들이죠. 특히 그중 반 이상을 한·중·일 여행자들이 차지하고 있습니다. 아시아 내부에서 일어나고 있는 관광의 문제들 또한 상당한 규모인데 지금은 누구도 그 문제들에 손을 대지 못하고 있어요. 심지어 무엇이 문제인지 파악조차 하지 못하고 있지요. 아시아 내부에서 그런 일들이 시작된다면 그건 참 소중한 움직임이라고 생각해요.

그는 아시아에서의 책임여행운동에 대해 심각하게 고민하고 있었다며 반가운 마음을 감추지 못했다. 기차를 기다리는 짧은 틈에 가진 만남이었던 터라 기차 시간이 다가오자, 워털루 역에서의 인터뷰는 자연스럽게 끝이 났다. 그와의 만남은 짧았지만, 그와의 동행은 어쩌면 긴 여행이 될지도 모른다는 생각이 들었다.

Special Interview 독일 관광감시운동 기구 투어리즘 와치Tourism Watch

공정여행에도 공정한 과정이 필요합니다

『희망을 여행하라』 원고를 준비하던 당시 참고했던 1970년대 책에서 '투어리즘 와치Tourism Watch'를 처음 접했다. 그렇게 책에서만 보았던 단체를 2016년 독일 국제관광박람회(ITB) 컨퍼런스장에서 직접 만나게 되리라고는 상상도 하지 못했다. 그들은 ITB에서 '여행과 인권'이라는 주제로 버마의 관광개발과 인권 침해 문제에 관한 열띤 논의를 이끌어 내고 있었다. 관광개발로 인한 여러 가지 사회 문제들을 해결하기 위해 노력하고 있는 투어리즘 와치를 만나 그간 궁금했던 이야기를 물어보았다.

관광에 대한 감시나 견제가 전무하던 시절인 1970년대, 투어리즘 와치라는 단체가 관광개발을 감시하고 있다는 기록을 읽고 무척 인상 깊었습니다. 영국과 미국의 책임여행운동이 시작된 1990년대 초반보다 20여 년을 앞서 관광감시운동을 시작하게 된 계기가 무엇인지 궁금합니다.

사실 투어리즘 와치는 아시아의 요청에 의해 시작된 운동입니다. 조금 더 정확히 말하자면 아시아의 교회들에 의해 시작된 일이죠. 1970년대는 서양 여행자들의 아시아 관광이 붐을 이루던 때고 동시에 성매매 관광이 다양한 곳에서 나타난 때죠. 그 무렵 가장 활발한 국제 연대 중 하나가 독일 교회 및 서방 교회와 아시아 교회들의 만남이었어요. 그 자리에서 수많은 서양 여행자들이 아시아에서 아동 성매매 및 인신매매 등의 온갖 인권유린을 일으키고 있다는 소식을 듣게 된 거죠. 또 그런 여행자들을 위해 거대 관광단지를 개발하는 국가 및 군부에 의해 수많은 현지인들이 터전을 잃고 그곳의 환경마저 파괴되고 있다는 사실을 알았습니다. 그 현장을 목격한 아시아의 교회들이 독일 교회와 만나는 자리에서 서양 관광객들에

TOURISM WATCH

대한 교육과 감시를 요청했고, 그것이 저개발국에서 일어나는 관광의 폐해를 감시하고 견제하는 독특한 NGO, '투어리즘 와치'가 시작된 계기입니다.

독일 내의 공정여행, 책임여행 그룹들의 활동은 어떠한가요?

독일은 크게 공정여행운동을 펼쳐 가는 주요한 세 단체가 주도적으로 활동하고 있습니다. 하나는 이미 알고 계신 투어리즘 와치, 아동 성매매를 감시하고 반대운동을 펼치는 엑팟ECPAT, 그리고 나머지 하나는 윤리적 여행을 제안하고 책임여행을 확산해 가는 코드Code입니다. 이 세 단체는 독일의 주요한 해외 관광지에서 독일 사람들과 독일 관광기업들이 하는 일을 감시하고, 거기서 어떤 인권 침해나 비윤리적인 일이 발생하면 그것에 대한 문제를 분석하고 목소리를 냅니다. 그 외에도 여러 단체들이 존재하며 세계의 수많은 NGO와 책임여행, 공정여행 그룹들이 네트워킹되어 ITB의 책임여행을 함께 기획, 진행하고 있습니다.

투어리즘 와치의 주요한 활동은 무엇인가요?

우리가 주요하게 하는 일은 관광산업을 감시하고 정책의 변화, 또 시민들의 의식의 변화를 만들어 가는 일입니다. 관광은 여러 행위자들이 함께 움직여 이루어지는 일입니다. 단지 소비자의 의식만 바뀐다고 현지의 구조가 바뀌지도 않고, 또 각 정부의 정책까지 영향을 끼치는 데는 여러 어려움과 시간이 소요되죠. 때문에 정책에 대한 제안, 기업에 대한 감시, 외교부의 잘못된 안전진단 시스템에 대한 모니터링 등 사회 문제로서의 관광이 대안적 길을 찾도록 다각도의 접근을 하는 정책개발 활동을 중심에 두고 활동해야 한다고 생각합니다.

한국에서도 2013년, UNWTO와 코드 등이 롯데관광, 대한항공 등의 기업들과 함께 지속가능한 관광을 위한 윤리적 서약을 하고 언론에 공표되기도 했습니다. 그러나 실제적으로 현장에서는 어떤 변화도 느껴지지 않았어요. 그렇게 캠페인이 기업의 홍보 수단으로 전락하는 경우를 종종 보게 되는데 독일에서는 어떤가요?

아무리 우리가 대안적 여행과 정책을 주창해도 현장에서 그것이 어떻게 수정되고 반영되는지 모니터링하는 시스템이 없다면 아무리 거대한 행사장에서 언론의 조명을 받으며 서명을 하고 보도자료를 내어도 기업이나 국가는 자신들의 약속을 전혀 지키지 않습니다. 때문에 정책과 합의를 끌어내는 일도 중요하지만 그와 동시에 그것이 지속적으로 변화를 추동해 가도록 감시하고 요구하는 일이 책임여행 및 공정여행 관련 NGO들의 중요한 과제이자 활동입니다.

공정여행을 제대로 하는지 안 하는지, 그 진위를 판단하고 모니터링하는 시스템은 어떻게 운영되나요?

독일에는 꽤 까다롭고 신뢰도 높은 에코 서트ECO CERT라는 유기 인증 제도가 있습니다. 이와 비슷한 인증 시스템을 여행에 적용해 수년간 개발해 온 회사가 있습니다. 이 회사가 만든 '투어 서트Tour Cert'라는 인증을 받으려면 꽤나 높은 기준을 만족시켜야 하는데 현재 독일 내에서 그 인증을 통과한 여행사가 97개 정도 됩니다(www.tourcert.org). 이 시스템은 향후 공정여행과 책임여행을 체계적으로 감시하고, 윤리적이고 친환경적인 여행을 위한 정책을 만드는 데 중요한 지표가 될 것이라 생각합니다.

공정여행도 공정무역처럼 과정적 정의와 절차에 대한 검증이 반드시 필요하단 말씀인가요?

사람들은 공정무역 여행이라면 공정무역 현장에 가서 카카오를 따고 커피열매를 추수하는 공정무역 체험을 상상하죠. 그러나 더 중요한 부분은 그 여행에 관여하는 노동자들의 권리에 대한 존중과 보호, 그들의 자연과 공동체와 문화에 대한 존중, 공정한 분배와 투명성 같은 것들입니다. 절차적 공정함과 결과를 만들어 가는 것은 공정무역이나 공정여행 모두 동일해야죠.

책임여행, 착한여행, 생태여행, 공동체여행 등과 같은 여러 대안운동들이 나타나고 있습니다. 그런 대안적 여행운동들에 대해서 투어리즘 와치는 어떤 시선을 갖고 있나요?
대안적 운동을 한다고 하면서 우리가 쉽게 빠지게 되는 함정은 긍정적인 대안을 제시해야 한다는 점입니다. 그러나 어떤 대안도 시간이 흐르고 나면 부정적인 부분이 생겨나죠. 예를 들면 1980년대 대량관광의 대안으로 생태관광이 한창 주목받았고 1990년대까지 엄청난 성장을 거듭했어요. 하지만 그 결과는 어떠했나요. 예민하게 보호해야 할 숲을 새로운 매력을 지닌 관광지로 부각시키고 사람들은 에코투어리즘이라는 명분으로 그곳을 찾아가 숲을 망치고 동물들을 멸종시켰습니다. 모든 사회적 대안은 늘 빛과 그늘이라는 양면을 가집니다. 오늘날에도 여전히 대량관광으로 인한 인권 침해나 성매매 관광 등은 전혀 종식되지 않았고 때문에 감시와 견제라는 우리의 역할이 계속 필요하지요. 하지만 동시에 대안을 만들어 간다고 하는 우리가 똑같은 우를 범할 수 있기 때문에 스스로에 대한 자각과 비판도 함께 지니고 있어야 한다고 생각합니다.

베를린 역시 관광객 급증으로 인해 주거 지역이 관광지화 되는 투어리스티피케이션 Touristification으로 여러 문제가 불거지고 있다고 들었습니다. 이에 대해서는 어떻게 생각하나요?
베를린 전 시장의 캐치프레이즈가 '베를린은 가난하지만 섹시하다'였습니다. 이 얼마나 천박한 발상인가요. 그러한 시선으로 베를린의 매력을 어필한 결과가 지금의 현실입니다. 무엇보다 독일 사람들은 여행자로 살아왔지 여행자를 맞이하는 문화나 경험이 부족한 터라 수많은 관광객들이 베를린을 점유하고 있는 상황을 보는 것 자체가 쉽지 않습니다. 관광객들이 한 지역에 도착한다는 것은 여러 의미를 지니고 있습니다. 관광지가 아니라 누군가의 주거지에, 무인도가 아니라 도시 한가운데 도착하는 것이기에 '지역 주민들의 권리를 침해하고 있지 않은가, 타인의 삶을 존중하는 여행인가'라는 질문이 수반되어야 합니다. 과거에 주로 저개발 관광개발이 집중되었던 저개발국가에서 가졌던 이러한 고민과 질문을 이제는 베를린에서 하게 된 것입니다. 관광의 문제는 정책 입안자들과 여행업계, NGO, 지역 주민이 함께 테이블에 앉아 서로 대화하고 문제를 발견하고 해결해야 합니다. 베를린 역시 그 문제를 직면하고 대안을 찾기 위해 노력하고 있습니다.

'난민이 오고 있다, 관광은 무엇을 할 것인가, 난민이 오고 있다, 호텔은 무엇을 할 것인가, 난민이 오고 있다, 박물관은 무엇을 할 것인가, 난민이 오고 있다, 대학은 무엇을 할 것인가.'

컨퍼런스의 '여행과 난민' 세션에 걸려 있던 이 하나의 질문 앞에 한참 동안 서 있었다. 그리고 그 질문에 대한 답으로서 베를린의 다양한 이야기들을 접했다. 난민들이 호텔에 일하도록 직업 훈련을 제공하고 채용한 이야기, 난민들이 독일을 이해할 수 있도록 박물관 가이드로서의 훈련을 돕고 일자리를 내어 준 이야기, 난민 카페를 통해 베를린 사람들과 만나게 하는 이야기….

그들은 낯선 여행자를 배척하는 것이 아니라 어떻게 맞이하고 함께할 수 있을지 토론하고 적용하며 새로운 길을 만들어 가고 있었다. 그런 대안을 찾아가는 중에도 스스로에 대한 비판적 시선을 잃지 않고 언제나 절차적 과정을 중요히 여기는 투어리즘 와치, 그들을 통해 또 다른 희망을 엿본 시간이었다.

새로운 여행

히말라야의 나쁜 여자들
쓰리 시스터즈 트레킹 여행사
3Sisters Adventure Trekking Company

네팔 정부에 의하면 네팔에서는 약 2만 5,000명의 여성이 성매매에 종사하고 있으며, 해마다 1만 2,000명의 시골 여성들이 매춘부로 팔려 간다고 보고한다(국제노동기구(ILO)). 특히 이 중 5,000~7,000 명 정도는 인도로 팔려 나가고 있다. 네팔 여성운동 단체들의 조사에 의하면 인도 내에는 약 20만 명의 네팔 여성들이 매춘부로 일하고 있는데, 그 인구는 캘커타와 뭄바이에 있는 전체 매춘부의 절반에 이른다. 네팔 성인 여성 50명 가운데 1명은 성매매로 생계를 이어가고 있는 셈이다.

특히 주요한 외화 수입원인 관광 영역에서 여성이 할 수 있는 일이라고는 객실 청소부, 성매매, 식당 종업원 외에는 없다는 현실이 여성들을 더욱 벼랑 끝으로 내몰고 있다. 그 냉정한 현실 속에도 히말라야를 오르고, 네팔 여성들을 산악 전문 가이드로 훈련시키는 세 여자가 있었다.

쓰리 시스터즈를 시작한 세 자매, 디키, 러키, 니키(왼쪽부터 차례로)

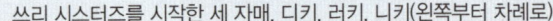

여성이 만든, 여성을 위한 트레킹 여행사, 쓰리 시스터즈

이름 그대로 이 사업을 시작한 건 네팔의 걸출한 세 자매였다. 러키, 디키, 니키가 그 주인공. 하지만 1993년, 세 자매가 모여 처음 시작한 일은 여행사가 아니라 식당과 게스트하우스였다. 큰언니 러키는 1990년 인도의 다즐링 히말라야 등반훈련센터에서 전문 등반 가이드 훈련을 받은 경력자였으나, 네팔은 아직 여성에게 산에 오르는 것을, 더구나 가이드가 되는 것을 허락하는 그런 사회가 아니었다.

"어느 날 안나푸르나 트레킹을 다녀온 한 여성이 밥을 먹다가 울며 사연을 털어놓기 시작했어요. 산에서 남자 가이드의 성추행 때문에 너무 힘들었다는 거예요. 히말라야 트레킹은 짧으면 3~4일, 길게는 한 달을 걷는 여정인데 의지해야 할 가이드가 그런 행동을 한다면, 혼자 떠난 여성 여행자에게 그 산행은 지옥이나 다름없죠."

그 뒤로도 그런 사건이 되풀이되자 어느 밤 세 자매는 결국, 마음을 모았다. 여성들이 편안하게 히말라야를 오를 수 있도록 여성들을 위한 여성 가이드가 있는 트레킹 회사를 만들자고. 그것이 1994년 시작된 '세 자매 트레킹 여행사'였다.

"네팔에서 여자들이 트레킹 가이드로 산을 오른다는 건, 어떤 사업적 경쟁이 아니라 남자들의 비위를 건드리는 미친 짓 같은 거였죠. 분명 우리가 사업자라고 이야기해도 계약서 쓰려면 남자를 불러오라며 행패를 부리지 않나, 저 여자들이랑 산에 오르면 재수가 없어 사고를 당할 수도 있다는 소문을 퍼뜨리지 않나…. 그 사람들 말처럼 나쁜 여자 혹은 미친 여자가 되지 않고 그 문화를 넘어서긴 불가능했을 거예요."

그런 비웃음과 불신, 악담 속에서도 세 사람은 직접 가이드로 뛰며 세계에서 히말라야를 찾아 먼 길을 온 여성 여행자들과 함께 끊임없이 산에 올랐다. 산에 오르기 시작하자 우선 세 사람이 행복했고, 그녀들과 함께 산에 올랐던 여성들은 그 산행을 잊지 못했다. 그렇게 퍼지기 시작한 입소문으로 세 사람은 그 어려운 시기를 이겨 냈다.

네팔 여성에게 힘을!

여행사가 어느 정도 안정되자 세 자매는 여성과 가난이라는 이중의 굴레 속에 살아가는 다른 여성들을 향해 마음의 길을 내기 시작했다. 트레킹 회사를 통해 얻는 이익을 모아 여성 가이드가 되려는 이들을 위한 교육센터 EWN(Empowering the Women of Nepal)을 만들기로 한 것이다.

1999년, 네팔 여성들에게 전문 가이드 훈련을 제공하고, 일자리를 얻을 다양한 교육 프로그램을 만들어 EWN센터를 시작했다. 소문은 바람처럼 빠르게 번졌다. 얼마 시간이 흐르지 않아 포카라 인근은 물론, 서부의 극빈 지역, 살림을 하고 아이를 낳고 집안일을 하는 것 말고는 어떤 것도 선택할 수 없는 삶, 그 속에서 살길을 찾는 여성들이 찾아오기 시작했다. 세 사람은 이들에게 자신들이 몸으로 익힌 트레킹 기술과 가이드 지식, 영어회화 등을 가르치기 시작했다. 여성들은 EWN을 통해 긴급구호, 암벽등반, 영어 등 다양한 전문기술을 배운 후 가이드가 되었다.

"안나푸르나 일대엔 약 10만 명의 포터와 6,000명의 가이드가 일하고 있어요. 경험 없이도 바로 일을 시작하는 포터와 달리 가이드는 훈련을 받고 시험을 봐야 할 뿐 아니라, 실력이 있어야 계속 고용되기 때문에 가이드가 된다는 건 매우 특별한 일이죠. 수입도 보통 네팔 남성의 2배 정도 되니까 선망 직종 중 하나랍니다."

니키는 기수마다 50명을 모집하는 훈련 프로그램에 지난 시즌엔 500명이 넘는 지원자가 몰려들었다며 그들을 다 받을 수 없는 것을 안타까워했다. EWN센터는 4주간의 가이드 교육 기간 동안 아무 수입도 없는 교육생들을 위해 무료 숙식을 제공한다. 한 달의 교육 과정이 끝나고 나면 5개월 동안 현장 경험을 쌓을 기회를 주어, 누구든 의지가 있다면 6개월 만에 여성 가이드가 될 수 있도록 지원하고 있다.

"한 달 동안 훈련을 받지만 바로 가이드가 될 수는 없어요. 히말라야는 많은 시간을 들여 몸으로 익혀야 하는 큰 산이죠. 해서 처음엔 여러 트레킹에 포터로 일할 기회를 열어 전문 가이드들이 어떻게 일하는지 배우고 산의 여러 다른 얼굴과 계절을 익히도록 수련 기간을 갖는 거예요."

여성들이 직업을 갖는다는 사실도 의미가 있지만, 중요한 것은 그 일을 하는 이들의 삶과 인권이었다. 하루 50~60킬로그램의 짐을 지고 아무 장비도 없이 산에 오르고, 가이드가 중간 수익을 가로채는 구조에 문제를 느낀 그들은 스스로 포터를 위한 인권 조항을 만들었다.

"어떤 포터든 자기 짐을 포함해 1인당 20킬로그램 이상의 짐을 지지 않게 합니다. 모든 전문 장비는 저희 회사에서 대여해 주고 있어요."

이미 EWN을 통해 600여 명의 여성들이 가이드 교육을 받았고, 그들을 통해 수천수만의 여성들이 안전하고 평화롭게 히말라야를 오르고 있다. 보통의 남성 가이드가 우리 돈 1만 5,000원을 받을 때, 쓰리 시스터즈의 여성 가이드들은 희소성과 전문성으로 2만 원가량의 수익을 얻는다. 세 사람의 생을 바꾼 히말라야는 세

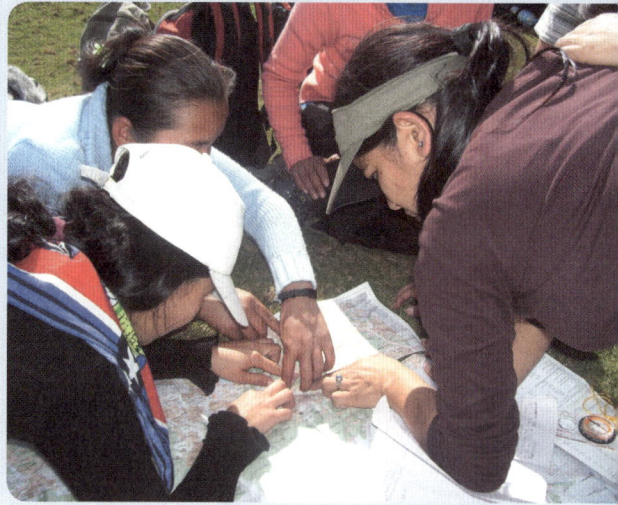

ⓒ 3sisters

자매를 통해 수많은 네팔 여성들의 삶을 바꾸어 가고 있는 것이다.

네팔의 사회적 기업으로

그렇듯 보이지 않는 길을 헤쳐 가며 쉼 없이 걸어온 날들, 그들과 함께 히말라야를 올랐던 이들은 네팔이라는 두터운 사회의 층을 뚫고 높은 산에 오르는 그들의 걸음을, 그 존재가 주는 에너지를 쉽게 잊지 못했다. 세 자매 트레킹 여행사에 대한 이야기는 입과 입을 타고 언론에도 알려졌다. 1999년엔 CNN이 서구 세계에 첫 보도를 냈고, 이어 BBC가 그들의 다큐멘터리를 방영했다. 유엔 회의에선 여성과 빈곤, 관광에 대한 하나의 대안 사례로 이들이 언급되기도 했다. 2004년엔 사회적 기업 육성 기관으로 유명한 '아쇼카 재단'의 사회적 기업가로 선정되었다. 네팔 바깥에서 그런 일들이 이어지자 비로소 네팔 안에서도 어떤 문이 열리기 시작했다.

"어느 날 남자 가이드 한 사람이 찾아왔어요. 정부 자격증을 갖춘 전문 가이드였죠. 또 무슨 일이 생기려나 근심어린 마음으로 문을 열었는데 그가 말하는 거예요. '혹시 나도 당신들이 하는 가이드 훈련을 받을 수 있을까요? 당신들 여성 가이드가 트레커를 안내하는 걸 보고 놀랐어요. 내가 배우지 못한, 전혀 모르는 것들을 알고 있고, 너무 편안하게 안내하더군요.' 상상도 못했던 일들이 일어나기 시작한 거죠."

여성 가이드 교육 프로그램에 그도 참여하고 싶다며 그들의 전문성을 인정하기 시작한 것이다. 심지어 우리가 포카라에 머물던 2008년 6월, 포카라에서 열린 체트리 부족(세 자매의 부족) 전국 대회에서는 체트리 가문을 빛낸 사람으로 쓰리 시스터즈와 에베레스트 등정에 성공한 한 여성 등반가가 나란히 무대에 올라 공로상을 수상하기도 했다. 그러나 세 자매의 꿈은 여기서 그치지 않았다.

산과 사람을 돌보는 트레킹

"포카라는 유명한 관광지죠. 하지만 네팔 사람 중에 이곳에 가게를 내거나, 게스트하우스를 지을 수 있는 사람이 몇이나 되겠어요. 특히 포카라에서 멀리 떨어진 서부 지역의 농촌은 여전히 극한의 빈곤에 시달리고 있죠. 그곳 사람들을 이곳에 데려와 도울 수도 있겠지만 그것은 선택된 몇몇 소수만이 누리는 혜택이 되겠죠. 그래서 생각했어요. '그들이 이곳에 올 수 없다면, 여행자들이 그곳에 갈 수 있지 않을까?'"

2005년, 세 자매는 네팔의 극빈 지역인 서부 티베트 접경 지역을 향한 트레킹 프로그램을 개발했다.

"거긴 걸어가거나 비행기를 타고 가는 것 외에는 다다를 수 없는 지역이에요. 너무 높고 추워서 농사도 지을 수 없고, 당연히 관광객이라곤 찾아볼 수 없는 지역이죠. 소수부족들이 살아가는데 그 사람들이 사는 모습을 보고 저도 충격을 받았어요. 하지만 원조보다는 그 사람들의 존엄을 지키는 방식으로 도움을 주고 싶어 시작하게 된 것이 바로 서부 지역 트레킹이에요."

여행자 혼자서는 다다를 수 없었던 서부 능선을 향해 쓰리 시스터즈는 새로운 길을 내기 시작했다. 홈스테이의 호스트가 될 수 있도록 농민들을 교육시켰고, 여성들이 주도적인 역할을 할 수 있도록 도왔다. 라라 호수Rara Lake, 돌파Dolpa, 훔라Humla 같은 낯선 이름이 트레킹 프로그램에 등장했고, 숨겨진 비경과 삶의 원형을 만난 여행자들은 경탄을 아끼지 않았다.

그렇게 다른 이들이 오르지 않는 길을 오르는 사이, 그녀들이 그냥 스쳐 지나지 못하게 마음을 붙잡은 것은 아이들이었다. 정부나 NGO의 도움이 닿을 길 없는 산속의 아이들. 결국 쓰리 시스터즈는 2008년, 산속에 방치된 채 노동으로 연명하는 아이들을 교육하고 돌보는 어린이 보호센터를 시작하게 되었다. 뿐만 아니라 그들은 트레킹 때마다 여행자들과 함께 어려운 산간 지역 마을에 헌 옷과 약 등을 나르기도 했다.

일반적인 패키지여행자들이 잘 머물지도 들르지도 않는 작은 마을을 일부러 찾아가 묵으며 그 마을의 미래를 위해 아이들을 돌보는 쓰리 시스터즈의 아름다운 산행, 그들과 함께 히말라야를 오르는 돌봄의 트레킹을 위해 세상의 여성들은 새로운 여행의 배낭을 꾸리기 시작했다.

쓰리 시스터즈와 함께 트레킹을 떠나고 싶다면?

쓰리 시스터즈는 게스트하우스, 식당과 더불어 트레킹 여행사를 경영하고 있다. 네팔 히말라야 트레킹을 계획하고 있다면, 쓰리 시스터즈 프로그램을 체크해 보자.

- 안나푸르나 서킷 트레킹(14~21일).
- 마을에서 마을을 잇는 밀레니엄 트레킹(2~8일).
- 에베레스트 베이스 캠프 트레킹(14~19일).
- 문화를 순례하는 좀솜 트레킹(8~10일).

➲ http://www.3sistersadventuretrek.com

네팔 여성을 위해 할 수 있는 일

- 산간 지역 어린이들을 위한 옷 나누기.
- 의약품, 학용품 지원.
- 여성 포터와 가이드를 위한 등산복, 등산화, 등산장비 기부.
- 여성 포터와 가이드를 위한 영어 및 한국어, 컴퓨터 교육 자원봉사.

새로운 여행자

상큼 발랄 만효의 여행 프로젝트
아시아 여성들과 대안생리대를!

성공회대학교 사회학부 NGO학과 만효. 2007년 만효는 필리핀을 찾은 60만 명의 한국인 중 한 사람이었다. 대부분의 사람들이 필리핀의 관광지로 향할 때 만효는 조금 다른 여행을 떠났다. 필리핀에 있는 아시아 NGO센터를 찾은 것. 사실, 만효는 필리핀에 도착할 때까지도 자신의 여행이 어떤 그림을 그리게 될지 알지 못했다. 하지만 필리핀 여성들을 만나면서 새로운 여행은 이미 시작되고 있었다.

솔방울(솔) 첫 여행지는 대부분 여행에 대한 로망 같은 걸 품고 떠나는 것 같아요. 첫 여행지를 필리핀으로 택한 이유가 뭐였어요?

만효(만) 대학생활 2년이 끝나 갈 무렵이었는데요, 책이나 논문이 아니라 아시아 여성들의 삶을 직접 느끼며 공부하고 싶었어요. 담당교수인 조희연 교수님을 찾아가 제 뜻을 얘기했더니, 마침 아시아 NGO센터와 얘기되고 있던 프로그램이 있다면서 바로 추진해 주셨어요. '필리핀 NGO를 통해 아시아를 본다'는 취지의 '아시아 NGO 연수'에 참여할 기회를 얻은 거죠. 이런 기회로 두 달 동안 필리핀 여성들과 함께 '대안생리대 만들기 워크숍'을 했어요. 저도 그렇게 호응을 받게 될 줄은 몰랐거든요. 완전 대박이었어요! ^^

솔 대안생리대는 우리나라에서도 알려진 지 오래되지 않았잖아요. 어떻게 그런 워크숍을 생각했어요? 필리핀 여성들도 일회용 생리대를 많이 쓰게 되었나요?

만 우리나라에는 여성들의 건강과 쓰레기 문제 때문에 일회용 생리대 대신 면으로 만든 대안생리대를 쓰자는 운동이 시작되었지만, 필리핀은 사정이 달랐어요. 필리핀에는 일회용 생리대가 보급된 지 얼마 되지 않은 데다가 값이 비싸서 보통 서민들은 살 엄두를 낼 수 없을 정도니까요. 대안생리대 워크숍을 생각하게 된 건

　오히려 정반대의 이유였어요. 처음 필리핀에 가서 가난한 마을을 방문했다가 충격을 받은 일이 있었어요. 여성들이 요강 같은 통에 쪼그려 앉은 채로 생리 기간을 보내고 있는 모습을 본 거예요.

　아시아 여성들이 대개 마찬가지겠지만, 필리핀 여성들도 많은 짐을 떠안고 살고 있어요. 필리핀은 로마 가톨릭 국가로 법적으로 이혼이라는 것이 존재하지 않아요. 여성들은 자식을 낳고 키우고 가사일과 때론 돈벌이까지 책임져야 하는 경우가 많아요. 가난한 여성이라면 그 무게는 더욱 무겁죠.

　가난한 동네에는 동네 전체에 화장실이 1개밖에 없는 경우도 있어서 위생적으로도 그렇고 불편함도 이만저만이 아니었어요. 상수도 시설이 제대로 갖춰져 있지 않아 먹을 물도 모자랄 정도구요. 처음에는 그저 '여성 문제'라는 좀 교과서적인 생각을 한 것 같아요. 하지만 제가 만난 건 가난한 여성, 학교에 다닐 수 없는 여성, 오염된 수돗물을 마시는 여성, 이런 구체적인 현실이었어요. 이런 문제들은 사슬처럼 서로 연결된 사회 문제였구요. 그렇지만 거대한 사회 문제로 접근하기보다는 작은 일이라도 즐거운 경험을 함께 나누면 좋겠다고 생각했어요.

솔 그들에게 생소한 걸 같이 해보자고 한 셈인데, 어려움도 있었을 것 같아요.

만 큰 어려움은 아니었지만 우선 천을 구하기가 쉽지 않았어요. 재래시장을 몽땅 뒤져서 겨우 샀으니까요. 재료는 그게 다였어요. 바늘과 실, 가위는 집에서 각자 가져와 달라고 했거든요. 한국에서 대안생리대를 보급하는 '피자매 연대'에서 급히 대안생리대 도안을 받아 출력해서 가구요. 아 참, 대안생리대 만드는 법을 사진과 그림을 넣어 영문으로 만드는 게 가장 큰 어려움이었어요. 하하.

솔 어디에서 어떻게 사람들이 모였나요?

만 제가 마을을 방문해 마을회관이나 어떤 집에 모여서 했어요. 필리핀에는 시민단체 활동도 활발하고 마을 조직이 잘되어 있어서 사실 놀랐어요. 시민단체의 도움을 얻어 마을마다 연락을 해서 협조를 구했는데요, 대부분 흥미로워하면서 적극 협조를 해주시는 거예요. 미리 마을에 알려 참여하고 싶은 사람의 신청을 받았다가 제가 도착하면 한 분 두 분 나타나기 시작하는 거죠. 아주머니들이 한 손엔 가위, 한 손엔 실과 바늘을 들고 느릿느릿 웃으며 걸어오던 모습이 지금도 눈에 선해요.

솔 만효 얘기를 들으니까 저도 마치 그 자리에 있었던 사람같이 눈에 선한데요. 워크숍은 어떤 식으로 진행했어요?

만 제가 먼저 대안생리대가 여성들의 건강과 환경에 얼마나 좋은지, 어떻게 만드는지, 아는 영어를 총동원해 설명을 하면 아주머니들은 신기하고 재미있다는 얼굴로 구경하듯 들어요. 그런데 이제 실전으로 들어가면 상황은 완전히 뒤바뀌죠. 사실, 제가 바느질을 하면 얼마나 하겠어요. 중학교 가사시간에 해본 게 단데. 아주머니들은 손이 얼마나 빠른지 바늘이 안 보일 정도거든요. 뭘 가르쳐 주겠다는 사람이 바느질이 어설프니까 아주머니들은 또 재밌다고 깔깔 웃으며 저한테 오히려 바느질을 가르쳐 주시는 거예요.

솔 하하. 그러게, 그랬겠어요. 아주머니들 보시기에 만효가 얼마나 기특하고 귀여웠을까 싶어요.

만 히히. 귀여움을 좀 받긴 했죠. 어떤 아주머니는 자기는 양이 많아서 천을 두껍게 깔아야 한다고 안감을 더 달라고 하기도 하고, 사람마다 체형이 다르니 자기에게 맞는 디자인으로 바꿔 만들기도 하면서, 생리 기간 때 불편한 점, 남자들 흉보기, 필리핀과 한국 문화의 다른 점 등, 아주머니들과 수다를 떨었던 즐거움도 잊을 수 없어요. 아, 한 아주머니는 대안생리대가 완성되자마자 자기가 지금 생리 중이니 바로 시험을 해보겠다며 들고 달려나가는 통에 또 한바탕 깔깔 웃음이 터지기도 했어요.

솔 그렇게 여러 여성들을 만났으니까 기억에 남는 특별한 만남도 있었을 것 같아요.

만 아, 있어요. 이제 막 초경을 시작한 아이들을 만났을 때, 그때가 저한테는 참 소중한 시간이었어요. 우리도 좀 그렇지만 필리핀 사회도 여자아이가 초경을 시작한다고 축하를 하거나 하는 분위기는 아니더라구요. 여자아이들에게 초경은 놀랍고 무서운 그런 경험이잖아요. 그래서 아이들에게 뭔가 따뜻한 격려를 해주고 싶었어요. 내가 초경할 때 느꼈던 마음을 이야기했더니, 아이들도 자기 이야기를 시작했죠. 그런 이야기를 좀 터부시하는 분위기인데 제가 외국인이라 오히려 솔직하게 얘기할 수 있었던 게 아닐까 싶어요. 그렇게 나눈 따뜻한 공감이 그 아이들에게 조금은 용기가 되지 않았을까 생각해요.

그리고 또 재미있었던 일은 남자가 대안생리대 만들기를 배우러 온 사건이었죠. 20대 중반쯤 된, 제가 머물던 숙소의 주인집 아들이었는데, 제가 그런 워크숍을 한다는 걸 듣고는 제 방에 찾아온 거예요. 좋아하게 된 여자가 있는데 대안생리대

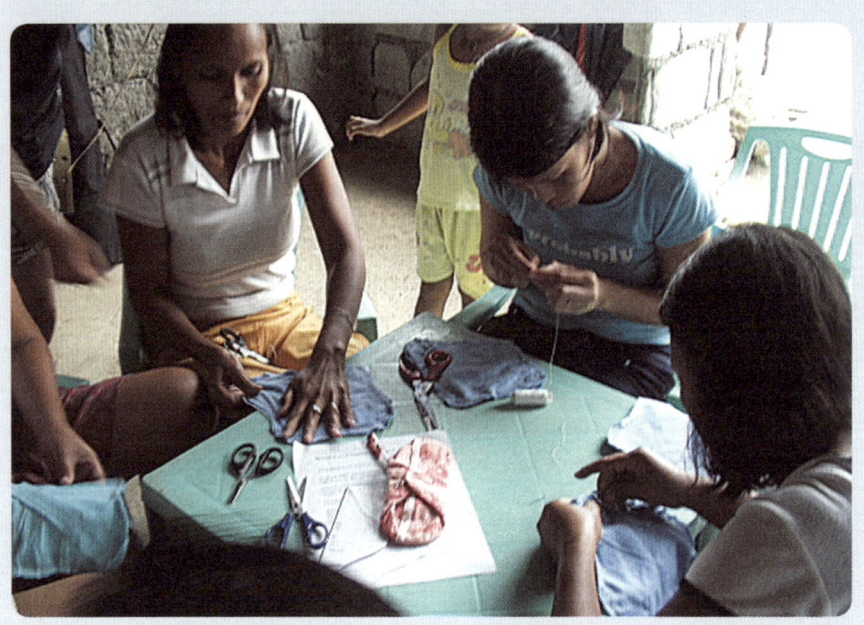

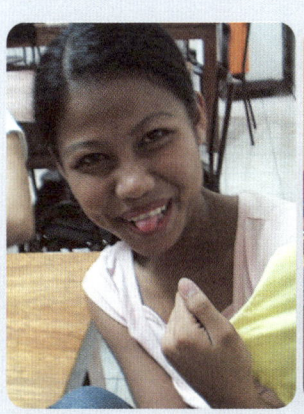 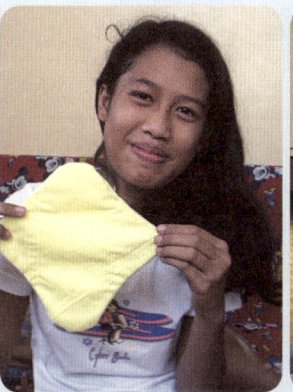 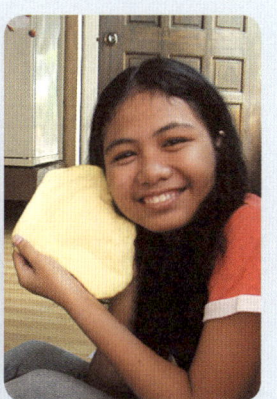

를 만들어 선물하고 싶다고. 그리고 보니, 생리대 프로포즈가 성공했는지 그 뒷이야기는 듣지 못했네요.

솔 여자 친구가 감동을 받았을 것 같아요. 그렇게 얼마나 많은 사람들을 만난 거예요?

만 13개 마을을 다니면서 70명 정도 되는 사람들과 대안생리대를 만들었어요. 두 달 동안의 경험으로 용기를 얻어, 돌아올 때는 필리핀의 여러 시민단체들에게 제가 만든 영문 설명서와 재단 견본을 이메일로 보내고 연락도 했어요. 다들 반가워하더라구요. 지금도 그 자료가 다시 여러 단체로 퍼지고 있다는 메일을 받아요. 이젠 아주머니들이 스스로 모여 대안생리대를 만들고 있지 않을까 상상해 보죠.

솔 만효 자신도 그 워크숍을 통해 느낀 점이 많았을 것 같아요. 필리핀 여행이 남긴 건 뭐였을까요?

만 제가 만난 여성들이 자신의 문제를 스스로 개선하는 경험을 할 수 있게 된 것 같아 기뻐요. 정말 아주 작은 거지만 이런 경험이 그분들 삶의 다른 부분에도 퍼져 나갔으면 해요. 그리고 필리핀에서 가장 인상 깊었던 건 필리핀 사람들의 여유로움이었어요. 제 눈에는 가난하고 어렵게만 보이는 살림과 환경인데, 다들 눈빛과 행동에 여유가 있는 거예요. 훨씬 잘사는 우리와는 다른 모습이었죠. 느림의 행

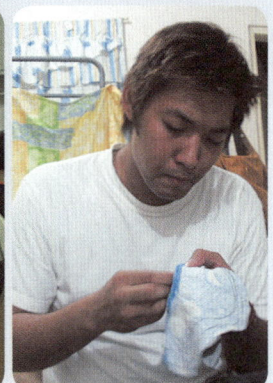

복을 배웠다고 할까요. 제 삶을 되돌아보는 소중한 여행이었어요.

그때가 생각나네요. 보통은 워크숍을 하고 그날 바로 돌아왔는데, 한 마을에서는 제 잠자리까지 마련해 놓고 저녁도 주시기에 얼떨결에 2박 3일이나 놀다 온 적이 있어요. 춤추고, 놀고, 얘기하고, 밥 먹고, 만들고…. 다들 춤추고 노래하는 걸 얼마나 좋아하시는지 저도 흥이 나서 정신없이 놀다가 쓰러지는 줄 알았어요. 히히. 끼니 때마다 진수성찬을 차려 주셔서 먹기도 엄청 먹었구요. 그분들 이야기를 들으며 아시아 여성으로 비슷한 어려움이 참 많구나 하고 동질감을 느끼기도 했어요. 얘기하다 보니까 그 아주머니들이 참 보고 싶네요.

만효는 5개월의 필리핀 여행 뒤로도 베트남, 싱가포르, 캄보디아를 여행하며 아시아의 여성과 삶을 만나고 돌아왔다. 그 여행은 그녀에게 '세상이 모두 나의 학교'임을 일깨워 줬다고 한다. 그 걸음은 이매진피스 여행인문학을 거쳐『보편적인 여행잡지』라는 새로운 여행으로 이어졌다. 지금은 10년의 서울살이를 정리하고 고향인 부산에서 새로운 여행을 하고 있다.

공정여행 루트

포카라에서 공정여행하기

포카라에서 히말라야 트레킹을 하고 싶다면 책임여행 트레킹 회사 '쓰리 시스터즈'를 찾아가 예약해 보자. 트레킹을 할 시간도 힘도 없어 그저 며칠 아름다운 포카라에 머물고 싶다면 작은 보트를 저어 페와 호수(Phewa Lake)에서 안나푸르나 설산을 바라보거나 자전거를 빌려 포카라 골목을 누비며 쉬어도 좋을 것이다. 무언가를 배우거나 사람들을 만나고 싶다면 'WSDO'나 '칠드런 네팔'을 찾아가 보는 건 어떨까.

01 쓰리 시스터즈 트레킹 여행사 Three Sister's Adventure Trekking Company & 게스트하우스

이름 그대로 이 사업을 시작한 건 걸출한 세 자매다. 러키, 디키, 니키가 그 주인공. 안나푸르나 트레킹을 하려는 여성 여행자들에게 특히 강력 추천하는 여행사다. 물론 남자도 이용할 수 있다. 세 자매가 모여 처음 시작한 것은 게스트하우스였다. 그런데 트레킹에 나선 여성 여행자들이 남성 가이드에게 성희롱을 당해 분통을 터뜨리는 이야기를 여러 차례 들으면서 뭔가 대안이 필요하다는 생각이 들었다. 여성 가이드가 있다면 여성 여행자들은 안전하고 편안해서 좋을 것이고, 네팔 여성들에겐 일자리가 생기니 또 얼마나 좋은가. 그렇게 해서 1999년 여성 가이드와 포터를 훈련시키는 여행사가 탄생한 것이다.

세 자매는 먼저 여성들의 교육을 위해 'Empowering the Women of Nepal'이라는 비영리기구를 만들었다. 히말라야 산간마을의 여성들을 모집해 트레킹 기술과 가이드 지식, 영어회화 등을 4주간 가르쳤

113

다. 그리고 다시 6개월 정도 경험을 쌓는 수련 기간을 거치면 정식 가이드가 되는 것이다. 이 과정 동안 교육과 숙식은 모두 무상으로 제공한다.

그동안 600여 명의 여성들이 가이드 교육을 받았고, 이런 활동이 서양에 알려지면서 지역 문화와 자연에 대한 지식이 풍부한 여성 가이드를 찾는 여행자가 점점 늘고 있다. 쓰리 시스터즈는 무엇보다 가이드들에게 정당한 임금을 지불하고 정당한 대우를 해주는 것을 중요하게 생각한다.

"우리가 진정 양성하고 싶은 사람은 스스로 자신의 문제를 결정하고 헤쳐 나갈 수 있는 자존감을 가진 여성이기 때문이지요."

쓰리 시스터즈는 레이크 사이드 반대편 끝에 있으니 걷는 것이 힘든 사람은 자전거를 타거나 택시를 타는 편이 좋겠다. 우리는 포카라 번화가도 구경할 겸 걷기 시작했는데, 돌아오는 길에는 거의 녹초가 되어 버렸으니까 말이다.

붉은 벽돌로 지어진 단아한 건물과 아름다운 정원을 가지고 있는 게스트하우스 2층 카페에 올라가면 페와 호수의 탁 트인 전경이 펼쳐진다. 히말라야 산행이 아니라도 그저 포카라에 가만히 머물고 싶은 여행자가 있다면 쓰리 시스터즈의 게스트하우스를 추천한다. 물론 트레킹을 시작하고 싶다면 언제든 100미터 옆에 있는 쓰리 시스터즈 여행사에서 전문 여성 가이드와 포터를 연결해 준다. 가이드 1인이 인솔하는 최대 인원은 5명, 1일 가이드 비용은 20달러, 포터는 15달러, 포터 한 사람이 매는 짐은 30킬로그램을 넘지 않는다는 포터 인권 규정을 반드시 기억하길!

◎ **트레킹 예약** www.3sistersadvanture.com

◎ **여성 여행자를 위한 게스트하우스** 1박(조식 포함) 8~15$, 1인 기준.

02 WSDO Women's Skills Development Organization

페와 호수에서 자전거를 빌려 타고 관광객들이 다니는 도로 뒷길로 들어서면 관광지 바로 뒤편에 숨겨져 있던 마을이 활짝 열린다. 15분 남짓 자전거를 타고 찾아간 WSDO는 긴 담벼락 그득히 예쁜 가방을 그려 넣은 마당 넓은 집이다.

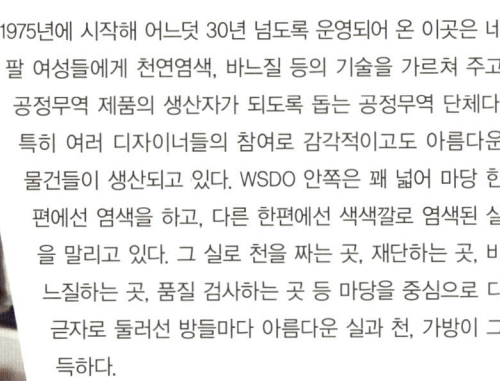

1975년에 시작해 어느덧 30년 넘도록 운영되어 온 이곳은 네팔 여성들에게 천연염색, 바느질 등의 기술을 가르쳐 주고 공정무역 제품의 생산자가 되도록 돕는 공정무역 단체다. 특히 여러 디자이너들의 참여로 감각적이고도 아름다운 물건들이 생산되고 있다. WSDO 안쪽은 꽤 넓어 마당 한 편에선 염색을 하고, 다른 한편에선 색색깔로 염색된 실을 말리고 있다. 그 실로 천을 짜는 곳, 재단하는 곳, 바느질하는 곳, 품질 검사하는 곳 등 마당을 중심으로 디귿자로 둘러선 방들마다 아름다운 실과 천, 가방이 그득하다.

하지만 이곳은 공장이라기보다는 가방 만드는 법을 가르쳐 주는 학교 같은 곳이다. 6개월간 염색, 실잣기, 천 짜기, 재단, 바느질 등 기술교육을 받은 여성은 재료를 받아 집에서 작업을 할 수 있다. 여성들만을 대상으로 하는 이유에 대해 WSDO의 창립자이자 대표인 람칼리가 설명해 주었다.

"네팔은 아직도 카스트 제도와 성차별 문제가 심각합니다. 여자아이는 학교에도 보내지 않고, 지참금을 받고 팔아넘기듯 조혼을 시키기도 해요. 계약결혼이니 남자들이 바람을 피우거나 소박을 놓는 경우도 많죠. 그렇게 시댁에서 쫓겨나거나 사별한 여자들은 갈 데도 없고 살길이 막막해요. 그래서 시작한 일이 WSDO죠."

이곳을 통해 580여 명의 여성들이 자립해 독립적인 생활을 하고 아이들을 가르치며 삶을 일구어 가고 있다고 했다. 혹 다음에 오면 천 짜는 법이나, 가방 만드는 법을 배울 수도 있느냐고 묻자 람칼리는 웃는다.

"그럼요. 여긴 가르치는 곳이니까요."

디자인, 바느질, 내구성, 의미, 무엇 하나 빠지지 않는 WSDO의 가방은 당연 머스트 해브 아이템. 포카라 호숫가에 새로 개장한 아름다운 가게가 있다. 혹시 놓쳤다면 한국에 돌아와 공정무역 가게 '그루'에서 다시 만나볼 수 있다.

03 칠드런 네팔 Children-Nepal

이왕 자전거를 빌렸다면 나선 김에 한 곳을 더 들러 보자.

칠드런 네팔은 어린이들이 스스로 자신의 권리를 누리도록 돕기 위해 1995년에 설립된 비영리단체다. 네팔의 많은 어린이들은 기본적인 교육은커녕 최소한의 영양 섭취도 하지 못하는 형편이다. 어린이들의 50%가 영양실조 상태에 있으며, 20%의 어린이들은 학교에 가본 적도 없고, 37%의 어린이들은 초등학교도 다 마치지 못하고 학교를 그만둔다.

대문을 밀고 들어서자마자 까르르 아이들 웃음소리가 마당으로 새어 나온다. 어린이와 가족 프로그램 매니저인 사라다와 인사를 나누는 사이 직원들이 다가와 한 사람 한 사람 머리에, 가슴에 꽃을 꽂으며 맞아 주었다. 누가

왔나 기웃기웃하던 아이들은 막상 눈이 마주치면 부끄러워 어쩔 줄 모른다.

제일 먼저 만나고 싶은 건 역시 아이들. 선생님께 부탁해 아이들과 잠깐 시간을 보낼 수 있었는데, 어릴 때 배웠던 기억을 떠올려 급조한 춤과 노래를 선보이니 이상한 어른들이다 싶었는지 아이들이 무척 좋아했다. 아이들이 답으로 '렛섬 삐리리'를 부르며 추는 춤이 너무 귀엽고 재미있어 몇 번이나 다시 부르며 우리도 배워 버렸다.

사라다는 센터를 안내하며 여러 프로그램을 설명해 주었다.

"칠드런 네팔은 빈곤층 어린이들의 교육을 지원하고 건강을 돌보고 생활을 지원하고 있어요. 반 이상이 불가촉천민 아이들이죠. 센터에서는 학교에 가지 못하는 아이들에게 매일 수학과 영어를 가르치고 있어요. 온갖 가사일을 도맡고 있어 센터에 나올 수도 없는 불가촉천민 소녀들을 위해서 아침마다 가정교사가 집으로 방문해 공부를 돕기도 하지요. 열여섯 살이 되면 여성 작업장에서 수공예품을 만드는 '해바라기 프로젝트'에 참여할 수 있어요. 해를 따라 자신을 움직여 씨앗을 영글게 하는 해바라기처럼 자립을 꿈꾸는 거죠."

이 모든 일에 여행자들의 자원활동도 큰 몫을 한다고 한다. 1층에 마련된 작은 숍에 들어서며 우리는 다시 흥분했는데, 당장 품에 안고 싶은 유기농 면으로 만든 토끼 가족부터 인형극용 공주님과 기사와 용 인형, 네팔 전통 인형들이 빼곡했기 때문이다. 아이들, 조카들 선물을 고르느라 넋이 빠질 지경. 이곳을 방문한다면 한국에서 미리 아이들을 위한 문구류를 준비해 가면 좋겠다.

04 보는 손 Seeing Hands Clinic

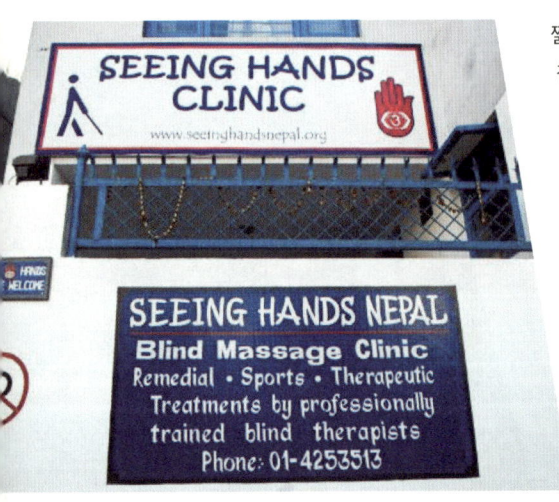

짧든 길든 트레킹을 했다면 포카라에 도착한 당신의 다리는 천근만근, 산에서 혹시 넘어지거나 손을 잘못 짚기라도 했다면 장거리 버스를 타고 카트만두를 거쳐 집에까지 갈 일도 천리만리일 것이다. 그럴 때 추천하고 싶은 곳은 '보는 손'이다. 2005년 영국의 지원으로 네팔 시각장애인협회에 의해 만들어진 직업·재활을 위한 사회적 기업이다. 센터에 들어가면 벽면 가득 여러 자격증이 가득 붙어 있다.

페와 호수에서 왕궁 쪽으로 향한 큰길 안쪽에 위치해 있다. 찾기 어려울 수 있지만 전화를 하면 밝고 쾌활한 목소리로 길 안내를 해주고, 심지어 골목 앞까지 마중도 나와 준다. 건강한 마사지와 치료를 경험하고 싶다면 보는 손을 가진 네팔 청년들을 찾아가길!

쓰리 시스터즈 트레킹 여행사
www.3sistersadventure.com

여성이 만든, 여성을 위한 트레킹 여행사

주소 : 3 Sisters Adventure Trekking, Pokhara-6, Lakeside(Khahare)
　　　P.O Box No: 284, Nepal
전화 : +977-61-462066, 465515
이메일 : 3sistersadventuretrek@gmail.com

WSDO 'shop'
아름다운 핸드메이드 가방과 소품으로 가득한 공정무역 가게. 포카라에만 세 곳의 매장이 있다.

Women's Skills Development Organization
www.wsdonepal.com

600명의 네팔 여성들이 만드는 수공예품 제작과정을 경험할 수 있는 공정무역센터.

주소 : Chautara Marg, Simalchour 8, Pokhara, Nepal
전화 : +977-61-534025, 980282
이메일 : wsdonepal@gmail.com

칠드런-네팔
www.children-nepal.net.np

네팔 어린이들의 인권을 위해 설립된 단체. 어린이들의 교육지원과 폭력예방, 여성들의 자립적 삶을 위한 작업훈련 및 공정무역 단체(Suryamukhi Handicrafts)를 운영한다.

주소 : Kathmandu 34, New Baneswor, Shankhamul
　　　Road, Pokhara, Masbar, Nepal
전화 : +977-61-461554, 461938
이메일 : Chidrennepal_bna@gmail.com

보는 손
www.seeinghandsnepal.org

네팔 시각장애인협회에 의해 만들어진 직업 및 재활을 위한 사회적 기업, 마사지숍.

주소 : Opposite Basundhara Park | Lakeside,
　　　Pokhara 6, Nepal
전화 : 061-465786
이메일 : seeinghandsnepal@gmail.com

Fair Travel
MAP

NEPAL
포카라

우리들의 편안한 휴식이 누군가의 삶을 빼앗은 대가라면,
우리에겐 이제, 더불어 살아가는
여행에 대한 새로운 상상력이 필요하지 않을까?

Travel & Economics

여행과 경제

우리가 쓰는 돈은 어디로 가는 걸까?

니마와 함께 안나푸르나 트레킹을!
여행하는 세계, 여행하는 대한민국
관광개발의 대가
싼 여행의 대가
현지인에게 도움이 되는 소비는 어떻게 하지?
윤리적 소비자는 힘이 세다
새로운 길을 상상하라 Be Inspired!
가난한 길 위에서 희망을 만난 세 친구
아름다운 커피, 아름다운 사람들

Fair Travel Story
Fair Travel Guide Book

니마와 함께 안나푸르나 트레킹을!

스킨스쿠버 다이버, 저글러, 목수, 요리사 조완철. 하지만 그의 진짜 직업은 북디자이너다. 세상을 바꾸는 디자인을 꿈꾸며 문을 연 '공익디자인센터 필'의 이름으로 많은 NGO와 일하고 있다. 궁금한 것, 하고 싶은 것이 너무 많은 그는 틈틈이 여행하고 틈틈이 즐기는 취미가 어느덧 전문가 급. 멋모르고 따라갔던 패키지여행부터 깊은 소통의 여행까지 그의 여행은 극과 극을 달린다.

솔방울(솔) 맨 처음 떠난 해외여행은 어떤 여행이었어요?

완철(완) 첫 번째 여행은 필리핀 패키지였죠, 아마. 한국에서 친구와 함께 스킨스쿠버 다이빙을 배우다가 진짜 바다에서 물고기와 함께 헤엄치고 싶다는 생각이 들어서 패키지여행을 신청한 거였어요. 그런데 첫날 밤에 외출을 하려니까 가이드가 엄청 겁을 주는 거예요. 밤에 돌아다니는 건 너무 위험하니까 나가면 안 된다, 밤에 택시 탔다가 택시기사가 총을 들이대며 강도로 돌변해 죽은 사람도 있다, 뭐 이런 식으로.

🟢 여행사로서는 안전이 걱정돼 그러는 거겠지만, 뭐 그렇게까지 겁을 줘요? 그래서 어떻게 했어요?

🟠 여행을 갔으면 야시장에 가봐야 제맛이죠. 포기할 수 있나요? 친구랑 둘이서 나가겠다고 완강하게 버티니까 가이드가 도저히 못 말리겠는지 그럼 '각서'를 쓰고 가라고 하더라구요.

🟢 각서? 무슨 각서요?

🟠 무슨 일을 당해도 무조건 모두 다 우리 책임이라는 내용이었어요. 그래, 내가 쓴다, 하고 재빨리 쓰고 나왔죠.^^ 호텔 밖에 나오니까 필리핀 사람들 표정이 다 밝고 친절하고 너무 좋았어요. 물론 만 명, 십만 명 중에 한 사람이 그런 사고를 당할 수 있겠지만 과연 안전만을 걱정하는 건가 싶더라구요. 어쨌든 우리는 그렇게 위험하다는 택시를 아예 대절해 가지고 택시투어를 했죠. 기사 아저씨랑 시장에도 같이 다니고 식당에도 같이 갔는데, 한사코 사양하는 걸 억지로 먹자고 해서 같이 식당에 앉았어요. 아저씨가 어찌나 황송해하며 어쩔 줄 몰라 하는지…. 관광객들은 언제나 고압적인 자세로 자기를 대했기 때문에 그랬던 거였어요. 우리는 친구니까 같이 밥을 먹는 게 당연하다고, 그렇게 함께 식사를 했지요.

🟢 음하하. 좋은 택시기사 아저씨를 만나 다행이네요. 사실 그런 선량한 이웃들이 세상에는 더 많죠. 물론 관광지에는 그렇게 위협적이지는 않더라도 여행자들에게 바가지를 씌우려는 사람이 적지 않은 게 사실이지만 구더기 무서워 장을 못 담그면 쓰나요. 그죠? 그러면 아예 여행을 가지 않는 편이 낫지 않겠어요?^ ^ 패키지여행을 다녀왔다니까 말인데요, 패키지여행의 가장 큰 장점과 단점이 뭘까요?

🟠 단점은 동행을 선택할 수 없다는 거! 불편한 사람과의 여행은 불편함 그 자체니까. 으~. 장점은…, 아무래도 이상할 정도로 싼 가격이 유일한 장점이겠죠?^^ '캄보디아+태국 3박 4일', 29만 9,000원 패키지를 다녀온 적이 있었어요. 일단 비

행기에서 1박 하고, 앙코르와트에 도착하면 무엇이든 자세히 보겠다는 생각은 일찌감치 버리는 게 좋아요. 깃발을 놓치지 않으려면 거의 뛰다시피 해야 되죠. 그렇게 반나절 만에 앙코르와트 투어가 끝나더라구요.

다음 날에는 조그만 버스에 태우더니 비포장도로로 10시간 가까이 먼지를 뒤집어 쓰고 달리기만 하는 거예요. 3박 4일에 육로 이동에만 10시간이라니, 대단하죠. 태국에 도착하니 이미 밤이 됐는데 불야성을 이룬 환락가의 바Bar에 가서 게이쇼와 스트립쇼를 관람하는 것이 그날의 코스였어요. 그리고 다음 날 아침 공항 이동. 이게 여행의 전부였죠. 별 기대 없이 싼값에 잠깐 쉰다는 기분으로 간 거였는데, 참~ 피곤하대요.

솔 아무리 싼 여행이라지만 그 대가가 이렇게 피곤해서야. 헛헛.

완 따져 보니까 싼 여행도 아니었어요. 추가로 쓸 수밖에 없는 돈에 쇼핑을 강요하는 걸 완전히 무시할 수가 없어서 이래저래 쓴 돈을 합치니까 30만 원이나 되는 거예요. 다른 사람들보다 덜 썼는데도. 결국 60만 원이 넘는 여행이었던 거죠. 그리고, 어떻게나 한국 음식점만 다니는지. 별 맛도 없는 된장찌개, 김치찌개 먹느라 힘들었어요.

솔 그러게요. 한국인들은 유독 외국에 가서 한국 음식을 찾는 것 같아요. 외국에 여행을 갔다면 그곳 음식과 문화를 맛보고 이해하는 정도의 마음은 열고 있으면 좋을 텐데요. 이번엔 좀 다른 여행 이야기를 들어볼까요?

완 작년 여름에 안나푸르나 트레킹을 했는데 좀 특별한 여행이었죠. 언젠가 꼭 가고 싶다고 생각하던 히말라야여서 준비할 때부터 가슴이 뛰었어요. 짧은 시간 짬을 내서 다녀오는 거라 좀 더 깊이, 안전하게 트레킹을 하고 싶어서 가이드를 구해서 올라갔는데요, 포카라에 책임여행, 공정여행을 표방하는 '쓰리 시스터즈'라는 여행사가 있어요. 세 자매가 운영하고 있는데, 여성들을 가이드로 교육하고 훈련시켜 여성들에게 당당한 일자리를 만들고 있었어요. 저는 여자친구와 함께여서 애기를 많이 나눴는데요, 아무래도 안전하니까 여성 여행자들이 많이 찾고 있다고 그래요.

솔 포터나 가이드들이 아주 어려운 여건에서 일하고 있다고 알고 있어요.

완 쓰리 시스터즈는 포터와 가이드에게 정당한 임금을 주고 있어요. 방도 따로 제공하지요. 그런 만큼 여행자가 지불하는 돈은 다른 여행사에 비해 조금 비싸더라구요. 그래도 괜찮다고 생각했어요. 우리가 방에서 따뜻하게 자는 동안 식당 바닥 같은 데서 그들이 자도록 두는 게 마음이 더 불편하니까요. 비싸다고 해도 우리 돈으로 하루에 몇 천 원 더 내는 건데요.

솔 쓰리 시스터즈의 가이드는 좀 달랐나요? 함께한 트레킹은 어땠어요?

완 우리 가이드였던 니르말란은 늘 지도를 보여주며 우리와 트레킹 루트를 의논했고 가게에서 찻값 같은 걸 바가지 쓰지 않도록 도와주었어요. 그녀는 지나가는 사람마다 인사하고 안부를 물으며 마을 소식, 사람 소식을 전해 주는 전령사라고 할까요. 안나푸르나의 모든 사람들이 그녀를 알고 좋아하는 것 같았어요. 우리도 덩달아 친구 동네에 놀러 다니는 기분이 되더라구요.

솔 그런데 네팔 여성들은 직업을 얻기가 어려운 건가요?

완 부족마다 조금씩 다르기는 해도 네팔 여성들은 대부분 의무교육도 제대로 받지 못하고 집안일을 돕다가 스무 살 전에 시집을 가서 농사일과 가사, 육아를 모두 감당해야 한대요. 네팔에선 아직도 일부다처제 풍습이 남아 남자가 여러 부인을 두는 것이 다반사구요. 진짜로 트레킹을 다니는 내내 눈 씻고 찾아봐도 열심히 일하는 남자는 보기가 어렵더라구요. 밭에서 일하는 사람도, 무거운 짐을 나르는 사람도, 상점을 운영하는 사람도, 아이를 돌보는 사람도 모두 여자들이었으니까. 남자들은 양지바른 곳에 앉아 게임을 하거나 빈둥거리고만 있는 거예요.

🟢 솔 니르말란은 어떤 사람이었어요?

🟢 완 스물아홉의 당찬 아가씨죠. 우리는 니마라고 불렀죠. 니마는 대학에 다니면서 학비를 벌고 있었는데 한국으로 치면 방송통신대학 같은 곳인가 봐요. 사회학을 공부하고 있고, 사회복지 쪽에서 일하고 싶다고 해요. 어려운 환경에서 자기 길을 만들어 가는 모습이 참 좋아 보였어요. 그런데 니마가 계속 물었어요. 이런 여행을 하려면 몇 달치 월급을 모아야 하냐구요. 가이드 일로 학비와 생활비를 모두 감당할 수가 없어 비수기 때는 빚을 내어 살고 성수기가 되면 또 갚아야 하니까 자기는 돈을 모은다는 건 상상할 수가 없는 일이라면서….

🟢 솔 아시아를 여행하다 보면 우리는 정말 여행을 할 수 있는, 소수의 사람들이구나 하고 느낄 때가 많아요. 우리가 여행에서 만나는 대부분의 사람들은 여행할 수 없는, 떠날 수 없는 사람들이니까…. 그만큼 아시아에서 한국은 많은 걸 가진 나라가 된 거죠. 한편으

로는 무언가 나눌 수 있는 게 많아졌다는 것도 될 거예요. 몇 년 사이에 소통하고 나누는 여행을 원하는 사람들도 정말 많아진 것 같아요. 음…, 마지막 질문! 없는 시간과 돈을 쪼개 여행을 가는 이유가 뭘까요?

완 새로운 걸 좋아하니까 그렇겠죠. 뭔가 꽉 막힌 상황일 때, 익숙한 곳과 떨어져 있으면 다른 눈을 뜨게 되는 것 같아요. 여행은 '틈'을 주니까. 시간의 틈, 사고의 틈, 영혼의 틈? 이 틈도 없다면 질식하지 않겠어요?^^

완철이 꼽은 여행의 가장 아름다웠던 순간은 안나푸르나 트레킹 도중 기적처럼 쌍무지개를 보았을 때라고 했다. 구름이 잔뜩 드리워져 설산의 모습도 보여주지 않던 하늘이 갑자기 열리면서 무지개가, 그것도 2개나 산 위로 떠오른 모습을 볼 때의 마음은 설명할 수가 없단다. 하지만 그의 눈이 이미 설명하고 있었다. 그에게 여행이 어떤 것이었는지. 여행은 이렇게 예기치 않은 순간들과의 만남이란 걸.

깊이 보기 ①

::여행하는 세계, 여행하는 대한민국

여행하는 세계

지난 60년, 세계 인구가 2배로 늘어나는 동안 세계 관광인구는 약 50배 증가했고, 관광산업은 세계 GDP의 10%인 7.6조 달러를 차지하는 거대한 산업으로 성장했다. 그리고 직간접적으로 여행과 관광업에 종사하는 사람은 2억 8,300만 명으로 지구상 모든 직업 중 10분의 1에 해당한다(2016년 세계관광지표). 또한 2025년에 이르면 관광 관련 고용인의 수는 3억 5,600만 명, 국제 경제는 11조 달러에까지 달할 것으로 예상하고 있다(2015년 UNWTO 세계관광트랜드 보고서).

한 걸음 더 나아가 여행자의 증가율이 아니라 여행자들의 국적을 따져 보면 누가 여행하고 있는지 더욱 선명해진다. 전 세계 75억 인구 중 12억 3,700만 명이 해외여행을 하고 있다. 그러나 제러미 리프킨의 분석에 의하면 G7 국가의 여행객이 전 세계 여행 인구의 30%를 차지하고 있으며, 여행자의 국적을 경제 소득 기준으로 분류한다면 세계 경제의 상위 15% 안에 드는 나라의 국민들이 세계를 여행하고 있을 뿐이다.

여행하는 대한민국

다만 달라진 것이 있다면 대한민국 사람 4명 중 1명이 해마다 여행을 떠날 수 있게 되었다는 것이다. 2015년, 해외여행 자유화 이후 26년 만에 국민의 약 37%인 1,931만 명이 해외여행을 떠났다.

2015년 세계관광기구가 발표한 '세계관광지표'에 따르면 한국 관광객이 해외에서 쓴 돈은 무려 25억 9,000달러(약 30조), 한국인 1인당 평균 지출 경비는 265만 원에 달했다.

관광이라는 쓰나미

세계관광기구는 관광산업의 증가는 계속 이어져 2020년에는 16억 명, 2030년에는 30억 명에 이를 것으로 내다보고 있다. 2016년 기준 세계 관광인구가 12억 3,700만 명을 기록하고 있으니 이 예측은 틀리지 않을 듯하다. 그중 중국 관광객이 무려 1억 3,510만 명으로 세계 관광객의 약 11%를 차지하는 믿지 못할 규모와 성장을 기록하고 있다. 그에 발맞추어 다국적 관광기업들은 더 빠른 속도로 아시아의 아름다운 산호섬들을 꿈의 리조트로 바꾸어 가고 있고, 국가들의 적극적 협조와 조세 혜택 속에서 고급 호텔과 리조트, 비행기 편수를 늘려 가고 있다.

2007년, '빈곤을 타파하기 위해 관광을 증대하라'는 슬로건을 내건 세계관광기구의 사무총장 프란잘리는 이렇게 주장했다. "관광개발에 대한 투자는 의심할 여지도 주저할 이유도 없다. 대부분의 빈곤 국가와 관광 국가에서 관광은 가장 주요한 수입원이며, 다른 산업 분야에 비해 2배 속도로 성장하고 있다. 관광처럼 경제적 빈곤층에게 일자리와 부를 분배하는 분야는 찾아보기 어렵다."

그는 세계은행뿐 아니라 지역의 은행들, 각 국제 원조 기관을 향해서도 관광 분야에 대한 투자와 관광개발을 통한 경제적 성장은 가장 효과적이고 자립적인 빈곤과의 싸움이 될 것임을 소리 높여 설득했다. 그런 관광산업의 노력은 해마다 10%

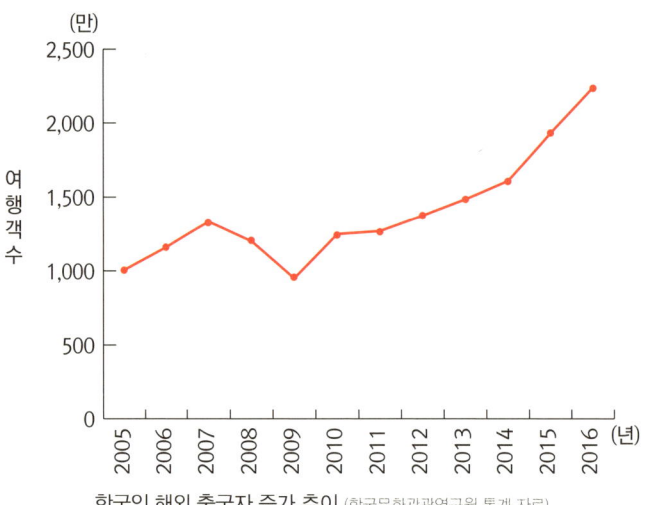

한국인 해외 출국자 증가 추이 (한국문화관광연구원 통계 자료)

의 성장률을 낳았고, 실제로 금융 투자 부문에서 관광개발에 대한 자본의 투자율은 11%를 넘어서고 있다(www.globalexchange.org).

그러나 이상한 것은 그렇게 관광개발로 들썩이는 아시아와 아프리카의 나라들은 여전히 최빈국 리스트에서 벗어나지 못하고 있는 아이러니한 현실이었다. 도리어 그런 최빈국과 선진국의 1인당 GDP 비율은 1970년 1:19에서 2007년 1:96으로 더욱 크게 벌어져 있었다. 그뿐 아니라 세계는 0.14%의 사람들이 가진 자산으로 세계 인구 중 가난한 40%가 24년 동안 살 수 있을 만큼의 거대한 경제 격차에 허덕이고 있었다(카를 알브레히트 이멜, 『세계화를 둘러싼 불편한 진실』, 현실문화, 2009).

2014년 옥스팜 보고서에 따르면 세계 85명 부자의 재산은 1.7조 달러이며 이는 극빈층 3억 5,000만 명의 재산과 같은 수이다. 현실의 격차는 시간이 흐를수록 더욱 크고 깊어져, 2015년은 세계 최초로 상위 1%가 하위 99%가 가진 부의 총량을 넘어선 해로 기록되었다. 어떤 통계로도 설명되지 않는 여행지의 빈한한 현실은, 한 해에도 두세 번씩 세계를 여행하고 직접 경험하기 시작한 여행자들에게 불편과

의문을 안겨 주기 시작했다.

왜 발리 사람들은 가난한 것일까?

'신들의 섬'이라 불리는 인도네시아 발리. 화려한 수식어에 걸맞게 이곳은 매년 발리 인구에 가까운 관광객으로 북적댄다(2015년 기준 발리 인구 420만 명, 여행자 수 400만 명). 덕분에 발리는 인도네시아에서 가장 부유한 지역이 됐다. 하지만 정작 발리 주민에게 관광 특수는 남의 얘기다. 관광 수입의 절반 이상은 외국인 투자자들에게 흘러가기 때문이다. 발리 전통문화 보존운동을 벌이는 현지 의사 러흐케툿 수라니는 로이터 통신과의 인터뷰에서 "발리 원주민들은 외국인들을 위해 꼭두각시처럼 춤을 추고 그렇게 모인 돈은 다시 외국인 주머니로 들어간다"며 "우리가 소수집단(minority)이 돼버린 듯한 자괴감이 들 때가 많다"고 말했다. 리조트 개발 붐에 덜컥 논밭을 팔았다가 빈곤층으로 전락한 사람도 부지기수다(윤지로, 『세계일보』, 2009.1.12).

이것은 비단 발리에서만 펼쳐지고 있는 풍경이 아니다. 관광개발의 그늘에 서 있는 아프리카 잠비아의 한 원주민은 이렇게 이야기한다.

"사파리 여행객들은 여기에 와서 엄청나게 많은 돈을 쓴다. 고급 호텔에 묵고, 일주일에 몇 백 달러를 호가하는 사파리 관광을 한다. 하지만 우리는 그 돈을 본 적도 없거니와 심지어 관광객들을 만날 기회조차 없다. 그들은 공항에서 곧장 전세버스를 타고 리조트로 들어가 그곳에서 잠을 자고 밥을 먹고, 사파리 패키지를 떠나기 때문이다. 마을에서 만든 수공예품을 팔기 위해 그들을 찾아가 보았지만 우리는 리조트나 호텔 안에 들어갈 수조차 없었다. 패키지여행자들이 다니는 길은 그렇게 거대한 담장을 두른 듯 막혀 있어 우리 같은 현지인들은 접촉조차 하기 어렵다"(Polly Pattullo & Orely Minelli, 『The Ethical Travel Guide』, earthscan, 2006).

쏟아져 들어오는 돈, 빠져나가는 돈

2016년 세계 관광산업을 통해 벌어들인 돈은 무려 1조 2,260억 달러(한화 1,350조 원)로 세계 GDP의 10%에 달했다. 그러나 세계가 관광산업으로 벌어들인 막대한 수입 가운데 절반 이상은 여행자들이 타고 온 비행기와 다국적 호텔을 통해 다시 그들의 나라로 돌아갔다. 당연한 결과겠지만, 세계관광기구 2016년 통계를 살펴보면 세계에서 관광으로 돈을 많이 번 나라는 미국, 스페인, 태국, 중국, 프랑스, 이탈리아, 영국, 독일 등이다.

관광객은 늘어나는데 왜 관광지의 주민들은 가난할까? 어느 관광지에서 생겨난 것이든 관광산업으로 얻은 이득은 관광을 할 능력이 있는 1세계 국가들에게 돌아간다. 제러미 리프킨은 이 구조적 문제의 원인을 패키지여행의 '자본 회귀 구조'에서 찾았다.

"만약 우리가 여행에서 쓰는 돈이 100만 원이라면, 그중 40만 원은 비행기에, 20만 원은 여행사에 나머지 20만 원은 우리가 머무는 호텔에서 우리가 소비하는 각종 물품과 먹을거리 등에 사용되는데, 이 수익은 다시 1세계로 흘러가 버리고 만다. 우리가 네팔을 여행한다면 우리가 쓰는 돈 중 70~85%의 관광 수익은 외국인 소유 호텔이나 관광 관련 회사들에 의해 해외로 빠져나가고, 산속의 마을로 돌아가는 것은 단지 1~2%의 등산객들이 쓰는 돈뿐이다."

또한 그는 관광의 누손율(수익이 새어 나가는 비율)에 대해 이렇게 분석했다.

"관광산업은 해마다 10% 이상씩 성장하고 있지만 관광객이 뿌리고 가는 돈 중에서 현지 주민들에게 돌아가는 돈은 얼마 되지 않는다. 대부분의 호텔, 항공사, 휴양 클럽, 관광 회사, 식당 체인은 다국적 기업이 소유하고 있으며 이런 기업의 상당수는 G7에 속한 나라들에 본사가 있다. 제3세계 관광분석가인 크레그 린드버그는 개발도상국일수록 이런 누손이 많다고 주장한다. 네팔이 70%, 태국이 60%에 이른다"(제러미 리프킨, 『소유의 종말』, 민음사, 2001).

프놈펜 주재 유엔 상주조정자인 더글로스 브로더릭에 따르면 돈이 타지로 '새는' 비율은 캄보디아가 세계 최고 수준이라 한다. 그는 2009년 유엔개발계획 보고서를 근거로 관광객이 쓰는 돈의 대부분이 가난한 이들에게 전해지지 않는다고 말했다. "시엠립에서 빈곤층에게 돌아가는 관광 수입은 고객 영수증 금액의 7% 정도"라고 한다. 캄보디아 보존 기구의 우크 소메트 역시 이렇게 증언하고 있다.

"호텔들은 필요한 물품의 70%를 캄보디아 밖에서 수입해 들여온다. 식품의 경우는 겨우 5%에서 10%만을 캄보디아 농장에서 구매한다. 높은 자리에는 잘 훈련된 외국인을 앉힌다. 캄보디아인은 저임금에 장시간 노동을 하는 단순 업무를 맡는다. 그마저도 한철 고용이지만 이마저도 감지덕지다. 유엔국제노동기구의 연구에 따르면 이것은 관광산업의 저변에 깔린 전반적인 문제다"(엘리자베스 베커, 『여행을 팝니다』, 명랑한지성, 2013).

관광개발의 핑크빛 약속

국제관광을 정치사회학적인 맥락에서 분석한 사회학자 해리 G. 매튜 또한 이미 1960년대, 관광이 가져다줄 일자리와 개발의 핑크빛 꿈을 키울 때 조심해야 할 몇 가지 지점을 예리하게 지적했다. 그는 그의 책 『국제관광』(일신사)에서 "관광개발의 성과를 논할 때 가장 중요한 것은 이익의 크기가 아니라 그 개발을 통해 생긴 이익이 누구에게 돌아가는가의 문제이다. 개발을 위해 치러야 할 대가는 얼마나 큰 것인가? 그것은 누구에 의해 지불되는가?" 하고 묻는다. 이런 문제가 명확하고 투명하게 논의되지 않는다면 그 개발은 결국 그들이 꿈꾸었던 곳과 전혀 다른 곳으로 그들을 데려다준다는 것을 이야기하고 있는 것이다. 실제로 발리에서, 보라카이에서, 잠비아에서. 수많은 가난한 어부와 농부와 소수부족들이 관광개발의 핑크빛 약속을 믿고 그들의 마을과 집과 어장과 논밭을 내어 주었다.

세상의 아름다운 곳에서 끊임없이 펼쳐지는 개발의 약속과 그 대가를 주시해

온 남아공의 공정여행 네트워크 활동가 제니퍼 세이프는 관광개발의 핑크빛 약속을 향해 이렇게 물었다.

"한 해에 관광을 위해 남아공을 찾는 사람은 무려 700만 명이다. 그러나 그들이 쓴 돈은 모두 어디에 있는가? 그들은 아프리카의 가난한 공동체에 어떤 이익을 남겼는가? 우리에게 주었다는 일자리는 도대체 어떤 것인가? 관광이 그렇게 많은 돈을 가져온다면 왜 우리는 여전히 가난한 것인가?"(Equations, The Tour Less Taken, The Equations, 2007).

세계 관광산업의 통계들을 확인하며 우리 또한 묻는다. 호텔을 위해, 리조트를 위해, 도로를 위해 아름다운 해변을, 초원을, 산과 마을을 내어 준 수많은 이들은 지금 어디에서 어떻게 살아가고 있을까. 우리의 여행은 그들에게 무엇이 되어 찾아가고 있는 것일까….

우리는 집에 가고 싶다

갑자기 트럭이 마을로 들어와 사람들을 싣기 시작했다.
아무 설명도 어떤 안내도 없었다.
그들은 우리 가족과 이웃들을 모두 트럭에 몰아넣고
정착촌이라는 곳에 내려놓았다.
아무것도 없는 그곳에서 우리에게 텐트를 던져 주고는,
그때부터 우리 손으로 살 집을 지으라 했다.
우리는 무엇을 어떻게 해야 할지 도무지 알 수가 없었다.
아무 일도 하지 못한 채
하루 종일 그들이 가져다주는 음식을 기다리며 집을 지었다.
우리 집이, 마을이 너무 그리웠다.
그곳엔 삶이 있었고, 할 일이 있었고,
어떻게 살아가야 할지 너무 잘 아는 땅이 있었다.
그러나 새로운 땅에서는 무엇을 해야 할지 도무지 알 수 없었다.

세상은 그들을 부시맨이라 부른다

그들은 스스로를 '칼라하리 사막의 첫 번째 사람들 – 산족'이라 부른다.

산족은 사막에서 사냥을 하고, 식물을 채집하며 살아온, 수천 년간 한 번도 땅을 빼앗긴 적 없는 칼라하리 사막의 처음 사람이자 마지막 사람이었다. 그들의 땅에서 다이아몬드가 발견되기 전까지…. 영화에서는 그들의 마을에 콜라병이 떨어졌지만, 현실에서는 그들의 땅에서 다이아몬드가 솟아났다. 다이아몬드의 효과는 콜라병보다 크고 무서운 것이었다.

다이아몬드가 발견되자 정부는 산족을 모두 강제로 쫓아냈다. 그들은 말했다. "야생동물과 환경보호를 위해서 산족은 다른 곳으로 이주해야 한다"고. 그러나 그 땅에서는 날마다 다이너마이트 폭음이 터져 나왔고, 성스러운 땅은 다이아몬드 광산이 되었다. 정부는 그 땅에서 발굴한 다이아몬드로 무려 24억 7,500만 달러를 벌어들였다. 물론 산족 사람들에게는 한 알의 다이아몬드도 주어진 적이 없다. 그렇게 다이아몬드 채굴이 끝났지만 그렇다고 해서 그들이 땅을 되찾을 수 있는 것은 아니었다. 막대한 돈을 움켜쥔 정부는 장애물이 없어진 칼라하리 사막에 보츠와나 최고의 관광단지와 사파리를 조성하겠다고 발표했다. 개발 용역은 관광 전문 기업인 남아공의 한 회사에 맡겨졌다.

사막에 관광지를 만들기 위해 가장 먼저 필요한 것은 물이었다. 사파리와 모험을 위해 칼라하리 자연보호구역을 찾아올 관광객들이 사파리를 마치고 샤워를 할 물이 필요했다. 물론 그들을 위해 요리할 물, 수영장, 아름다운 분수와 연못도 필요했다. 그들은 석유를 시추하듯 사막 여기저기를 뚫어 수맥을 찾아냈고, 수원을 끌어들였다. 그리고 산족에게 돌아갈 물은 남지 않았다. 모든 물은 관광단지의 물탱크 속으로 들어가도록 되어 있었기 때문이다. 결국, 산족 사람들은 물을 구하기 위해 트럭을 타고 400킬로미터를 가야 했다.

또한 야생동물 보호를 위해 그들의 사냥은 금지되었다. 사막의 동물은 이제 관

광객들의 사파리투어를 위한 것이지 산족을 위한 것이 아니었다. 산족은 자신들의 땅으로 돌아갈 권리가 있다는 법원의 판결에도 불구하고, 정부는 산족에게 그들의 땅을 돌려주지 않았다. 그리고 산족은 여전히 강제 정착촌에서 자살과 에이즈, 알코올 중독과 우울증에 시달리며 그들의 삶을 잃어 가고 있다.

이제 남은 것은 단지 1,000명의 부족 사람들…. 그들은 한 사람 한 사람의 사진을 찍고 목소리를 담아 자신들의 웹사이트를 만들었다. '칼라하리 사막의 첫 번째 사람들.' 그들은 세상을 향해 호소한다. "2006년 우리는 보츠와나 법정에서 역사적 승리를 거머쥐었다. 재판부는 우리가 사랑하는 땅(비록 법적으로는 소유권이 없으나)으로부터 우리를 강제로 몰아낸 정부의 행위가 불법이라는 것을 인정해 주었다. 또한 우리에게는 우리의 땅으로 돌아갈 권리가 있으며, 수천 년간 살아오던 대로 사냥을 하고, 식물을 채집해 살아갈 권리가 있음을 인정해 주었다. 그러나 그뿐이었다…. 정의로운 판결에도 불구하고 정부는 우리가 우리의 땅에서 살도록 내버려 두지 않았다. 모든 우물은 관광개발 업자들에게 빼앗겼고, 우리의 땅으로 사냥을 나가면 정부는 야생동물 보호법에 위배된다며, 우리를 체포하고 때로 고문을 하기도 했다. 우리는 이제 집으로 가고 싶다. 우리를 우리의 집으로 돌아가게 해달라."

* 위 내용은 '서바이벌 인터내셔널'의 웹사이트 www.survival-international.org를 참고했다.

'서바이벌 인터내셔널'은 소수부족의 삶을 보호하고, 그들의 땅을 지키고, 그들 스스로 자신의 미래를 결정할 수 있도록 돕는 국제 NGO로, 세계 곳곳의 소수부족들이 처한 현실을 알리고 보호하는 캠페인을 펼치고 있다. 사진은 '서바이벌 인터내셔널'에서 제공해 주었다.

::관광개발의 대가

ⓒ Survival

호텔에 물과 집을 빼앗기는 사람들

호텔과 사파리에 집을 잃고 집단 수용시설에서 생활해야 하는 것은 단지 부시맨만이 아니다. 지금 케냐에선 마사이족이 그들의 들판을 빼앗긴 채 사파리 관광객을 위한 쇼로 연명해 가고 있다. 특히 삼부르 지역에 들어선 사로바 샤바 호텔은 부족민들이 생활과 목축을 위해 사용하던 우아소 강의 물줄기를 끌어다가 수영장을 만들었다. 농사와 목축으로 자립적인 삶을 살아오던 삼부르 사람들은 식량 원조에 의존해 살거나 고향을 떠났다.

"관광개발은 전통적인 삶의 방식으로 자신들의 땅에서 살아오던 수많은 원주민 공동체와 그 삶을 파괴해 왔다. 정부 혹은 관광개발 기업들은 '자연보호와 생태적 관광개발'이라는 명목으로 그들을 강제로 그들의 땅에서 쫓아냈다. 어떤 예고나 대체 주거지가 주어지지 않은 경우도 허다하다. 그들이 잃어버린 땅에는 '생태관광'이란 이름으로 리조트나 국립공원이 세워졌고, 그들은 더 이상 그들이 수천 년 동안 살아온 숲과 들에 들어갈 수 없다. 무엇보다 큰 문제는 그들이 사냥과 목축 등을 통해 자급자족하며 살아왔던 삶의 양식이 파괴되면서 구호 물품에 의존해 살아야 하는 신세가 되었다는 것이다."

그때 관광기업들은 이들에게 손을 내민다. 그들의 전통춤이나 의례를 관광객들을 위한 쇼로 무대에 올릴 기회를, 그들의 아내와 딸에게 매춘의 기회를, 그들의 아들과 아버지에게 웨이터나 청소부가 될 기회를 내미는 것이다. 한 마사이족은 말한다.

"백인들이 처음 아프리카에 왔을 때, 그들은 우리를 인간이 아닌 동물로 취급하며, 사냥하듯 우리를 잡아갔죠. 지금 그 일이 그대로 다시 일어나고 있는 것 같습니다. 관광업자들은 우리를 살던 집에서 내쫓아 놓고 우리를 다시 잡으려고 합니다. 전통문화라는 이름의 쇼를 위해, 동물원 원숭이처럼 구경시키기 위해, 호텔의 일꾼으로 부리기 위해서"(Polly Pattullo & Orely Minelli, 『The Ethical Travel Guide』, earthscan, 2006).

바다를 잃은 인도네시아 어부들

인도네시아 발리에서 고기를 잡던 어부들이 리조트의 신고를 받은 경찰에게 체포되었다. 어부들은 늘 고기를 잡아 오던 마을 앞바다에 나간 것뿐이었지만 그것이 사유지 무단 침입이 되어 버린 탓이다. 어부들이 헐값에 팔았던 집과 땅과 해안은 리조트의 사유지가 되었다. 어부들은 해안을 소유한다는 것이 그 연안의 바다까지 포함해 소유하게 되는 일임을 알지 못했다. 그렇게 관광개발과 더불어 해안에서 쫓겨난 현지인들은 졸지에 그들의 생업인 어업마저도 잃게 되는 경우가 대부분이다. 또한 리조트나 호텔에서 흘러나온 폐수나 온수 때문에 갑자기 바뀐 수온은 바다 생태계를 교란시켜 물고기를 떠나게 한다. 아름다운 세계의 항구들을 드나드는 크루즈 유람선에서 나오는 기름으로 해안이 오염되어 근처 주민들이 더 이상 바다에 기댄 채 살아갈 수 없게 되는 일들도 비일비재하다. 그뿐인가? 농민들이 써야 할 물은 골프장에 빼앗기고, 관광 시즌이 되면 아이들은 학교에 가는 대신 거리로 나가 물건을 팔아야 한다.

누구나 닿고 싶은 천국, 리조트

1960년대부터 신흥 독립국들은 외화를 벌어들이고 일자리를 만들 새로운 사업에 눈을 뜨게 되었다. 휴가철마다 철새들처럼 떼지어 이동하는, 지갑이 두둑한 관광객을 유치하는 일보다 멋진 외화벌이가 있을까. 마침 유엔과 세계은행 또한 관광산업의 가능성을 인식하고 새로운 리조트 개발을 위한 자금 대여와 각종 원조를 제공했다. 여기에 각 개발도상국 정부나 기업이 적극적으로 대응하며 각지에서 관광리조트 개발이 붐을 이루기 시작했다(야마시타 신지, 『관광인류학의 이해』, 일신사, 2001).

이렇게 해서 본격적으로 개발된 리조트는 유토피아나 파라다이스를 현실로 만드는 사업이었다. 리조트들은 현실에는 없는 세계, 누구나 가닿고 싶은 곳, 행복과 평화만이 넘쳐 흐르는 꿈같은 이미지를 만들었다. 그곳은 현실 세계와는 멀리 떨어진 한정된 공간이며, 제한된 또는 선택된 사람들만 갈 수 있는 곳이다. 실제로 19세기 유럽에서 리조트의 원류는 고급 군인이나 귀족을 위한 계급적이고 배타적인 클럽 조직이었다.

그러나 문제는 이런 의미의 리조트를 현실에서 만들 때, 처음부터 사람이 살지 않는 무인도를 찾아낸 경우가 아니라면 그곳은 이미 누군가가 집을 짓고 물고기를 잡고 어울려 사는 삶의 자리였다는 것이다. 애초부터 개발업자들에게 현지 주민들은 그곳에서 사라져야 할 존재였다. 아름다운 수평선을 그들의 누추한 고깃배가 망쳐서는 안 되는 것이며, 새하얀 모래밭에 엉뚱한 발자국이 찍혀 있어서는 안 되는 것이다.

그들은 시세보다 후한 값을 쳐주겠다는 관광개발업자들에게 논과 밭과 집을 팔았다. 그러나 그것이 바다마저 파는 일이 될 줄은 몰랐던 것이다. 무엇보다 관광개발이 끝나고 난 뒤, 그들이 살던 지역은 그들이 손에 쥔 돈으로는 집 한 칸 구하기조차 어려운 비싼 도시가 되어 있었다.

관광이 빼앗아 가는 것들

관광산업의 그늘과 폐해를 연구해 온 지온느 제임스는 관광이 가져다주는 일자리의 본질을 이렇게 갈파했다.

"관광이 가져다준 일자리는 새로운 것이 아니라 잃어버린 것을 대신하는 것뿐이다. 잃어버린 일자리가 농업, 어업, 목축업 같은 전통사회를 이어 온 자급과 자립의 뿌리였다면, 관광이 가져다준 일자리는 관광자본에 의존한 비정규직이라는 불안정함 위에 위태롭게 서 있다. 결국 관광을 통해 잃는 가장 큰 손실은 그들이 본래 지니고 있던 더불어 사는 전통적인 삶의 양식이며, 얻는 것은 파편적이고 의존적인 도시빈민으로서의 삶이다."

무엇보다 이 새로운 일자리들은 과거의 삶으로 돌아갈 수 없도록 그들의 마을과 전통적인 삶의 양식을 모두 파괴한 뒤에 찾아온다. 지금도 여전히 관광개발업자들은 세상의 아름다운 숲과 바다를 찾아다니며 똑같은 약속을 한다. 이 아름다운 지역을 관광지로 개발해 외화 수입을 증대하고 지역에 일자리를 창출하겠다고. 그것은 일면 진실일 것이다. 하지만 그들이 말하지 않고 있는 반대편의 진실 또한 존재한다.

　아름다운 호텔은 그곳 사람들의 집과 마을에 세워질 것이라는 사실, 한번 빼앗긴 들판과 바다는 다시 되살 수 없을 만큼 비싼 것이 될 것이라는 사실, 어부는 바다에 배를 띄울 수 없고, 농부는 농사지을 물을 빼앗기며, 목동은 양을 칠 초원을 잃게 될 것이라는 사실, 다시는 이전의 삶으로 돌아갈 수 없게 될지 모른다는 불편한 진실들 말이다. 그 말해지지 않은 관광의 진실들을 조사하고 증언해 온 투어리즘 컨선은 이렇게 말한다.

　"그런 일들은 우리가 아는 대부분의 유명한 관광지에서 일반적으로 일어나고 있는 현상이다."

　호주, 아르헨티나, 발리, 방글라데시, 미얀마, 브라질, 중국, 이집트, 온두라스, 인도, 케냐, 요르단, 멕시코, 필리핀, 나미비아, 세네갈, 페루, 남아공, 태국, 탄자니아, 티베트…. 투어리즘 컨선의 세계지도 위에는 그 수많은 지역들이 점점이 표시되어 있다.

개발의 벼랑 끝에 내몰린 보라카이 원주민

　관광개발과 함께 선주민의 공동체가 붕괴되는 예를 만드는 것은 예전에는 유럽과 북미 개발회사의 몫이었다. 그러나 한 해 2,238만 명(2016년 기준)의 해외여행자를 쏟아 내게 된 한국도 이제 그 대열에 한몫을 차지하기 시작했다. 그 일은 해마다 50만 명의 한국인이 몰려드는 필리핀, 보라카이에서 일어났다.

　20년 전까지만 해도 보라카이는 배낭여행객들만 가끔 묵었다 가는 조용한 해변이었다. 그러나 그 아름다움이 세상에 알려지면서 관광개발 기업들이 찾아들고, 그들은 해변에 거대한 호텔과 리조트를 세우기 시작했다. 보라카이의 원주민은 수만 년 전부터 필리핀에 살아온 아에타족이다. 2~3만 년 전, 보르네오 섬을 거쳐 먼 여행 끝에 필리핀에 정착한 사람들. 활을 잘 쏘는 니그리토계의 키 작은 흑인.

그들은 필리핀 중남부에서 대대로 수렵과 농경의 역사를 이어 왔다. 그러나 계속된 개발로 그 수가 줄어 이제 보라카이에는 고작 180명의 아에타족만이 남아 있다. 이제 그 180명마저도 곧 삶의 터전에서 쫓겨날 운명에 놓여 있다. 아에타족과 같은 민족인 아티족도 상황은 다르지 않다.

이들은 이제 관광산업과의 싸움에서 생명마저 위협받고 있다. 2013년 2월, 아티족의 젊은 지도자이자 대변인인 덱스테르 콘데스가 밤중에 총격을 받아 숨졌다. 땅 문제를 해결하기 위한 모임을 마치고 집에 돌아오던 중이었다. 목격자는 범인이 인근 크라운 리젠시 리조트의 경비인 다니엘 셀레스티노라고 밝혔다. 셀레스티노는 살인 혐의로 기소된 상태지만 리조트는 관련성을 부인하고 있다. 아티족의 족장인 델사 후스토는 "이런 일이 생길 거라고는 생각지도 못했다"며 "오직 하나 확실한 것은 땅 문제 때문이다"라고 『가디언』에 전했다.

수년간 섬의 한쪽 끝에서 다른 쪽 끝으로 쫓겨나길 반복했던 이들은 2011년 정부로부터 해변에 인접한 약 0.021제곱킬로미터의 땅에 대한 소유권을 인정받았다. 이곳의 땅값은 1제곱미터당 약 138만 원에 달한다. 정부가 이 땅이 원주민들이 선대로부터 물려받은 땅이라고 결정하자 부동산 개발업자와 호텔 주인 등이 소송을 제기해 자신들이 이 땅의 전체 혹은 부분을 소유하고 있다고 주장했다.

크라운 리젠시 리조트를 포함해 보라카이에서 세 곳의 호텔을 운영하는 제이 킹이라는 사람은 아티족에 할당된 땅에 요트장을 갖춘 50채의 휴양용 주택 및 스노클링과 다이빙 체험장을 운영할 계획을 갖고 있었다. 아티족이 정부로부터 받은 땅으로 이주하자마자 무장한 크라운 리젠시의 경비들이 들이닥쳐 땅이 호텔 소유라고 주장하며 담장을 허물었다. 콘데스가 숨진 것은 그 후 얼마 지나지 않아서였다. 필리핀 법에 따라 용의자를 수색하려면 범죄를 저지른 2일 이내에 체포해야만 한다. 경찰 당국이 셀레스티노를 찾는 데는 며칠이 걸렸다. 이 때문에 그는 수색을 피할 수 있었고 살인사건의 증거는 거의 사라져 버렸다. 기소 이후에도 그는 아티족의 거주지와 인접한 술집에서 일하고 있다.

소유권 인정받은 땅마저 개발업자가 '눈독'

셀레스티노의 변호사이자 크라운 리젠시의 변호사이기도 한 아우후스토 마캄은 "의뢰인은 목격자라고 주장하는 사람이 묘사한 것과는 완전히 다르다"며 "완전히 악의적이고 근거 없는 기소"라고 밝혔다. 크라운 리젠시 호텔의 대표인 리차드 킹은 아티족이 '무단 점거'하고 있는 리조트의 땅을 지켜내야 한다며 "언론이 우리를 나쁜 사람들로 묘사하고 있다"고 말했다. 그는 또 호텔이 콘데스의 죽음과 관련이 없다고 주장했다.

아티족은 그들 대변인의 죽음을 애도하면서 땅과 정의를 지키기 위한 싸움을 계속하겠다고 밝혔다. 콘데스의 이모인 에블린 수페트란은 "덱스테르가 숨진 것은 그가 우리를 괴롭히는 사람들에게 맞설 만큼 용감했기 때문"이라며 "이제 우리가 그들에게 맞서야 한다"고 말했다. 아티족의 목소리를 대변해 왔던 콘데스는 수십 년간 아티족을 더럽고 바보 같으며 무시받아 마땅한 사람들로 낙인찍었던 세상의 편견과 싸워 왔다. 그는 아티족 10대들에게 학업과 구직활동을 권장하고, 매달 한 번씩 부족의 원로가 구전으로 이어 온 부족사를 들려주는 저녁 모임에 참석할 것을 권유했다.

아티족 공동체를 도와 왔던 아시시 개발 재단의 차야 호는 "아티족은 오랜 차별을 받아 왔다"며 "더럽다는 이유로 아티족의 아이들이 해안가를 따라 수영을 할 때마다 호텔과 레스토랑에선 이들을 내쫓았다"고 말했다. 아티족은 마노마노로 불리는 곳에 작은 땅을 얻었지만 사실상 섬 안의 작은 감옥이나 마찬가지였다. 마을을 비운 사이 개발업자들에게 땅을 빼앗길 수 있다는 우려 때문에 이들은 거의 외부 출입을 하지 않았기 때문이다.

게다가 아클란 주법원은 휴양지 소유주들이 낸 공사 중지 명령을 받아들여 아티족의 땅에 영구적인 주택을 건설하는 것을 금지시켰다. 지난 5년간 아티족과 함께했던 헤르미니아 수타레즈 수녀는 "법원이 왜 이들에게 호의적인지 모르겠다. 그들은 땅의 소유권이 없다. 땅은 아티족에 속한다"며 "문제가 해결될 때까지 얼마나 많은 시간이 걸릴지 모르겠다"고 말했다. 난개발을 우려하는 목소리에도 불구하고 부동산 개발업자들은 보라카이 섬에 수상공원부터 고급 휴양주택에 이르기까지 원대한 개발 목표를 세워 놓고 있다(『시사저널』, 2013.12).

보라카이에서 20년간 연주자로 살아온 필리핀 음악가 베봇에게 물었다. 보라카이 원주민들은 어디에 살고 있는가? 그들은 어떻게 살아가고 있는가? 어떻게 만날 수 있는가? 그는 씁쓸한 웃음으로 답했다.

"그들이 어떻게 사는지 보는 건 쉬운 일이다. 우선 보라카이 거리에서 흔히 만나는 거지들, 항구에 내리면 가방을 옮기려고 달려드는 수많은 날품팔이 짐꾼들, 보라카이 해변에서 멀리 떨어진 빈민가의 사람들, 그들이 바로 보라카이 원주민들이다."

그러나 더 큰 절망은 이 풍경이 동남아 곳곳, 아니 관광지가 개발되는 곳이라면 어디에서든 반복되고 있는 관광개발의 정해진 절차라는 것이다.

태국의 휴양지인 푸켓에서도 바다 집시들이 200년간 터전으로 삼았던 라와이 해변에서 쫓겨날 위기에 처했다. 섬의 땅을 소유한 이들은 이곳에 '바다 집시촌'을 세울 계획이다. 바다 집시촌은 일종의 테마 공원으로 관광객들은 이곳에서 물고기를 잡거나 한때 국적도 없이 떠도는 뱃사람이었던 바다 집시들이 어떻게 육지에서 살게 됐는지를 볼 수 있다. 지금까지 바다 집시 공동체는 이주를 거부해 왔지만 합의가 결렬된다면 강제로 추방될 수 있다. 이웃한 지역의 카오 락 같은 부족은 이미 지난 수십 년간 건설된 리조트와 호텔에 땅을 뺏기고 추방됐다. 미얀마 서쪽

메르구이 제도 주변의 바다 집시들도 섬을 관광지로 개발하려는 정부에 의해 강제 이주를 당한 것으로 알려졌다. 아름다운 열대 섬의 이면에 폭력과 강제 추방, 난개발의 그늘이 깊게 드리워져 있다(주영재, 『주간경향』, 2013.6).

국가의 토지 강제 수용과 관광개발

프놈펜에 있는 캄보디아 관광부 건물은 이 나라 정부가 관광산업의 돈벌이를 위해서 국민의 땅과 유산 그리고 생계 수단을 빼앗아 온 것을 은유한다. 2009년 유엔고등판무관실은 더 이상의 강제 퇴거 조치를 중단하라며, "2000년 이후 프놈펜에서 10만 명이 강제 퇴거 당했으며 적어도 15만 명의 캄보디아인이 강제 퇴거의 위협을 받으며 살아가고 있고, 당사국 정부가 토지 수용에 적극적으로 관여하는 사태를 매우 심각하게 본다"는 입장을 표명했다.

영국의 비영리 국제 감시 단체 글로벌 위트니스는 캄보디아 토지의 45%가 사익을 위해 수탈되는 과정을 추적했다.

"여기저기 관광 리조트 공사가 시작됐다. 산호초 바다와 야자나무가 드리운 끝없이 긴 텅 빈 해변, 사파이어처럼 푸른 바닷물 같은 캄보디아의 자연 유산이 팔려 나갔다. 원주민들이 치러야 하는 대가는 어마어마했다. 2001년 제정된 법률은 이러한 경우 적법한 절차와 완전한 보상을 명시했다. 그러나 캄보디아 정부는 일사천리로 마을 정리에 나섰다. 농부와 어부들이 일어나 맞서 싸웠다. 그러자 정부는 경찰과 군대를 동원해서 마을을 불 태우고 논밭과 과수원을 불도저로 밀고, 부두를 부수게 했다. 농어촌 마을과 자연 녹지가 있던 자리에 꿰차고 들어온 건 지저분한 호텔들과 사기업의 호화 리조트 그리고 대단한 기세의 섹스관광이었다. 이제 세렌디피티 해변은 론리 플래닛을 손에 든 배낭여행자들 사이에서 캄보디아의 하와이로 유명하다"(엘리자베스 베커, 『여행을 팝니다』, 명랑한지성, 2013).

관광은 외화를 벌어들이고 일자리를 창출한다, 관광은 지역을 발전시킨다, 관광은 굴뚝 없는 공장이다…. 이런 이야기는 관광이 개발되는 자리마다 되뇌어지는 공식이었다. 그 개발의 복음에 아무도 맞설 수 없었다. 그러나 캄보디아에서, 보라카이에서, 태국의 바닷가에서 수많은 사람들이 질문하기 시작한다. 관광을 통해 일어난 개발은 누구를 행복하게 하는 것인지, 그 개발을 위해 우리는 무엇을 대가로 지불해야 하는 것인지, 우리의 땅을, 마을을, 산과 들을, 딸들을, 가족들의 삶을 내놓아야 하는 것은 아닌지.

 깊이보기 ③

:: 싼 여행의 대가

    '여행인문학 모임'에서 여행과 관광을 주제로 이야기를 나누던 저녁, '여행' 하면 떠오르는 이미지, 그리고 '관광'의 이미지들을 칠판 가득히 써본 적이 있다. 여행에서 사람들은 곧장 '배낭'과 '학생'을 떠올렸다. 그리고 만남, 가이드북, 가난, 개인적 배움, 내면적 성찰, 셀카, 자유… 같은 단어들이 줄을 이었다. 반면 관광에는 트렁크, 패키지, 중년, 구속, 편안함, 안전함, 유흥, 단체사진, 쇼핑, 면세점, 기념사진 등의 좀 더 부정적 이미지들이 쏟아져 나왔다. 우리가 '관광'이라고 일컫는 여행 속에는 어떤 경험이 담겨져 있기에 이런 부정적 인식들이 자리하고 있는 것일까?

대중 관광(Mass Tourism)의 대명사, 패키지여행

    2007년 한국관광공사 통계에 따르면 여행사의 패키지 상품을 이용한 사람은 전체 출국 인구의 약 50%를 차지했다. 그러나 2014년 한국관광공사 해외여행 트렌드 조사 보고서에 따르면 가장 최근 해외여행 경향은 '개별 자유여행' 40.4%, '전체 패키지여행' 37.5%, '에어텔여행' 12.5%, '절충형 패키지여행' 5.5%의 순으로 자유여행이 전체 여행의 62.5%를 차지할 정도로 변화했음을 알 수 있다. 그것은 비단 해외를 여행하는 한국인만의 경향은 아니다. 한국관광공사에 의하면 2015년 한국을 찾은 관광객 역시 68.9%가 자유여행으로 한국을 여행했다(2015년 한국관광공사 관광통계).

자유여행자가 점점 늘어나고 있다고는 하지만 여전히 패키지여행사들도 성업 중이다. 여행 인구가 무서운 속도로 늘어나는 만큼 패키지여행 인구도 늘어난 탓이다. 여전히 여행자들은 쓰디 쓴 패키지여행의 경험을 인터넷에 쏟아 내고 있고, 그들의 여행 후기에 빠지지 않고 등장하는 명구가 있으니, 바로 '싼 게 비지떡!'이다.

한 칼럼니스트는 패키지여행을 '내키지 않는 사람들이 패로 몰려다니는 여행'이라고 비틀기도 했다. 소문이 이렇다 보니 패키지를 선택하는 사람들 대부분은 자신의 여행이 비지떡이 될 수도, 마음에 들지 않는 일행 때문에 불쾌해질 수도 있음을 알고 있을 것이다. 그럼에도 여전히 많은 사람들이 패키지여행을 택하는 이유는 무엇일까.

『여행신문』이 4,636명을 대상으로 진행한 설문조사에 따르면 패키지여행을 선택한 이유 1위는 '비용이 저렴해서' 34.43%, 2위는 '편할 것 같아서' 32.1%, 3위는 '여행을 준비할 시간이 없어서' 12.08%, 4위는 '현지 언어나 교통 등이 걱정돼서' 8.97%로 나타났다. 패키지여행은 '저렴함'과 '편리함', '안전'이라는 면에서 소비자의 선호가 높았다. 하지만 과연 패키지여행은 우리의 기대처럼 정말 싸고 편하고 안전한 것일까?

한국소비자보호원에서 2013년 발표한 패키지여행 상품 실태조사에 의하면 패키지 제품의 가장 핵심적인 소비자 불만사항은 상품 가격에 추가 비용 및 포함 사항이 제대로 공지되지 않은 점 등이다. 패키지여행 상품은 평균 34.4% 정도의 추가 비용이 발생하고 있으며, 심지어 30만 원 미만 상품의 경우 84.4%까지 추가 비용이 발생하는 어처구니없는 현실이 조사 결과 밝혀졌다. 더욱이 싸고 저렴한 여행의 내용 구성을 살펴보면 여행·관광의 비중이 전체 일정의 21.7%에 머무는 반면 이동 시간은 41.1%를 차지하고 있어 허와 실을 명확히 엿보게 했다(2013년 한국소비자보호원, 한국관광공사 공동 해외 패키지여행 상품 실태조사).

부모님을 패키지여행에 보내 드린다면?

여행 전문 잡지 『트래비』는 '여행 전문인들이 뽑은 베스트 여행지'라는 제목으로 20~30대 여행사 직원 123명의 설문 결과를 실은 적이 있다. 첫 번째 질문은 만약 로또 1등에 당첨된다면 가고 싶은 꿈의 여행지는 어디인가였다. 1위는 단연 유럽(34%)이었고, 2위로는 크루즈 세계여행(10%)이 꼽혔다. 또 부모님을 보내 드리고 싶은 효도 관광지로는 '호주, 뉴질랜드'가 28%로 1위를 차지했고, 중국·일본(22%), 유럽(22%) 등으로 이어졌다.

재미있는 질문은 지금부터다. 자신의 가족이 패키지로 여행을 간다면 얼마나 안심할 수 있는지 묻는 항목이 있었다. 여행 상품을 직접 기획하고 판매하는 여행사 직원들의 대답이니 뻔하지 않겠느냐고? 그러나 놀랍게도 결과는 정반대였다. 전체 응답자 중 반이 넘는 62%가 부모님의 해외여행을 패키지로 보내는 것은 '불안하다'고 답한 것이다. 안심할 수 있다는 의견의 2배를 넘는 수치였다. 그들이 가장 크게 염려된다고 꼽은 문제점은 나이 든 부모님에게 무리가 가는 '빡빡한 일정', 그리고 과도한 '옵션'과 '쇼핑'이라고 답했다.

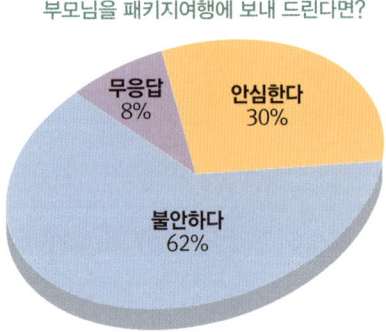

도대체 패키지여행이란 것이 어떻게 만들어지길래 그 상품을 만들고 판매하는 당사자들마저 불안해 하는 것일까?

패키지 제조 공정

한 여행사 전문가는 패키지여행의 내용과 질에 상관없이 '싼 여행'만을 찾는 여행자들의 피해 사례가 인터넷에 끊임없이 이어지자, 답답한 마음에 사람들이 상식적인 판단을 할 수 있도록 자신의 미니 홈피에 패키지여행 상품의 제조 공정을 낱낱이 공개했다. 29만 9,000원에 판매하는 방콕 파타야 4박 5일 패키지의 경우, 호텔 등에 단체여행 할인가를 적용해 경비를 산정하고, 거기에 여행사 수익 15%를 부과한다면 정상적인 가격은 61만 7,000원가량이 나온다는 것이다. 그렇다면 나머지 30만 원의 돈은 누가 부담하는 것일까? 이어서 그가 들려주는 내막은 이렇다.

- **태국 특산품과 기념품 구입을 위한 쇼핑관광** : 반드시 들러야 하는 쇼핑센터
  - 세계 최대의 보석점 및 진주 숍, 수공예품, 가죽, 진주크림, 로열 젤리 등
- **관광 일정상 여유 있을 때의 쇼핑관광** : 수익이 많이 남지 않았을 때 들러야 하는 쇼핑센터
  - 한약방, 코브라하우스, 천연 라텍스 침구류
- **타이 지압 마사지(40$)** : 호텔, 식사비, 입장료 충당을 위해 주력해야 하는 옵션 상품

개인여행을 갈 경우 타이 지압 마사지는 10달러 안팎이면 어디서든 쉽게 받을 수 있거니와 개인여행자가 태국에서 진주크림이나 로열 젤리, 라텍스를 구입하는 일은 거의 없다. 결국 깎아 준 30만 원을 충당하기 위해 여행사는 각종 쇼핑 코스를 패키지에 끼워 넣어 쇼핑을 강요한다. 비정상적으로 싼 가격임을 알면서 패키지를 택한 이들은 쇼핑을 완전히 거부하기도 어려워서, 이런 패키지는 애초에 자유로운 여행이 불가능하게 되어 있는 것이다. 그는 영업비밀에 해당할, 패키지여행의 제조 과정, 단가 등을 낱낱이 공개하며 이렇게 호소한다.

"여행사는 원래 풍부한 실제 여행 경험, 비즈니스 노하우와 여행 스케줄링 능력 등이 종합적으로 발휘되어 제작이 지극히 까다로운 상품을 판매하는 여행전문가 집단입니다. 하지만 어렵게 제작된 여행 상품은 겉모양만 대충 보고 베낀 타 여행사에서 똑같이 판매되고, 원래 가지고 있던 상품의 특수성과 양질의 서비스는 찾아볼 수 없고, 덤핑으로 가격은 형편없이 떨어지고, 그로 인한 손해를 메우기 위해

현지에서 갖가지 쇼핑과 옵션을 끼워 넣기 때문에 여행객들이 즐기지 못하는 여행이 되고 마는 것입니다."

이것은 그가 일했던 여행사만의 경우는 아닐 것이다. 아시아 오지여행 전문가인 정무진 씨는 "동남아 여행의 경우 쇼핑 옵션을 대가로 한국 여행사가 여행자를 모집해 현지로 보내면 현지 랜드사에서 1인당 10만 원씩을 도리어 한국으로 송금하는 어이없는 일까지 있다"고 업계의 현실을 들려주기도 했다.

여행사들의 얄팍한 상술이 만들어 낸 일이기도 하지만, 뒤집어 보면 여행의 질은 생각하지 않고 가격 하나만을 기준으로 싼 여행 상품을 찾았던 소비자들이 만들어 낸 결과일 수도 있음을 짚어 주는 것이다. '딴지 관광청'의 뚜벅이는 한국의 여행문화를 이렇게 꼬집기도 했다. '새로운 여행사를 만들고 싶다면 사무실 열고, 전화기 놓고, 신문에 다른 업체보다 5,000원만 싸게 광고를 내보라'고. 뚜벅이의 말처럼 싼 여행 상품을 만드는 것은 쉽다. 그러나 싼 여행의 대가는 그리 간단치 않다.

패키지는 다 나쁘고, 자유여행은 다 좋을까?

여행과 관광에 대해 토론하던 저녁, 누군가 말했다.

"그럼 패키지는 다 나쁘고, 자유여행은 다 좋을까?"

"자유여행 하는 대학생들 보면 가이드북 들고 그대로 다니잖아. 가이드북 추천지로 다니다 보면 여기저기서 단체 관광객을 마주치게 되고, 보기 싫으니까 피하지만 결국 자기도 그 관광 동선을 벗어나진 못하는 거잖아."

자유여행이라 하더라도 호텔과 패스트푸드, 혹은 다국적 체인 음식점을 오가며 관광지 중심의 여행과 쇼핑으로 끝난다면 그 결과는 크게 다르지 않을 것이다. 실제로도 단체여행자와 개인여행자가 한 일은 크게 차이가 없었다.

2014년 한국관광공사가 진행한 국민해외관광 실태조사에 의하면 단체 관광객이 가장 많이 한 일은 관광지 방문(40.1%), 그리고 두 번째로 많이 한 일은 쇼핑(29.3%)이었다.

중요한 것은 패키지 상품을 이용하느냐 자유여행을 하느냐가 아니라 어떤 여행의 태도를 갖느냐 하는 것이 아닐까. 『국제관광』에서 해리 G. 매튜는 여행자들의 관광 유형을 크게 네 가지로 분류하고 있다.

첫째 패키지여행처럼 조직화된 대중관광자, 둘째 집단으로 여행하지는 않지만 범주형 계획(가이드북이나 여행사 사이트가 제공하는 관광의 정보)에 의존하는 개별 대중관광자, 셋째 스스로 여행을 꾸려가되 편한 숙소에 머물면서도 좀 더 현지 문화에 접근하려는 탐사형 관광자, 넷째 제도권 관광에서 멀리 벗어나 현지 문화에 흠뻑 빠져들려는 여행자들이다. 지금, 우리의 여행은 어디쯤 있을까?

새로운 여행은 가능한가?

친구와 일본을 여행한 김지은 씨는 공정여행을 해보기 위해 지역 음식을 먹고 지역 숙소에서 자는 것을 원칙으로 세웠다. 그러나 그것을 매번 지키는 일이 그리 쉽지 않았다고 했다.

"현지 식당에서 먹기로 약속을 했는데요, 일어를 모르니 현지 식당 찾는 게 쉽지 않고, 또 찾아 들어가면 너무 비싼 데다 입에 안 맞을 때도 많았어요. 그러니까 자꾸 맥도날드나 아웃백 같은 프랜차이즈가 눈에 띄는 거예요. 그래서 결국은 편의점에서 끼니를 많이 때웠어요."

고픈 배를 안고 낯선 곳에 가서 낯선 음식을 먹는다는 것이 쉬운 일은 아니었을 것이다. 게다가 물가가 비싼 일본에서라면 더욱. 편의점마저 피하려 했으나 가벼운 주머니 사정상 어려웠다고 했다. 그러나 새로운 길은 늘 그런 고민과 시도로 시작되는 것 아니던가.

이매진피스와 함께 필리핀으로 여행을 떠난 간디학교 친구들은 여행을 준비하며 스스로 이런 여행 약속을 세웠다.

1. 현지 음식을 먹겠다.
2. 대중교통이 있는 곳이라면 지역의 대중교통을 이용하겠다.
3. 도미토리(공동 숙소) 수준의 숙소를 이용하겠다.
4. 여기저기 기웃거리는 여행이 아니라 사람들과 만나고 관계 맺는 여행을 하겠다.
5. 내가 만난 사람들에게 한 약속을 지키는 여행을 하겠다.
6. 현지의 문화를 공부하고 존중하는 여행을 하겠다.

단체여행을 할 때 가장 높은 경비를 차지하는 것은 관광버스나 승합차 대절이다. 물가가 싼 아시아라 하더라도 때로 그 비용은 한국과 크게 차이가 나지 않는다. 그렇다 보니 전세버스 대신 지역 대중교통을 이용하기로 하면서 10% 남짓 현지 예산에 여유가 생겼다. 그 예산으로 필리핀을 제대로 여행해 본 적이 없는 지역의 청소년 7명을 초대해 함께 여행을 떠나기로 결정했다. 하지만 막상 지프니(작은 트럭을 개조한 버스)를 타고 장거리 이동을 한다는 것은 그리 쉬운 일이 아니었다.

전세버스를 탄다면 3~4시간에 갈 길을 세 번씩 차를 갈아타고 기다리느라 6~7시간이 되기 일쑤였고, 비가 오면 그대로 비가 들이쳐 짐과 장비가 몽땅 젖어 버리곤 했다. 그러나 함께 지프니 꼭대기에 올라 바람을 맞고 북을 두드리고 노래하던 순간들, 관광객이 찾지 않는 고요한 바닷가에서 물장구 치고 헤엄치던 추억들, 그 친구들의 집에 묵으며 함께 보낸 명절과 마을 축제의 시간들, 시장 통에서 음식을 먹으며 그들과 함께 필리핀 사람들의 삶에 조금 더 깊이 들어갔던 그 여행은 우리가 돈으로 살 수 없는 소중한 추억을 선물해 주었다.

그 깊은 여행을 위해 우리가 포기한 것이 있다면 단 한 가지, 시원한 에어컨이 달린 전세버스였을 뿐이다. 그 대가로 우린 민다나오를 가장 잘 아는 전문 가이드를, 유창한 현지어로 통역을 해주는 전문 통역사를, 또 대학에서든 거리에서든 언제라도 기타와 북을 꺼내어 함께 노래할 아름다운 뮤지션을, 무엇보다 오래도록 기억할 소중한 친구를 얻었다. 돌아보면 그 여행은 싸지도 편안하지도 않았다. 그러나 그 여행이 우리의 여행뿐 아니라 누군가의 삶에 새로운 길을 내는 것이라면, 여행할 수 없는 누군가에게 여행이라는 선물을 함께 나눌 수 있는 기쁨이 된다면, 생의 며칠을 그런 여행에 맡기는 것은 해볼만한 모험이 아닐까?

공정여행 팁

현지인에게 도움이 되는 소비는 어떻게 하지?

01 물건을 살 때

백화점, 쇼핑몰보다는 현지 시장을

백화점이나 대형 쇼핑몰에는 세계 어디에 가도 들어와 있는 다국적 기업의 물건들이 즐비하다. 그곳에서 꼭 사야만 하는 품목도 있겠지만 그렇지 않다면 시장으로, 거리로 나가자. 선량한 얼굴의 현지인이 조그맣게 꾸린 가게에 들어가 흥정을 하는 것도 즐거운 경험이다. 단, 흥정은 적당히. 약간 비싸게 산다고 해도 그리 큰돈이 아닐 것이니 거기에 목숨을 걸 것까지야 있겠는가.

공정무역 물건을 살 수 있는 곳을 확인하자

세계공정무역연합 홈페이지 www.ifat.org의 'Find Member'에서 여행할 대륙과 나라를 선택하면 그곳 단체들의 목록이 뜬다. 각 단체들의 홈페이지가 연결되어 있고 대부분 작업장이나 숍을 운영하고 있으니 방문해 보자. 아름답고 저렴한 수제품들에 마음을 빼앗길 것이다.

02 숙소를 고를 때

다국적 호텔보다 지역의 호텔이나 게스트하우스를

세계적인 체인을 가진 호텔이나 리조트를 피하고(물론, 이런 곳들을 선택하려야 할 수 없는 가난한 여행자들에겐 해당사항 없음^^), 현지인들이 운영하는 작은 숙소를 고르는 것이 어떨까. 한편, 언어와 식사의 편안함 때문에 한인 민박집을 찾는 여행자도 많다. 여행이라면 현지 사람들과 부대껴 보는 것이 제맛. 현지 숙소에 한번 묵어 보는 것도 재미있는 경험이 될 것이다. 파리엔 쏠라호텔, 네덜란드엔 양심 호텔 같은 다양한 책임관광의 기준을 만들어 가는 숙소들도 존재한다.

03 밥을 먹을 때

다국적 패스트푸드점 대신 지역 식당을

다국적 패스트푸드점이 가장 강적이다. 가난한 여행자들이 특히 현혹되기 쉬운데, 한국에서도 지겹도록 보는 그곳에서 건강에도 좋을 것 없는 패스트푸드를 또 먹을 것까지야 있을까. 둘러보면 싸고 맛있는 현지 음식이 도처에 널렸다. 세계적인 커피 체인점도 멀리 하고, 그 마을, 도시에서 가장 오래된 카페를 찾아 그곳의 커피, 그곳의 차를 마시자.

* 공정무역(Fair Trade)이란?
공정무역은 많은 거대 기업이 제3세계의 노동 착취를 통해 제품을 생산하고 이익을 얻는 것에 맞서, 생산자에게 정당한 임금을 지불하고 그들의 공동체가 지속가능하도록 지원하는 생산, 무역 방식을 말한다.

Special Interview 투어리즘 컨선, 지온느 제임스

윤리적 소비자는 힘이 세다
– 영국의 관광 감시 NGO 투어리즘 컨선

각각 공정여행 조사와 공연 여행 중이던 이매진피스의 서정기와 이윤신이 런던에서 만났다. 그들은 메트로폴리탄 대학에 있는 영국의 관광 감시 NGO '투어리즘 컨선Tourism Concern'의 프로젝트 매니저 지온느 제임스에게 새로운 여행운동의 역사와 성과를 들을 수 있었다.

투어리즘 컨선에서 맡고 있는 역할을 소개해 주시겠어요?

저는 투어리즘 컨선의 프로젝트 매니저예요. 공정한 무역으로서의 관광(Fair Trade in Tourism) 프로젝트를 책임지고 있습니다. 지난 1999년 가트GATT(관세 및 무역에 관한 일반협정)에서 서비스 영역이 통과된 후로 영국에서는 공정무역 세션 회의가

155

따로 열리기도 할 정도로 공정한 무역으로서의 관광에 대한 논의가 활발히 이뤄지고 있지요.

투어리즘 컨선은 어떻게 시작되었나요?

투어리즘 컨선은 1989년 관광 영역에 산재한 인권과 경제적 정의의 문제에 대한 자각 속에서 시작되었습니다. 많은 사람들이 관광이 가지는 긍정적 영향만을 말하고, 여전히 관광이 문화적 교류, 개발 지원 등에 최고의 방법이라고 믿고 있어요. 하지만 관광의 이면에는 실제로 엄청난 환경 파괴와 인권 침해 등이 벌어지고 있는데, 이런 일들은 언론에 좀처럼 보도되지 않는 것이죠.

투어리즘 컨선은 시민들에게 양심적인 여행자로서 자신의 여행에 대해 책임 있는 행동을 할 것을 촉구하는 여러 교육 프로그램들을 먼저 시작했어요. 하지만 소그룹을 만나는 방식으로 대중관광의 폐해에 대한 사회적 자각을 일으키는 일에 한계를 느끼고 캠페인 단체로 발전하게 된 것입니다.

관광산업에 집중된 활동을 시작한 이유가 무엇인가요?

수많은 사람들이 해외여행을 하고 있지만 여행자의 국적은 대부분은 경제대국들입니다. 저개발국가들에게 관광은 다만 외화 벌이의 수단인 것이죠. 사람들은 흔히 관광이 선진국의 부를 개발도상국에 재분배하는 강력한 역할을 할 수 있다고 생각합니다. 하지만 현실은 전혀 다릅니다. 세계 관광 통계를 살펴보면 관광을 통한 외화 획득 순위에서 10위 이내에 드는 곳은 대부분 유럽의 국가들로, 주요 관광지인 아시아나 아프리카 국가들은 단 한 곳도 끼어 있지 않으니까요.

영국 내에서는 주로 어떤 활동을 하나요?

영국은 많은 사람들이 찾는 관광지이기도 하지만 제3세계로 관광을 내보내는 국가이기도 합니다. 이러한 관광대국 영국에서 우리가 하는 일은 정부로 하여금 국민들에게 관광으로 인해 문제가 되거나 피해가 발생하고 있는 지역에 관광을 가지 않도록 권고하도록 하고 정부가 관광지의 근로 조건, 인권 등의 문제에 관심을 가지고 개입하도록 하는 것입니다. 예컨대 투어리즘 컨선은 영국 기업이 운영하는 한 리조트의 인권 상태에 대해 모니터를 했는데, 근로 조건, 근무 환경 등에서 여러 가지 인권 침해 사례를 찾게 되어 시정을 권고하고 언론에 알리는 역할을 하기도 했지요.

관광지에서 펼치는 활동에는 어떤 것들이 있나요?
최근의 대표적 활동은 쓰나미 피해 이후 아시아의 피해 지역에서 일어나는 관광개발 모니터링이에요. 인도 같은 경우 쓰나미 구호 자금이 난민들을 돕는 일보다 먼저 관광단지로 가는 길을 내고 가로수를 세우는 등 관광개발의 인프라를 구축하는 일에 사용되었다는 것을 알아냈죠. 정부와 관광개발업자들이 손을 잡고 쓰나미로 파괴된 바닷가 마을에 새로운 관광단지를 개발하자, 땅값이 올라 사람들이 자신이 살던 땅에서 쫓겨나는 상황이 발생하기도 했습니다. 바다를 삶의 터전으로 살아온 사람들이 쓰나미로 모든 것을 잃어버리고 이제는 관광사업의 개발에 의해 남아 있는 땅마저 잃어버리고 강제 추방 위기에 놓이게 된 것이죠. 우리는 그것을 '관광개발의 쓰나미'라고 부릅니다.

쉽지 않은 일들인데 어떤 구체적인 성과들이 있었나요?
책임 있는 소비를 하려는 윤리적 소비자들의 선택은 상당히 힘이 있죠. 포터들의 인권문제를 알린 캠페인이 대표적인 사례인데요, 캠페인을 통해 영국 내 트레킹 상품을 취급하는 여행사의 50% 이상이 포터들에 대한 인권 기준을 지키겠다고 서명하는 성과를 낳았습니다. 그건 소비자들이 여행 상품을 선택할 때마다 그들이

포터들의 인권 기준을 지키고 있는지 묻고, 또 그런 기준이 없다면 요구한 결과죠. 뉴기니에서는 거대 리조트 개발로 주민 2만 명이 강제 이주 위기에 놓였을 때 국제적인 캠페인을 벌여 계획을 수정하게 만든 경우도 있었습니다. 중요한 것은 이 대부분의 성과가 활동가나 전문가가 아닌, 이 문제에 대해 관심을 갖고 그 지역을 여행한 여행자들이 직접 만들어 냈다는 사실이죠.

일반 시민들이 그런 일에 참여하는 것이 가능한가요?
관광산업에 대한 감시운동은 생각하기는 어렵지만 실천하기는 오히려 쉬운 일입니다. 예를 들어 포터 인권 문제의 경우, 패키지를 구매할 때 몇 가지 질문을 던지는 것만으로도 여행사들은 민감하게 반응합니다. 왜냐하면 관광만큼 누군가의 경험과 평가가 선택에 민감하게 작용하는 것이 없고, 관광 상품의 소비자는 모두 현장에 직접 가는 사람들이라 간단한 대화나 인터뷰로도 현장의 잘못된 사례를 모으고 기록할 수 있고, 시정을 요구할 수도 있기 때문이죠. 함께 여행하는 그룹 내에서 토론할 수도 있고, 인터넷에 올리고, 메일을 보내고, 언론 매체에 투고하거나 여행사에 직접 시정을 요구하는 등 다양한 그룹 및 개인 행동이 가능합니다. 게다가 요즘은 여행자 누구에게나 카메라가 있고, 블로그가 있잖아요.^^

공정여행의 성장과 가능성

공정여행 및 책임여행 운동이 이제 막 시작되던 2002년, 영국 여행사협회(ABAT)의 2002년 설문조사에 의하면 영국인 가운데 책임 있는 소비를 하는 적극적 소비자가 인구의 5%, 자신이 양심적 선택을 하는 소비자라고 답한 경우가 18%에 달했다. 그들은 국내에서는 커피나 올리브 오일 같은 공정무역 제품을 사용하는 주요 소비층이며, 해마다 떠나는 해외여행에서 윤리적 여행, 책임여행, 공정여행을 선택하는 새로운 여행자 층을 형성하고 있다. 현재 영국 여행자의 1%가 윤리적 여행을 하고 있다고 기록하고 있다.

공정여행의 성장은 지속적으로 이어져 여행자들의 인식 변화를 만들어 가고 있다. 2013년 트립어드바이저(www.tripadvisor.com)에서 1,300명의 미국 여행자에게 물은 결과, 약 3분의 2에 달하는 사람들이 호텔과 교통, 음식을 선택할 때 종종 또는 항상 환경에 대해서 고려한다고 답했다.

'Blue & Green Tomorrow Sustainable 2014'에 따르면 응답자 중 43%가 그들의 휴가 기간 중 윤리적 또는 환경적 발자국에 대해서 고려하고 있다고 답했으며, 10% 이상이 부분적으로 그렇게 하고 있다고 응답했다. 또한 2012년 Nielsen Sire Survey에 따르면 세계의 66% 소비자가 사회 환원 프로그램을 가진 회사에서 상품을 구입하는 것이 더 낫다고 응답했다. 이 중 46%는 CSR(사회공헌)을 위해 추가 금액을 더 지불할 수 있다고 했다.

한편 2014년 4월 미국의 여행자들을 대상으로 한 조사에서는 여행 중 96%가 방을 나설 때 불을 끄고, 72%가 에어컨을 끈다고 대답했다. 90%는 타월 및 린넨 재사용 프로그램에 참여하고 있으며, 81%가 호텔의 재활용품을 사용한다고 했다. 환경친화호텔을 위한 추가 금액으로는 12.7% 사람들만 하룻밤 10~25달러를 더 낼 수 있다고 응답했고, 30%의 사람들이 1~5달러를 지불할 수 있다고 했다(Center For Responsible Lending, The Case for Responsible Travel : Trends & Statistics 2015). 결국 세상을 바꾸어 가는 것은 사람들의 믿음과 행동이며, 그 작은 희망들을 공정여행의 성장을 통해 확인할 수 있다.

새로운 여행

새로운 길을 상상하라 Be Inspired!
네팔의 책임여행사 소셜투어

포터의 인권을 지키기 위한 엄격한 기준

　며칠째 카트만두의 타멜 거리를 헤매는 우리 손에는 투어리즘 컨선의 『윤리적 여행자를 위한 가이드북(The Ethical Travel Guide)』이 쥐어져 있었다. 전 세계 수백 개의 대안적 여행 그룹들을 소개한 새로운 여행을 위한 가이드북, 그 책의 네팔 편에 소개된 몇 곳의 여행사 중 하나가 '소셜투어Social Tour'였다. 그러나 모든 새로운 길이 그렇듯 소셜투어를 찾기란 쉽지 않았다. 오가는 이에게 물어도 모두 고개를 가로젓기만 했다. 미로 같은 타멜의 골목을 헤매고 헤매어 탐문 수사를 하듯 단서의 단서를 붙잡아 마침내 한적한 뒷골목, 소셜투어 문 앞에 다다랐다. 반가운 마음에 작은 마당을 가로질러 불쑥 들어선 우리를 소셜투어 사람들이 환하고 따뜻한 웃음으로 맞이해 주었다.

2003년 타멜 한 귀퉁이에 방을 얻어 시작한 작은 여행사 소셜투어, 그러나 15년 세월과 함께 소셜투어는 10여 명이 넘는 직원과 수십 명의 포터와 가이드들이 함께하는 공동체로 성장해 있었다.

게시판에는 이런저런 언론에 보도된 사진들, 함께 여행한 사진들이 그득했다. 농담 삼아 '소셜투어'라는 이런 재미없는 이름의 여행사를 찾는 손님들은 도대체 어떤 사람들이냐고 물었더니, 우리를 맞이해 준 니마가 웃으며 답했다.

"주로 이것저것 따지고 묻는 까다로운 손님들이 오죠."

어쩌면 우리도 이것저것 따지고 묻기 위해 먼 길을 온 까다로운 손님 중 하나였을 터. '사회적 책임여행', 그것이 소셜투어가 만들어 가길 원하는 새로운 여행의 이름이었다. 네팔의 다양한 문화와 다양한 부족의 시선을 담은 여행을 만들어 가기 위해 처음부터 5명의 팀원들을 전부 다른 부족 출신의 사람들로 구성했다.

소셜투어의 주요한 상품은 역시 네팔의 다른 여행사들처럼 트레킹이다. 네팔 고산 지역 트레킹은 물론 국경을 넘어 티베트, 카일라스 트레킹까지 여러 전문 트레킹 프로그램을 운영하고 있다. 트레킹 프로그램 자체도 훌륭한 것이었지만 더욱 주목할 만한 점은 트레킹에 고용하는 포터들에 대해 국제포터연합(IPPG)이 제안하는 국제 인권 기준보다 훨씬 더 엄격한 스스로의 기준을 지키고 있는 것이었다.

소셜투어는 포터 자신의 짐을 포함해 30킬로그램이 넘는 짐은 맡기지 않았고, 만약의 사태를 대비해 보험을 들어 주었다. 그리고 일당을 누구의 손도 거치지 않고 여행과 함께 즉시 지불했다.

"통상은 관광 시즌이 다 끝나고 주기도 하고 미루어서 주기도 하는 관행들이 있어요. 하지만 우리는 여행을 마치고 내려오며 바로 지급해요. 또 여행자들에게도 포터와 가이드에게 얼마가 지급되는지 투명하게 알리죠."

포터들에게 필요한 장비와 옷은 직접 대여해 주었다. 그뿐 아니라 그래도 혹시 산에서 닥칠지 모르는 위험한 상황에 대비하기 위해 가이드뿐 아니라 여행자들에

게도 포터의 인권에 대해 교육하고 있었다.

숲에 대한 책임, 공동체에 대한 책임

소셜투어가 생각하는 '사회적 책임'의 범주는 사람에게만 국한되는 것이 아니었다. 소셜투어의 웹사이트에는 이런 불친절한 안내문이 적혀 있다.

"네팔의 자연을 지키기 위해 종이 사용을 최소화하고 있습니다. 여행 프로그램 및 모든 정보는 웹과 이메일을 통해 전해 드립니다. 혹 프린트가 필요한 경우 요청하시면 이면지에 프린트해 드리겠습니다."

왜 그리 고객들을 불편하게 하는가 묻자 그가 답했다.

"관광객에게 친절하기 위해 이미 너무 많은 네팔의 숲이 사라졌으니까요."

그들은 관광이 파괴한 네팔의 자연을 조금이라도 돌보기 위해 함께 여행하는 이들에게 비닐봉지나 일회용 플라스틱 물병 대신 가방과 물통을 권했다. 여행자들이 지나간 길에 아무것도 남기지 않기 위해 스스로 여행 설명서를 인쇄하는 일조차 자제했던 것이다. 심지어 사무실에 비치된 몇 장 안 되는 브로슈어마저도 대부분 흑백으로 인쇄된 것이었다.

현란한 여행 브로슈어의 홍수, 저가 상품과 경쟁이 난무하는 타멜에서 그런 엄격한 기준을 가지고 어떻게 살아남을 수 있었는지 궁금했다. 멋쩍은 웃음과 함께 돌아온 그들의 대답은 "적게 먹고 적게 썼다"는 것이었다.

"첫 1~2년은 월급이라는 것이 아예 없다고 생각하고 일했어요. 원칙을 지키면서 일한다는 것이 쉽지는 않지만 그런 비전 없이 돈만을 위해 일하는 삶도 꽤 괴로운 거잖아요.^^ 이미 5명의 식구가 함께하고 있고, 또 많은 가이드와 포터들, 지역의 공동체들이 우리와 함께 일하고 있기 때문에 튼튼한 회사로서 이윤을 만들어 가는 일은 중요하죠. 하지만 이윤이 가치보다 앞서서는 안 된다고 생각합니다."

처음부터 지금까지 수익의 10%는 공동체를 위해 투자하고, 또 나머지 10%는 고용된 사람들을 위해 정당한 임금으로 지불하는 정책 역시 흔들림 없이 유지해 왔다. 새로운 여행 프로그램을 개발할 때면 시간이 걸리더라도 지역 사람들을 교육해 그들이 교통과 숙박과 식사를 담당하도록 하는, 공동체를 세우는 여행의 원칙을 타협한 적이 없다고 했다. 일반 트레킹을 통해 번 돈 중에서는 일부를 떼어 히말라야의 눈표범을 지키는 일을 지원해 오기도 했다.

마을과 사람을 잇는 여행, 소셜투어

10년 전부터는 중국과 연한 국경 지역 산간마을 가티에 학교와 유치원을 세우고 그것을 지원하는 일을 해오고 있다. 그것 또한 여행을 통해 시작된 일이었다. 독일에서 온 청소년 여행자 그룹이 네팔의 산간마을 방문을 원했고 소셜투어는 보통의 관광객들이 도무지 가지 않는 국경 지대 산 위의 마을로 독일 청소년들을 안내했다.

마을에서 일주일을 보내며 마을을 만나고 아이들을 만난 독일 친구들은 그 마을 친구들이 아침이면 학교에 가기 위해 1시간 가까이 산을 내려가 가파른 계곡을 건너 또 다른 산을 올라야 한다는 사실을 알았다.

"이 마을을 여행한 한 그룹의 독일 친구들이 여행을 마치고 돌아가 가티 마을을 돕기 위해 뜻을 모으기 시작했어요. 학교를 지으려면 3만 유로 정도가 든다는 말을 듣고 학생들은 1차 모금을 통해 5천 유로 정도를 모았죠. 그러고는 그 돈으로 태양광 패널을 샀어요. 학교에 그 패널을 설치하고 사회적 기업을 설립해 학교 측과 계약을 맺었어요. 향후 10년간 학교에서 쓰는 전기를 이 사회적 기업을 통해서 사기로 한 거죠. 햇빛을 모아 전기를 팔고, 저금통을 모으고, 연말이면 자선 달리기를 해서 매해 그 청소년들이 가티 마을에 2만 유로를 보내요. 학교 교사들 월급을 주고, 유치원 아이들 점심을 주죠. 무엇보다 매해 이 마을을 찾아와 함께 2주를 보내요. 관광이 아니라 진짜 사람을 만나고, 세상을 바꾸어 가는 여행을 하는 거죠."

그런 여행을 통해 소셜투어는 무엇을 얻느냐 물으니 라지가 말한다.

"우리와 함께하는 여행을 통해 누군가의 삶이 변하는 놀라운 기쁨을 얻죠."

상업 패키지들과의 치열한 경쟁 속에서 소셜투어는 어떻게 그런 원칙들을 지켜 올 수 있었을까?

"네팔에 관광객을 구경하러 여행을 오는 사람은 아무도 없겠죠. 하지만 그걸 피할 수 없는 게 일반 관광의 한계이기도 합니다. 반대로 네팔 사람들 입장에서 생각해 보면, 여행자들이 가는 곳은 정해져 있어요. 그 말은 관광을 통해 돈을 벌 수 있는 사람들도 정해져 있다는 뜻이죠. 포카라나 치트완 같은 여행지에서 게스트하우스든 식당이든 가게를 얻을 능력이 안 되는 사람들에게 여행자들은 그저 네팔에 와 돈을 쓰고, 자연을 파괴하고 돌아가는 어떤 이방인들일 뿐이지요."

소셜투어는 새로운 것을 찾아오는 여행자들이라면 그들이 원하는 것은 '문화'라는 것, 그 문화는 '공동체' 안에 있다는 것, 그 한 가지 믿음을 붙잡았다. '문화와 공동체' 그 속에 지속가능한 개발도, 사회적 책임을 다하는 여행도, 그들의 꿈도 있다는 것을 믿으며 보이지 않는 길을 만들어 온 여정이었다.

그것은 한없이 느리고 더딘 걸음이었다. 그러나 그들과 함께 여행해 본 이들은 소셜투어의 여행이 다른 기쁨을 준다는 것을 조금씩 깨닫기 시작했다. 그 기쁨을 맛본 이들의 목소리는 작았지만, 어떤 뉴스보다 빠르고 강한 진실의 힘을 지니고 있었다.

그들에게 공동체는 사업을 위한 수단이나 관광객들을 즐겁게 하기 위한 소품 같은 것이 아니었다. 저마다 자신이 태어난 공동체가 있었고, 그 공동체가 지나온 관광과 개발의 아픈 흔적을 기억하고 있었다. 때문에 그들의 중심에는 사람에 대한, 공동체에 대한, 그들을 지켜 주고 지금을 살아가게 하는 네팔의 산과 숲과 동물들에 대한 마음 깊은 곳에서 나온 책임과 애정이 자리하고 있는 것이었다. 처음엔 그 낯선 이름과 그들의 까다로운 태도에 고개를 내젓던 사람들도 소셜투어가 걷는 새로운 길을 점차 인정하기 시작했다.

"처음엔 모든 게 쉽지 않았어요. 관광객에게 그런 가치나, 사람과 자연에 끼치는 피해에 대해 이야기하면 쉽게 받아들이지 않았으니까요. 하지만 이제 사회적 책임 여행은 네팔 관광청이 함께 고민하고 있을 만큼 네팔의 관광산업에서 중요한 영역이 되어 가고 있어요."

니마는 사무실 벽에 걸린 포스터를 가리켰다. 그것은 네팔 관광청, 유럽연합, 유엔환경계획(UNEP) 등과 함께 사람과 사회에 대한 책임, 자연과 공동체에 대한 책임을 가지고, 진정한 여행을 기획하고 만들어 가는 네팔의 사회적 책임여행사들의 네트워크를 구축하는 '마스트 네팔MAST-NEPAL' 프로젝트의 포스터였다. 그렇듯 소셜투어는 외국에서 찾아오는 여행자들만이 아니라 네팔 내부에서 그들과 함께 새로운 길을 놓아 갈 새로운 여행사들, 또 정부의 새로운 정책을 위해 한 걸음 한 걸음 내딛고 있었다.

세계는 소셜투어의 노력과 성과에 이미 주목하고 있었다. 2007년에는 영국의 '리스폰서블 트레블닷컴'이 주최하는 '최고의 책임여행상' 후보에 소셜투어가 오르는 일이 일어났다. 문을 연 지 5년밖에 안 된 네팔의 작은 여행사가 전 세계 5,000

여 여행사를 대상으로 펼쳐진 심사에서 최종 후보 20팀 안에 들었던 것이다. 한 번으로 그친 것이 아니라 2006년부터 다섯 차례나 노미네이트 됨으로써 소셜투어의 활동에 대한 세계의 깊은 신뢰를 입증했다. 또 종이와 화학물질을 소비하는 화려한 홍보물 대신 그들이 성심을 다해 만든 웹사이트는 '2008 Travel Mole Web Award'를 수상하기도 했다. 2010년에는 내셔널지오그래픽에서 선정한 세계에서 가장 아름다운 25개의 트래일 중 하나로 소셜투어의 The Great Himalayan Trail이 추천되기도 했다. 멀리 에두르는 길 같았으나 "퀄리티를 지키는 것이 최고의 마케팅이다"라는 그들의 경영 원칙이 가장 빠른 길이었음을 현실로 확인한 셈이었다.

인터뷰를 마치고 인사를 나누며 사무실을 나서다 한쪽 복도에 그득히 쌓인 책 더미를 발견했다. 여행사에 왜 이렇게 아이들 책이 많이 쌓여 있냐는 물음에 웃으며 답해 준다.

"이거요? 아까 말한 산 위의 학교에 도서관을 만들어 주기 위해서 모으는 책들이에요."

소셜투어는 여전히 큰길가에 창을 낸 사무실을 마련할 돈도, 번듯한 건물도 가지고 있지 않지만, 그들의 성장과 함께해 온 네팔의 산골마을들, 그들에게 인사를 건넸을 소수부족 사람들의 환한 웃음이 좁은 복도에 가득 쌓여 있는 듯했다.

소셜투어의 책임여행 프로그램

소셜투어의 프로그램은 소수를 위한 맞춤형으로 운영된다. 타멜의 길거리에서 호객 행위를 하는 대규모 여행사들의 패키지와 비교한다면 조금은 비싼 프로그램일지도 모르겠다. 그러나 진짜 네팔을 만나고 싶다면, 가이드에게 정당한 임금을 주고, 네팔의 자연과 마을을 지키는 것이 가치가 있다고 생각한다면 소셜투어와의 여행에 한 번쯤 삶의 시간을 내어 보자.

소셜투어의 프로그램들
- 히말라야 트레킹, 티베트·카일라스 트레킹.
- 매해 8월 산속의 힌두 공동체를 찾아가는 풀문Full Moon 페스티벌.
- 걸어서 만나는 카트만두 – One day 카트만두 투어.
- 달밧을 배우는 여행 – 네팔 요리를 배우는 여행.
- 히말라야 요가여행 – 세계의 산맥 위에서 요가를.
- 네팔 공정무역을 만나는 여행 – 네팔 공정무역 지도를 마주할 수 있는 여행.
- One day 공정무역 커피 추수여행 – 카르마 카페에서 출발하는 하루 커피여행.
- 카트만두 밸리 자전거 라이딩 – 매해 7월 카트만두 밸리 산악자전거 대회를 여는 소셜투어와 라이딩으로 만나는 네팔!

➲ 소셜투어 www.socialtour.com

● 영문도서 ●

마음이 불편한 여행은 이제 그만
여기, 의미 있고도 즐거운 여행이 있다

새로운 여행의 아이디어로 가득한 책임여행의 핵심 가이드북이 더욱 새로워졌다. 윤리적인 원칙을 지키는 숙소, 여행사, 식당은 당신에게 진정한 편안함을 선물할 것이다.

『the Ethical Travel Guide – second edition』
투어리즘 컨선Tourism Concern 지음
earthscan, 2009년 5월 출간

새롭게 업그레이드 된 the ETHICAL TRAVEL GUIDE에 대한 뜨거운 반응!!

생태문제에 관심 있는 여행자라면 반드시 읽어야 할 책
– Ian Waller, 〈Real Travel Magazine〉

윤리적인 여행을 하고 싶다면? 이 책을 읽어라. – 〈Evening Standard〉

술술 읽다 보면 이상하게 마음이 끌려 따라하게 되는 이 책은 여행에 대한 새로운 영감을 준다. – 독자

당신의 취향과 주머니 사정에 맞추면서도 여행지의 지역사회와 자연을 파괴하지 않는 멋진 여행의 노하우가 있다. – 출판 관계자

earthscan www.earthscan.co.uk

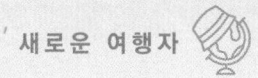

새로운 여행자

가난한 길 위에서 희망을 만난 세 친구
이경, 세운, 여정의 아시아 희망 대장정

여행길의 세 친구, 이경·세운·여정이 처음 만난 건 2006년 겨울이었다. 이들은 인도의 가뭄과 기아, 말라위의 에이즈 문제 등 지구촌의 이웃이 처한 현실을 배우고 한국에서 이를 위해 무엇을 할 수 있을까를 토론하는 GSU(지구촌대학생연합회)의 대학생포럼에 참가했다. 그리고 파키스탄 아동 노동과 공정무역 축구공에 대해 토의하고 발표하며 마음이 통했다.

빈곤이란 무엇일까? 통계에 나오는 1달러 미만의 삶이란 어떤 것이고, 마실 물조차 없다는 것은 무엇을 의미할까? 우리는 무엇을 할 수 있을까? 무엇보다도 빈곤이 없는 세상은 가능한 것일까? 꼬리에 꼬리를 무는 질문이 밀어닥쳤다. 그리고 그들은 똑같은 생각에 이르렀다.

"가서 만나자. 우리 눈으로 직접 보고 듣자. 안 될 거 없잖아!"

여행을 기획하다

의기투합한 세 친구는 재빨리 여행 계획 세우기에 돌입했다. 우선 그들이 꿈꾸는 새로운 여행의 모델을 찾아야 했다. 『세상을 바꾸는 대안기업가 80인』, 『에코토이, 지구를 인터뷰하다』, 『희망의 경계』 같은 책들을 꼼꼼히 읽으며, 전 세계 인터넷을 뒤지고 연구에 연구를 거듭한다. 어디에 가서 누구를 만날 것인가. 누가 우리의 질문에 답해 줄 수 있을까. 숨은 그림을 찾아내듯 수많은 자료와 정보 속에서 하나둘 여행의 길이 보이기 시작했다.

2006년 노벨평화상의 주인공인 무하마드 유누스 박사가 설립한 그라민은행이 있는 방글라데시, 커피와 수공예 의류 생산으로 공정무역에 성공적으로 참여하고

있는 네팔, 간디의 공동체 사상을 실천하며 가난한 이들을 돕고 있는 인도. 가난하지만 희망의 꽃이 피고 있는 곳들이었다. 그러나 여행에 필요한 만만치 않은 경비는 어떻게 할 것인가. 두 번째 고개 앞에서 이들은 용감하게 여행 계획과 일정, 예산을 꼼꼼히 정리한 기획서를 들고 무작정 사람들을 찾아다니기 시작했다.

여러 재단과 단체, 기업을 찾아가 기획서를 들이밀었다. 만날 수 있는 곳은 만나서 설명하고, 그럴 수 없는 곳엔 담당자일 듯한 사람을 찾아 이메일을 보냈다. 마침내 한 신문사에서 연락이 왔다. 아무런 프로젝트 모집도 공모전도 없었지만 한 기자가 이들의 진심과 꿈을 읽었던 것이다.

"무슨 배짱이었는지 처음부터 돈 걱정은 별로 안 되더라구요. 오히려 우리들이 각자 자신을 설득할 수 있을지, 그게 중요하다고 생각했어요. 그냥 평범한 대학생인 우리가 아시아의 희망을 찾는 여행을 할 수 있을까? 나에게 이 여행은 과연 절실한가? 그런 확신만 있다면 방법은 분명히 있을 거라고 믿었어요."

2007년 9월 12일. 마침내 80일간의 '아시아 희망 대장정'이 시작되었다. 이들에게 이 여행은 운명 같은 것이었다.

꿈을 현실로 만드는 사람들

그들이 가장 처음 찾은 곳은 2006년 노벨평화상을 받은 유누스 박사의 '그라민은행'이었다. 그라민은행은 기존 은행 시스템으로는 상상할 수 없는 새로운 대출 시스템을 최초로 보여준 곳이다.

'마이크로크레디트Microcredit'라고 불리는 이 프로그램은 1983년 그라민은행이 정식 설립된 이후 방글라데시 국내는 물론 전 세계로 퍼져 나갔다. '가난한 사람은 은행에서 돈을 빌릴 수 없다'는 고정관념을 뒤바꾼 놀라운 일이었다.

"대출 신청서를 훑어봤는데 정말 담보를 적는 난이 없었어요. 대신 집은 무슨 재료로 만들어졌는지, 식수는 어떻게 구해서 먹는지, 집 안에 의자는 몇 개나 있는지, 신청자의 생활 형편을 물어보는 질문이 4쪽 가득 채워져 있었어요. 대출을 문의하면 은행직원이 집으로 찾아가 신청서를 직접 써주죠. 대부분이 문맹이라 그렇게 배려하고 있었어요."

담보도 없이 가난한 사람들에게 돈을 빌려줬다가는 이자도 받지 못하고 망하고 말거라는 주위의 비아냥에 그라민은행은 이렇게 화답했다. 상환율 98.85%. 기존 은행의 상환율을 훨씬 앞서는 수치에 사람들의 눈이 휘둥그

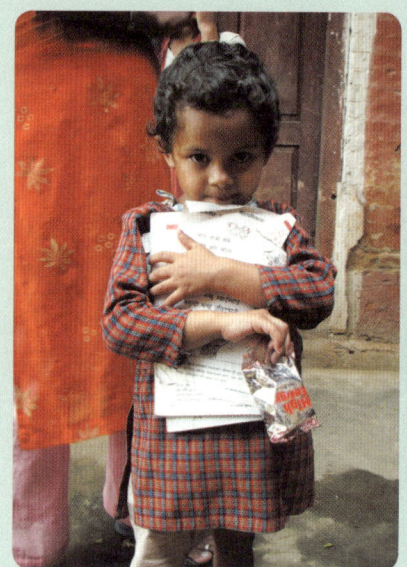

레진 것은 당연한 일. 그동안 빈곤층 720만 명이 그라민은행에서 돈을 대출받았고, 돈을 빌린 이들 가운데 58%가 절대적 빈곤에서 벗어나 새 삶의 가능성을 맞이하고 있었다.

"우리가 만난 도이보티 씨는 우리 돈 9만 4,000원 정도를 융자받아 처음엔 암소를 샀다고 했어요. 그리고 소에서 얻은 우유를 팔아 돈을 모아서 그 돈으로 책장 만드는 사업을 시작한 거죠. 옛날이야기에서나 들었던 일이 정말로 일어나고 있었어요. 도이보티 씨는 장마 때마다 비가 새는 초가집에서 살았는데, 지금은 양철지붕에 식수펌프까지 갖춘 집에 살고 계세요."

그라민은행은 사람들에게 구걸하는 법이 아니라, 새로운 삶에 대해 자신과 약속을 하도록 만들었다. 그리고 사람들은 가난에서 자신과 가족을 구하는 것은 그들 스스로라는 것을 깨달아 가고 있었다.

"여행 경비를 위해 기금을 요청하러 한 기관에 찾아갔다가 '여행에 쓸 돈이 있다면 기부하는 게 낫지 않겠냐'는 말을 들은 적이 있었어요. 하지만 여행 전에도 그랬고, 돌아온 지금도 그렇고 여행을 통한 만남, 진실한 연대는 그 이상의 가치가 있다고 생각해요. 기아에 허덕이는 아이들을 보여주며 동정심에 호소하는 기부 프로그램으로 적지 않은 돈이 모이고 있기는 하지만, 텔레비전을 보며 씁쓸한 마음이 있었어요. 사람들은 눈물을 훔치며 적선을 하지만 돌아서면 그뿐이니까요. 결국 사람에게 '희망'은 '돈'이 아니라 '믿음'과 '연대'가 아닐까 싶어요. 인간은 누구나 자기 삶을 스스로 가꿀 수 있다는 존재에 대한 믿음과 당신은 혼자가 아님을 알려주는 것. 그것이 사람을 일으켜 세우는 게 아닐까요?"

'나'는 무엇을 할 수 있을까

그라민은행으로 시작된 여행에서 세 친구는 집도 없이 외양간 한편에서 살아가던 방글라데시의 조비타 할머니를, 어두침침한 카펫 공장에서 쓴웃음을 짓던 네팔의 노동자들을, 무거운 짐을 진 채 힘겹게 '나마스떼' 하고 인사하던 안나푸르나의 포터들을, 인도 보드가야로 가는 열차에서 아이에게 젖을 물리며 '사탕이라도 없느냐'고 묻던 젊은 여성을 만났다. 그리고 또 그들은 보았다. 공정무역을 이끄는 열정적인 사회적 기업가들과 공정무역으로 스스로 자립적인 삶을 찾고 자녀들을 교육시키는 당당한 네팔 여성들을, 메마른 인도 불가촉천민들의 땅에서 30여 년을 헌신하며 우물을 파고 빗물을 모으고 태양열 축전지 만드는 기술을 가르치는 이들과 이제 그 땅과 삶의 주인이 되고 스스로 교사가 된 이들이 가진 넉넉한 웃음을.

그들은 분명 희망을 보았다. 하지만 그들이 가지고 돌아온 것은 더 큰 물음이었다. 그것은 가난이 단지 물질적인 것으로만 가늠할 수 있는 게 아님을, 적게 가졌지만 자기 삶에 주인이 된 사람은 결코 가난하지 않다는 깨달음이었고, 물질적 풍요를 누리고 있지만 영혼이 빈곤한 삶에 대한 물음이었다.

"80일간의 여행 후, 우리는 모두 달라진 것 같아요. 커다란 사회 담론 같은 문제에 쉽게 말을 앞세우기보다는 먼저 '내'가 무엇을 할 수 있을까를 생각하게 되었다

는 것. 그걸 찾아 우리 모두 이제는 각자의 삶에서 새로운 여행을 하고 있어요."

그 말처럼 그들은 다시 여행을 시작했다. 기회가 닿을 때마다 그들이 만난 사람들, 희망의 이야기, 그들이 품은 질문을 사람들에게 들려주었다. 물질과 욕망에서 자유로운 삶을 꿈꾸며 공부하고, 삶에서 하나하나 실천하려고 노력하는 것도 새로운 삶으로의 여행이다.

* 이경과 세운은 여행 후 『보편적인 여행잡지』를 창간해 새로운 여행의 이야기를 청년의 시선으로 만들어 나가기도 했고, 그간의 여행 이야기를 묶어 『희망을 찾아 떠나다』라는 책을 출간했습니다.

아름다운 커피, 아름다운 사람들

무너진 네팔을 일으켜 세우는 희망

'아름다운 커피' 농부들을 만난 건, 어쩌면 지진 덕분이었다. 여러 차례 네팔을 오가는 걸음 속에서도 커피 마을은 늘 너무 높고 먼 곳에 있어 쉬이 가닿을 수 없었다. 그 아득한 산중 마을에 지진이 찾아왔던 봄, 땅이 흔들리고 산이 무너져 내리며 마을이 완파되었다는 소식이 곳곳에서 터져 나왔다. 지진으로 무너진 집은 무려 84만 채, 그중에서도 가장 큰 피해 지역은 신두팔촉 지역이었다. 마을이 '완파'되었다는 말이 무엇을 뜻하는지, 지진이란 두 글자가 얼마나 크고 광폭한 뜻을 지닌 말인지 무너진 마을들에 다다른 후에야 비로소 이해할 수 있었다.

지진이란 게 사람만 무서운 게 아니었나 봐요

지진이 일어난 지 100여 일이 지난 후 다다른 신두팔촉의 커피 마을 사람들에게 '지진'은 여전히 지나간 사건이 아니었다. 매일 찾아오는 강도 4.0 이상의 여진은 지진을 잊을 수도, 일상을 복구할 수도 없게 하는 통증의 진원지였다. 강도 4.0 이상의 여진만을 기록하고 있는 네팔 지진센터의 여진 기록은 100일간 무려 140여 차례. 여진은 거의 하루도 빠짐없이 찾아온 일상이었다.

지진으로 무너진 마당에서 커피 농부들은 무너진 커피나무를 일으켜 세우고 다시 옥수수를 거둬 마당에 널었다. 마당 가득 널린 옥수수를 밟지 않기 위해 조심스럽게 지나가는 길, 네팔에 2년간 머물며 커피 농부들을 지원했던 '아름다운 커피' 한수정 팀장이 안타까운 목소리로 설명해 주었다.

"네팔 농부들이 이렇게 마당에 옥수수를 널어 말리는 걸 본 적이 없어요. 원래

는 처마 밑에 가지런히 널어 말리는데 집이 다 무너지니 옥수수를 널어 말릴 처마조차 사라졌네요."

　마당으로 내려앉은 것은 옥수수만이 아니었다. 집 안의 세간도, 아이들도, 기르는 짐승들도 언제 무너질지 모를 집에 쉬이 들어서질 못하고 서성이고 있었다. 무너진 폐허에서 꺼내 온 나무막대들과 구호단체들이 가져다준 천막 밑에서 우기를 건너고 언제일지 모를 집을 다시 세워 가는 삶은 얼마나 가파를 것인가. 집 안에 있어도 집 밖에 있어도 안심할 수 없는 어떤 불안. 그것은 다만 사람에게만 영향을 끼친 것이 아니었나 보다. 마당의 송아지가 너무 귀여워 만지려 하니 흠칫 놀라 물러선다. 농부 아저씨가 소들을 가만히 바라보시더니 상태를 설명해 주신다.

　"사람만 지진이 무서운 게 아니었나 봐요. 저 어미 소가 지진이 나고 두 달 동안 젖이 나질 않았어요. 염소들도 마찬가지구요. 전에 없이 사람이 다가가면 손길을 피하고 눈은 두려움으로 가득 차요. 소도 염소도 다 아직 아물지 않은 거죠."

지진으로 무너진 커피 농장

그 무서운 지진 속에서도 농부들은 쓰러진 커피나무 숲으로 달려가 커피나무를 일으켜 세우고, 저장해 둔 커피를 덮어 버린 흙더미를 파헤쳐 커피콩을 거두었다. 아름다운 커피 팀이 흙더미 속에서 꺼낸 커피를 소중히 보듬어 보여주신다. 사람도 생명도 죽어 나가는 그 무서운 지진 속에서 커피나무를 일으켜 세우고 파묻힌 커피를 꺼내는 그 극진한 손길에 마음이 아득해 왔다. 모금 때문에 애를 태우다가 뒤늦게 달려온 아름다운 커피 한수정 팀장은 그 따스한 손에 담긴 커피들을 보고 그만 울음을 터트리고 만다.

신두팔촉의 커피 농부들에게 커피는 도대체 무엇이었을까. 산길을 걸으며 여쭙는 질문에 프리찬드라 선생님이 찬찬히 답해 주셨다.

"아무것도 추수할 수 없는 겨울, 마지막으로 추수하는 작물인 커피는 다음 농사를 지어 추수를 하기까지 가족들의 겨울을 건네게 해줄, 또 아이들의 학비가 되어 줄 소중한 작물이에요. 공정무역 커피는 소농들의 협동조합과 거래를 하죠. 그리고 해마다 구입하기로 한 커피 추수 물량에 대한 대금의 60%를 선불로 건네요. 물론 커피를 종묘하는 법, 유기농으로 짓는 법, 농사 일기를 쓰는 법 등 커피를 어떻게 키우고 가꾸어 가는지 가르쳐 주는 것도 협동조합의 중요한 일이죠. 네팔 커피는 다른 나라보다 조금 늦게 시작한 편이니까요."

가는 곳마다 커피 잎 상태부터 살피고 농부들에게 커피나무에 대해 묻는 프리찬드라 선생님은 네팔 커피의 역사와 삶을 함께해 온 전문가다.

올해도 그렇듯 아름다운 커피는 네팔 농부들에게 선구매금을 지원했을 터. 그러나 신두팔촉의 마을들을 덮친 지진은 일반 나무와 커피나무를 가리지 않았다. 어떤 농부는 커피나무 전부를 잃어버리기도 했을 터이고, 또 3년을 키워 이제 추수를 고대하던 어린 나무들이 쓰러지기도 했을 터였다. 게다가 집은 무너져 내리고 삶은 뿌리째 흔들린 곤궁한 시절, 미리 받은 돈을 돌려주어야 하는 시름 속에서도 무너진 흙더미를 파헤쳐 보관한 커피는 얼마나 귀하고 소중했을 것인지.

산비탈 가파른 마을길을 걷는데 커피 농부인 구룽 아저씨가 말씀하셨다.

"지진이 있고 나서 아름다운 커피 직원들이 커피 마을을 찾아왔어요. 무너진 집도 집이지만 이미 선금을 60%나 받았는데 커피나무가 부러지고, 커피를 수확할 수 없게 된 현실이 너무 미안하고 암담했어요. 그런데 아름다운 커피에서 온 사람 누구도 커피에 대해서는 한마디도 묻지 않는 거예요. 그저 다친 사람 없느냐고, 죽거나 아픈 사람은 없느냐고 살펴요. 무너진 집들은 몇 채나 되는지, 무엇을 어떻게 도와야 하느냐고 가가호호 찾아다니며 그 산자락을 몇 달간 오르내렸죠. 한 달 치

식량을 가져다주고, 또 당장 우기를 넘길 함석지붕과 심어서 먹을 채소 씨앗을 가져다주기도 했어요. 그러니 우리는 살아남은 커피나무들을 소중히 돌보아야죠. 멀리 한국의 벗들이 우리를 돌보아 주었듯이 말이에요."

아름다운 커피는 신두팔촉의 높은 산 위에 흩어져 있는 400여 명의 조합원들을 찾아다니며 지진으로 다치거나 아픈 이는 없는지, 농가와 펄핑센터(커피과육 제거기가 있는 곳)는 어떤지 살피고 돌보았다. 지진 직후부터 농부들과 마을 사람들을 지원해 온 커피협동조합 수더르산 블라케 조합장은 지진이 가져다준 가장 소중한 것을 가만히 이야기해 주신다.

"지진으로 많은 것을 잃었죠. 하지만 소중한 것을 얻기도 했어요. 이번 지진이 있고 나서 사람들이 말해요. 이제야 공정무역이 뭔지 알 것 같다고. 공정무역이 별건가요? 사람이 사람과 만나 서로에게 없는 것을 나누고 부족한 것을 채워 가며 함께 살아가는 것이죠."

한창 더운 8월의 태양 속에서 커피 농부들을 만난 후 헤어지는 자리, 다음 해 1월 재건을 위해 마음과 사람을 모아 다시 오는 여정을 준비 중이라 말씀드리자 프리찬드라 선생님이 말씀하셨다.

"1월 말이요? 그때 온다면 커피 추수를 함께할 수 있겠네요."

지진을 이기고 붉게 익은 커피 체리를 추수할 수 있다는 말에 가슴이 뛰었다.

커피나무 숲에 깃든 여행

무언가를 기다리는 시간은 늘 더디고 느리다. 촘촘한 걸음으로 1월이 마침내 다가왔고, 다시 커피 농부들을 만나기 위해 멀고 긴 여행을 시작했다. 달라진 것이 있다면 소중한 일행들이 생겼다는 것뿐.

무너진 집들이 없었다면 지진 지역이라는 건 거짓말이라 느껴질 정도로, 가을에서 겨울로 건너가고 있는 이촉마을은 너무나 아름다웠다. 층층이 푸른 논과 구불

구불 고랑을 따라 유채로 가득한 들판을 아이들은 송아지마냥 뛰어다녔다. 제주에서 온 곶자왈 친구들은 한겨울에 핀 유채 풍경에 반하고, 유기농업을 배우는 풀무학교 친구들은 아름다운 논 풍경에 넋을 잃었다.

"한 알 한 알 조심스럽게 따야 해요."

산 중턱에 차를 멈추고, 산중 마을을 향해 짐과 선물을 가지고 올라가는 길, 아름다운 커피 권유선 간사가 넌지시 걱정을 표했다.

"커피가 갑자기 잘 익어서 아이들이 도착할 때쯤이면 다 떨어져 못 쓰게 된다고 지난주 추수를 많이 하셨대요. 커피가 너무 적어서 아이들이 실망하면 어떡하죠?"

그러나 걱정은 늘 어른들의 것이었다. 붉은 커피 체리가 익어 가고 있는 커피나무 숲에 들어서자 생전 커피나무를 처음 본 아이들은 흥분과 기쁨에 야생동물처럼 눈을 반짝였다. 아이들의 흥분을 눈치 챈 커피 농부, 팟 바하두르 조합장님은 웃으며 아이들에게 찬찬히 커피 추수하는 법을 설명해 주셨다.

"너무 세게 잡아 당겨서 따면 열매 끝에 있는 짧은 가지가 끊어져 버려요. 그럼 그 자리엔 다시 열매가 열리지 않아요. 그래서 천천히 살피며 익은 커피를 옆으로 돌려서 살살 따주어야 해요. 커피는 다른 과일과 조금 다르게 한 가지에서도 한 알 한 알 익는 시기가 달라요. 아직 푸른 커피 체리도 소중히 다루어야 해요. 익을 때를 기다리는 중이거든요."

아름다운 커피의 현지 직원인 먼두와 권유선 선생님이 곁에서 설명을 보태셨다.

"보통 커피 추수 기간은 한 달 이상 걸려요. 농부들이 매일 밭을 오가며 체리들을 체크해서 일일이 수작업을 하는 거죠."

기계농을 하는 브라질이나 남미의 커피 대농장(플랜테이션)과는 달리 추수부터 커피 과육을 제거하기까지 사람의 손이 필요한 수고로운 과정이었다.

네팔의 커피 농부들은 많아야 50그루에서 100그루를 그늘이 있는 산비탈이나 집 앞 텃밭에 조금씩 짓는 소농들이었다. 그 농부들 400여 명이 모여 아름다운 커피와 거래를 하는 커피 협동조합이 운영되고 있는 것이다. 한국에서 공정무역을 배우러 아이들이 온다는 소식에 아이들을 위해 다 따지 않고 일부러 커피를 남겨 두셨다는 커피 농부들은 체리를 따며 마냥 신기해하는 아이들을 보면서 연신 빙글빙글 웃으신다. 커피 농부 할아버지는 추수를 마친 아이들에게 커피 체리가 어떻게 커피콩이 되는지 보여주시고 다시 비탈길을 오르기 시작하셨다. 아이들은 이제 산양처럼 빠르고 잰걸음으로 할아버지 뒤를 따라간다. 펄핑머신이 있는 펄핑센터에 간다는 말에 큰 건물을 상상했던 우리가 도착한 곳은 비탈에 면한 좁은 평지에 나무 기둥을 세우고 함석지붕을 받쳐 둔 작고 열린 공간이었다. 그곳에는 작은 기계 하나가 덩그러니 놓여 있었다. 조합장님은 아이들의 실망을 눈치 채시고 펄핑센터에 대해 자세히 알려주셨다.

"원래는 이것보다 좀 더 멋진 공간이었어요. 하지만 지진에 모두 무너져서 임시로 세운 거예요. 이 기계가 별것 아닌 것 같지만 마을에서 펄핑을 못하면 커피 체

리를 그냥 팔아야 해요. 펄핑을 해서 말리지 않은 생 체리는 빨리 상하기 때문에 제값을 못 받기 일쑤고 또 잘 상해서 싸게 팔아야 할 때도 많죠. 하지만 이렇게 펄핑(커피 체리를 벗기는 과정)을 거치고 나면 잘 씻고 말려서 우리가 보는 생두가 돼요. 그럼 더 오래 보관할 수 있고, 값도 훨씬 높아지죠."

조합장님은 아이들이 펄핑머신을 돌려서 커피 껍질을 까 보도록 핸들을 내어 주신다. 그런데 의외로 핸들은 쉬이 움직이질 않는다. 얼굴이 붉어질 때까지 힘을 주며 돌리는 아이들 모습에 마을 어른들은 웃음을 멈추질 못한다. 커피 농부 다카 아저씨는 펄핑머신을 나온 생두를 물에 담가 물에 뜨는 쭉정이들을 또 골라냈다. 얼굴이 빨개지도록 펄핑머신을 돌려 본 아이들은 체리 과육에 섞여 나오는 생두가 너무 아깝다며 얼른 주워서 통에 담는다. 그렇게 힘을 들여 수동으로 펄핑을 마치고 나면 잘 발효시켜 커피콩에 묻은 과육을 벗겨 내고 또 말리는 과정을 거쳐야 건강하고 맛있는 커피 생두가 된다고 한다.

수첩에 커피 추수와 펄핑 과정을 부지런히 적던 한 아이가 손을 떨구더니 한숨을 내쉰다.

"이렇게 하나하나 다 손으로 하는 것일 줄 정말 상상도 못했어요."

커피 추수, 그리고 마을 잔치

아이들의 커피 추수가 얼마나 큰 도움이 될까마는 마을은 온통 어린 손님들 맞이로 분주했다. 아름다운 커피 활동가인 먼짓 선생님은 어디선가 쇠로 만든 항아리와 긴 막대기를 들고 나타나셨다. 작은 모닥불을 하나 더 지피더니 그 위에 항아리를 올려두고 연신 막대기로 젓기 시작하신다. 그 소리와 움직임이 사뭇 궁금해 아이들이 쳐다보니 "커피, 커피" 하고 외치며 보러 오라 하신다. 그 와중에도 커피가 탈까 봐 손은 쉬지 않고 움직이고 있다. 그렇게 바지런히 균일한 속도로 20여 분을 저어야 하는 네팔 전통방식의 항아리 로스팅. 신기해 하는 아이들에게도 막대기를 한 번씩 건네주시지만 커피를 살피는 손끝은 매섭다. 10분쯤 지나자 항아리 속에서 거짓말처럼 커피 향기가 퍼지기 시작했다.

지진으로 무너진 마을 한가운데. 장작불과 항아리에서 볶은 커피라니. 갓 볶아서 내린 커피는 순하고 부드러웠다. 아이들도 저마다 한 모금씩 맛보고 싶다고 줄을 서고, 커피를 마시고 난 아이들 표정이 궁금하신지 마을 분들은 자꾸 쳐다보며 싱긋싱긋 웃으신다.

장작불에 솥을 걸어 밥과 달밧을 끓이고, 한편에선 염소를 잡는다. 밤이 늦도록 모닥불을 피워 두고 노래와 춤으로 온밤을 보내시던 마을 이장님, 마을 사람들과 모닥불을 올리자 곳곳에서 사람들이 가만히 다가와 온기 어린 밥 한 그릇을 함께 나눈다.

마당 한편에 장작불이 올라오고 여기 저기 텐트를 세우기 시작했다. 아이들은 어느새 캠핑장에 온 듯 신이 나서 어른들을 거들기 시작했다. 산을 오르느라 한창 배가 고팠던 터라 커다란 솥을 걸고 밥을 짓고 달밧을 끓이는 냄새가 퍼지기 시작하자 모두 행복해졌다. 학교를 마치고 집으로 돌아온 마을 아이들이 모여들고, 실

뜨기 실이며 공을 꺼내어 서로 어울리기 시작한다. 마을 사람들과 함께 따뜻한 달빛 한 그릇을 나누고 나니 산자락에 눅신한 어둠이 내렸다. 커피처럼 짙고 부드러운 어둠이 히말라야 산자락과 마을을 고요히 감싸기 시작하자 건너편 아득한 산 위의 마을들에 별이 켜지듯 사람의 불빛이 켜진다. 하늘을 보듯 올려다 보아야 하는 높은 마을들에 반딧불처럼 점점이 켜진 따뜻한 불빛들을 신기하게 보다가 한 친구가 말한다.

"별이 하늘에만 뜨는 게 아니네요. 불이 켜진 사람들 마을이 저렇게 아름다운 건 줄 몰랐어요."

집이 있다는 것, 그 집에서 저녁에 식구들을 위해 불 하나를 밝힐 수 있다는 것이 얼마나 아름다운지, 이촉의 밤은 아이들에게 그 불빛의 온기로 가르쳐 준다.

"저 불빛 속의 사람들도 우리가 켜둔 불빛을 보며 위로를 얻을 거야."

아이들은 기타와 오카리나를 꺼내어 연주하고, 마을 어르신들은 답례로 북과 기타를 가지고 나오신다. 모닥불가에 자리를 펴고 서로 원을 그려 앉는다. 한쪽에서 선창하면 즉흥으로 다른 한쪽이 화답하는 노래가 몇 순배 오가니 흥이 한껏 올라 춤까지 어이진다. 무슨 이야기가 그렇게 재미난지 한 순배가 돌고 나면 꺄르르 꺄르르 자지러지는 웃음소리가 환하게 퍼졌다. 밤이 새도록 그렇게 노래를 하며 서로의 마음을 전한다는 마을의 전통이 마당에서 펼쳐진다. 알아듣지도 못하는데 아이들은 흥에 겨워 춤도 추고 박자도 탄다. 깊은 밤이 되도록 모닥불가에 피어오르는 노래는 끝날 줄을 몰랐다.

다음 날 아침, 일찍 지어 주신 아침밥을 먹고 카트만두를 향해 다시 먼 길을 떠나며 마을 분들과 인사를 나눴다. 노래와 춤으로 늦은 밤에 잠이 드셨을 터인데 어느새 다들 일찍 일어나 밥을 짓고 아이들을 돌보고, 배웅을 해주셨다.

"여러분, 먼저 미안하다는 말을 하고 싶네요. 전에는 손님이 오시면 집집마다 홈스테이를 했는데 지난 봄 지진으로 재워 줄 수 있는 방이 모두 무너져 버렸어요. 멀리서 온 귀한 손님을 텐트에서 묵게 해 너무 마음이 무겁고 미안합니다. 다음에 올 때는 집들이 다시 세워지고 꼭 집에서 함께할 수 있기를 바랍니다."

아름다운 커피, 아름다운 박물관

지진으로 건물이 흔들려 마당에 텐트를 치고 있던 아름다운 커피 건물은 어느새 아름다운 카페와 더불어 커피의 여정을 보여주는 커피 박물관이 되어 있다. 지진으로 어려움을 겪는 사람들을 돕느라 분주한 와중에도 짬짬이 카페와 박물관을 꾸미기 위해 애쓰고 수고했을 손길들이 눈에 선했다.

박성호 간사님의 안내로 커피 박물관에 들어서자마자, 아이들은 저마다 아는 척으로 소란하다.

"어, 먼두 선생님이다."

"우리가 갔던 마을인가 봐."

"야, 펄펑머신이다!"

어떻게 한 알의 붉은 커피콩이 커피나무로 자라나는지, 그늘과 햇빛이 어떻게 커피를 자라게 하는지, 한 그루의 나무가 커피 열매를 맺기까지 얼마나 많은 손길과 정성이 들어가는지, 그렇게 거둔 붉은 커피가 멀리 우리가 사는 곳까지 와 한 잔의 컵 속에 담기기까지 얼마나 긴 여행을 해야 하는 것인지…, 한 장의 사진 앞에서 커피 이야기를 듣는 동안 아이들의 마음은 이미 커피나무 숲 그늘 아래 함께 서 있다.

아름다운 커피 사람들과 함께한 여행은 아이들의 마음속에 에스프레소처럼 깊고 진한 기억의 공간을 만든다. 한 잔의 커피가 세상을 바꾸는 여행을 시작하듯 커피나무 숲에서 머문 하루의 여행이 아이들의 삶에 어떤 새로운 문을 열어 갈지, 설렘으로 다시 길을 나선다.

커피나무를 심는 카페, 카르마 커피 부티크

커피 농부들과 헤어지고 '카르마 커피'에 도착했다. 가티 마을에 3년째 커피나무를 심고 독일과 공정무역 판매를 연결하고 있는 브리짓이 운영하는 카페였다. 카르마 커피가 있는 건물은 네팔의 온갖 예술가들이 모여 있는 곳이었다. 올라가는 길 곳곳에 설치된 여러 디자인과 설치물에 아이들은 눈이 휘둥그레졌다.

커피가 하나의 소비재가 아니라 새로운 관계를 맺는 소중한 도구가 될 수 있다는 믿음으로 5년 전 카르마 카페를 시작한 브리짓이 환한 미소로 맞아 주었다. 아이들은 가티에서 이제 막 심겨진 어린 커피나무가 자라 이렇게 공정무역 커피가 된다는 것이 마냥 신기했다. 작은 카르마 공간을 꽉 채운 아이들이 이것저것 메뉴를 고르자 브리짓이 난감한 표정으로 양해를 구한다.

"미안해요. 카르마는 핸드드립 커피만 하고 있어서 이렇게 한꺼번에 많은 손님

이 오시면 빨리 드릴 수가 없어요. 대신 친환경 소다가 있는데 어떨까요?"

병을 계속 재활용할 수 있는 아름다운 유리병에 담긴 톡 쏘는 소다는 산중 마을에서 맛볼 수 없던 도시의 맛을 선물해 주었다.

커피 머신이 없는 카페 카르마, 브리짓은 왜 커피 머신을 두지 않았는지 이유를 설명해 준다.

"이미 잘 아시겠지만 네팔은 하루에도 몇 번씩 전기가 끊기잖아요. 지진 이전에도 카트만두에선 그런 일이 일상이었어요. 게다가 지난 석유 파동과 지진 등 더욱 에너지 문제는 심각해지고 있죠. 카르마는 처음부터 네팔에 맞는, 네팔의 아름다움을 경험할 수 있는 카페를 하고 싶었어요. 그러려면 구조부터 그렇게 세팅해야 하는데 네팔의 전기 사정에 큰 커피 머신은 맞지 않는 것 같아 핸드드립만 하기로 결정한 거죠."

손으로 만든 것들로만 채우기로 작정한 듯 카르마는 커피는 구석구석 아름다운 수작업 작품과 재활용 가구들로 채워져 있었다. 흙빛 벽, 나무로 만든 가구, 이들과 잘 어우러진 갈색의 지등을 보고서 아이들이 너무 예쁘다고 탄성을 지르자 브리짓이 웃으며 설명을 보탠다.

"핸드드립을 하면 하루에도 수십 장씩 커피 필터를 벌려야 해요. 컵은 머그컵을 쓰니까 쓰레기가 안 남는데 필터는 어쩔 수가 없었어요. 그래서 만들기 시작한 것이 바로 이 등이에요. 자연스럽게 커피 물이 들어 더 아름다운 색을 내죠."

공간을 가만히 살펴보면 무엇 하나 함부로 쓴 흔적이 없다. 버려진 자전거 부품을 이용해 만든 의자, 창문으로 만든 탁자. 하나하나 손의 시간과 마음의 정성을 깃들여 가꾸어 온 어떤 깊이가 깃든 공간이었다. 커피 찌꺼기로 만든 화장품, 커피콩으로 만든 초콜릿, 네팔의 도자기 장인과 협업으로 만드는 커피 필터와 머그컵. 카르마를 채우고 있는 모든 것들에 네팔의 자연, 예술과 사람이 스며 있는 듯했다.

"지금은 포카라 커피를 주로 다루지만 가티 커피를 조금씩 늘려 가고 있어요. 포카라 유기농 커피 전문가들은 가티 농부들이 커피 농사를 잘 지을 수 있도록 돕

고 있고, 저희는 여기서 커피 로스팅 전문가들과 함께 가티 커피에 맞는 최적의 로스팅을 연구하고 있죠. 물론 커피와 원두를 판매하면서 손님들의 반응도 살피고 있구요. 지난 4월 지진에서 살아남은 생두를 로스팅해 판매한 지진한정판은 폭발적인 반응으로 매진되었어요. 커피가 정말 맛있었거든요.^^ 물론 지진한정판에 지진피해자들을 돕는 의미도 컸겠지만요."

커피나무 열 그루를 심고 3년간 열매를 맺을 때까지 성장하도록 잘 도우면 그 커피나무를 통해 한 친구가 학교에 다닐 수 있는 자립적 기반이 마련된다고 한다. 기부금이나 자선에 의지하지 않고 커피나무를 심고 가꾸어 한 사람이 새로운 삶을 시작할 수 있도록 돕는 소중한 프로젝트가 우리가 머문 작은 마을 가티, 이 아름다운 공간에서 시작되고 있다.

아름다운 커피 네팔 카페 및 커피 박물관

- 운영시간 오전 10시~오후 8시.
- 커피 가격 80루피(800원)~150루피(1,500원).
- 매장 운영시간에 입장, 자유롭게 관람 가능.

🔗 www.beautifulcoffee.org
🔗 www.facebook.com/beautifulcoffeenepal

카르마 공정무역 커피

카르마 커피는 파머컬처를 가르치고 훈련하며 유기농 커피를 재배하는 포카라의 유기농 커피를 사용한다. 한 해에도 몇 번씩 농장을 오가며 품질을 살피고, 농부들이 더 많은 수확을 하도록 돕고 지원하는 카르마 커피는 초콜릿 향을 머금은 다크 로스팅 커피가 일품이다. 매장에서는 핸드드립 커피뿐 아니라 신선한 원두를 언제든 구할 수 있다. 커피와 관련된 모든 것을 담고 있는 커피 부티크에서 공정무역 커피를 경험해 보시길!
한편 카르마 커피에서는 하루 동안 공정무역 커피 농장에 가서 커피 농부와 함께 커피를 재배하는 현장을 경험하고 참여해 보는 커피 여행 프로그램을 소셜투어와 함께 운영한다.

🔗 www.facebook.com/karmacoffeenp

어떤 여행은 세상을 바꾸어 놓을 수 있다고 생각해요.
당신은 새로운 삶과 새로운 지구를 위한
선택권을 가지고 있으니까요.

- 로잘리 제루도

Trabel & Environment

여행과
환경

지구를 사랑한 여행자들

태국 코끼리를 품에 안다
코끼리는 정말 멋진 동물이에요
편안한 여행의 대가
보호되는 아름다움, 파괴되는 아름다움
히말라야를 지키는 그린카페
KEEP이 안내하는 책임 있는 안나푸르나 여행자 되기
즐거운 사람들, 고통받는 동물들
에코투어리즘? 에고투어리즘?
쓰고 버리고 떠난 뒤에 남는 것들…
나무의 집, 트리하우스에서 보낸 치유의 시간
숲속에 살고 있는 고릴라를 만나러 가자!

태국 코끼리를 품에 안다

박하재홍의 치앙마이 '코끼리 자연공원'에서 여름휴가 보내기

코끼리, 이처럼 낯설고 친숙한 동물이 또 있을까. 두 팔을 엇갈려 코끼리 노래에 맴맴 돌던 어린 시절, 코끼리는 동물원 울타리 안에 갇혀 있을망정 한낱 구경거리가 아닌 마음 넉넉한 어른의 형상으로 내게 다가왔다. 다른 이들의 기억도 나와 닮았기 때문일까. 몇 년 전 쇼에 동원된 여섯 마리의 코끼리가 대공원을 탈출해 소동이 일었을 때, 인터넷 뉴스의 댓글에는 "그들을 이해한다"는 네티즌의 동정 어린 의견이 줄을 이었다.

그 일을 계기로 코끼리 조련의 잔혹함이 조금씩 세상에 알려지게 되었다. 한 공중파 방송은 이례적으로 태국 코끼리 관광사업의 어두운 이면을 집중 취재하기도 했는데, 그 화면 속에는 '코끼리 엄마'로 불리며 상처받은 코끼리들을 자식처럼 보살피고 있는 한 태국 여성이 당찬 모습으로 등장한다.

외계사신과의 교신

그녀의 이름은 '렉'. 갖은 학대로 얼룩진 코끼리들을 치유하고 보호하기 위해 40만 제곱미터에 이르는 '코끼리 자연공원'을 직접 조성한 통 큰 여성이다. 보아 하니 그 공원에는 세계 각지의 여행객들이 장기간 머물며 다양한 자원활동에 참여하고 있는 것 같았다. 동물을 좋아하는 이들에겐 성지 같은 곳, 그렇다면 나도 질 수 없지. 나 또한 기꺼이 다가오는 여름휴가에 통장의 잔고를 쏟아부어 이 매력적인 여행의 길로 떠날 채비를 서두르리라! 이런 힘찬 결심에도 불구하고, 예약을 위해 방문한 홈페이지의 꼬부랑 영문 앞에서 난독증으로 움찔했다. 그렇게 영문 해독을 뒤로 미룬 채 쓸쓸히 인터넷 바다를 방황하던 중, 놀랍게도 코끼리 자연공원 예약을 무상 대행한다는 '한글'을 발견, 모든 과정이 단번에 해결되는 기적이 이루어졌다. 그 해결사는 바로 '코끼리를 사랑하는 사람들의 모임' 회원인 '외계사신' 님. 게다가 그는 앞에서 말한 방송 촬영 팀의 현지 안내를 담당했던 분이었다! 외계사신 님과의 교신은 인터넷 전화로 수월하게 진행됐고, 난 별 걱정 없이 여름휴가 신청서를 제출하고 태국으로 향했다(단, 여름 성수기를 택해야만 했기에 비행기 삯은 상당한 부담으로 남았다).

코끼리가 나를 만지다

아침 8시, 치앙마이의 '코끼리 자연공원' 사무실 앞에서 공원으로 직행하는 승합차에 주섬주섬 올라탄다(승합차에는 공원에서 직접 운영하고 있는 여행사 '젬 트래블 GEM TRAVEL'의 로고가 새겨져 있다). 공원까지는 약 1시간 반이 걸리는데, 시내를 벗어나기 전 시장에 잠깐 들러 코끼리 식사용 과일 더미를 트럭에 옮겨 싣는다.

공원에 도착해 보니, 당일 오후 5시까지 진행되는 공원 1일 체험에 참여하러 온 사람이 꽤나 많았다. 30명 정도. 동양인은 나뿐이고 대부분 서양인들이라 엄청 서먹했지만, 어른 아이 할 것 없이 호기심으로 가득 찬 표정은 친근하게 느껴졌다. 하루 동안 주어진 체험은 코끼리 먹이 주기와 목욕 시키기. 어른의 두 주먹만 한 과일을 조심스레 건네자 난생처음 코끼리 코의 피부가 손 전체에 맞닿는다.

그 거칠고 딱딱한 느낌에 보통은 당황해서 흠칫 놀라기 쉬운데, 어떤 금발의 아이는 크게 울음까지 터뜨렸다. 하지만 코끼리에 금방 친숙해진 사람들은 점심 식사 후, 공원 한쪽의 강가에서 코끼리를 목욕시키며 신나게 소리를 질렀다. 코끼리 등에 장난스럽게 세찬 물을 끼얹고, 피부에 솔질을 하며, 흠뻑 젖은 코끼리와 사진을 찍으려고 모두들 정신이 없다. 그러나 유유히 목욕을 마친 코끼리가 강물 위로 '큰 실례'를 쏟아 내자, 비위가 약한 이들의 얼굴은 매우 심각해지기도 했다.

땡볕에서 코끼리 먹이를 준비하라

둘째 날부터 떠나는 넷째 날까지 사흘 동안은, 숙소에 머물고 있는 20여 명의 여행객들 사이에서 눈치껏 일했다. 아침 8시와 낮 2시, 하루 두 번 '자원활동 모임터'에 모여 있으면 오늘 해야 할 일을 배정해 준다. 요일과 시간에 따라 해야 할 일이 칠판에 골고루 적혀 있는데, 손을 드는 선착순으로 일을 나누어 주는 터라 미리 읽어 두고 지원하는 것이 마음 편하다.

내가 사흘 동안 지원한 일은, 기본 업무인 코끼리 먹이 준비와 목욕 시키기 이외에 총 다섯 가지였다. 1. 땡볕에 밭에서 옥수수 줄기 잘라 트럭으로 나르기, 2. 옥수수 껍질 까기, 3. 딱딱한 돌 땅을 헤집어 아주 작은 묘목 심기, 4. 외양간 소똥 치우기, 5. 초가 볏짚 자재 정리하기. 자원활동은 비 오는 날도 예외가 없다. 비까지 맞으며 궂은일을 하는 것은 쉽지 않지만 코끼리와 만나는 재미 덕분인지 다들 불평 없이 씩씩하게 일한다.

자원활동가의 99%가 소위 선진국이라 불리는 캐나다, 호주, 미국, 유럽인이건만 누구 하나 유난 떠는 사람도 없다. 나와 함께 자원활동에 참여했던 20명 중 남성은 6명. 자원활동은 육체적으로 힘을 써야 하는 일들이 많지만 의외로 여자 활동가들이 많았다. 오히려 여성들이 일을 더 잘하기까지 한다. 활동 팀장 역시 여성. 비영리적인 분야에서 도드라지는 여성의 힘을 확인하는 현장이랄까.

상처받고 버림받은 코끼리들

각자의 자원활동 일정은 온전히 개인의 선택이다. 오전의 일정이 힘겨웠다면 오후에는 빈둥대며 낮잠을 즐겨도 상관없다. 옥수수 밭 일에 기력이 빠져 버린 다음 날, 오전 시간의 자원활동은 슬쩍 접어 두고 '공원 산책' 프로그램에 동행하기로 했다. 공원 산책은 이곳의 모든 일에 관여하고 있는 미셸 아주머니가 담당한다. 방문

객들과 공원 곳곳을 산책하며 마주치는 코끼리들의 이름과 사연을 상세히 들려주는데, 무엇보다 그녀의 활기찬 몸짓과 말투, 애정이 깃든 표정이 참 매력적이었다.

  20년 동안 통나무를 나르는 노동에 시달려 등뼈가 내려앉은 '메도', 벌목 중 지뢰 폭발로 한쪽 발을 잃자 도심에서 구걸을 강요당했던 '말라이통', 자신의 새끼가 죽는 것을 보고 반항하다 두 눈을 잃은 '조기아', 그리고 항상 그 옆에서 눈먼 조기아를 돌보아 주는 동료 코끼리의 우정. 지금은 낯선 여행자의 방문도 스스럼없이 반기고 있는 코끼리들이지만, 구조되었을 당시에는 사람에 대한 분노가 가득해 친해지기 힘들었다고 한다(36마리 코끼리들의 이름과 사연은 홈페이지에 잘 설명되어 있다).

  건물 곳곳에 드러누워 종일 늑장 부리던 10여 마리의 개들도 이 산책길에서만큼은 활기찬 달음박질로 주위를 빙빙 맴돈다. 하지만 땅에 자라난 풀을 열심히 뜯어먹고 있는 코끼리에게 개는 간혹 귀찮은 손님. 다가오는 개들을 큰 울음소리로 쫓아내는 모습이 때론 위협적이다. 산책은 1시간 반 정도 걸렸고, 미셸은 영어 설명이 너무 빨랐던 점을 미안해 했다.

'해피엔딩' 할 수 있을까

마지막 날. 예상보다 힘든 노동에 지치기도 했지만, 참여하지 못했던 일이 절반이라 아쉬움 또한 절반이다. 마른 짚더미 같은 코끼리 똥 치우기, 다친 코끼리 치료 거들기, 불법 벌목 방지를 위해 숲속 나무에 승려복 천 매달기, 건물 내에 걸어둘 나무현판 만들기 등. 고급 식당이 부럽지 않은 풍성한 점심 만찬도 마지막으로 배불리 먹어 둔다. 방문객 중 채식주의자가 많아 25가지에 이르는 화려한 음식 중 80% 이상은 달걀도 쓰지 않는 순수 채식요리. 맛은 국경을 초월한 수준급이라 식사를 알리는 종이 울리면 사람들은 환호성을 지르며 서두르곤 한다.

공원 기념품 가게는 비교적 한적하다. 힙합 바지에 어울릴 만한 분홍색 코끼리 티셔츠와 코끼리 똥으로 만든 종이 액자를 구입하고, 어린이 교육 사업 후원을 위해 마련된 모금함에다 남아 있는 동전을 성의껏 넣어 본다.

경제적 어려움으로 학교에 다니지 못하는 많은 아이들이 생계를 위해 어려서부터 코끼리 조련 일을 배우고 있다. 사람도 코끼리도 고단한 삶을 물려받기는 매한가지다. '렉' 자신도 가난한 부족의 딸로 태어나 가족의 반대를 무릅쓰며 공부했던 힘겨운 어린 시절이 있었다. 조련사와 코끼리, 양쪽의 어려운 입장을 누구보다 잘 알고 있는 그녀. 빠듯한 일정에도 한 달에 한 번 고산족 마을을 찾아가 의료활동을 펼치고, 코끼리에게 잘 대해 줄 것을 당부하고 있다.

흔히 인간은 동물과의 정서적인 교감을 갈망하기에, 사람들은 코끼리 등에 올라타고서 자신이 코끼리와 교감하고 있다고 생각하곤 한다. 조련사의 손에 쥐어진 날카로운 '따거'(조련용 쇠갈고리)를 눈여겨보거나 코끼리의 머리와 귀에 난 상처를 알아차리지 못하고 사람들은 자신의 즐거움을 누리느라 너무 바쁘다. 등에 무언가를 올려놓는 걸 견디지 못하는 야생의 본능을 꺾기 위해 얼마나 잔혹한 '조련'을 거치는지 모른 채 코끼리를 타고 숲을 탐험한다는 일방적인 동심의 재현만이 있을 뿐이다. 태국 방문을 준비하는 모든 이들에게 부탁한다. 출발 5분 전이라도 인터넷에서 '태국 코끼리 학대'를 검색해 보기를. 당장 서커스장을 탈출해 코끼리 자연공원으로 날아가는 '아기 코끼리 덤보'를 상상하게 될 것이다. 서커스장 안에서 엄마와 재회하는 '덤보'의 해피엔딩은 애당초 가능하지 않은 설정이었건만, 난 웃기고 슬프게도 그 사실을 이제야 알았다.

Interview 코끼리 자연공원 설립자 '렉'

코끼리는 정말 멋진 동물이에요

치앙마이에 도착한 첫날 밤 9시. 코끼리 자연공원 사무실에서 만난 렉은 바쁘게 업무를 보던 중이었지만, 휴대용 사진기를 들고 어설프게 등장한 나에게도 기꺼이 환한 웃음을 보여주었다. "반가워요!"

안녕하세요, 렉. 한국 TV에서 당신의 활동을 인상 깊게 보았습니다. 태국에서 벌어지는 코끼리 학대 행위를 제재할 수 있는 실제적인 동물보호법은 없나요?

태국에는 동물보호법이 없어요. 야생동물에만 적용되는 보호법은 있지만, 산림청 직원이 밀렵에 가담하는 상황이니 코끼리가 돌아갈 안전한 야생이 없습니다. 그래서 코끼리 자연공원이 곧 '야생동물 보호구역'의 역할을 하고 있죠. 하지만 정부의 도움은 전혀 없어요.

다큐에서 어린 시절 주위의 반대에도 불구하고 14킬로미터를 걸어 학교를 다니셨다는 이야기를 보고 정말 놀랐습니다. 렉은 어떤 사람인지, 어떤 삶을 살아오셨는지 궁금하네요.
맞아요. 여덟 살 때, 4년간 매일 14킬로미터를 걸어 학교를 다녔습니다. 이후에는 시내로 이사를 해서 더 이상 걸을 일은 없었어요. 어쩌면 그 어린 시절의 고집 혹은 뚝심이 제가 주변의 만류에도 불구하고 코끼리 자연공원을 일구어 올 수 있었던 힘인 것 같아요. 그 아이가 자라 '카무' 부족 최초의 대학생이 되었어요. 대학에선 문헌정보를 전공했죠. 하지만 생계를 위해 밤무대 가수, 화장품 외판원 등 정말 많은 일을 해야 했어요.
그 경험들을 바탕으로 공원 일뿐만 아니라 채식 전문 식당 '천국의 맛(Taste from Heaven)'을 운영하면서 부동산 관련 일도 하고 있어요. 1994년부터는 '타이 포커스'란 여행사를 세워 사람들의 공정여행을 돕고 있기도 하구요. 물론 모든 수익은 모두 코끼리 자연공원을 위해 쓰고 있습니다.

코끼리 자연공원은 어떻게 시작되었나요?
'정글 래프트'라는 관광지를 운영하고 있던 친구의 급작스런 사망으로 시작되었죠. 갈 곳이 없어진 정글 래프트의 코끼리들을 위해 작은 규모의 코끼리 자연공원을 급히 조성했거든요. 처음엔 저의 재산을 털어 운영하느라 꽤 힘들었어요. 다행히 세렝게티 재단의 버트 반 로에머 씨의 후원으로 지금의 넓은 땅을 얻게 된 거구요.

어떤 미래를 그리고 계신가요?
공원을 더 넓게 확장하고 싶습니다. 많은 사람들이 방문할 수 있도록 지금 숙박시설도 더 짓고 있는 중이에요. 그리고 인도 방갈로 지역에 이곳과 똑같은 시설을 만들 계획입니다. 코끼리는 1킬로미터 이상 떨어진 거리에서도 초음파 텔레파시로 대화할 수 있는데, 저는 그 파동으로 물 잔이 흔들리는 현상을 경험했죠. 이 멋진 동물이 돌아갈 수 있는 야생의 숲을 회복하는 것, 코끼리 자연공원이 꿈꾸는 내일입니다.

카쿤캅(고맙습니다). 내일부터 4일간의 자원활동이 기대돼요!
카쿤캅. 한국에 코끼리 자연공원을 널리 알려주세요.

*통역 : 김은환(외계사신)
안내와 통역을 도와주신, '코끼리를 사랑하는 사람들의 모임' 김은환 님께 감사드립니다.

치앙마이 '코끼리 자연공원(Elephant Nature Park)'
사무실 주소 : 209/2 Sridam Chai Road, Chiang Mai 50100. Thailand.
전화 : +66(0)53 272855, 818754, 818932
하루 방문 2,500바트(어린이 50%), 1박 2일 5,800바트, 1주일 12,000바트를 지불한다. 세끼 식사와 인원에 맞는 별채의 숙박 시설을 제공하며, 머무는 기간에 따라 비용을 조정할 수 있다. (1,000바트 = 약 32,500원) 홈페이지 또는 전화, 치앙마이 시내에 있는 사무실에서 예약한다.
➲ www.elephantnaturepark.org

채식 전문 식당 '천국의 맛(Taste from Heaven)'
코끼리 자연공원 설립자 렉이 직접 운영하는 채식 전문 식당이다. 눈과 입을 즐겁게 하는 최고의 태국 채식요리를 1인 약 200바트로 충분히 즐길 수 있다. 무엇보다 레스토랑의 수익금은 코끼리 자연공원을 위해 쓰인다.

:: 편안한 여행의 대가 1

세계 신혼여행지 1위인 몰디브에서는 2015년 11월부터 환경세가 부과된다. 여행자 1인당 6달러를 지불해야 하는 법령이다. 한 사람의 여행자는 하루 4.5킬로그램의 쓰레기를 남기고, 현지인의 28배에 달하는 전기를 사용하며, 호텔 객실 하나에서는 하룻밤 최대 3,195리터의 물이 사용된다.

나무 세 그루를 베어야 하는 샤워

히말라야의 아름다운 설산을 감상하기 위해 네팔로 향하는 세계 여행자들이 많아졌고, 네팔은 국민총생산의 40%가 관광에 달려 있는 나라가 되었다. 하지만 히말라야의 주민들은 그것을 달갑게 여길 수만은 없다. 히말라야 주요 등산로의 숙소에서는 따뜻한 샤워를 요구하는 여행자들 때문에 나무를 때서 물을 데워야 하기 때문이다. 지역 주민들은 자신들이 사용해야 할 땔감마저 여행자들을 위해서 쓴다. 그 결과로 당연히 나무가 고갈되고 있다. 문제가 점점 심각해지자 네팔의 환경단체 'KEEP'은 한 사람이 따뜻한 샤워를 하려면 세 그루의 나무가 베어져야 한다며, 따뜻한 샤워를 요구하지 말아 달라고 여행자들에게 캠페인을 벌이고 있다.

쓰레기도 큰 문제다. 안나푸르나 등반을 하는 동안, 트레커들은 평균 72리터의 물을 마시는데, 이것은 결국 72병의 쓰레기로 남는다. 이렇게 등반객들은 1년에 거의 100톤의 플라스틱 물병을 버리고 떠났다(KEEP Program Report 2005~2007). 플라스틱 병이야 재활용을 하면 될 텐데 무슨 큰 걱정이냐고? 문제는 네팔에서 아직 플라스틱 물병을 재활용할 수 없다는 것이다. 쓰레기 문제는 비단 플라스틱 물병만이 아니다. 여행자들의 가벼운 트레킹에서부터 훈련된 산악인들의 원정대까지, 이들이 히말라야에 버리고 오는 쓰레기는 종이봉투, 플라스틱, 건전지, 의류에서부터 산소통, 가스통, 텐트, 통조림 깡통 등 그 종류도 다양하다. '히말라야 청소 등반'을 펼치며 히말라야를 보호하려는 뜻 있는 산악인들의 노력에도 불구하고 '세계에서 가장 높은 쓰레기장'에 버려지는 쓰레기는 늘어만 간다.

5성급 호텔 객실 하나에서 쓰는 물이 하루 3,195리터

한국인 한 사람이 하루에 쓰는 물은 400리터. 단 한 사람이 오직 하루 동안 씻고 마시고 청소하고 빨래하고 변기로 흘려보내는 물이 2리터 물병으로 무려 200병을 헤아린다는 뜻이다. 이것은 미국과 나란히 세계 최고를 기록하고 있는데, 일본 389리터, 영국 343리터, 프랑스 205리터, 독일 164리터와 비교하면 그 독보성이 더욱 확연해진다. 그런데 우리가 이렇게 물을 쓸 때, 단 500리터의 물로 하루를 살아가는 마을도 있다.

한국인 한 사람이 거의 한 마을이 사용하는 물을 쓰고 있다는 것보다 더 충격적인 사실은 고급 호텔의 한 객실에서 하루에 쓰는 물의 양이다. 그 양은 무려 3,195리터, 여섯 마을이 쓰고도 남을 물이 하루 만에 고스란히 흘러가고 있는 것이다.

수영과 샤워로 즐기고 있는 물이 누군가의 마실 물은 아닌지

'투어리즘 컨선'에 의하면 인도 고아의 한 5성급 호텔에서 소비하는 물이 다섯 마을에서 소비하는 양과 맞먹는다. 게다가 그 호텔에 머무는 투숙객들은 지역 주민들보다 28배나 많은 전기를 소비한다고. 또한 투어리즘 컨선은 북아프리카 대서양 연안의 감비아와 인도네시아의 발리, 탄자니아의 잔지바르, 인도의 고아와 케랄라 등 5개 관광지의 물 사용량 실태를 조사해 보고서를 발표했다. 조사 결과 잔지바르의 휴양지 키웬그와 능귀에서는 주민 1명당 하루 93.2리터의 물을 쓰는 반면 5성급 호텔은 한 객실(2인 기준)당 무려 3,195리터의 물을 사용한 것으로 나타났다. 호텔보다 저렴한 게스트하우스에 묵는 관광객들은 686리터를 소비하고 있었다.

심지어 호텔이 고객에게 물을 제공하려고 지하수를 독점하다시피 하자 일부 지역에서는 성난 주민들이 무력시위에 나서 갈등이 심화되기도 했다. 잔지바르 호텔 앞에서는 건물 수도관을 부수려는 주민들과 호텔 측이 고용한 경호원들이 대치하는 상황이 벌어지기도 했다. 『가디언』은 잔지바르에서 콜레라가 빈번하게 발생하는 이유가 물 부족과 무관하지 않다고 지적했다. 이 섬에서는 2010년 콜레라로 3명이 숨겼는데 당시 물이 모자랐던 주민들이 호텔이 내보낸 하수를 사용하다가 병에 걸렸다는 의혹을 제기했다(『가디언』, 2012.7.8).

집을 나서면 왜 우리는 다른 기준을 적용하는 걸까. 그건 아마도 사람들은 자신이 물 정도는 마음대로 써도 좋을 충분한 돈을 냈다고 생각하기 때문일 것이다. 그러나 우리가 물을 쓰고 있는 곳이 만성적인 물 부족으로 고통받는 나라들이라면, 그 물을 마시지 못한 누군가는 죽을 수도 있다면, 돈을 낸 것으로 우리는 완전히 자유로울 수 있을까?

골프관광이 남기는 것

물을 빨아들이는 또 다른 관광산업은 골프관광이다. 1980년대부터 골프관광 붐이 시작되자 식민지의 역사로 친숙하고 가까운 동남아시아는 유럽인들에게 인기 있는 골프관광지가 되었다. 1990년대에는 전 세계에 해마다 350개의 골프 코스가 건설되면서 골프관광은 폭발적으로 성장한다. 그러나 최고의 골프 코스를 유지하려면 대량의 비료, 살충제, 제초제, 그리고 물이 필요하다. 이런 독성 물질은 우리나라에서도 그러하듯 지하수를 오염시키고 지역 주민들의 건강을 위협하고 있다. 수많은 농민들은 그들의 논밭을 골프 코스에 빼앗겼고, 골프장을 위해 나무들이 베어지고 동물들은 살 곳을 잃어버렸다. 특히 18홀 규모의 골프 코스가 하루에 소모하는 물의 양(약 200만 리터)은 말레이시아 농부 100명이 농사에 쓰는 물과 맞먹는다. 골프관광은 거대한 산업이 되어 이제는 아프리카와 중동 지역에까지 골

안나푸르나는 내가 지킨다!
지역 주민들이 만든 비영리기구 ACAP

안나푸르나 트레킹을 원하는 외국인은 누구나 입장료 2천 루피(우리 돈 2만 8,000원)를 내야 한다. 가이드북마다 다들 그렇게 안내하고 있기 때문에 그냥 그런가 보다 하고 낼 뿐, 왜 그 돈을 내는지, 누가 받는 건지, 그 돈은 어디에 쓰는지 알려 주는 곳은 없었다. 그 돈이 어디에 어떻게 쓰이는지 안다면 입장료를 내는 것이 아깝지 만은 않을 것이다.

이 돈은 안나푸르나의 자연을 지키고 지역민의 생활을 개선하는 프로그램의 기금이 되는데, 이 프로그램을 운영하는 곳은 안나푸르나의 지역 주민들이 만든 비영리단체인 ACAP(Annapurna Conservation Area Project, 안나푸르나 보존구역 프로젝트)이다. 지역민들이 나무를 난방 연료로 쓰지 않도록 소형 발전기나 석유·가스 등을 공급하는가 하면, 여행자들에게 쓰레기를 남기는 플라스틱 물병을 쓰지 않도록 알리고 상점에서는 생수를 파는 대신 여행자들의 물병에 맑은 물을 채워 주도록 정수기를 설치했다. 그리고 식당들끼리 무리한 가격 경쟁을 벌이지 않도록 모든 식당의 메뉴를 적정한 가격으로 통일하도록 한 것도 ACAP가 한 일이었다. 지역 주민들이 중심이 되어 환경도 지키고 주민들의 삶도 지키면서 여행자들의 참여와 변화까지 일구고 있는 훌륭한 사례. 비영리단체로 시작해 지금은 정식 정부부처가 되었다.

프 코스가 만들어지고 있어 그 피해는 전 지구적으로 확대되고 있다.

골프장을 유지하기 위한 물 말고도 호텔은 관광객을 위해 더 많은 물을 준비해야 한다. 관광객이 샤워에 쓸 풍족한 물과 수영장을 가득 채울 물, 정원을 푸르게 가꿀 물…. 골프관광 단지는 지하수를 개발해 물을 끌어들였고 지역의 마을 우물은 말라 버렸다. 많은 관광객들은 지역 주민들이 씻고 마실 물조차 부족하다는 사실을 알지 못한 채 수영을 하고 샤워를 한다. 골프 코스가 생기고 관광객이 몰려온다고 해서 지역사회에 돌아가는 혜택은 거의 없다. 그 관광 수익의 아주 일부만이라도 투자한다면 지역 사람들이 안전한 물을 마실 수 있는 관개시설을 마련할 수 있는 데도 말이다.

:: 편안한 여행의 대가 2

당신이 하늘 위에 있는 동안

    비행기를 타고 처음으로 해외에 나갔을 때를 떠올리면 아마도 비슷한 느낌을 가지고 있을 것이다. 까마득히 멀게 느껴졌던 낯선 나라에 갑자기 뚝 떨어진 것 같은 기분. 그 극적인 공간 이동은 자신을 둘러싼 모든 현실을 순식간에 바꿔 버리기 때문에 여행자는 얼떨떨한 설렘을 느끼곤 한다.

    베이징·도쿄 2시간, 로스앤젤레스 10시간, 로마 12시간. 이제 웬만한 곳은, 그곳이 지구 위에 있다면 24시간 안에 못 갈 곳이 없다. 기차가 대중여행의 길을 열었다면, 비행기는 장거리 대중여행을 폭발시켰다. 지난 10년 동안 전 세계 사람들이 비행기를 타고 해외로 날아간 거리는 해마다 60%씩 증가했고, 더불어 항공 산업도 비약적으로 발전하고 있다. 국제항공운송협회에 따르면 2014년에만 전 세계에서 33억 명이 비행기로 여행을 했고 2014년 매출 7,270억 달러(한화로 830조 이상), 순이익 293억 달러(33조 이상)를 기록했다. 그러나 이 여행의 폭발로 일어난 먼지가 우리 삶을 포함한 지구 전체에 내려앉고 있다. 바로 지구온난화 문제다.

    지구온난화를 일으키는 가장 주요한 물질은 이산화탄소다. 전 세계 이산화탄소 발생량에서 비행기가 차지하는 것은 3% 정도다. 뭐? 고작 3% 때문에 그러는 거냐고? 물론 이산화탄소 배출의 주범으로 악명 높은 자동차에 비하면 그렇게 위협적으로 보이는 수치가 아니다. 실제로 우리가 입는 옷의 생산 과정에서 뿜어져 나오는 이산화탄소량은 비행기를 능가한다. 그러나 높은 고도에서 뿜어진 이산화탄소가 지구온난화에 끼치는 영향은 지상에서보다 3배나 높다는 데 문제가 있다. 게다가 항공 산업은 지구온난화를 둘러싼 여러 원인 가운데 가장 빠르게 성장하고 있는 부문이다.

여행 중 발생하는 이산화탄소의 40%는 비행기

비행기가 지구온난화에 끼치는 영향이 더욱 선명해지는 수치들을 보자. 우리는 생활 속에서 이산화탄소를 줄이자는 캠페인을 귀가 아프도록 듣고 있다. 효율이 높은 형광등으로 교체하면 연간 25킬로그램의 이산화탄소를 줄일 수 있고, 찬물로 세탁을 하면 225킬로그램의 이산화탄소를 줄일 수 있고, 소비를 줄여 매주 쓰레기봉투를 하나씩 줄이면 300킬로그램의 이산화탄소를 줄일 수 있고, 채식주의자가 되어 육식을 하지 않는다면 300킬로그램의 이산화탄소를 줄일 수 있고, 실내 온도를 1도 낮추면 600킬로그램의 이산화탄소를 줄일 수 있다. 그러나 1년에 단 한 번 6,000킬로미터의 거리(서울-인도 캘커타 왕복 약 9,000킬로미터)를 비행기로 이동한다면 단번에 1,500킬로그램의 이산화탄소를 발생시킨다(디냐르 고드레지, 『기후변화, 지구의 미래에 희망은 있는가?』, 이후, 2007).

특히 UNWTO에 따르면 여행 중에 발생하는 이산화탄소 배출량의 40%가 비행기에 의한 것일 정도로 높은 비중을 차지한다. 만약 비행기를 탈 수밖에 없다면 이런 대안은 어떨까? 여행지에서 에어컨 사용을 줄이거나 공공교통을 이용하고, 쓰레기를 만들지 말고, 채식을 한다면 나머지 60%의 이산화탄소 배출을 줄일 수 있을 것이다. 자동차와 더불어 비행기 또한 녹색 대안을 찾고 있기는 하다. 태양이나 바람을 이용한 대안에너지 비행기를 개발하고 있고, 세계 곳곳에서 석유를 대체할 바이오 연료를 개발하는 프로젝트가 진행되고 있다. 그러나 이런 시도가 효과를 발휘하려면 아직 많은 시간이 필요하다. 더 시급한 것은 당장 우리가 선택할 수 있는 것을 선택하는 것이다.

삼면이 바다로 둘러싸이고 북쪽의 육로가 막혀 있는 한반도에서 비행기를 타지 않고 해외여행을 하기란 쉽지 않다. 하지만 여행 중에 탄소 배출을 줄이는 행동 말고도 탄소 배출에 대한 대가를 지불하는 방법이 있다. 우선, 나의 비행기 이용으로 발생하는 탄소량을 계산해 보자(www.climatecare.org). 자신의 탄소 배출량에 따라 원하는 만큼 여러 국제기구에서 탄소 배출권을 살 수 있다. 우리가 내는 돈은 비행기에서 방출하는 이산화탄소를 상쇄할 수 있는 친환경 에너지 발전소나 청정 쓰레기 처리와 같은 재생에너지 사업을 지원하는 데 쓰이고 있다.

::보호되는 아름다움, 파괴되는 아름다움

사람들이 더 높은 산으로 더 깊은 숲으로 더 깊은 바다로 다가가고 싶어 하는 것은 무엇보다 그곳들이 미지의 아름다움을 간직하고 있기 때문이다. 인간이 가닿을 수 없을 것 같은 설산을 가까이 마주하며, 누구도 더럽힌 적 없는 투명하게 푸르고 깊은 바다를 헤엄치며, 우주와 가장 가까운 고원의 짙푸른 하늘 아래 서서, 거대하고 웅장한 폭포 아래 서서, 우리는 살아가며 받은 상처와 원망과 슬픔이 씻겨 나가는 치유를 느끼곤 한다. 자연의 아름다움이 주는 선물은 그런 것이 아닐까. 그래서 사람들은 휴식과 치유를 갈망하며 본능적으로 아름다운 자연에 깃들고 싶어 하는지도 모른다. 하지만 관광개발업자들이 바라보는 자연은 관광자원으로 얼마나 가치가 있는가로 평가된다. 한마디로 돈이 되는가 하는 것이다.

관광개발업자들은 세계에서 가장 아름다운 곳을 찾아내 그 아름다움을 관광자원으로 탈바꿈시켰다. 그러면서 관광개발은 환경을 지켜 줄 거라고 말해 왔다. 관광자원으로서 가치를 유지하기 위해 자연은 보호를 받을 것이라는 것이 그 논리였다. 그러나 과연 그랬던가? 관광산업이 폭발적으로 성장하면서 결국 자연 자원들은 훼손되고 관광은 환경문제를 일으키는 골칫거리가 되고 있다. 그것은 관광자원으로서 가치 있다고 판단되는 아름다움만 보호되기 때문이며, 그 판단은 누가 하는가 하는 문제를 안고 있다.

맹그로브 숲을 밀어 버린 관광 리조트

미국 플로리다 반도 남동쪽에서 히스파니올라 섬까지 약 800킬로미터에 걸쳐서 약 700개의 섬과 2,000여 개의 산호초로 바다 위를 수놓고 있는 바하마 제도. 비미니는 바하마 제도의 가장 북쪽에 있는 섬이다. 지구상에서 가장 깨끗한 바다 위로 세계에서 세 번째로 큰 산호 숲이 펼쳐져 있고, 섬 둘레는 뿌리를 바닷속에 내린 짙푸른 맹그로브 숲이 감싸고 있다. 바다에는 병코돌고래와 대서양 얼룩돌고래가 뛰어 노닌다. 맹그로브의 뿌리가 이룬 바닷속 숲은 멸종위기종인 붉은바다거북과 혹스빌거북의 보금자리가 되고, 물고기들의 산란장이 되고, 어린 물고기들의 놀이터가 된다. 지상의 맹그로브 숲은 오래된 새들의 안식처다. 이런 바다의 아름다움은 다이버들을 매료시켰고, 비미니는 세계 최고의 다이빙 지점으로 유명해졌다. 그 이전에도 헤밍웨이의 소설 『해류 속의 섬들(Islands in the Stream)』과 버뮤다 삼각지로도 비미니는 세계인의 호기심의 대상이었다.

그러나 비미니의 아름다움은 개발과 파괴의 바람 앞에 있다. 1492년 10월 12일 콜럼버스가 대서양을 건너 제일 먼저 바하마 제도에 도착하자 원주민들이 학살의 역사를 맞은 것처럼, 이번에는 전 세계 80개 나라에 2,800개의 호텔과 59개의 리조트를 가진 힐튼이 상륙한 것이다. 힐튼은 비미니 섬의 가장 아름다운 북쪽 지역을 모두 차지하고 17개의 콘도와 주택단지, 골프 코스, 카지노, 2개의 항구를 개발하고 있다.

힐튼은 불도저로 맹그로브 숲을 밀어 버리는 일부터 시작했다. 대륙붕은 파이고, 맹그로브 뿌리가 뽑혀 나가고 산호초도 파괴되어, 바다의 비옥한 번식지는 파괴되었다. 알을 낳을 안전한 은신처를 잃어버린 물고기들의 알은 아무렇게나 떠다니다 죽어 버리고 깨어난 치어들도 파도에 휩쓸려 죽음을 맞고 있다. 뿐만 아니라 섬의 물을 힐튼이 모두 끌어다 쓰면서 마을에는 단수가 계속되고 있다. 수백만 달러의 비미니 리조트와 카지노는 지역 공동체와 환경 모두를 파괴하고 있는 것이다.

"변화의 바람이 끊임없이 바하마에 붑니다. 만족을 모르는 인간의 탐욕은 바하마를 난도질하고 파헤칩니다. 화려한 호텔과 항구는 언젠가 아라와크 인디언 소녀들이 걸었던, 웃으며 바다거북의 등을 타고 놀았던 새하얀 바닷가에 들어섰습니다. 새들의 외로운 울음소리만이 깨뜨렸던 원시의 침묵은 영원히 부서져 버렸습니다. 고귀하고 위대한 어떤 가치는 소음과 혼란의 세계 속으로 사라져 버렸습니다.
그곳은 멋진 요트 도크와 수영장과 골프 코스와 낚시 클럽과 자동차와 어지러운 소음의 자리가 되었습니다. 그러나 아무도 상관하지 않습니다. 회계사무소 안에는 달러 더미가 쌓입니다. 누가 그 너머를 응시하겠습니까? 여기, 강간범과 유린당한 여성이 행복한 만찬에 함께 있습니다."

– 바하마 시인 로버트 와일더Robert Wilder

세계 최대의 호텔, 힐튼의 그림자

힐튼 월드와이드Hilton Worldwide는 1919년 콘라드 힐튼이 텍사스 주 크리스고에 있는 모블리 호텔을 구입한 것에서 시작하여 현재는 세계적인 대규모 호텔 체인으로 성장하였다. 이제는 '힐튼'이라는 이름만으로도 호텔 서비스 분야에서 하나의 대표어이자 상징어로서 사용될 수 있을 정도로 엄청난 발전을 이루어 냈다. 1997년 그룹 통합을 통해 매출액 기준 세계 최대 규모의 호텔 체인으로 거듭났고, 전 세계적으로 80개국 약 2,800여 개 호텔과 47만 5,000여 개의 객실이 힐튼 월드와이드라는 거대한 지붕 아래에서 운영되고 있다. 직원 수는 15만 명에 달한다.

그러나 지금 우리는 힐튼에 대한 또 다른 놀라운 기록을 듣고 있다. 투어리즘 컨선의 보고에 의하면 힐튼 그룹이 그들의 리조트를 더 아름답게 업그레이드하기 위해 아름다운 섬을, 누군가의 삶의 기반을 무자비하게 파헤치고 있다는 것이다. 그들은 힐튼 몰디브 리조트와 스파를 업그레이드하기 위해 몰디브의 만후 섬에 있는 야자수, 맹그로브 나무, 표토를 불도저로 긁어 배로 실어 나르고 있다. 만후 섬의 수많은 지역 주민들은 그들의 땅을 밀어 버리고 환경을 파괴시키는 행위에 저항했다. 특히 지진해일 이후 맹그로브와 연안 식물들이 몰디브를 더욱 큰 피해로부터 지켜 주었다고 보도되었기 때문이다.

"사람은 자신들의 안전을 결정할 권리를 보장받아야 한다. 또한 파렴치한 기업들의 손으로부터 보호되어야 한다"고 국제 환경단체들은 목소리를 높이고 있지만 힐튼은 여전히 상냥하게 웃는 얼굴로 이렇게 말하고 있다. "힐튼 그룹은 국제적인 활동을 통해 높은 사회적 기준을 지키고 환경에 대해 책임 있는 기업 활동을 하기 위해 최선을 다하고 있습니다."

자료 출처 : 투어리즘 컨선

새로운 여행

카트만두 환경교육 프로젝트, KEEP
히말라야를 지키는 그린카페

여기는 네팔의 수도 카트만두. 'KEEP(Kathmandu Environmental Education Project)'은 마운틴 펀드 바로 맞은 편 2층 건물이었다. 작은 베란다에 서니 마운틴 펀드 건물 3층에 들어선 포터들의 국제연합 간판이 한눈에 들어왔다. 그 사무실의 리셉션센터에 있는 좌식 테이블 몇 개, 그곳이 KEEP의 그린카페였다. 카페라는 간판과 메뉴가 쓰인 작은 칠판이 아니었다면 도서관이라 생각했을 법하다. 그러나 작고 단출한 규모와 달리 그린카페의 메뉴는 제법 다양했다. 커리부터 달밧, 샌드위치 같은 식사는 물론 유기농 허브 차에 여러 종류의 커피까지. 게다가 커피나 밥값은 타멜 거리의 다른 식당에 비하면 반에도 못 미치는 싼 가격이었다. 반가운 마음에 몇 가지 음식을 시켜 두고 찬찬히 KEEP을 둘러보았다.

식사를 주문하면 무려 2시간 뒤에나 밥을 먹을 수 있는 히말라야 롯지를 기억하며 느긋하게 이곳저곳을 둘러보기 시작했다. '여행과 기후변화 세미나'가 열린다는 소식, 소셜투어의 여행 프로그램 안내, 에코 트레커가 되는 법, 포터들의 시집…. 여러 일들이 있었으나 KEEP이 하는 주요한 일은 환경운동, 특별히 환경교육 분야인 것 같았다. 그리고 카페 한쪽 진열장에는 에코 트레킹에 필요한 물통, 친환경 등산용품, 산악 지역 마을 사람들이 재배한 유기농 먹거리, 여행자들을 위한 에코 트레킹 가이드북 등 다양한 물건들을 팔고 있었다. 그리고 그린카페는 틈틈이 들어와 여행정보를 묻는 이들에겐 친절하게 트레킹 루트를 상담해 주고, 허가서 받는 방법을 안내해 주고, 에코 트레킹을 희망하는 이들에게 다양한 여행정

보를 제공해 주는 여행자 정보센터이기도 했다. 그것이 그린카페가 하는 더 중요한 일처럼 보였다. 그 구석진 곳에 있는 카페를 어떻게 알고 용케 찾아오는지 카페엔 정말 도서관인 양 몇 시간씩 눌러앉아 그곳에 있는 여러 정보를 읽으며 천천히 여유를 즐기는 친구들도 제법 있었다(물론 우리도 몇 시간이나 있었다는 뜻).

식사가 나올 무렵, 마침 점심시간이었던 터라 KEEP에서 일하시는 분들도 점심을 하러 카페에 들어섰다. 그중 한 사람이 바로 KEEP의 실무 책임자인 구룽이었다. 근엄함이라고는 찾아볼 길 없는 선한 인상의 그는 그 짧은 식사 시간에도 찾아온 여행자들이 트레킹 코스나 사소한 것들을 물어오면 성심껏 대답해 주곤 했다. 심지어 트레킹을 하지 않을 때에도 늘 트레킹용 물통을 가지고 다니는 생태주의자 구룽, 그에게 잠시 이야기를 건네자, 그는 식사를 마치고 차를 마시며 천천히 이야기를 들려주었다.

우선 KEEP이 주로 하는 일이 무엇인지, 어떤 단체인지 궁금해요.

KEEP은 1990년 시작된 환경교육 단체예요. 특별히 관광 영역에서 문화, 환경, 문화유산 등에 끼치는 나쁜 영향을 최소화하기 위해 집중적으로 일하고 있죠. 여행자들에게 무료 트레킹 정보를 주고 상담을 해주기도 하고, 산에서의 안전과 긴급 구호 요령 등을 교육하기도 합니다.

왜 환경운동 단체에서 여행자 정보센터와 카페 같은 것을 운영하게 되셨나요?

관광산업이 GDP의 40%나 차지하는 네팔에서 환경은 가장 큰 자원이죠. 그 말은 동시에 관광이 네팔의 환경을 파괴하는 주범이기도 하단 뜻이죠. 환경운동을 통해 히말라야의 쓰레기를 줍기도 하고, 청소년 캠프, 산간 지역 마을사람들을 교육하기도 하는 등 여러 일들을 해보았지만 근본적으로 한 해에 수백만 명에 이르는 히말라야 등산객들이 버리고 가는 쓰레기 문제, 그들이 파괴하는 숲과 오염되는 물의 문제를 해결하지 않고서는 아무것도 변하지 않는다는 걸 깨달았어요. 그래서 시작하게 된 것이 이 그린카페, 그리고 여행자 정보센터입니다.

여행자가 버리는 쓰레기가 그렇게 많은가요?

안나푸르나를 한 바퀴 도는 순환트레킹(보통 15~20일)을 하는 여행자들은 평균 72리터의 물을 마시죠. 만약 1리터 병을 사용한다면 한 사람의 여행자가 히말라야에 72개의 플라스틱 쓰레기를 버리고 돌아가는 거예요. 그러나 다른 선진국들과 달리 네팔에는 아직 플라스틱 병을 재활용하는 시스템이 없습니다. 그것은 고스란히 쓰레기로 히말라야에 남는 거죠. 여행자들이 환경을 파괴하는 것은 다만 쓰레기 문제뿐만이 아니에요. 아침저녁으로 샤워를 하는 서양 여행자 한 사람이 쓸 물을 데우기 위해 세 그루의 나무가 베어지죠. 트레커들은 히말라야의 추억을 안고 돌아가지만 히말라야

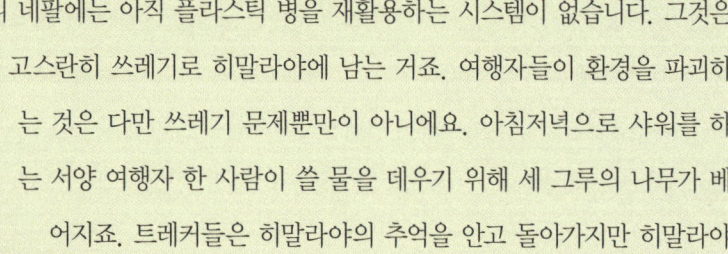

에 남는 여행의 흔적은 72개의 플라스틱 물병, 그리고 세 그루의 베어진 나무 그루터기뿐입니다. 하지만 자연에 남기는 영향은 쓰레기만이 아니죠.

쓰레기 말고 다른 피해가 더 있다구요?
예. 그건 바로 음식이에요. 여행자들은 롯지에서 별 생각 없이 자기 나라에서 먹던 피자나 파스타 같은 서양음식을 시키죠. 하지만 그 메뉴들을 위해선 포터들이 수많은 토마토 페이스트와 콩 같은 캔 음식들을 산 위로 배달해야 돼요. 또 연료가 많이 드는 그 오븐요리를 위해 수많은 나무들이 베어지죠. 만약 여행자들이 네팔의 포터나 가이드들이 먹듯 '달밧'을 먹으며 산행을 한다면 수많은 나무들이 살아서 그들을 맞이할 거예요. 달밧은 한꺼번에 요리를 해두고 덜어 먹을 수 있는 음식일뿐더러 수입품이 아니라 지역에서 농사짓는 '달'을 사용하니까 지역 경제에도 도움이 되고 일석이조죠.^^

그의 이야기를 들으며 먹는 그린카페의 커리와 달밧은 정말 싸고 푸짐하고 맛있었다. 그러나 음식 이야기를 들으며 얼굴이 화끈 달아오르는 것을 감추기는 어려웠다. 여행 전 읽었던 주간지 기사가 기억난 탓이다. 히말라야 트레킹을 하는 패키지 여행 프로그램에 동행했던 서명숙 씨는 압력솥에 한국인 요리사까지 대동해 여행 내내 김치찌개에 삼계탕은 물론, 밤늦도록 먹은 소주를 달래기 위한 북어해장국까지 끓여 마시는 한국 패키지 트레킹의 풍경을 개탄하며 '입맛 국수주의'라고 꼬집었다(『시사인』, 2007.10). 문득 플라스틱 물병에 이어 소주병과 참치캔까지 히말라야에 남기며 여행하는 한국 트레킹 여행사들에게 KEEP을 소개해 주고 싶은 마음이 간절했다.

식사를 마치고도 한참을 앉아 대화를 나눈 구룽은 오후에 기후변화와 관광 문제 세미나가 있다며 자리에서 일어섰다. 최근에는 기후변화의 주요 원인인 이산화탄소 문제로, 차량 이용이 가장 많은 관광 영역에서 전기자동차를 이용하자는 캠페인에 주력하고 있다고 했다. KEEP은 그렇듯 개별 여행자들에게 필요한 정보를 제공하고 만남의 공간을 열어 사람들 사이에 작은 창을 내는 것과 함께 네팔 관광청은 물론, 야생동물 보호기금(WWF), 여행사 등 여러 관광과 환경 관련 주체들과 더불어 지구온난화, 기후변화 등 환경의 주요 의제들을 논의하며, 그 실천적 해결책을 찾아가고 있었다. KEEP은 그런 고민과 대안이 정부 정책과 여행자의 움직임에 모두 반영되도록 돕는, 쌍방향 운동을 펼쳐 가는 환경단체였다.

◎ KEEP www.keepnepal.org

공정여행 팁

KEEP이 안내하는
책임 있는 안나푸르나 여행자 되기

1. **달밧을 주문해 주세요!**
   달밧은 다른 요리보다 에너지가 덜 소모됩니다. 동료들과 한꺼번에 주문한다면 더더욱!
2. 난방에 의지하지 않도록 따뜻한 옷을 준비하세요. 나무가 점점 사라지고 있어요.
3. **거리의 아이들에게 적선하는 대신 지역의 숙소와 음식, 서비스를 소비해 주세요.**
   롯지에 머무는 것, 또 지역에서 생산한 물건들을 사는 것 등은 건강한 방식으로 지역과 마을을 돕는 방법입니다. 하지만 도굴했을 가능성이 높은 골동품이나 예술품 구매는 피해 주세요.
4. 썩지 않는 쓰레기를 담아 올 쓰레기봉투를 준비해 주세요.
5. 사원에 들어가려면 여성들은 중간 길이의 치마나 헐렁한 바지를, 남성들은 무릎 길이의 반바지를 입어 지역의 문화와 종교에 대한 존중을 표현해 주세요.
6. **당신의 자제력을 사용하세요. 너무 빨리 오르려는 산행은 위험합니다.**
   당신의 이름을 KEEP에 기록하면 어려움이 있을 때 도울 수 있습니다.
7. **사진을 찍을 때는 허락을 받고 존중하는 태도를 가져 주세요.**
   사진을 찍기 전에 먼저 인사를 하고 정중히 양해를 구하되, 돈을 지불하는 행동은 삼갑니다.
8. 경건한 장소에서 볼일을 보는 행동은 피하고, 쓰고 난 화장지는 안전하게 태워 주세요.
9. **야외에서 목욕을 할 때는 다 벗는 일을 삼가고, 특히 여성의 경우는 사리 같은 긴 천으로 어깨부터 무릎까지 가려 주세요.**
   비누는 그것이 친환경 비누라 하더라도 절대 시냇물에 버려서는 안 됩니다. 시냇물로 바로 들어가지 않도록 멀리 버려 주세요.
10. **히말라야의 나무를 때서 만든 따뜻한 물로 하는 샤워는 피해 주세요.**
    따뜻한 물로 샤워를 원한다면 나무가 아닌 다른 연료를 사용하는 것인지 확인하세요.
11. 자신의 물병을 가지고 산행을 하세요. 산장에서 물을 채울 수 있답니다.
12. 땅이 파헤쳐지니 길이 아닌 곳으로 가지 말고 정해진 등산로를 이용해 주세요.

깊이보기 ③

::즐거운 사람들, 고통받는 동물들

중국에서부터 이어진 육로 이동과 고산증으로 피로했던 터라, 지친 몸을 쉴 수 있는 치트완으로 향하는 버스 안에서부터 마음이 들떴다. 한밤중에 치트완 국립공원 안에 있는 숙소에 도착해 배정받은 방은 숲속의 비밀 동굴처럼 작은 도마뱀이 소리 없이 기어 다니고 있었다. 함께 여행하는 제천간디학교 친구들도 한껏 들떠 있었다. 갑자기 튀어나오는 도마뱀과 동물들에 고함을 지르는 여학생들도 있었지만 대개는 모험을 할 생각에 몽글몽글 기대감이 피어올랐다.

20명에 가까운 큰 그룹인지라 카트만두, 치트완, 포카라를 향하는 먼 여정에 여행사의 신세를 지는 것은 불가피한 일이었다. 정해진 일정을 따라 다다른 치트완 국립공원에서의 일정표엔 뜻밖에도 코끼리 트레킹이 포함되어 있었다. 모두들 코끼리를 타본 적이 없었던 터라 우리는 코끼리를 타볼 기대에 조금 들뜨기도 했다. 육중하면서도 부드럽게 흔들리는 코끼리 등에 앉아서 깊은 강을 건너고 야생의 동물들을 만나는 모습은 탐험을 꿈꾸는 이라면 누구나 한번쯤 그려 보는 장면이 아니던가.

울타리에 갇힌 야생동물을 보는 동물원이 아니라 드넓은 야생의 초원에서 뛰어노는 자연 그대로의 네팔을 만날 수 있는 치트완 자연공원은 1984년, 유네스코 세

계자연유산으로 지정되었거니와 세계자연보호기금(WWF)과도 야생동물 보호 프로젝트를 진행하는 아름다운 야생의 공간이었다. 치트완의 숲과 어둠 속에서 하룻밤을 보내고 아침을 맞은 우리는 한껏 들뜬 마음으로 치트완 트레킹을 나섰다. 첫 여정은 아이들이 가장 기대하던 코끼리 트레킹. 코끼리 등에 올라타 두어 시간 치트완의 정글 속을 걸으며 초원 위의 코뿔소며 야생동물들을 마주하는 흔치 않은 경험을 할 수 있을 것 같았다.

코끼리들이 기다리고 있는 숲 입구에 도착하자 조련사들이 코끼리를 능숙하게 다루고, 코끼리는 몸을 낮추어 우리들을 태워 주었다. 그러나 이미 코끼리 등에 매어 놓은 거대한 나무 평상만으로도 꽤 무거워 보였는데, 조련사는 한두 명이 아니라 서너 명까지 코끼리 등에 올려서 태워 주었다. 그렇게 코끼리 등에 올라타고 고요한 정글 속을 걷다가 야생동물이 나타날 때면 코끼리는 자주 걸음을 멈추었다. 그러다 갑자기 물이 나오자 코끼리가 앞으로 멈춰 서서 목을 축이기 시작했다. 목이 말랐던 것 같다. 몇 번 코끼리에게 가자고 재촉하던 조련사는 끝내 코끼리가 말을 듣지 않자 손에 들고 있던 막대기로 코끼리의 머리통을 내리쳤다. 거짓말처럼 텅 하고 코끼리 머리뼈에 쇠막대기가 부딪히는 소리가 고요한 숲을 울렸고, 머리에선 피가 주르르 흘러내렸다.

코끼리 조련사의 손에 들려 있던 것은 그냥 막대기가 아니라 제법 묵직한 쇠갈고리였다. 둥글게 휘어지는 끝부분이 송곳처럼 날카롭고 뾰족한, 정육점에서 본 적이 있는 그런 굵은 쇠갈고리에 한 대 맞은 코끼리는 다시 루트를 따라 걷기 시작했다. 하지만 얼마 되지 않아 배가 고팠던지 연신 길가의 풀을 뜯어 입에 넣으면서 숲을 걸었다. 그러다 코끼리가 너무 뒤처지면 조련사는 또 쇠갈고리로 코끼리의 머리를 쿡쿡 찌르고 귀를 긁어댔다. 보다 못해 조련사에게 코끼리를 때리지 말아 달라고 했더니, 조련사는 재미있다는 듯 웃으며 대답했다. "코끼리는 가죽이 단단해서 이 정도로는 아픔을 느끼지 않아요."

코끼리는 머리와 귀에 피를 흘리면서도 사람들을 태우고 묵묵히 걸었다. 코끼리의 귀에 난 여러 구멍들이 그 쇠갈고리의 흔적이라는 것을 알게 된 순간, 코끼리 트레킹을 하는 2시간은 설렘에서 잔혹함으로 변하고 말았다. 도무지 끝날 것 같지 않은 2시간의 트레킹이 끝나고 코끼리에서 내리는 순간, 한 녀석이 흐느끼며 말했다.

"코끼리 트레킹이 이런 건 줄 정말 몰랐어요. 코끼리를 이렇게 괴롭히며 하는 건 줄 알았다면 타지 않았을 거예요."

코끼리 트레킹의 즐거움 뒤에

예로부터 태국에서 코끼리는 논밭 갈기, 벌채, 교통수단, 전쟁 등 여러 방면으로 이용되었다. 산업이 발달하기 전에는 트랙터와 같은 기계를 대신했다. 전쟁에서는 전차 역할을 했다. 여러 무기와 장수를 싣고 다니며 선봉에서 전투를 치렀다. 코끼리는 태국에서 역사상 아주 특별한 존재였다. 수십 명의 병사 몫을 대신 수행하는 코끼리를 이용해 이웃 나라 미얀마와의 전쟁에서 승리하는 감격을 누렸다. 그 덕분에 태국에서 코끼리는 존경과 숭배의 대상이었다.

사람들은 영리하고도 힘이 센 이 거구를 마음대로 조종하고 싶었지만 코끼리는 무리 생활을 하며 야생성이 강해 잘 길들여지지 않았다. 그러자 사람들은 잔인한 방법을 쓰기 시작했다. 코끼리 조련이 시작되는 건 다섯 살 무렵이다. 어린 코끼리에게는 엄마에게서 떼어 놓는 것 자체가 이미 무서운 폭력이다. 그렇게 무리에서 잡아온 어린 코끼리를 복종시키기 위해 코끼리 조련사들은 아기 코끼리를 꼼짝할 수 없는 작은 나무 우리에 밀어 넣고 따가로 머리와 귀를 찍고 긁어댄다. 피투성이가 된 아기 코끼리는 고통과 두려움으로 울부짖는다. 그리고 거부할 수 없는 공포를 학습한다. 이것이 '파잔 의식'이다.

  파잔 의식은 3~4일 동안 계속되는데, 어린아이를 아기 코끼리 등에 태워도 얌전히 견딜 수 있게 되어야 마침내 이 의식은 끝난다. 반 이상의 아기 코끼리는 무서운 공포와 폭력을 견디지 못하고 정신착란에 빠지거나 장애를 입거나 끝내 죽음에 이르게 된다. 관광지에서 우리가 만나는 코끼리는 이 고통의 의식에서 살아남은 생존자들이다.

  이렇게 조련된 코끼리는 등에 관광객을 태우고 숲속을 구경시켜 주기도 하고, 더욱 모진 훈련을 거친 끝에 쇼에서 재주를 부리기도 하고, 코로 피아노를 치거나 붓을 들고 그림을 그려 관광객을 끌어모으기도 하고, 거리에서 먹이를 구걸하며 주인이 먹이 파는 일을 돕기도 한다. 주인의 손에는 어김없이 따까가 들려 있고, 코끼리의 귀는 너덜거리고 귀 뒤쪽과 정수리에는 따까로 긁어내린 자국이 담벼락의 낙서처럼 새겨져 있다. 그런 걸 눈여겨보는 사람은 별로 없다. 숲을 구경하느라, 코끼리의 재주에 감탄하느라, 귀여운 아기 코끼리를 만져 보느라, 사진을 찍느라 너무 바쁘기 때문이다.

  100년 전만 해도 태국은 10만 마리의 코끼리가 대부분 야생으로 살아가는 '코끼리 왕국'이었다. 그러나 단 100년 사이에 거의 98%가 사라져 이제 남은 코끼리는 2,200여 마리뿐이다. 지금도 해마다 200마리 이상 그 수가 줄어들고 있는데, 살아남은 코끼리 가운데 500마리 남짓만이 야생 코끼리이고, 대부분은 관광객들에게 쇼를 하거나 구걸하거나 관광객을 태우고 다니며 살고 있다. 아시아 코끼리의 대부분이 비슷한 처지에 있지만, 특히 태국의 코끼리 조련법은 잔혹하기로 악명이 높다. 태국에서 코끼리는 관광산업에 없어서는 안 될 존재가 되었다. 국가 수입의 40%가 관광에 달려 있으며, 이제 관광객에게 코끼리는 태국의 이미지가 되었기 때문이다.

다행히 전 세계적으로 코끼리를 염려하는 사람들이 꾸준히 증가하고 있다. 2016년 4월에는 캄보디아에서 트레킹을 하는 코끼리가 과로로 숨지자 앙코르와트 주변의 코끼리 관광을 중단해 달라는 청원서가 온라인에 올라왔고, 단숨에 2만 5,000명의 세계인들이 서명했다. 같은 해 미국에서 가장 유명한 서커스 회사인 링링 서커스단(Ringling Bros. and Barnum & Bailey Circus)은 코끼리 쇼를 금지하는 법안에 더 이상 반대하지 않고, 코끼리들의 보호에 동참하기로 발표했다. 이 서커스 회사는 2016년 5월 1일에 코끼리 쇼를 마지막으로 벌이고, 모든 코끼리들을 플로리다의 보호센터로 옮겼다. 태국에도 변화의 조짐이 있다. 갈수록 많은 사람들이 코끼리 트레킹을 꺼려 하자 코끼리를 구조하고 보살피는 '코끼리 자연공원'의 운영방식을 지향하는 현지 업체가 등장했다.

케냐의 암보셀리 코끼리 연구 프로젝트의 책임자인 조이스 풀 박사는 "코끼리들이 아주 총명해서 보복을 할 만한 충분한 기억을 갖고 있는 것이 틀림없다"고 말한다. 적지 않은 수의 조련사가 코끼리에게 살해당한 끔찍한 사건은 어쩌면 코끼리의 보복이었는지도 모른다. 치트완의 코끼리 조련사가 생각했던 것처럼 과연 동물은 인간보다 고통을 덜 느끼는 걸까? 그런 증거는 어디에도 없다. 고통은 동물에게나 인간에게나 똑같다. 그리고 인간은 그들의 고통 위에서 즐거움을 누릴 권리를 누구에게도 받은 적이 없다.

돌고래를 만나려면 바다로 가자

다음 날 아침 우리는 제천간디학교 학생들과 뱃머리로 아침 햇살을 가르며 바다 가운데, 돌고래들의 길로 나아갔다. 고요히 바다 위에서 기다리자 곧 돌고래가 나타났다. 마치 우리를 찾아낸 듯 돌고래는 다른 무리들을 불러왔다. 돌고래가 좋아하는 소리라는 박수를 치며 환호하자, 돌고래 수십 마리가 이번엔 우리 배를 따라 헤엄치기 시작했다. 푸른 바다에서 돌고래의 환영을 받는 일은 누구나 경험해 보고 싶을 것이다.

아일랜드의 작은 시골마을인 '딩글'에는 아주 특별한 돌고래 한 마리가 산다. 돌고래의 이름은 핑키. 무슨 사연인지 핑키는 야생 돌고래 무리에서 떨어져 나와 이 마을 앞바다에 홀로 거주하며 사람들과 만나기를 즐긴다. 사람들이 타고 있는 작은 배가 나타나면 어김없이 올라와 함께 헤엄치는 것이다. 덕분에 인구 1,900명의 마을에는 연간 4만 명의 관광객이 모여든다. 마을 사람들은 핑키가 갑자기 마을을 떠나면 몽땅 실업자가 될 거라며 웃지만, 누구도 핑키를 잡아 가두려고 하지 않는다. 갇혀 있는 돌고래를 보고 싶어 하는 관광객은 아무도 없으니까.

지난 2013년 7월, 서울대공원은 제주도에서 불법으로 포획되어 돌고래 쇼를 해야 했던 제돌이를 시작으로 2015년 여름까지 춘삼이, 삼팔이, 태산이, 복순이 등 다섯 마리의 돌고래를 제주 바다로 돌려보냈다. 동물원의 돌고래를 자연으로 방사한 사례는 아시아에서 최초였다. 동물원의 동물들에겐 '동물복지'가 적용되어야 한다. 동물복지란 사람의 관리를 받으며 사는 동물들이 불필요한 고통을 받지 않도록 배려하는 원칙이다. 하지만 야생에서 잡혀 온 돌고래에게 동물복지란 애초부터 불가능하다. 하루 수십 킬로미터를 수영하고 무리와 어울려 다니는 돌고래에게 수족관 시설은 감옥과 다름없기 때문이다. 저명한 돌고래 해방운동가인 '릭 오배리'는 서울대공원의 결정을 환영하며 이렇게 말했다. "세계 어느 동물원을 가더라도 뱀의 사육장만큼은 자연과 비슷하게 꾸며 놓았습니다. 풀, 모래, 물 등을 마련해 주거든요. 그런데 자의식이 있는 돌고래 수조에는 아무것도 없어요. 산다고 하기보다는, 그냥 생존하고 있는 거죠."

반면 기업에서 운영하는 대형 수족관과 제주도와 울산 등 관광산업을 중시하는 지역에서는 돌고래 쇼와 고래 종류의 대형 동물 전시가 여전히 인기다. 우리나라와 전 세계의 동물보호 운동가들의 감시와 요구 덕분에 여론과 언론의 눈치를 살피고는 있지만, 관광객들의 발걸음이 줄어들지 않는다면 변화는 더딜 것이다. 고래를 보고 싶다면, 수족관이 아닌 바다로 가자. 울산에는 야생 돌고래 떼를 관측할 수 있는 고래바다여행선이 있고, 제주에는 돌고래 요트투어가 있다. 일본의 시골마을 미쿠라시마는 2004년부터 생태관광에 주력하며 야생 돌고래와 만나는 스쿠버다이빙 관광 상품을 운영 중이다.

돌고래를 만나는 여행선과 요트, 스쿠버다이빙이 무조건 좋다고 할 수는 없다. 이로 인한 환경오염 역시 주의해야 한다. 지구의 바다 밑에는 900만 가지나 되는 산호초가 살고 있는데, 물고기의 4분의 1은 산호초에 알을 낳거나 산호초를 집이나 은신처로 삼는다. 산호초는 그야말로 바다의 숲인 셈이다. 최근 100년 사이 산호초의 27%가 사라졌다. 세계자연보존연맹(IUCN)은 "앞으로 20~40년 내에 어떠한 조치가 취해지지 않는다면 지구상의 산호초 중 90%가 사라질 것"이라고 경고했다. 선박의 기름 유출이나 닻에 의해 망가지는 산호초의 양도 무시할 수 없다. 얕은 바다에서는 배의 바닥면이 산호를 긁을 수 있기 때문에 산호 군락 가까이로 배를 운행하거나 산호 위로 닻을 내리지 말아야 한다. 스노클링이나 스쿠버다이빙을 즐기는 사람들 또한 산호 위에 서거나 만지지 않도록 조심하길!

안경원숭이를 깨우지 마세요

돌고래가 선물해 준 그 놀라운 아침을 지나고 우리가 오전에 도착한 곳은 천연기념물인 '타쉬에르' 동물원이었다. 흔히 안경원숭이라고 부르는 타쉬에르는 동남아시아 몇몇 섬에만 서식하는, 영장류 가운데 가장 작은 동물로 필리핀의 천연기념물이다. 10센티미터 남짓한 작은 몸 크기에 어울리지 않는 매우 큰 눈을 가지고 있다. 타쉬에르의 눈이 그토록 큰 이유는 야행성 동물이기 때문이다. 어두운 밤, 커다란 눈을 반짝 뜨고 나무 사이를 뛰어다니며 벌레를 잡아먹는 타쉬에르에게 낮은 휴식과 수면의 시간이다.

가이드는 타쉬에르를 만지거나 눈앞에서 카메라 플래시를 터트리지 말아 달라고 부탁했다. 그러나 가이드의 말은 무색했다. 일부 관광객들은 나뭇가지를 꽉 움켜쥔 타쉬에르를 떼어 내 손이나 어깨에 올려놓은 다음 사진을 찍었고 카메라 플래시도 빵빵 터트렸다. 타쉬에르는 눈이 부셔 자꾸 고개를 돌렸다. 관광의 상흔은 야행성인 타쉬에르를 낮에 잠들지 못하도록 괴롭힌다.

눈이 충혈된 채로 힘없이 앉아 있는 타쉬에르는 새벽에 본 야생 돌고래의 모습과 너무나 대조적이었다. 그날 밤, 우리는 마음을 모아 보홀 관광청에 청원서를 전달키로 했다. 아이들은 저마다 실명으로 자신들이 목격한 타쉬에르에 대한 학대와 외국인 관광객들의 무분별한 태도, 관리인의 상흔을 증언했고, 우리의 요청을 정리했다.

첫째, 타쉬에르가 낮에 자고 밤에 활동할 수 있도록 관광 시간을 조정하고, 둘째, 타쉬에르를 만질 수 없는 보호된 우리에 있게 하라는 것이었다. 그것을 더 효과 있게 전달하기 위해 아이들은 밤을 새워 그림을 그리고, 많은 시민들이 모일 수 있도록 퍼포먼스를 준비하기도 했다. 보홀을 떠나는 날 아침, 수많은 시민이 모인 가운데 관광청 관리에게 청원서를 전달하자 그가 말했다. "우리 역시 가슴 아팠지만 외국인 관광객들을 데려오는 패키지여행사들의 요청으로 어쩔 수 없이 그렇게 하던 일이었습니다. 보홀 사람들이 말하지 못하고 있는 일을 당신들이 말해 주어 고맙습니다."

보홀에는 당일치기의 쫓기는 일정으로 타쉬에르와 초콜릿 힐을 보고 돌아가는 패키지 관광객들이 많고, 이들은 타쉬에르의 동물 복지를 고려한 주의사항을 제대로 안내받지 못한다. 다행히 보홀 관광청은 여행자들의 요청을 받아들여 낮 시간 타쉬에르 관광을 금지했다.

가장 잔인한 야생동물 관광 상품 열 가지

2016년 3월에 발표한 세계동물보호기구의 보고에 따르면 최소 55만 마리의 야생동물이 학대에 가까운 환경에서 관광 상품으로 이용되고, 연간 1억 1,000만 명의 관광객이 이런 관광 상품을 찾고 있다. 세계동물보호기구는 '가장 잔인한 야생동물 관광 상품 열 가지'를 뽑아서 세계에 알렸다.

1. **코끼리 타기** : 일반적인 생각과 달리 코끼리는 가장 조련하기 어려운 동물 중 하나다. 길들이기 위해 온갖 학대적인 방식이 동원된다.

2. **호랑이와 셀카 찍기** : 어미에게서 강제로 떼어진 새끼들은 셀카 촬영에 익숙해지도록 훈련받고 감금된다.

3. **사자와 산책하기** : 어미에게서 강제로 떼어 낸 새끼 사자들이 관광객과 사진 찍는 용도로 사용되다가 덩치가 커지면 산책용으로 훈련된다. 사자들은 답답한 환경에서 평생을 보낸다.

4. **곰 공원** : 여러 마리의 곰을 좁은 공간에 가둬 둔다. 곰은 원래 혼자 사는 동물이라 서로 싸우고 다치기 일쑤다. 곰에게 서커스 공연을 시키는 곳도 있다.

5. **바다거북이 만지기** : 바다거북이를 만지고 먹을 수도 있는 거북이 양식장이 있다. 거북이는 겁이 많아서 사람이 심하게 만지면 극심한 스트레스를 받고 면역체계가 약해진다.

6. **돌고래 공연** : 수영장의 깊이가 얕아서 돌고래의 피부는 햇볕에 그을린다. 염소 처리된 물은 돌고래의 건강에 악영향을 미친다. 수영장 크기의 수조는 콘크리트 감옥과 같다.

7. **춤을 추는 원숭이** : 사람처럼 행동하려면 폭력적인 훈련을 거쳐야 한다. 쇼가 끝나면 좁은 우리에 갇히거나 쇠줄에 묶여 있다.

8. **사향고양이(시벳) 커피 관광** : 사향고양이를 좁은 우리에 감금시키고 평생 커피 과일만 먹게 한다. 이들의 배설물에서 추출한 커피는 한 잔에 100달러를 호가한다.

9. **뱀 묘기** : 뱀을 다루는 묘기는 수백 년 동안 이어져 왔다. 최근에는 코브라와 입을 맞추는 신종 묘기가 등장했다. 코브라의 송곳니를 빼고 독샘을 막거나 제거한 다음 입을 맞추는 묘기를 한다.

10. **악어 양식장** : 사육 악어를 구경하고 악어 고기를 먹는 상품이 있다. 콘크리트 사육장은 매우 열악해서 악어들은 때로 서로 죽을 때까지 싸운다.

자료 출처 : 허핑턴 포스트

나는 동물을 보살피는 여행자

1. 재미나 볼거리로 살아 있는 동물을 전시하는 호텔이나 휴양지를 이용하지 않는다.
2. 채식주의자이거나 고기를 먹고 싶지 않다면 여행사나 호텔 직원에게 채식식단을 요청하자.
3. 조개, 모피, 깃털 등 동물을 이용한 상품을 사지 않는다. 대부분 동물을 죽이거나 가두어 놓은 동물을 이용해 만든 것이다.
4. 떠돌이 개나 고양이를 만난다면 직접 먹이를 주기보다는 호텔 관리인이 지역의 동물보호단체에 연락하도록 요청하자. 낯선 사람이 주는 음식을 먹는 습관은 오히려 동물을 위험에 빠뜨릴 수 있다. 지역의 동물보호단체를 후원하는 것도 훌륭한 선택!
5. 새, 원숭이, 박쥐 등 야생동물을 사로잡아 전시하고 판매하는 사람을 만난다면 이렇게 말해 주자. "이 동물들은 야생에서 살아야 합니다. 그 모습이 훨씬 아름답지요." 동물을 아주 열악한 환경에 방치하거나 학대하는 사람을 만난다면 이렇게 말을 건네 보자. "동물에게 자비를 베풀어 주세요."

참고 : www.api4animals.org

 깊이 보기④

::에코투어리즘? 에고투어리즘?

　에코투어리즘이 국제적인 여행 섹터로 자리 잡기 시작한 것은 1990년대다. 매년 4%씩 관광업이 성장하는 동안, 에코투어리즘은 10~30%씩 급속도로 성장했다. '국제 에코투어리즘 이사회(IES)'에 따른 가장 광범위한 에코투어리즘의 정의는, "자연에 대한 책임을 가지고, 환경 조건을 보존하며 지역 원주민의 행복을 배려하는 여행"이다.

　1980년대 이래로 에코투어리즘은 무수히 많은 언론의 집중을 받았다. 국제 컨퍼런스에는 학술 논문들이 쏟아졌고, 여러 펀드에서 기금을 지원하기도 했다.

에코투어리즘의 기여

　에코투어리즘은 여러 측면에서 새로운 모델을 보여주었다. 첫째, 환경적 감수성을 기르는 경험의 장이 되었다. 둘째, 일반 여행자들로 인해 오염된 환경으로 비롯된 불만족과 붐비고 획일화된 여행 시장을 해소하는 방안이 되고 있다. 이와 같은 영향으로 여행지의 숙박시설에서는 친환경 의류와 재활용 티슈, 여과된 식수와 친환경적인 비누, 샴푸 등으로 여행객들에게 편의를 제공하기 시작했다.

　에코투어리즘은 또한 지역에 경제적 기여를 해왔다. 에코투어리스트들의 여행

비용은 지역 경제를 회생시킨다. 야생의 상태를 지속가능하게 하고, 상업적인 벌목과 석유, 광물 수출을 조절할 수 있도록 돕는다. 그리고 중앙정부로 집중되는 지역의 화폐를 지역 내에서 회전할 수 있도록 한다. 또한 이들의 비용 지출은 때로 '기금' 형식으로 적립되어 지역 내의 어린이 교육과 도서관 건립에 영향을 주기도 했다.

자신들만을 위한 특별한 여행

그러나 그런 장점들에도 불구하고 에코투어리즘의 부정적인 측면에 대한 비판의 목소리도 제기되기 시작했다. 이런 여행의 흐름은 결국 '자연히' 성장하게 될 것이며, 아무리 좋은 것이라도 에코투어리즘의 시장 자체가 성장하면 결국은 대중적인 여행이 되어 자연을 파괴할 것이라는 지적이었다. 에코투어리즘이 일반 여행과 가장 차별화되는 지점은, '자연'과 '모험'이다. 수많은 사람들이 자연을 찾고 특별한 모험을 찾는다면 결국 자연은 그것을 감당할 수 없다. 투어리즘 컨선은 에코투어리즘의 성장을 이렇게 분석했다

"여행자들은 늘 새롭고 낯선, 누군가의 발길이 닿지 않은 곳으로의 모험을 원했고, 관광업체들은 새로운 야생을 발견하는 즉시 에코투어리즘이란 이름으로 파괴적 개발 계획을 세우고, 개도국 정부는 외화 획득을 위해 그곳에 뿌리내리고 살아온 주민들을 이주시키고, 그곳을 관광개발을 위한 자연보호 구역으로 지정하는 삼박자 개발을 진행해 왔다."

에코투어리즘의 성장에 대해 난색을 표하는 이유는 바로 그런 초록 옷을 입은 가짜 에코투어리즘에 있다. 어떤 이들은 에코투어리즘을 자신들만의 특별한 여행을 위해 새로운 야생을 찾는 '에고투어리즘Egotourism'일 뿐이라고 비판하기도 했다. 아프리카의 한 지역이 겪어야 했던 에코투어리즘의 양면성을 통해 에코투어리즘을 통해 잃을 수 있는 것과 얻을 수 있는 것을 살펴보자.

미 월간지 『아메리칸』에 따르면 르완다의 비룽가 숲은 지구상에 700여 마리밖에 안 남은 마운틴 고릴라의 최대 서식지다. 하지만 1950년대부터 40년간 수많은 사람들이 학살된 내전 속에서 고릴라 서식지가 온전할 리 없었다. 1994년 르완다 정국은 서서히 안정을 찾기 시작했다. 르완다 당국과 '다이엔 포시 국제 고릴라 기금(DFGFI)' 등 국제동물단체는 서둘러 고릴라 증식에 나섰다. 고릴라는 약 10년 만에 17% 늘었고, 오지탐사객을 끌어모으며 르완다 경제의 기둥이 됐다. 6~7미터 거리에 떨어져서 눈으로 구경하는 게 전부지만 1시간 관람비가 500달러나 된다. 그럼에도 불구하고 마운틴 고릴라는 희귀성 때문에 오지탐사객의 인기를 얻어 커피, 차에 이어 르완다 최다 외화벌이 수입원이 됐다. 2004년에는 르완다 고액지폐(5,000프랑)의 주인공으로 등극했다. 우리나라로 치면 만 원권 세종대왕 자리를 차지한 셈이다.

그러나 고릴라는 상전이 됐지만 비룽가 주민은 뒷전으로 밀려났다. 숲에서 작물을 기르며 살던 주민들은 고릴라에 삶의 터전을 내주고 숲 언저리로 쫓겨났다. 고릴라로부터 질병이 옮아도 치료받을 길이 없었다. 열심히 만든 기념품은 중국산으로 무장한 외국 유통망을 뚫지 못했다. 그러나 2000년 이후 고릴라 살리기에 나섰던 국제 단체들은 르완다 주민의 삶의 질에 눈을 돌렸다. 다이엔 포시 국제 고릴라 기금, 마운틴 고릴라 프로젝트(MGVP), 아프리카 야생기금(AWF)은 비룽가 숲이 있는 비사테 마을에 학교와 병원을 짓기 시작했다. 질병 예방교육과 함께 상하수도망까지 정비됐다. 르완다는 여느 아프리카 나라처럼 에이즈로부터 자유롭지 않지만 비사테 마을에서는 최근 2~3년간 에이즈 신규 감염자가 발생하지 않았다. 숲을 떠나야 했던 르완다 주민을 위해 양봉이나 감자 재배기술 교육도 활발하다. 이곳 주민들이 인터넷으로 직접 외국인 관광객을 유치할 수 있도록 인터넷망도 조만간 깔릴 예정이다 (윤지로, 『세계일보』, 2009.1.13).

마운틴 고릴라는 환경적 문제뿐 아니라 경제적이고 정치적인 문제까지 결합되어 있었다. 고릴라 서식지의 남서쪽 경계에는 우간다가 위치, 동쪽에는 콩고 공화국이, 북서쪽에는 르완다가 국경을 맞대고 있다. 이 지역은 거주로 인한 분쟁이 끊이질 않았는데, '여행'의 영향으로 우호적인 관계를 맺기도 했다. 결국 마운틴 고릴라 트레킹은 에코투어리즘의 함정을 지역과 정부, 주민, NGO, 여행자들이 소통과 연대를 통해 거짓 초록 옷을 벗고, 진짜 초록 옷을 입은 성공적인 사례로 평가된다. 마운틴 고릴라는 현재 트레킹으로 인해 연간 100만 달러의 수입을 벌며, 지역적이고 치밀한 정치적 분쟁을 해결함과 동시에 지속가능한 성장 기반을 마련한 좋은 사례로 평가받고 있다.

에코투어리즘이 관광개발의 함정에 빠지지 않으려면 어떻게 해야 할까?
그것은 삼박자의 조화에 있다. 비즈니스 산업, 정부의 협조, 그리고 지역 주민들의 인식이다. 단기적인 경제 효과가 장기적인 지속가능성이 조화를 이룰 수 있도록 협조해야 한다. 결국 공정여행은 여행자의 요구뿐만 아니라 지역 주민의 욕구와 문화적인 요소에 반드시 기반해야만 성공할 수 있다. '지역'에 대한 주인 의식은 경제적 발전이 더욱 의미를 갖도록 도와줄 것이다.

스페인 마드리드 남쪽의 유서 깊은 도시 '톨레도Toledo' 에코투어리즘 연합의 사례는 관광개발의 함정을 벗어난 좋은 모델로 삼을 만하다. 이곳은 지역에서 생산된 재료들로 지역 주민에 의해 숙박 시설을 짓는다. 또, 지역의 문화나 특수한 기후에 대해 미리 교육받을 수 있도록 짜여진 여행 프로그램 또한 눈여겨 볼만하다.

에코투어리즘의 정의는 단순한 '정의'로 그쳐서는 안 된다. 여행자들 스스로가 '지속가능한' 책임 있는 여행의 이미지를 그려 내고, 다음 여행자에게 긍정적인 에너지를 전달해야만 하는 숙제가 남아 있다. 여행자에게도 환경과 현지인에 대한 책임 의식을 강조하는 지속가능한 여행은 특수한 사례처럼 보이지만 전문가들은 머지않아 보편화할 것으로 내다본다.

쓰고 버리고 떠난 뒤에 남는 것들…

로잘리 제루도 Rosalie Zerrudo*

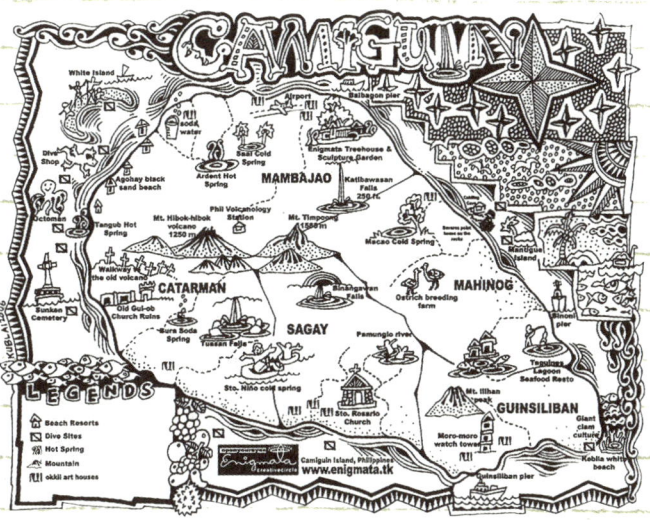

까미귄은 필리핀 남쪽의 작고 아름다운 화산섬입니다.

오래된 원시림과 화산의 선물인 온천이 샘솟는 작고 푸른 섬이지요.

까미귄의 숲들은 이제 필리핀에 단 3%밖에 남지 않은

고대 생태계가 보존된 희귀 원시림입니다.

그뿐 아니라 아름다운 산호초 군락, 대왕조개,

다양한 해양생태계로 유명한 민다나오의 보석 같은 섬이지요.

그 아름다움 때문에 인구 7만 명이 살아가는 까미귄을 찾는 여행자는

한 해 25만 명에 이릅니다.

* 로잘리 제루도는 세계 10대 생태적 게스트하우스로 선정된 필리핀 까미귄의 트리하우스를 운영했고 대학에서 에코투어리즘을 강의하기도 했다. 그러나 2015년 까미귄 트리하우스가 불의의 화재로 전소되었다. 수많은 벗들이 함께 트리하우스 재건을 원했으나 로잘리는 생명이 다 되어 자연으로 돌아간 트리하우스의 잿더미 위에 새로운 숲을 일구기 시작했다.

그러나 이상하게 점점 더 많은 사람들이 찾아올수록,
이 아름다운 섬에서 사는 일은 고통이 되어 가는 듯합니다.

어떤 밤에는 어둠 속에 혼자 깨어나
눈물로 아침을 맞이하기도 하지요.
며칠째 불도저가 숲의 나무들을 종잇장처럼 베어 내고,
관광객을 위한 도로를 넓히고 있기 때문입니다.
숲의 중심을 뚫으며 계속 길어지는 그 길은 숲뿐 아니라
이제 화산의 가장 민감한 부분까지도 위협하고 있습니다.
그런 일들이 너무도 쉽게 일어나는 이유가 무엇인지 짐작이 가나요?
정부가 자기 손으로 법을 어기며 숲을 밀어 버리게 하는
그 권력자가 누구인지 혹 헤아릴 수 있나요?

그건 바로 당신을 위한 일이라 합니다.
당신이 더 편안히 올라 화산섬의 아름다움을 보고 싶다고,
숲속의 폭포를 보고 싶다고 이야기했기 때문이라 하네요.
더욱 많은 관광객들이 섬을 찾도록 하고 싶은
정부와 관광업자들은 당신을 편안하게 모시기 위해
저 살아 있는 시간의 숲을 밀어 버리고 있는 것이라 하네요.

그 길은 끝 간 데 없이 올라가 화산의 목줄기를 타고 오르며
화산의 분노를 건드리고 있지요.
누가 자신의 목을 타고 오르며 자신의 모든 나무들을 베어 버리고,
표피를 벗겨 내고 있는 폭력에 잠자코 있을까요.
지금은 고요한 그가 자신을 파헤치는 불도저의 굉음을 향해

어떻게 반응할지는 누구도 알 수 없습니다.
저 화산은 이미 50년 전 분노를 폭발해
섬의 수많은 집과 사람을 삼켜 버린 살아 있는 생명이니까요.

당신이 스노클링을 위해 밟아 버린 산호 한 조각이
다시 자라는 것을 보기 위해 우리는 200년을 기다려야 하고,
당신을 위해 놓이는 저 도로가 산을 화나게 해 화산이 폭발한다면
그 분노를 뒤집어쓰고 집을 잃어야 하는 것은 바로 우리들이지요.
당신은 떠나고 우리는 이곳에서 살아야 하는 사람들이니까요.

까미권은, 아니 지구는 이미 너무 지쳤고
점점 뜨거워지는 몸으로 신음하고 있습니다.
필리핀의 작은 섬 까미권에 사는 저는
국경을 넘나들며 저 숲과 마을을, 공동체를 파괴할 만큼
큰 힘과 권력을 가진 당신께 정중히 부탁합니다.

당신의 그 힘으로 까미권의 아름다운 숲과 산호초들을
그대로 놓아둘 수는 없나요?
당신의 걸음이 저 아름다움을 파괴하는 것이 아니라
보존하는 것이 되도록 할 수는 없나요?
여행자의 이름으로, 관광객의 지위로
우리는 저 숲이 파괴되는 걸 원치 않는다고 이야기해 줄 수는 없나요?
당신이 이미 잘 알고 있듯이 저 숲을 잃는 것은 단 한순간의 일입니다.
그러나 저 숲을 되찾는 데에는 헤아릴 수 없는 미래가 필요할 것입니다.

어떤 여행은 사람을 치유하기도 하고,

어떤 여행은 그 사람의 생을 뒤바꾸어 놓기도 하지요.

동시에 어떤 여행은 세상을 바꾸어 놓을 수도 있다고 저는 믿습니다.

당신은 새로운 삶과 새로운 지구를 위한 선택권을 가지고 있으니까요.

그런 새로운 여행을 꿈꾸고, 새로운 여행을 하는 이들은

지금 그저 수천, 혹은 수백일 뿐일 수도 있습니다.

그러나 중요한 것은 한 여행자의 경험은 다른 여행자에게

살아 있는 가이드북이, 길이 되어 준다는 것입니다.

만약 여기 양심을 지키고 지구와 소통하는 새로운 여행자들이

그물망을 이루고 서로의 경험을 나누고,

더 많은 이들이 그런 여행을 하도록 소리 내어 알린다면,

새로운 여행자들의 물결은 도로 대신 길을, 숲을,

공동체를 회복하는 놀라운 변화를 일으킬 것입니다.

아니 누구보다 먼저 그 자신이 변화해

생명의 기운이 가득한 삶으로 나아가겠지요.

잠이 오지 않는 밤, 마하트마 간디의 말을 기억하곤 합니다.

"세상을 변화시키고 싶다면, 네가 먼저 그 변화가 되라."

나는 확신합니다.

다음에 당신이 이곳에 여행을 온다면

이 섬의 아름다움을 발견하고, 사람을 만나고,

기쁨을 누리는 새로운 여행자로 찾아올 것을….

당신은 이 공간과 사람을 통해 당신이 경험한 것들에 대한

감사와 존중을 남기고 서로가 충만한 기쁨 속에 돌아가게 되리라고….

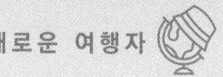

나무의 집, 트리하우스에서 보낸 치유의 시간

나무, 그리고 버려진 것들의 아름다움

지붕 위로 또 다른 하늘처럼 무성한 나뭇가지가 솟구친 나무의 집, 트리하우스. 그 아름다운 집이 깃든 곳은 민다나오 북동부의 작은 섬, 까미권이었다. 보라카이가 잃어버린 고요한 화이트 비치를 품은 화산섬. 지금도 살아 있는 6개의 화산이 높은 산을 이루고, 그 화산의 폭발로 잠겨 버린 공동묘지가 아름다운 폐허를 이루고 있는 섬. 산호 숲과 물고기 떼, 자이언트 조개가 펼쳐진 맑고 풍요로운 바다, 높은 폭포와 숲속의 온천, 일곱 가지 바다 빛을 보여준다는 아름다운 바다로 둘러싸인 까미권은 인구 7만의 섬에 한 해 25만 명의 관광객이 찾아드는, 필리핀의 숨겨진 비경이었다.

트리하우스는 까미권 중심지에서 조금 더 차를 타고 들어가야 하는 섬의 북쪽에 자리하고 있다. 나무와 버려진 것들만으로 아름다움을 만드는 예술가, 시인, 환경운동가인 로잘리 제루도, 그녀를 찾아갔을 때는 이미 나무의 집이 꽤 유명해진 뒤였다. 2007년 함께한 여행을 마치고 한국에서 열린 첫 공정여행 축제에 참여한 로잘리는 '가이드북 되짚어 보기'란 세션에서 론리 플래닛에 대해 유난히 목소리를 높였다.

"론리 플래닛이요? 그들은 필리핀을 모르죠. 아, 물론 관광지는 필리핀 사람보다 잘 알 수도 있겠죠. 그들은 필리핀의 문화나 사람을 경험하는 여행이 아니라 필리핀을 구경하며 그저 먹고 마시고 버리고 떠나는 여행을 가이드하니까요."

여행에서 돌아온 어느 날, 뒤늦게 론리 플래닛의 트리하우스 소개를 읽은 후에

야 비로소 그녀의 마음을 헤아릴 수 있었다.

에니그마타 : 오래되고 커다란 활엽수 주변에 세워진 숙소 겸 예술품 수집장, 맘바하오 남동쪽 약 3킬로미터 간선도로 옆 언덕에 있다. 구슬과 병, 섬유, 목재들이 곳곳에 있고, 독특하게 디자인된 4인용 한 층 전부를 겨우 880페소에 이용할 수 있다.

그 외엔 먹을 것 소개가 한 줄 더해졌을 뿐이었다. 서양 여행자를 기준으로 한 가이드북 작가에게 에니그마타와 트리하우스는 그저 싼 숙소 그 이상이 되어 주지는 못한 모양이다. 결국 그 가이드북을 들고 오는 여행자들 또한 에니그마타에서 싼 숙소와 아시아의 싸구려 예술품 수집장 이상의 의미를 갖지는 못할 것이다. 하지만 트리하우스는 2006년 '호스텔월드닷컴'과 『리더포스트』가 선정한 세계의 10대 생태적(Eco Friendly) 게스트하우스에 이름을 올리며 그 진가를 세상에 알리기도 했다.

No 에어컨, No 텔레비전

세계 10대 에코 게스트하우스라는 명성에도 불구하고 트리하우스는 여행자에게 그리 편안한 숙소가 되어 주진 못한다. 우선 마닐라는커녕 가장 가까운 카가얀 데오르 공항에서 내려 택시와 로컬 버스를 타고, 다시 여객선을 타고, 한 번 더 차를 타고 찾아가야 하는 멀고 복잡한 길이다. 그렇게 어렵게 다다른 트리하우스 입구는 트렁크를 끌고 온 이라면, 특히 비라도 만났다면, 당장 머리에 가방을 이고 가야 할 지경인 비포장 길이다. 그렇게 땀을 뻘뻘 흘리며 트렁크를 끌고 들어왔다면 두 번째 관문이 기다린다. 에어컨이라곤 찾아볼 길 없는 열린 방들.

마당엔 수영장이 버젓이 있지만, 반환경적이라는 이유로 물을 채우지 않은지 오래고, 주변엔 작은 가게 하나 찾기 어려운 인적 드문 몇 채의 집과 숲뿐이다. 마음을 비우고, 맛있는 것으로 실망한 마음을 달래기 위해 커뮤니티 홀을 겸한 작은 카페에서 메뉴판을 펼쳐 주문을 하려면, 다시 한 번 문턱을 넘어야 한다. 메뉴판에는 소프트 드링크나 술, 햄버거 같은 익숙한 음식들 대신 까미귄에서 나는 제철 과일로 만든 주스, 해산물요리, 채식요리로 그득히 채워져 있는 것이다. 하물며 텔레비전이 있을 리 없다.

그러나 단 하루라도 트리하우스에 머물러 본 사람은 안다. 트리하우스 나무 꼭대기에 올라가 가만히 바다를 바라보며 맞는 바람이 어떻게 몸속 깊은 곳에 다다르는지, 손으로 하나하나 즙을 낸 깔라만시 주스가 얼마나 기운을 북돋우는지, 좁은 샤워실 대신 숲속의 웅덩이가 얼마나 아름다운지…. 작은 어선을 타고 다다른 화이트 아일랜드, 그 낮은 언덕에 누워 바라보는 저녁노을은 생의 새로운 하늘과 바다를 경험하는 순간이었다. 때문에 먼 길을 온 여행자들은 때로 방이 없어

거실 한 귀퉁이에서 모퉁이 잠을 자면서도 트리하우스를 포기하지 않는지도 모른다.

간혹 스테이크나 햄버거를 찾는 여행자들에게, 텔레비전이나 에어컨을 찾는 여행자들에게 그녀는 말했다.

"여긴 섬이잖아요. 섬은 모든 것을 배로 실어 와야 하니까 다 비싸요. 게다가 고기나 밀가루처럼 큰 섬이나 내륙에서 먹는 음식을 먹으려면 비용은 높아지니까 여행자도 손해고, 섬사람들도 손해죠. 까미귄에선 고기 대신 생선을, 콜라 대신 란조네스나 깔라만시를 맛보면 어떨까요? 트리하우스 특제 채식 피자도 좋구요. 텔레비전이요? 재밌는 게 얼마나 많은데, 여기서 그걸 보겠어요? 텔레비전 보는 건 여행 끝나고 돌아가면 집에서 하세요.^^"

그럼 손님들은 다시 묻는다. 왜 수영장에 물을 채우지 않는 거냐고.

"섬에 가장 부족한 건 늘 물이에요. 트리하우스도 빗물이나 흐르는 물들을 모아두기 위해 많은 힘을 쏟고 있어요. 어느 날 화산섬에서 수영장을 둔 게스트하우스를 운영하는 것은 여행자를 위해 지구를 파괴하는 일이 될 수도 있다는 생각이 들어 물을 뺐어요. 대신 함께 바다에, 또 숲이 만들어 둔 수영장에 갈 수 있잖아요. 이곳에 오는 이들과 함께 빈 수영장에 지역 아이들을 위한 놀이터와 도서관을 만드는 프로젝트를 시작할 계획이에요."

눈을 떠요, 에니그마타

트리하우스가 다만 여행자를 위한 공간이 아니라는 것을 깨닫는 데는 오랜 시간이 필요치 않았다. 곳곳에 전시된 예술 작품들은 지역의 아이들과 함께한 환경 예술 프로젝트의 결과물들이었고, 트리하우스의 층계와 창문을 채우고 있는 오킬 아트(계단이나 창문 등을 아름답게 조각하는 목공 예술) 같은 토속 예술은 정성들여 모아 온 컬처 뱅크 프로젝트Culture Bank Project의 결과였다.

그 모든 것이 트리하우스를 야외 미술관으로 만들어 가기 위한 에니그마타 크리에이티브 서클의 프로젝트였던 것이다. 그들은 벽에 벽지 대신 그림을 그렸고, 창에 유리 대신 민다나오의 전통 예술인 오킬아트를 복원했다. 식당의 바닥부터 화장실의 벽까지, 예술가들의 손길이 닿지 않은 곳이 없었고, 그들은 필리핀 어느 곳을 여행하든 그곳에서만 볼 수 있는 식물을 얻어 다가 에니그마타의 정원을 가꾸었다. 명상을 위한 미로 정원, 스스로의 배움을 위한 '병으로 만든 집', 만남과 소통을 위한 작은 트리하우스, 병뚜껑으로 만든 벽화와 버려진 병으로 꾸민 작은 카페와 도서관. 그렇듯 트리하우스를 예술가의 집이 아니라 예술의 집으로 만들어 가고 있는 것은 민다나오 예술가들의 그물망, 에니그마타 크리에이티브 서클이었다. 트리하우스를 책임지며 에니그마타 크리에이티브 서클을 이끌어 가는 로스(로잘리 제루도)는 이야기한다.

"에니그마타는 '눈을 떠요'라는 뜻이에요. 자신에 대해, 우리 생명이 속한 자연에 대해 눈을 뜨고, 깨어 있는 삶을 살아가자는 뜻에서 지었어요. 우리도 가난해요. 하지만 우리에겐 신이 주신 선물, 두 손이 있어요. 가장 아름다운 예술은 자연에 있고, 누구에게나 자연은 주어져 있잖아요. 그건 누구든 예술가가 될 수 있단 뜻이죠. 트리하우스를 보세요. 이 아름다운 집과 정원, 저 조각들은 모두 아이들이, 청소년들이 손으로 만든 거예요. 여러분이 선 땅과 숲을, 바다를, 그리고 손을 보세요."

그들은 아이들에게 자연의 아름다움을 먼저 가르쳤다. 그리고 그 아름다운 대지에 관광객들이 버리고 간 술병을, 비닐봉지를, 쓰레기를 함께 줍기 시작했다. 아이들은 그 술병과 플라스틱 병들을 모아 각자 자기만의 작품을 만들기 시작했다. 비닐은 얇게 찢은 다음 실로 꼬아 뜨개질을 해 여러 모양의 종을 만들기도 했고, 버려진 천이나 현수막으로는 재활용 가방을 만들기도 했다. 다 쓴 전구, 바닷가의 조개껍질, 과자 부스러기…, 그 무엇도 예술로 변하지 않는 것이 없었다. 그 무엇도 즐겁지 않은 것이 없었다.

플라스틱 병을 모아 구명조끼를 만들기도 하고, 거대한 기둥으로 엮어 배처럼

타고 바다로 나가기도 했다. 한 대의 캠코더가 장비의 전부지만 아이들은 자신들이 대본을 쓰고, 감독을 맡고, 연기를 해가며 까미귄의 바다와 숲을 지킬 환경다큐를 몇 편이나 만들기도 했다. 그렇게 웃고 떠들고 노는 사이, 아이들은 이내 버려진 것들을 되살리는 법뿐 아니라, 자기 속에 버려두었던 예술성과 가능성을 일깨우는 일에, 삶을 창조하는 일에 열중하기 시작했다.

"나는 참 운이 좋은 사람이에요. 하지만 내게 가장 큰 행운을 꼽으라면 그것은 필리핀 사람으로 태어난 거예요. 이렇게 아름다운 숲과 바다, 날씨를 가진 나라가 세상에 얼마나 되겠어요. 게다가 수천 개의 섬에 깃든 풍요로운 문화적 다양성을 생각해 보세요. 필리핀의 섬 하나하나가 내 영혼을 깨우고, 예술을 일구어 왔어요. 그래요, 필리핀은 가난해요. 하지만 예술은 돈이 있는 사람이 아니라 눈을 뜬 사람만이 할 수 있는 거라고 믿어요. 자기 안에 있는 아름다움에, 우리를 둘러싼 이 자연과 우주의 아름다움에 눈을 뜬 사람만이…."

트리하우스에 흐르는 여행

트리하우스에 머무는 동안, 조금 볕이 뜨거우면 여행자들은 로스와 함께 숲속 수영장에 가서 몸을 적셨다. 이른 아침이면 산에 올라 태고의 숲에서 일출을 마주했고, 해질녘이면 북을 들고 작은 어선을 타고 나가 나무 한 그루 없는 화이트 아일랜드에서 바람의 북소리와 노래에 귀를 기울이기도 했다. 돌아오는 길에는 읍내의 작은 장에서 과일이며 먹을 것을 사와 함께 저녁을 지어 먹고 춤과 음악으로 작은 파티를 열기도 했다. 혼자 있고 싶은 날이면 3층 꼭대기에 올라가, 지붕을 뒤덮은 무성한 나뭇가지 속에 앉아 바다에서 불어오는 바람에 몸을 맡기곤 했다.

로스의 말처럼 트리하우스에서 머무는 동안, 누구에게도 TV가 필요할 만큼 무료한 날은 없었다. 그것은 숲과 바다 한가운데서 자신을 바라보고, 사람과 자연을 마주하는 축복 같은 시간들이었으므로. 돌아온 삶의 자리, 트리하우스의 기억을 지울 수 없는 날들, 기사 속에 있던 문장을 다시 한번 되새겨 본다.

"푸른 바다와 백사장, 쏟아지는 폭포와 화산온천, 예술로 가득 찬 트리하우스에 머문다는 것은 당신 내면을 향해 여행을 떠나는 일이다."

*2015년, 트리하우스는 화재로 전소되었다. 그러나 트리하우스에 깃들었고 트리하우스를 마음속에 품고 있는 수많은 여행자들을 위해 트리하우스 글을 그대로 남겨 두기로 했다. 찾아갈 수는 없으나, 이 세상 어딘가에서 또 다른 트리하우스가 만들어지기를 소망하며 마음의 글을 덧붙인다.

새로운 여행자

숲속에 살고 있는 고릴라를 만나러 가자!

동물권, 힙합, 재활용, 거리의 음악을 키워드로 세계를 여행한 박하재홍은 이제 제주에 뿌리를 내리고 자연을 깊이 마주하는 새로운 여행을 하고 있다. 『돼지도 장난감이 필요해』, 『10대처럼 들어라』 등 동물권과 음악에 관한 책을 쓰고 강연과 공연으로 사람들을 만나며 교감하는 유목적 삶을 살아가고 있다.

고릴라는 동물이 아닌 비인간인격체

미국에는 '코코'라는 이름의 고릴라가 있다. 코코는 수화로 인간의 말을 배웠다. 영화 〈혹성탈출〉의 주인공 침팬지 역시 수화를 구사했다. 그 주인공의 모델은 '님 촘스키'라는 실존 침팬지였다. 님 촘스키는 결국 동물 실험실로 팔려 가는 신세가 되었지만, 밥이라는 청년을 만나 최악의 상황만은 모면했다고 한다. 1977년생 오랑우탄 '찬텍' 역시 인간의 언어를 배운 비운의 주인공이다. 찬텍은 미국의 한 대학교에서 언어학습자로 대우를 받으며 성장했지만, 폭력 사태를 일으킨 이후 동물원에 감금되었다. 찬텍은 다른 오랑우탄들을 '개'라고 부르며 도통 어울리지를 않는다. 이 사태를 보자면 동물에게 언어를 가르치는 실험은 위험성이 다분하다. 단, 최소한의 성과는 있었다. 모든 동물을 그냥 뭉뚱그려 '동물'이라 치부하지 않는 상식이 확산된 것이다. 다수의 과학자들은 이제 동물의 일부 종들을 '비인간인격체(non human person)'로 명명한다. 사람은 아니지만,

"7미터를 유지하세요!" 고릴라 트레킹 안내소에 설치되어 있는 조형물

사람처럼 자의식을 가지고 있는 인격체라는 뜻이다.

고릴라는 숲속의 정원사

고릴라는 비인간인격체의 대표 격이다. 고전 영화 〈킹콩〉만 해도 수많은 세계인들의 눈시울을 적셨으니까. 만약 동물원에서 고릴라를 만난다면 고릴라의 몸과 얼굴을 유심히 바라보자. 고릴라의 그 튼튼한 몸과 강직한 얼굴은 지구의 어느 장소와 가장 잘 어울릴까? 동물복지를 중요시하는 동물원이라면 자연 속 고릴라의 집을 최대한 가깝게 구현해 주려고 노력했을 것이다.

고릴라의 원래 집은 아프리카다. 아프리카에서도 무성하게 숲이 우거진 깊은 산속에 살고 있다. 그들은 산속의 식물들을 주식으로 삼는데 특히 대나무 숲에서 자라는 '죽순'을 최고의 간식거리로 여긴다. 어쩌다 성이 난 수컷 고릴라가 두 주먹으로 가슴을 힘껏 두드리면 그 소리가 주위를 울린다. 너무 무서워할 필요는 없다. 고릴라는 덩치도 크고 힘도 무척 세지만, 동료와 싸운 다음에는 미안하다고 표현도 할 줄 아는 온순한 성격을 지녔다.

고릴라는 '숲속의 정원사'라는 멋진 별명도 가지고 있다. 고릴라의 배설물에는 다양한 식물들의 씨앗이 담겨 있는데, 그 안에서 씨앗들이 잘 자라나는 덕분이다. 열심히 먹고 또 숲속의 나무들을 쑥쑥 키우는 것이다. 고릴라는 채식주의자니까 다른 동물을 사냥하지도 않는다. 고릴라가 사는 집은 평소 평온의 기운이 감돈다.

르완다, 고릴라가 살고 있는 작은 나라

하지만 사람들은 숲속의 정원사를 가만두지 않았다. 새끼 고릴라를 동물원에 팔아넘기려고 저항하는 고릴라 일가족을 죽이기도 하고, 고릴라를 죽여서 쓸데없는 장식품까지 만들었다. 결국 오랫동안 계속된 사냥 때문에 고릴라의 수는 지속적으로 줄어들었다. 이에 맞선 고릴라 보호운동가들은 밀렵의 횡포를 막기 위해 살 떨리는 위험을 무릅써야 했다. 결국 고릴라의 어머니로 불리는 다이앤 포시Dian Fossey(미국의 동물학자)는 밀렵꾼들에게 목숨마저 잃고 말았다. 다이앤 포시의 무덤은 그가 살아 있는 동안 야생 고릴라를 연구하며 지냈던 동아프리카의 작은 나라, 르완다에 고이 모셔져 있다. 이후 르완다에서는 고릴라 사냥이 사라지고, '고릴라 트레킹'이라고 하는 생태적인 여행이 생겨났다.

고릴라 트레킹은 볼케이노 국립공원의 자연 속에서 평화롭게 살고 있는 고릴라 가족을 조심조심 방문하는 여행 프로그램이다. 나무가 우거진 산길을 한두 시간 정도 올라가면 고릴라 가족을 만날 수 있다. 열 마리 정도 되는 고릴라 가족 중에는 귀여운 아기 고릴라도 있고, 가족을 지키는 덩치 큰 엄마 아빠 고릴라도 있다. 높지 않은 산에서 딱 1시간 동안 고릴라 가족을 만나 보는 등산이라고 생각하면 된다.

산속 곳곳에는 밀렵꾼을 감시하는 순찰대가 늘 대기 중이다. 순찰대는 실시간으로 고릴라들의 위치와 상태를 살피며 무전으로 연락한다. 아, 고릴라를 만나기 위해선 꼭 지켜야 할 2가지 주의사항이 있다. 첫째, 큰 소리를 내지 말고 조용히 얘기할 것, 둘째, 고릴라와 7미터 이상의 간격을 유지할 것. 혹시나 그들이 위협을 느끼면 불상사가 발생할 수 있기 때문이다. 걱정은 말자. 순찰대 아저씨의 말만 잘 따르면 무서워할 필요는 전혀 없다. 고릴라들은 사람들을 이끌고 매일같이 찾아오는 순찰대 아저씨를 잘 알고 있다. 순찰대 아저씨는 고릴라들이 기분 좋을 때 내는 낮은 목소리로 "으르르" 거리며 인사를 나누기도 한다.

등산을 시작하기 전, 만나게 될 고릴라 가족 구성원을 소개해 준다.

사람들이 도착하면, 몇몇 고릴

산 중턱에서 고릴라들이 좋아하는 죽순에 대해 설명하는 가이드

라들은 손이 닿을 만큼 가까운 거리에서 휙휙 지나다닌다. 오늘은 또 누가 왔나 살펴보는 것 같다. 코앞에서 맞닥뜨리니 체구가 작은 고릴라들도 힘이 넘쳐 보인다. 고릴라가 살짝 툭 건드리기라도 하면 지레 겁을 먹고 얼어 버릴 수밖에 없다. 고릴라의 표정이 손님들을 썩 반기는 것 같지는 않아서 더 그렇다. 뭐랄까, 그냥 좀 귀찮아하는 표정이다. 하루도 안 빼놓고 사람들이 찾아오니 그럴 만도.

고릴라들이 사람들에게 흥미를 잃는 데는 오래 걸리지 않는다. 10분 정도 지나면 다들 시큰둥해져서 여기저기 흩어져 각자 할 일을 한다. 어린 고릴라들은 타잔처럼 나무에 매달려 장난을 치느라 바쁘고, 어른 고릴라들은 느긋하게 먹을 만한 풀들을 골라 씹고 있다. 이때다! 여행객들은 이제야 자리를 벗어나 움직일 수 있다. 살금살금 발뒤꿈치를 들고 고릴라 근방으로 다가가 눈치를 살피며 사진을 찍는다. 찍는 사진 족족 내셔널지오그래픽이 따로 없다. 고릴라들의 윤기 흐르는 검은 털은 선명한 초록빛과 대비되어 더욱 빛이 난다. 몸집이 둥글둥글하고 털은 보송보송하니 사진을 찍어 놓으면 마냥 귀엽게 보인다. 아주 매력덩어리다. 그렇게 고릴라들의 모습에 푹 빠져 있으면 1시간은 느닷없이 휙 지나가 버린다. 발길이 잘 떨어지지가 않고 고개가 자꾸만 뒤로 돌아갔지만 감동을 느끼기에는 충분한 시간이었다. 고릴라 가족의 이토록 건강한 모습이라니!

아프리카 르완다에 가는 방법

르완다는 아프리카 대륙의 정 가운데에서 살짝 왼쪽 아래에 있다. 작은 지도로

순간 눈이 마주쳤다! 이 사진이 내 핸드폰의 배경 화면이다.

풀들에 물기가 많았지만, 고릴라의 털은 무척 보송보송했다.

는 잘 보이지 않는다. 큰 지도로 찾아봐야 한다. 르완다 주변의 국가로는 수단, 콩고, 탄자니아, 케냐가 있다. 한국에서 르완다로 가는 가장 간단한 방법은 일단 케냐까지 비행기로 가고, 다시 케냐에서 르완다까지 이동하는 것이다. 나는 세계여행 중 이집트에서 비행기를 타고 케냐로 이동한 다음 케냐 수도 나이로비에서 르완다까지 버스를 탔다.

르완다는 '천 개의 언덕'이라는 뜻인데 그만큼 산이 많고 물이 풍부한 곳이다. 1994년의 참담한 내전으로 많은 이들이 목숨을 잃었지만, 지금은 여행객들에게 가장 안전한 나라로 꼽힐 정도로 전환기를 맞이했다. 깊은 내전의 상처를 견뎌 내며 살아가는 르완다에서 고릴라 트레킹의 역할은 더욱 두드러진다. 고릴라 트레킹은 르완다 홍보에 큰 도움을 줄뿐더러, 고릴라 보호구역과 인접한 마을에 경제적인 수익을 되돌려 주고 있다. 지구 환경에도 커다란 득이 된다. 고릴라 트레킹은 숲을 있는 그대로 보호해야만 가능하기 때문이다. 그러고 보니, 고릴라와 르완다는 닮은 점이 많다. 양쪽 다 전쟁과 폭력으로 가족을 잃은 아픈 과거를 지니고 있지만, 서로의 상처를 다독이며 서서히 회복하고 있으니까.

내 핸드폰의 배경은 고릴라 트레킹에서 직접 찍은 수컷 고릴라의 얼굴 사진이

높은 곳에서 놀이를 즐기는 아기 고릴라

다. 신기하게도 야생 고릴라를 단 한 번 만나 본 것뿐인데, 여전히 사진만 보면 고릴라의 기운을 생생하게 느낄 수 있다. 횟수가 중요한 것이 아니라 단 한 번이라도 제대로 감동받는 방식이 중요하다는 걸 깨닫게 한다. SNS로는 고릴라 보호활동을 펼치고 있는 '고릴라 닥터즈'의 소식을 구독 중이다. 거의 매주 아프리카 숲속에 살고 있는 고릴라들의 최근 사진을 만날 수 있다. 새로운 사진이 올라올 때마다 두근거리고 반갑다. 짧은 영어로 댓글을 남기고 응원도 해보곤 한다. 고릴라 트레킹의 경험은 이렇게 나의 삶을 조금 더 풍요롭게 만들었다.

고릴라를 지키는 산속 영웅들, 순찰대

고릴라와 이웃하며 살고 있는 마을의 개구쟁이들

우리가 원하는 건
여행자들의 단순한 '경제적 기여'가 아니라 '사회적 정의'예요.
관광은 물론 지역에 경제적 수입을 가져다줄 소중한 기회죠.
그러나 거기 정의가 빠져 버린다면 그 돈에 어떤 의미가 있을까요?
관광을 통해 지역에 흘러들어오는 돈이 지역을 빠져나가지 않고,
또 그 사회의 양극화를 부추기는 것이 아니라 약자를 돌보고,
사회적 정의가 구축되는 일을 위해 쓰일 때,
그걸 정말 대안적인 관광이라고 부를 수 있는 것 아닐까요?
– 팔레스타인 대안여행 그룹 ATG

Travel & Politics

여행과
정치

여행이 자유를 꿈꿀 때

팔레스타인 가는 길
이스라엘 사람, 평화여행자 세라
정의로운 여행은 가능한가?
ATG와 함께하는 경계를 넘는 여행
팔레스타인 올리브 숲으로 떠나는 평화의 여행
이스라엘 평화여행을 위한 가이드
세상을 바꾸는 여행, 글로벌 익스체인지
티베트, 관광지가 된다는 것
대안적 티베트 여행을 위한 가이드라인
사진을 보여줄 수 있나요?
다람살라에서 능력자 되기!
여행이 나를 여기로 데리고 왔네요
가둘 수 없는 자유, 다람살라 속으로!

팔레스타인 가는 길

　성탄 즈음, 베들레헴에서 방을 구하기 어려운 것은 2천 년 전이나 지금이나 변하지 않은 모양이다. 성탄절을 앞두고 성지순례를 떠나 연말과 연초를 베들레헴과 예루살렘에서 보내려던 계획은 번번이 예약이 꽉 찼다는 답신 끝에 결국 1월로 미루어지고 말았다. 다시 1월 초로 항공권을 예약해 두고 여행을 기다리는 사이, TV에서 갑자기 이스라엘 뉴스가 터져 나왔다. 이스라엘이 가자지구를 폭격하기 시작했다는 것이었다. 그러나 그렇게 연일 터져 나오는 뉴스 속에서도 항공사에 전화를 걸어 물어보면, 오늘도 비행기는 아무 차질 없이 뜨고 있다고만 했다.

　2009년 1월, 텔아비브에 도착해 가장 먼저 확인한 것은 정말로 가자지구 바깥의 이스라엘은 무서우리만큼 안전하다는 사실이었다. 가자지구에서 폭격으로 수천 명이 죽거나 다치는 사이, 텔아비브의 지중해 연안 바닷가에서는 시민들이 낚

하늘 위로 가자를 공습하는 비행기가 날아가는 텔아비브, 그러나 여전히 산책과 캠핑, 요트를 즐기는 평화로운 텔아비브 시민들(왼쪽). 같은 날 가자 공습 중단을 요구하며 매일 거리로 쏟아져 나오는 팔레스타인 행정수도 라말라의 시민들(오른쪽).

시를 하고 요트를 타며 지중해의 햇살과 바람을 즐기고 있었다. 또 아프리카에서 유럽에서 러시아에서 밀려드는 성지순례의 물결 또한 끊임없이 이어졌다.

예루살렘 성과 감람산이 있는 동예루살렘을 포함, 성지순례를 떠난 순례자가 찾아가야 할 대부분의 성지는 팔레스타인 지역인 서안지구에 속해 있었다. 아기 예수가 태어난 베들레헴의 예수탄생교회, 라헬의 무덤이 있는 헤브론의 막벨라 굴, 사마리아 여인을 만났던 야곱의 우물이 있는 나블루스, 여리고 성을 무너뜨린 제리코, '가나의 혼인잔치'가 일어난 가나와 예수의 고향 나사렛….

그러나 여정은 그리 간단한 것이 아니었다. 무엇보다 지도 위에 전혀 나타나 있지 않은 수많은 검문소들, 유대지구와 아랍지구 사이의 분리 장벽은 여행자 또한 비켜 갈 수 없는 또 하나의 길이었기 때문이다.

베들레헴 가는 길, 장벽 너머에 계신 예수

하이파나 텔아비브 같은 유대 지역 도시를 잇는 예루살렘 중앙 버스터미널과 달리 팔레스타인의 서안지구를 향하는 모든 교통편은 예루살렘 동편, 다마스쿠스 게이트 앞으로 연결되어 있었다. 초현대식 건물의 중앙 터미널에서 그저 복잡한 주차장 같은 다마스쿠스 버스정류장에 도착하자, 베들레헴으로 가는 작은 버스가 막 떠나려 하고 있었다. 10분 남짓 달리던 버스는 우리를 거대한 장벽 앞에 내려 주었다. 베들레헴에 가야 하는데 차를 잘못 탄 것이 아닌가 싶어 다급히 묻자 정류장에 내린 사람들 중 누군가가 웃으며 가르쳐 주었다.

"저 장벽 너머가 베들레헴이에요."

베들레헴으로 향하는 팔레스타인 사람들 틈에 끼어 감옥 입구 같은 검문소로 들어섰다. 여권만 보여주면 통과되는 여행자와 달리 팔레스타인 사람들은 특별 통행증과 더불어 다섯 손가락을 모두 펴, 지문 검색대 위에 손을 얹고 군인의 허가를 얻어야 비로소 그 문을 통과할 수 있었다. 이스라엘의 안전을 위해 친 장벽과 좁은 문…. 그 문을 지나가기 위해서 팔레스타인 사람들은 아침마다 지문을 검색

당하고, 어린 군인들의 명령에 따라 옷을 벗기도 하고, 때로 아이가 보는 앞에서 무릎을 꿇어야 했다. 검문소는 예고도 없이 닫혀 있기 일쑤인 데다가, 사람이 많은 출퇴근 시간엔 한두 시간씩 줄을 서서 기다려야 했다. 검문소를 통과하는 그 오랜 기다림 속에서 누구도 웃거나 떠들지 않았다. 검문소의 풍경을 담으려 카메라를 꺼내 들자, 여군은 날카로운 소리로 외쳤다. "노 카메라!"

베들레헴의 목자들, 베들레헴의 택시 운전사

장벽 너머에는 높다란 벽을 통과해 들어오는 손님을 기다리는 팔레스타인의 노란 택시들이 줄을 서 있다가 호객을 위해 벌떼처럼 몰려들었다. 그중 한 택시를 잡아타고 베들레헴 예수탄생교회로 향했다.

연말이면 전 세계에서 수천수만의 신자들이 모이고, 전 세계에 예배가 생중계된다는 베들레헴 예수탄생교회. 가자지구의 폭격 소식에도 예수탄생교회를 찾는 순례자의 행렬은 그치지 않는 모양이었다. 주차장은 세계 각국의 성지순례 관광객들을 태운 버스로 가득했다. 예수탄생교회를 둘러보는 동안 기다려 준 택시기사에게 고맙고 미안해 인사를 건넸다.

"베들레헴은 참 평화롭네요."

그러자 그가 답했다.

"당신 눈 속에 평화가 있군요."

잠시 머뭇거린 그는 조심스레 입을 열었다.

"하지만 이스라엘 사람들은 그 평화를 보지 못하나 봐요. 보세요, 저기 저 관광버스들…. 저런 관광버스들은 베들레헴에 아무 도움이 되지 않아요. 왠 줄 아세요? 저 사람들은 모두 유대인 여행사를 통해 오는 패키지 관광객들이기 때문이에요. 그들은 버스를 세워 주는 곳에서 주요 성지만 서둘러 구경하고 베들레헴에서는 차 한 잔도 안 마시고 바로 예루살렘으로 돌아가는데요, 유대인 가이드들이 이

팔레스타인 영역 안의 유대인 정착촌

렇게 말한다는군요. '여긴 팔레스타인 지구라 위험하니 관광만 마치고 신속히 차량에 탑승해 주십시오.' 하지만 보세요. 베들레헴이 위험한가요? 팔레스타인 사람들이 위협적인가요?"

그때 마침 베들레헴 평화센터라 쓰인 큰 건물 앞에서 시위의 구호들이 들려왔다. 그리 많지 않은 인원의 여성들이었다. 가자지구에서 죽어 간 아이들의 사진과 피켓을 들고 관광객이 제일 많은 예수탄생교회 앞에서 시위를 하는 중이었다. 관광객들의 카메라가 여기저기서 터졌고, 어머니들은 마이크를 돌려 가며 차례로 목소리를 높였다.

"가자지구 폭격 때문에 연일 저런 평화집회가 열려요. 물론 이스라엘 사람들은 원치 않는 행동이죠. 관광에 방해가 되니까요. 하지만 여긴 우리 땅이고, 지금 우리 형제들이 죽어 가고 있는데 어떻게 관광객을 위해 울음을 멈추고 침묵할 수 있겠어요."

차는 이내 베들레헴 시내를 빠져나와 목자들이 들에서 양을 치다 천사들에게 아기 예수의 탄생 소식을 들었다는 곳, '목자들의 들판 교회'를 향해 달렸다. 그러나 아쉽게도 교회 문이 닫혀 있자, 택시기사는 천사들을 만난 들판이라도 보여주려는 듯 차를 세워 함께 내렸다.

"저 건너편이 보이죠. 거기가 목자들의 들판이었어요. 베들레헴 사람의 절반 정도는 그 들판에서 양을 치며 살아왔어요. 하지만 이제 더 이상 들판도 양을 치는 목자들도 없죠."

그는 골짜기 너머 유대인 정착촌을 가리켰다.

"들판엔 양떼 대신 저런 유대인 점령촌 몇 개가 들어섰어요. 저 둘레엔 전기 담장이 쳐져 있죠. 들판에 나가 양을 치려고 했다간 바로 이스라엘 군인들의 총알 세례를 받게 될 거예요."

팔레스타인 영역이라고 둘러친 장벽 너머까지 잠식해 들어오고 있는 유대인 정착촌(Settlement Town), 그는 그 마을을 점령촌(Occupation Town)이라고 부르고 있다.

베들레헴의 들판 역시 누구도 그 들판에 내려서거나 양을 치기 위해 나갈 수 없는 빼앗긴 들이었다. 다시 아기 예수가 베들레헴에서 태어난다 해도, 그 소식을 전하기 위해 천사가 들판에 온다 해도, 그들을 맞이할 목자들도 들판도 베들레헴엔 존재하지 않는다는 뜻이다.

목자들의 들판 교회가 문이 닫혀 미안했는지 택시기사는 베들레헴을 좀 더 보여주고 싶다며 차를 움직였다. 베들레헴을 빙 에둘러 그가 우리를 안내한 곳은 팔레스타인 난민촌…. 난민촌 안에는 유엔이 만들어 준 학교와 60년의 세월이 쌓이며 천막에서 건물이 되어 버린 수많은 집들이 빽빽했다. 학교 앞 벽을 따라 난 큰길을 지나며 그는 벽화를 가리켰다.

"저 그림 위에 작은 글씨가 보이죠? 그건 사람들이 저마다 떠나온 고향마을 이름이에요. 이 난민촌에는 1948년 이스라엘이 총과 탱크로 밀고 들어왔을 때 텔아비브나 하이파 같은 연안에서 피난 온 사람들이 살고 있죠. 대부분 짐도 제대로

챙길 수 없어서 곧 돌아올 거라 믿고 집 열쇠와 옷 몇 벌만 들고 나온 사람들이에요. 그렇게 60년이 되어 가는데도 이들은 돌아가지 못한 거죠. 이제 죽을 때가 가까워 오니까 나이 든 사람들이 자기 고향의 풍경과 이름을 자식들이 잊지 않도록 벽화에 담아 둔 거예요. 자기가 어디서 왔는지 잊는다면 그 사람은 영원히 돌아갈 수 없으니까요."

카메라를 꺼내 죽음을 앞둔 노인들의 마음속에만 남은 그 고향의 모습을 담으며 벽 아래 서서 난민촌을 바라보니 아까는 보이지 않던 거대한 열쇠 모양의 아치가 보였다.

"아, 저건 평화예술가들이 만든 설치물인데요, 세계에서 가장 큰 열쇠죠. '누구나 자기 집에 돌아갈 권리가 있다'는 뜻을 담은 거래요."

1948년 이스라엘 건국과 함께 시작된 집을 잃은

사람들의 행렬. 집을 잃은 부모를 따라 난민이 된 팔레스타인 사람들의 수는 무려 720만 명. 인구의 74%가 난민이 된 것이다. 그러나 더욱 혹독한 현실은 여전히 팔레스타인의 난민 수가 늘어나고 있다는 것이다. 2009년 1월에만 이스라엘이 퍼부은 폭탄으로 가자에선 1,500명이 사망, 4,500명이 부상을 당했고 수천 명이 집을 잃은 난민이 되었다. 공습이 그친다 해도 난민의 증가는 멈추지 않을 것이다. 여전히 예루살렘의 아랍지구에서는 이스라엘의 불도저가 팔레스타인 사람들의 집을 허물고 올리브나무를 뽑아내는 일이 계속되고 있기 때문이다.

장벽은 평화를 막지 못한다

베들레헴의 택시기사 칼래드, 그는 우리에게 팔레스타인을 제대로 보여주기로 마음 먹은 양 본격적으로 안내를 시작했다.

"전 여기서 태어나 여기서 자랐어요. 그런데 장벽이 생긴 뒤 모든 것이 변하기 시작했죠. 몇 해 전만 해도 손님들로 꽉꽉 차던 큰 호텔들은 이제 거의 텅 비어 있고, 수백 개나 되던 식당들도 이제 서른 개 정도만 남았어요. 저 장벽 때문에 사람들이 쉽게 찾아오지도 오래 머물지도 못하니까요. 요즘은 손님이 너무 없어서 하루 벌어 하루 먹고살기도 어렵죠. 하지만 제일 괴로운 건 아름다운 베들레헴이 점점 감옥처럼 변해 가는 걸 지켜봐야 하는 거예요."

장벽이 생기고 나서 많은 이들이 베들레헴에 오지 않게 되었지만, 대신 특별한 사람들이 찾아오기 시작했다.

"저건, 영국에서 온 유명한 예술가의 작품인데요. 그분이 베들레헴에 머물 때 제가 태워 준 적이 있죠. 작품을 그리는 동안은 아이들도 와서 같이 그림을 그리고 놀고, 다 그리고 나면 함께 축하하고…. 베들레헴 사람들에게 아주 즐거운 기억을 선물해 주었어요."

그림 속 무장한 군인은 벽에 손을 대고 서 있고, 한 팔레스타인 소녀가 따스한

햇살 속에서 군인을 검색하고 있었다. 아이가 나오는 그림을 보며, 잔뜩 모여든 팔레스타인 아이들이 웃고 장난을 쳤을 날들이 그림 위로 겹쳐 떠올랐다.

난민촌 뒤쪽은 장벽, 베들레헴의 끝이었다. 마을이 끝나는 곳에 이어지던 들판과 올리브 숲 대신, 장벽이 그렇게 베들레헴을 두르고 있었다. 그러나 그 장벽은 세계의 여행자들, 예술가들, 평화활동가들이 그려 놓은 그림과 글로 거대한 작품으로 변해 가고 있었다. 에스컬레이터를 타고 장벽을 넘어가는 사람들의 모습, 새들이 넘나들며 장벽을 내려다보는 그림들…. 마치 온 세계가 그 벽 앞에 함께 서 있는 듯했다. 그것은 벽을 무너뜨리진 못했으나 벽을 넘나드는 사람들이 만들어 낸 창이었다.

여섯 아이를 돌봐야 하는 넉넉지 않은 형편이지만 마음을 모아 베들레헴의 난민촌 사람들을 돕고 있다던 칼래드…. 그의 차에는 여섯 아이들 중 막내의 사진이 있었다. 그의 여섯 아이도 모두 베들레헴에서 태어났다고 했다. 다섯 살 막내는 차에 사진을 넣어 두고는 이렇게 부탁했다고 한다. "아빠, 하루에 한 번씩 제 사진을 꼭

봐주세요. 다른 형들보다 저를 더 예뻐해 주세요." 하루 벌어 하루 먹고살기도 힘들다던 그도, 아이의 사진을 보여주면서는 어쩔 수 없는 행복함으로 그득해졌다.

검문소로 향하는 마지막 순간, 장벽 아래 멈추어 서서 우리에게 손을 흔드는 그의 모습 위로 문득, 누군가의 모습이 겹쳐 왔다. 아기 예수의 기쁜 소식을 전하던 베들레헴의 목자들…. 그는 이제 기쁨의 소식 대신 슬픔의 소식을 전하기 위해 그곳에 서 있는지도 모르겠다. 그들이 없었다면 먼 여행을 온 동방박사들은 예루살렘 성 밖 작은 마을, 베들레헴에서 나신 아기 예수를 경배하지 못했을 것이다. 그들이 다시 평화의 소식을 전할 수 있을 때까지 저 벽을 넘는 여행을 해야 하는 것은 목자들이 아니라 순례자의 몫이리라. 예루살렘으로 향하는 버스에 오르며 장벽 위에 있던 한 문장을 마음에 담는다.

'장벽은 평화를 막지 못한다.'

새로운 여행자

이스라엘 사람, 평화여행자 세라

갈릴리 호숫가, 예수가 산상수훈을 선포했다는 언덕을 찾느라 산 위의 길들을 헤매다 지칠 무렵이었다. 차를 기다리는 우리를 보고 가던 길을 돌아와 차를 태워 준 사람은 세라, 텔아비브에 산다는 이스라엘의 중년 여성이었다. 남편은 일로, 자기는 휴가차 왔는데 남편이 회의하는 동안 시간이 남아 마침 드라이브 중이라 했다.
갈릴리 언덕에서 오병이어 교회로 우리를 데려다주는 5분 남짓한 짧은 시간, 우연히 그녀의 차에 놓여 있는 히브리어로 쓰인 이스라엘 가이드북을 발견했다. 책을 보아도 되겠느냐 묻자 그녀는 쑥스러운 듯 웃었다.
"제가 쓴 건데, 게을러서 증보판을 못 쓰다가, 지금 짬을 내어 북부 지역의 몇 곳이 어떻게 변했나 확인하는 중이에요. 이스라엘 사람들은 물을 좋아하거든요. 물을 테마로 한 여행 가이드북이죠."
"아, 가이드북 작가시군요."
"뭐 비슷하다고 할 수 있죠."
그렇게 우연한 만남으로 시작된 인터뷰. 세라와의 만남이 그렇게 길어질 줄은, 우리들의 대화가 그토록 깊어질 줄은 누구도 알지 못했다.

세라(세) 애들 셋은 이미 다 커서 자기 길 가고 있구요. 남편은 의사예요. 주로 노인들을 치료하는 정신과 의사인데 좀 특별한 분들을 돌보고 있어요. 홀로코스트 생존자들의 트라우마를 치유하는 의사거든요. 몇 날 며칠, 몇 년을 듣게 되는 것이 그분들 얘기인지라, 우린 홀로코스트 세대도 아니고, 이스라엘 본토에서 나고 자란 세대인데도 내가 차를 살 때 벤츠도 못 사게 해요.

강물(강) 많이 힘드셨겠어요. 벤츠 땜에. ^^

세 아, 쉽지 않죠.^^ 그뿐인가요? 작년엔가 독일의 중요한 학회에 초대를 받았는데 독일은 가고 싶지 않다고 거절하기도 했어요. 여하튼 특이한 사람이죠. 참, 이스라엘 여행은 어땠어요?

강 사실 너무 평화로워서 놀랐어요. 외신은 가자지구 문제로 온통 들끓고 있는데 오히려 이스라엘 안에선 무슨 일이 일어나고 있는지 도무지 알 길이 없다는 것이 묘한 느낌을 주네요.

세 그 소식이라면 제게 물어보세요. 제 두 아이가 지금 모두 가자지구에 있어요. 군 복무 중이거든요.

강 예?

세 큰아이는 딸인데 기록사진을 담당하는 보직이고, 아들은 사병으로 근무하고 있죠. 저는 텔아비브에 사는데 머리 위로 전투기들이 가자로 가는 것이 보여요. 텔아비브에서 가자는 자동차로 가면 1시간 남짓이거든요.

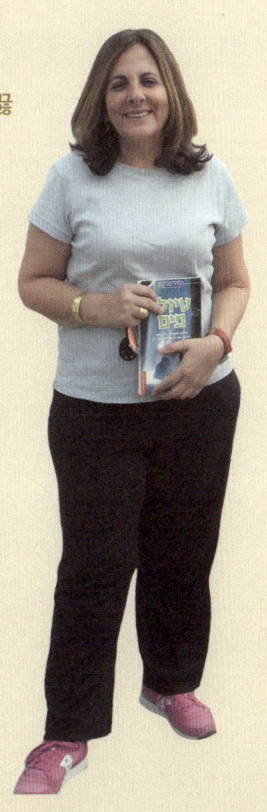

강 걱정이 많이 되시겠어요.

세 걱정이 많죠. 가자에 간다길래 사병인 둘째에게 말했죠. 네가 만약 가자에서 누군가에게 총을 쏜다면 다시는 집에 돌아올 생각을 하지 말라고.

강 그럼 명령 불복종으로 감옥에 가야 하는 것 아닌가요?

세 총을 쏘는 대신 차라리 명령을 어기고 감옥으로 가는 편이 평생을 생각하면 도움이 될 거라고 했어요. 감옥은 잠깐이고 부모는 평생이잖아요.^^ 첫째는 기록사진 담당이니까 사람을 직접 위해할 일은 없을 거구요. 그게 지금 내가 할 수 있는 최선이죠.

강 가자 공습에 대해 어떤 생각을 가지고 계시길래 그런 이야기를 하신 건지 여쭈어도 될까요?

세 다 선거 때문이죠. 2주 후면 선거잖아요. 이스라엘에선 선거에 이기려면 자기가 얼마나 애국적인지, 이스라엘을 얼마나 사랑하고 팔레스타인 사람들을 증오하

267

는지 보여주어야 해요. 자기가 당선이 되면 어떻게 그들을 모두 효과적으로 내쫓을 수 있는지 능력을 증명하려는 거죠. 60년 전 팔레스타인에 들어오면서 우리 조상들이 한 실수를 여전히 하고 있는 거예요. 팔레스타인 사람들과의 저 지독한 갈등도 다 그때 총과 탱크로 밀고 들어와 흘린 피의 열매고, 지금 우리가 당하는 자살폭탄 테러는 그 증오의 열매가 우리 접시에 올라오고 있는 건데…. 또 지금 저렇게 가자에 피의 씨앗을 뿌려 대고 있잖아요.

강 1948년을 말씀하시는 건가요?

세 맞아요. 전 그 이후 세대지만, 그때 이스라엘 사람들은 너무 준비가 안 되어 있었어요. 이스라엘에게 땅과 나라가 생긴다는 것만 생각했지 거기 아랍 사람들이 살고 있고, 그들과 우리가 함께 살아야 한다는 생각은 하질 못한 거죠. 그들의 문화와 종교에 대해 배우려 하지도 존중하는 마음도 없었던 거예요. 믿었던 건 무기와 돈뿐이죠. 그 결과가 무엇인가요? 날이 갈수록 보안이 어려워져 장벽을 쌓고, 그도 모자라 가자지구의 시민들을 향해 폭탄을 쏟아 붓고 있잖아요. 지금이라도 총을 내려놓고 대화를 해야 해요. 어떻게 누가 누구보다 나은 존재일 수 있겠어요. 설령 아랍이 싫다 하더라도 이미 같이 살고 있고, 같이 살아야 하잖아요. 사람에겐 사람에 대한 예의라는 게 있어야 하는 것이죠.

강 세라, 당신 같은 생각을 가진 이스라엘 사람들이 얼마나 될까요?

세 내 주변의 친구들은 대부분 내 생각에 동의해요. 하지만 물론 우리 같은 사람들은 비주류죠. 만약 우리가 사회의 주류라면 누가 선거 때문에 저런 일을 저지르겠어요?

강 이스라엘 언론에서는 어떤가요? 지금 가자지구 문제나 사태들에 대해….

세 이스라엘에는 진실을 말하는 사람이 그리 많지 않아요. 하지만 그건 아랍 쪽도 마찬가지라고 생각해요. 사람이 사는 곳인데 어떻게 어느 한쪽이 100% 옳고, 한쪽이 100% 그를 수 있겠어요. 이스라엘에게는 이스라엘대로, 아랍에는 아랍대로 문제와 모순, 실수와 잘못이 있는 거죠. 그걸 인정하면서 정직한 대화를 해나가는 것밖에 평화의 해결책은 없다고 생각해요.

강 당신은 언제부터 어떻게 그런 생각을 갖게 된 건지 궁금해요.

세 전 대학에서 여성학을 공부했어요. 그때 여성 문제를 통해 누군가에 의해 '타자화'된다는 것에 대해, 약자에게 가해지는 사회적 폭력에 대해 눈을 뜬 거죠. 그때는 아직 인티파다intifada(팔레스타인의 반反 이스라엘 저항운동)가 일어나기 전이었고 아랍이나 이스라엘 사람들이 지금보다 훨씬 자유롭게 오갈 때였어요. 마침 우리 과에 팔레스타인 여자 친구가 있었는데, 그 친구는 정말 멋졌어요. 모든 수업이나 토론에서 두각을 나타냈고, 너무 아름다웠죠. 그 친구와 함께했던 시간들, 그 친구와 함께 이스라엘이나 아랍 사회 양쪽 모두에서 여성들은 거대한 사회적 억압과 가부장제에 눌려 고통당하고 있다는 것을 깨달으면서 팔레스타인과 이스라엘을 더 깊이 보게 된 게 아닐까 싶어요.

강 평화에 대해서는요?

세 나는 유대인이지만 독실한 편은 아니죠. 물론 우리 아이들은 안식일이면 회당에 가고 의례를 지키지만 골수 유대인이라고는 할 수 없어요. 오히려 사상이 있다면 생명사상? 어떤 이유로든 사람이 사람을 죽이는 일이 있어서는 안 된다고 믿어요. 누가 누구보다 낫거나 못할 수 없기 때문에 모든 존재는 존중받아야 한다는 믿음, 그저 그 생각 하나뿐인 거지 특별한 평화의 사상이 있는 건 아니에요.

강 여성주의자에 평화주의자로 이스라엘에서 산다는 것은 어떤 일일까요?

세 늘 모든 생존은 투쟁이죠.^^ 생존하기 위해 계속 무언가를 했어야 했는지도 몰라요. 나를 받아들여 주는 사회적 공간이 많지 않으니까, 늘 새로운 공간을 만들어야 했죠. 그런데 쉰이 넘으니까 무언가 어쩔 수 없는 큰 공허함이 밀려왔어요. 그걸 어렵게 극복하고 다시 내 호흡과 길을 찾고 나니까, 주변에 그 돌파구를 찾지 못한 채 무력감과 절망감에 시달리는 많은 중년과 노년의 여성들이 보이기 시작했어요. 지금은 한 서른 명쯤 되는 여성들과 이야기하고, 함께 자존감을 되찾고 정체성을 만들어 가는 작업을 재밌게 해가고 있어요.

세라는 어느새 1시간을 훌쩍 넘겨 버린 남편과의 점심 약속을 위해 차를 돌렸고, 우리는 다시 예루살렘으로 가기 위해 버스 정류장으로 길머리를 틀었다. 2시간 남짓한 짧은 만남이었으나, 세라를 통해 만난 이스라엘의 다른 얼굴은 갈릴리 여행이 준 귀한 선물이었다.

침묵 깨기
Breaking the Silence

팔레스타인 안에 평화를 위해 길을 내는 이들이 있듯이 이스라엘 안에도 평화의 눈으로 갈등을 해결하기 위해 노력하는 수많은 이들이 존재한다.

'침묵 깨기(Breaking the Silence)'는 2002년 인티파다 기간 중에 아랍 지역인 헤브론에서 근무했던 군인들이 만든 평화단체다. 그들은 자신들이 군 복무 기간 동안 어떻게 팔레스타인 민간인들에게 고통을 주었는지, 얼마나 부당한 명령들을 따라야 했는지를 증언하며 평화의 고백을 시작했다.

그들은 수백 명의 군인들을 만나 그들의 이야기를 듣고 증언을 채록하는 일을 멈추지 않고 있다. 그 기록들은 웹사이트, 독립 언론, 잡지, 강연, 여행, 만남 등을 통해 침묵 속에 살아가는 수많은 이스라엘 사람들에게 직접 전해지고 있다. 또한 3년(남자), 2년(여자) 간의 군 복무가 이스라엘 젊은이들에게 얼마나 큰 피해를 끼치고 있는지를 이스라엘 사회에 호소하고, 학교를 찾아가 청소년들에게 가르치고 있기도 하다. 침묵 깨기는 이스라엘을 향해 이렇게 호소하고 있다. "군사 점령은 팔레스타인뿐 아니라 이스라엘 사회를 파괴하고 있다. 따라서 군사 점령을 끝내야 한다"고.

이들이 운영하는 가장 흥미로운 프로그램은 바로 '평화여행'이다. 이 여행은 "이스라엘 사람들이 팔레스타인 사람들이 겪는 고통의 현장을 직접 보고 생각이 바뀔 기회를 주기" 위한 것이다. 모든 언론과 방송이 국영으로 운영되고, 모든 뉴스가 검열을 거쳐야 하는 이스라엘 사회에서 더디지만 한 사람 한 사람에게 진실을 들려주는 방식으로 그들은 만남과 여행을 택한 것이다.

- 침묵 깨기 www.breakingthesilence.org.il
- 여행 참여 문의 : silvana.hogg@gmx.ch

깊이보기 ①

:: 정의로운 여행(Justice Tourism)은 가능한가?

ⓒ 이도영

이스라엘에 찾아드는 350만 관광의 물결

    2009년 1월, 3개월간 이어진 가자지구 공습이 계속되는 가운데도 텔아비브로 취항하는 항공편은 단 한 편도 취소되지 않았다. 이스라엘 정부는 항공사들에게 안전을 약속했고, 주한 이스라엘 대사관의 카스피 대사는 "가자지구 분쟁으로 이스라엘이 위험하다는 우려가 가중되고 있지만 한국이 안전한 것처럼 이스라엘 역시 안전한 국가"라고 국내 언론과의 인터뷰에서 안전을 강조했다.

    이스라엘의 인구는 2015년 기준 약 800만 명. 그중 유대인이 584만 명으로 75%, 아랍인이 159만 명으로 21%를 차지하고 있다. 나머지 외국인 거주자가 약 30만 명에 달한다(2015년 이스라엘 통계청 기준). 즉 인구 800만의 땅에 인구의 절반에 육박하는 관광객이 매해 찾아오고 있는 셈이다.

    이스라엘 관광부에 따르면 이스라엘을 찾은 관광객은 한 해 평균 350만 명(김무정, 『국민일보』, 2016.3.28)에 달한다. 이스라엘 관광청에 따르면 관광은 이스라엘에서 IT산업과 다이아몬드 세공 다음으로 국가의 주요한 산업을 차지하고 있다.

    관광산업은 이스라엘의 주요 외화 수입원으로 자리를 차지한 지 오래였다. 키부츠kibbutz(이스라엘의 집단 농경 공동체)들은 호텔과 각종 레저 프로그램을 개발하고 관광객을 유치해 농업과 더불어 다양한 수입원을 모색했고, 예루살렘의 5성급 호텔들은 늘 호황이었다. 주한 이스라엘 대사는 국내 언론과의 인터뷰에서 "한국인 관광객의 비중은 아시아 관광객 중 1위입니다. 더 많은 한국인들이 이스라엘을 찾아 주길 바랍니다"라며 친절한 환영의 메시지를 전하기도 했다. 그런 그에게 기자가 분리장벽 문제에 대해 묻자 그는 가볍게 답했다. "이스라엘의 분리장벽은 한국의 DMZ와 다를 바 없습니다." 이스라엘 관광부는 "이스라엘은 안전하다"는 말을 힘주어 반복했다.

특히 이스라엘의 성지순례 관광객 시장은 규모가 상상을 초월한다. 팔레스타인 관광부의 통계에 의하면 350만 명의 관광객 중 130만 명이 성지순례 관광객이다. 2014년 매년 이스라엘을 찾는 한국인 성지순례 인구는 꾸준히 늘어 2008년 3만 명, 2014년 4만 명을 넘어섰다. 전 세계 6위, 아시아에서 1위를 차지하고 있는 셈이다. 개신교든 가톨릭이든 그리스도교 신자라면 성지순례를 한번 꿈꾸어 보지 않는 이가 있을까…. 그런 만큼 이스라엘은 전 세계 25억을 차지하는 개신교와 가톨릭의 성지순례 패키지여행의 최대 시장이다. 성지순례 여행자들이 머물게 되는 호텔은 대부분 예루살렘의 5성급 호텔이나 키부츠의 리조트 같은 이스라엘의 숙소들이고, 이스라엘 전용 도로와 이스라엘 관광회사의 전용버스는 편안한 여행을 돕고 있다.

2008년 한국의 기독교방송 CBS는 700여 명을 태운 2만 6,000톤급 대형 크루즈로 이스라엘 성지순례 프로그램을 기획해, 이스라엘 관광부 차관이 직접 감사장을 전달하기도 했다. 그러나 그렇게 성지순례자들이 늘어나고 이스라엘 관광이 붐을 이루며 가파른 성장을 하는 사이 584만 명의 유대인이 아닌, 나머지 팔레스타인 사람들에게 관광은 도대체 어떤 의미를 지니는 것이었을까? 이스라엘의 3대 산업에 속한다는 350만 관광인구와 한 해 무려 4,600만 달러의 수익을 가져다주는 이스라엘 관광산업은 팔레스타인 사람들에게는 무엇을 가져다주고 있는 것일까?

　이스라엘이 아닌 팔레스타인 측이 집계한 통계에 의하면 이스라엘에 살고 있는 팔레스타인 인구는 159만 명이 아니라 서안지구 290만 명, 가자지구 190만 명으로 거의 500만 명에 달한다. 이는 이스라엘의 유대인 인구에 준하는 숫자다. 그러나 유대인이 이스라엘 영토의 85%를 차지하고 있는 반면 팔레스타인은 가자지구와 서안지구를 다 합해도 불과 15% 정도밖에 되지 않는 영토에 고립되어 살아가고 있다. 아이티와 다이아몬드 세공 등이 발달한 이스라엘과 달리, 아무 산업적 인프라도 가지지 못한 팔레스타인 사람들에게 관광은 거의 유일한 외부의 소득원인 셈이다. 무엇보다 이스라엘 관광객의 30%를 차지하는 성지순례 관광객이 가장 방문하고 싶어 하는 베들레헴과 여리고, 사해 등이 모두 팔레스타인 서안지구에 위치해 있다. 생각해 보면 예수가 태어난 마구간이 있는 베들레헴의 여관은 2천 년 전부터 모든 객실이 꽉 차 있지 않았던가.

이스라엘만 여행하게 하라

　이스라엘을 찾은 350만 관광 인파는 이스라엘뿐 아니라 팔레스타인 사람들을 향해서도 동시에 열리는 기회의 창이다. 무엇보다 성지순례의 여정에 빠질 수 없는 예루살렘 성을 비롯해, 베들레헴의 예수탄생교회 등 주요 성지들이 위치한 곳은 유대인 지구가 아니라, 팔레스타인 영토인 서안지구에 속한 것이기 때문이다. 성지뿐 아니라 팔레스타인의 행정수도 라말라는 요르단 부자들이 여름 피서지로 찾는 유명한 관광지였고, 갈릴리와 골란 고원 역시 중동 사람들의 여름 휴양지가 되었던 관광 지역이었다.

　평화협정이 진행되던 1990년대 중반까지만 해도 팔레스타인에서 상업과 관광업은 경제활동 인구의 18%로 제조업 16%, 농업 14%를 앞지르는 주요한 수입원이었다. 그러나 2000년 제2차 인티파다가 일어나고 2002년 장벽이 건설되면서 이스라엘은 팔레스타인에 대한 철저한 봉쇄정책을 펴기 시작했고, 그것은 자국 내에서만의 폐쇄가 아니라 국경과 장벽의 통제를 통한 외부와의 단절이 포함된 것이었다(오드 시뇰, 『팔레스타인』, 웅진지식하우스, 2008).

이스라엘의 팔레스타인 고립 정책이 팔레스타인의 관광에 어떤 영향을 미치고 있는지, 팔레스타인 대안여행 그룹의 프레드는 이렇게 이야기했다.

"팔레스타인 통계청(PCBS: Palestinian Central Bureau of Statistics)에 따르면 서안지구를 찾는 관광객 중 가장 많은 관광객이 찾은 서안지구의 도시는 방문율 66%를 기록한 베들레헴이었다. 그러나 불행히도 대부분의 방문객들은 이스라엘 여행사들이 주관하는 패키지 프로그램에 참여해 단 몇 시간 동안 둘러보는 단순 방문으로 베들레헴에 찾아왔을 뿐이었다. 또 이스라엘 측은 이스라엘 버스는 서안 지역을 자유롭게 오가도록 하면서 반대로 팔레스타인 여행사들의 버스가 예루살렘이나 이스라엘 지역으로 들어가 관광객들을 픽업하는 것을 원천적으로 금지하고 있어, 관광객에 대한 접근 자체가 차단되고 있다"(Fred Schlomka, '이스라엘 관광 붐, 그것이 팔레스타인에게 무엇이란 말인가?' www.toursinenglish.com).

그 결과 베들레헴의 주요 호텔 객실은 텅 비기 시작하고, 300개가 넘던 식당들 대부분은 문을 닫고 이제 남은 것은 30개 남짓. 이것이 서안지구를 찾은 관광객 66%가 방문했다는 베들레헴 관광의 현실이다. 더욱이 영토뿐 아니라 모든 관광에 관한 허가권을 틀어쥔 이스라엘 정부는 가이드에 대한 허가권을 통제하는 것을 통해서도 팔레스타인에 의한 관광을 옥죄고 있다.

유대학을 연구하고 이스라엘에 20년째 머무는 이스라엘 한인회장 이강근 박사는 심지어 한국인 목회자나 유학생들마저도 가이드 자격증을 따는 일은 너무 어렵고, 자격증 없이 가이드를 하다가 발견되면 불법노동으로 간주되는 엄격한 법을 적용하고 있다고 설명한다.

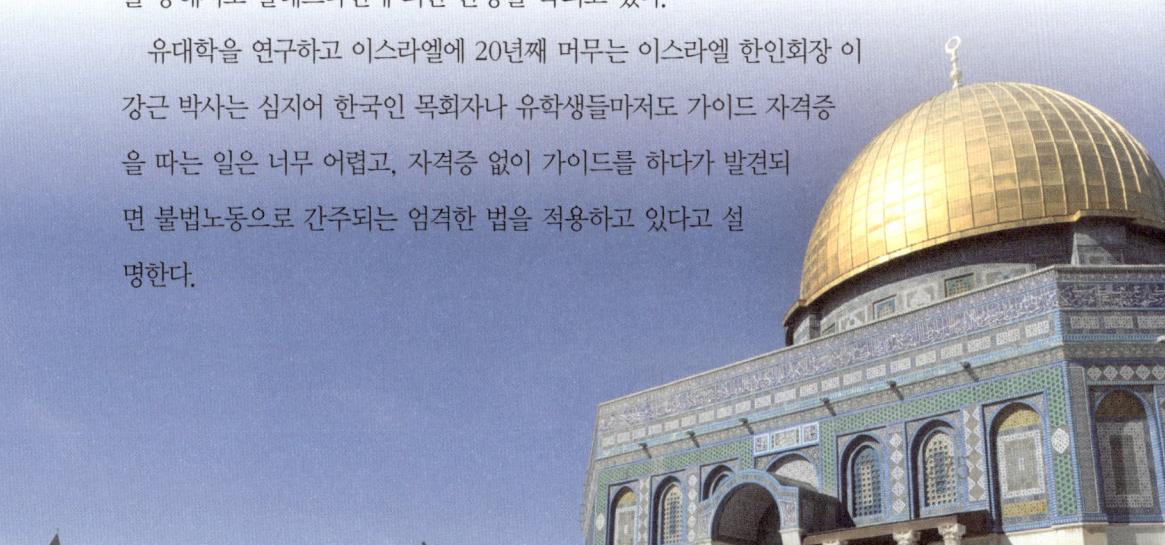

"이스라엘 관광청은 자국 영주권자 중 2년간 7,000달러의 학비를 내고 가이드 전문교육을 받은 뒤 이론과 실기시험에서 모두 합격해야 가이드 안내 자격증을 주고 있다"(김무정, 『국민일보』, 2016.3.28). 하물며 팔레스타인 사람들에게 7,000달러라는 비용은 과연 감당 가능한 현실의 액수일까?

팔레스타인의 실업률은 살인적이다. 가자와 서안지구를 합한 팔레스타인 평균 실업률은 무려 25.9%, 가자지구는 26.5%(2015년 팔레스타인 통계청)에 달한다. 산업 인프라도 자원도 없는 현실 속에서 성지순례의 유적들은 팔레스타인이 가진 유일한 자원이다. 그러나 현실은 그리 녹록지 않다.

크리스마스 기간에만 10만 명의 관광객이 찾는다는 베들레헴의 시장 베라 바분은 『조선일보』와의 인터뷰에서 고충을 토로한다.

"지난해 '교황 효과'로 상반기까지 전년 대비 관광객이 19% 증가한 것은 맞다. 하지만 곧바로 6월부터 이스라엘과 전쟁이 일어났고 이후 여행 예약의 60%가 취소됐다. 전쟁 기간에만 3,000만 달러(약 330억)의 손실이 발생했다. 관광 수익 외에 기댈 게 없는 인구 2만 5,000명의 베들레헴은 실업률이 25%에 달한다. 전쟁으로 인한 피해는 이스라엘 역시 마찬가지다. 이스라엘 관광부는 지난해 이스라엘을 찾은 관광객 수가 2013년에 비해 7% 감소했다고 발표했다."

그녀는 관광을 증진시킬 방법이 없느냐는 기자의 질문에 체념하듯 답한다.

"도로를 넓히고 관광자원을 확대하려 해도 도시 개발이 불가능하다. 베들레헴 영토 82%가 이스라엘군의 통제를 받는 'C구역(Area C)'에 속한다. 수십 년간 베들레헴 주변에 들어선 이스라엘 정착촌만 22개다. 정치적 해결이 없다면 베들레헴도 없다"(박국희, 『조선일보』, 2015.2.24).

정의로운 여행은 가능한가?

그러나 그 깊은 그늘 속에서도 '다른 여행'을 꿈꾸는 사람들은 존재했다. 팔레스타인 대안여행 그룹, ATG(Alternative Tourism Group)가 시작된 건 1995년이었다.

ATG는 예루살렘이 아니라 베들레헴을 중심으로 예루살렘은 물론, 헤브론, 나사렛, 가자를 포함한 지중해 지역, 여리고, 갈릴리 지역까지 포괄하는 대안적 성지순례 프로그램을 운영하고 있다. 그들의 파트너는 미국의 평화운동 단체인 CPT(Christian Peacemaker Teams), 이스라엘 평화운동 단체, 이스라엘 정착촌과 키부츠 등 다양하다. 뿐만 아니라 일반적인 여행 프로그램도 운영하고 있는데, 베들레헴 근처의 와이너리, 가자 지역의 와이너리를 탐방하는 프로그램, 이스라엘과 팔레스타인 지역의 문화유산을 경험하는 여행, 조사와 연구를 목적으로 하는 학자·언론인·NGO를 위한 깊이 있는 안내, 교회와 학생들을 위한 배움의 여행, 국경을 넘어 팔레스타인 사람들과 만나고 연대하기를 원하는 여행 프로그램 등 깊이와 넓이를 갖춘 전문가들의 네트워크를 바탕으로 한다.

그들이 꿈꾼 여행은 '정의로운 여행(Justice Tourism)'이었다. 관광으로 정의를 추구한다는 것이 어떤 뜻인지 묻는 이에게 그들은 이렇게 답했다.

"관광을 통해 지역 공동체에 경제적 기회가 주어지고, 서로에게 좋은 영향을 미치는 문화적 교류가 일어나는 거죠. 또 사람뿐 아니라 환경이 보호되는 여행이어야 하구요. 그리고 무엇보다 우리가 바라는 것은 여행으로 팔레스타인과 이스라엘의 갈등과 현실에 대해 깊이 이해할 수 있었으면 하는 거예요. 그렇게 사람과 사람이 얼굴을 마주하며 서로에게 귀 기울일 때 일어나는 이해와 공감, 타인의 고통에 대한 연대야말로 평화를 가져올 수 있는 유일한 길이죠.

팔레스타인에 오기 전 사람들은 팔레스타인에 대해 수많은 오해와 잘못된 이미지를 가지고 있죠. 그렇게 깊이 박힌 잘못된 인식과 이미지를 바꾸는 길은 단 하나밖에 없어요. 더디지만, 한 사람 한 사람이 팔레스타인을, 팔레스타인 사람들을 마주하며 경험하는 거죠. 그렇게 따지면 여행은 가장 효과적인 평화의 수단인 거죠."

ATG의 여행 프로그램은 일방적으로 팔레스타인의 아픔과 현실을 보여주는 정치적 선전물이 아니라 경계 넘어서기, 다양한 시선으로 문제 바라보기, 사람을 사람으로 바라보기, 만남을 통한 연대… 그런 세심한 과정을 통해 여행자 스스로가 평화에 대해, 정의에 대해 고민해 보도록 길을 열어 주고 있다.

때문에 그들의 여행 프로그램 속에는 팔레스타인 마을뿐 아니라 이스라엘 정착촌, 또 국제활동가들, 이스라엘의 군인들, 팔레스타인 농민들, 기독교와 무슬림의 성지들, 동·서 예루살렘을 오가는 다양한 만남과 여정이 자리하고 있었다. 여행을 통해 어떻게 정의에 다다를 수 있는가? 혹은 여행이 어떻게 정의로울 수 있는가 묻자 그들은 답한다.

"우리가 원하는 건 여행자들의 단순한 '경제적 기여'가 아니라 '사회적 정의'예요. 관광은 물론 지역에 경제적 수입을 가져다줄 소중한 기회죠. 그러나 거기 정의가 빠져 버린다면 그 돈에 어떤 의미가 있을까요? 관광을 통해 지역에 흘러들어오는 돈이 지역을 빠져나가지 않고, 또 그 사회의 양극화를 부추기는 것이 아니라 약자를 돌보고, 사회적 정의가 구축되는 일을 위해 쓰일 때, 그걸 정말 대안적인 관광이라고 부를 수 있는 것 아닐까요?"

팔레스타인 책임여행운동
Social Responsible and Justice Tourism

2007년 6월, NGO기구들과 성지트러스트, 성지연구소, 대안여행 그룹, 베들레헴 크리스천 그룹 등이 한자리에 모였다. 어떻게 하면 수많은 성지순례 관광객들이 방문하는 팔레스타인 지역에서 직접 지역 경제에 도움이 되는 방법으로 소비를 하고, 관광객들과 지역 공동체가 소통하는 관광을 정착시킬 수 있을지에 대해 토론하기 위해서였다. 핵심 주제는 관광 영역에서의 '사회적 정의'였다. 분리장벽, 팔레스타인 가이드에 대한 자격증 발급 중지, 팔레스타인 차량의 공항 통행이나 관광객 픽업 금지, 유대인 영역으로의 차량 통행에 따르는 심한 검문 등이 팔레스타인 관광과 지역 경제를 점점 고사시켜 가고 있었기 때문이다.

2007년 6월에 이어 10월로 이어지는 토론을 통해 관련 기관들은 팔레스타인 여행자들이 지역을 만나고 지역에서 소비하는 윤리적 여행을 해줄 것을 권장키로 했다. 또 이스라엘 여행이 막힌 장벽과 여러 사회적 차별정책을 넘어서는 정의로운 여행이 되도록 세계적인 책임여행자들을 초대하는 캠페인을 하기로 결정했다. 그 결과로 만들어진 것이 팔레스타인 책임여행운동 PIRT(Palestinian Initiative for Responsible Tourism)이다. 그 네트워크에는 팔레스타인 종교 간의 대화 그룹, 베들레헴 대학, 팔레스타인 관광청, 베들레헴 크리스천 기관연합, 대안적 여행 그룹, 팔레스타인 호텔연합 등 시민단체와 관광업체, 행정부를 아우르는 다양한 주체들이 참여했다. 이스라엘 관광에서의 사회적 정의 실현, 여행자와 지역의 진정한 만남, 지역을 살리고 진실을 경험하는 여행 등의 정의로운 여행 프로그램 개발과 정착을 위해 힘을 모으고 있다.

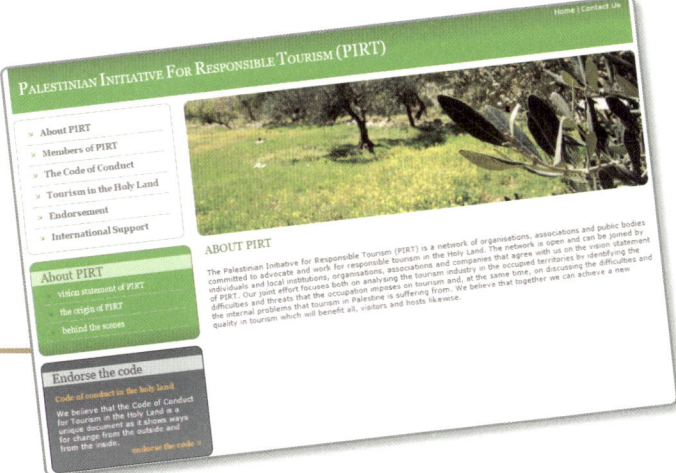

공정여행 팁

ATG와 함께하는 경계를 넘는 여행 www.atg.ps

팔레스타인 대안여행 그룹 ATG(Alternative Tourism Group)는 보통 여행사들처럼 하루 여행 프로그램에서부터 성지순례, 가족여행, 모험을 즐기는 휴가 등 다양한 여행 프로그램을 운영하고 있다. 다른 점이 있다면 이스라엘 호텔 대신 팔레스타인 가정집에 머물며 여행자들이 팔레스타인을 만나도록 돕고, 이스라엘 정착촌에 찾아가 이스라엘 정부나 언론이 아닌, 이스라엘 사람을 통해 이스라엘과 팔레스타인의 이야기를 듣는 여행을 만든다는 것.

01 올리브를 추수하는 여행

1948년 이스라엘 건국 이후 100만 그루 이상의 팔레스타인 올리브나무가 뿌리 뽑히고, 300만 이상의 팔레스타인 사람들이 난민이 되거나 삶의 기반을 잃었다. 그 사이 이스라엘은 인구 60만의 작은 나라에서 인구 550만의 나라로 성장했다. 2000년의 2차 인티파다 이후 이스라엘의 팔레스타인 지역에 대한 봉쇄와 극심한 검문, 농업활동 방해 등으로 올리브 추수철이면 다 자란 올리브를 거두지 못해 엄청난 손실을 보고, 심지어 농업을 포기하는 경우도 허다했다. 그런 현실을 지켜본 이들은 2002년 가을, 올리브 추수 캠페인을 시작했고 이 여행은 지금도 계속되고 있다.

ATG는 동예루살렘의 YMCA, YWCA 등과 더불어 네트워크를 만들어 사람들을 초대했다. 이어 미국의 글로벌 익스체인지, 영국의 올리브 협동조합, 이탈리아의 생협 등 세계 각처의 수많은 이들이 팔레스타인으로 찾아들기 시작했다. 그들이 한 일은 시위도 집회도 아니었다. 다만 팔레스타인 농가에 머물며 함께 올리브를 추수한 것. 그들은 농부들의 집에 머무르며 함께 추수를 하고 밥을 먹고, 잔치를 열었다. 백인과 흑인, 동양인과 이스라엘인, 수많은 사람이 뒤섞인 올리브 숲을 향해 이스라엘 군인들은 총을 쏠 수 없었고, 그렇게 수확된 올리브 열매는 팔레스타인 사람들의 눈물, 올리브 오일이 되었다.

한국에서는 2013년 9월 YMCA에 의해 한국 ATG가 협동조합으로 창립되어 다양한 대안적 성지순례 프로그램을 진행하고 있다.

- **시기** : 매해 10~11월.   **기간** : 7~10일.   **장소** : 서안지구 올리브 농장.
- **프로그램** : 농부들과 함께하는 올리브 추수, 난민촌 및 정착촌 주민들과의 만남, 팔레스타인의 문화와 역사를 경험하는 여행과 만남, 팔레스타인 올리브 농가에서의 팜스테이, 예루살렘·베들레헴·헤브론으로의 역사·문화·정치 여행 등 다양한 만남과 활동을 통해 이스라엘-팔레스타인의 문제를 깊이 이해하는 평화의 여정.

02 희망의 올리브나무를 심는 여행

ATG와 평화단체들은 새로운 여행을 제안했다. 이번엔 올리브나무를 심는 봄 여행이었다. 역시 팔레스타인

과 이스라엘의 여러 단체, 농민들과 함께하는 만남과 여행이다. 올리브 추수 여행이 절망을 거두는 여행이라면 올리브를 심는 여행은 희망을 심는 여행이다.

- **시기** : 매해 2월, 일주일간.   • **장소** : 서안지구 올리브 숲.   • www.jai-pal.org

03 막힌 담을 허무는 평화의 순례

ATG는 이스라엘의 남부부터 북부까지 예수의 흔적과 성지를 찾아 이스라엘 전역을 여행하는 10박 11일의 성지순례 프로그램을 운영하고 있다. 더 깊이 있게 성지를 묵상하고, 그곳에서 살아가는 사람들의 삶을 마주하는 순례의 여정이다.

ATG의 여행에는 과거의 이야기와 유적을 보는 것을 넘어 그곳에 지금 살아가고 있는 사람들과의 만남이 있다. 헤브론에서는 평화운동가들을 만나 평화의 해법을 찾아보고, 유대인의 눈으로 보는 헤브론의 이야기에도 귀를 기울인다. 베들레헴 외곽 마을에서 홈스테이를 하며 들판의 삶을 경험하고, 베들레헴의 문화와 역사를 배우는 시간도 갖는다. 아랍 기독교인들의 근거지, 나블로스를 방문해서는 성서의 시대부터 지금까지 믿음을 지키고 있는 아랍 기독교인들이 처한 삶의 어려움과 그들의 신앙에 대한 이야기를 통해 성서의 땅이 살아 있는 땅임을 경험하도록 돕는다. 무엇보다 이 순례를 통해 성지순례자들은 그들의 존재와 걸음만으로도 이스라엘과 팔레스타인 사이에 경청과 이해, 돌봄과 귀 기울임의 길을 내고, 여러 힘겨움 속에서 삶을 살아가는 팔레스타인 사람들을 자선이 아닌 여행을 통해 도울 기회를 얻을 수 있다.

- **시기** : 그룹 단위의 여행 요청이 있을 경우(맞춤 여행 형식).
- **프로그램** : 10박 11일 이스라엘-팔레스타인 전역 평화의 성지순례 프로그램.

04 팔레스타인을 발견하는 여행

긴 시간을 할애할 수 없는 단기 여행자, 방문자들을 위한 하루 여행 프로그램도 있다. 매주 월요일과 목요일, 장벽 너머에 숨겨진 팔레스타인의 역사와 문화, 사람들의 삶을 마주할 수 있는 헤브론, 베들레헴을 둘러보는 하루 여행을 떠난다. 이 여행에 참여하고 싶은 여행자는 이메일이나 전화 예약 후 예루살렘 YMCA에서 오전 8시 반에 출발하는 차를 타면 된다.

- **프로그램** : 예루살렘 YMCA(Jerusalem International YMCA)에 모여 헤브론으로 출발 – 헤브론의 고대 도시 – 아브라함 모스크 – 헤브론 안에 자리한 이스라엘 정착촌 – 유리 공예 작업장 방문 – 점심 – 베들레헴으로 이동 – 팔레스타인 난민촌(Deheisheh) – 빼앗긴 땅들 그리고 장벽 – 예수탄생교회 – 예루살렘에 오후 4시 반 도착.
- **참여 비용** : 예루살렘 출발 335NIS(87달러), 탈아비브 출발 435NIS(113달러), 이스라엘 여행사들이 진행하는 일반 관광 프로그램과 비슷한 가격이다. 점심 35NIS(10달러)는 현지 가족에게 직접 별도 지불. 교통편, 전문가이드 포함. 최소 3인 이상 출발, 48시간 이전 예약 필수.

Interview 팔레스타인 농업보호위원회의 사디

팔레스타인 올리브 숲으로 떠나는 평화의 여행

팔레스타인 사람들에게 올리브는 우리에게 '벼'가 지닌 의미와 비슷하다. 무엇보다 팔레스타인 농부들의 연 소득 중 25~50%가 올리브 생산에 달려 있다. 서안지구와 가자지구의 경작할 수 있는 땅 중 80%에 올리브를 재배하고 있고, 특히 라말라를 중심으로 한 서안지구의 경우 10만 가구 이상이 생계를 올리브에 의존하고 있다고 한다. 그러나 우리가 외신에서 마주친 팔레스타인의 올리브 숲은 생명의 숲이 아니라 불도저에 의해 잘려지고 파괴된 숲, 뿌리 뽑힌 나무들 앞에서 울음을 터뜨리고 있는 농민들의 모습이었다. 라말라에서 만난 팔레스타인 공정무역운동가 사디가 일하는 PARC(Palestinian Agricultural Relief Committees : 팔레스타인 농업보호위원회)는 3천여 세대의 팔레스타인 농가와 더불어 팔레스타인의 삶의 기반인 농업을 지키기 위해 올리브를 중심으로 활발히 공정무역운동을 펼치고 있었다. 그는 팔레스타인에서 사라져 간 올리브 숲에 대해, 그 숲을 찾아오기 시작한 여행자들에 대한 이야기를 들려주었다.

이스라엘이 올리브 숲을 파괴하는 이유는 무엇일까요?

"나무란 한두 해 만에 자라는 것도, 또 봄에 심어 바로 가을에 수확할 수 있는 것도 아니잖아요. 올리브나무가 뽑혀 버리면 농민들은 몇 해 동안 아무 수입도 없이 살아가야 하는 무서운 현실이 다가오죠. 결국 올리브나무와 함께 그 땅에 뿌리박고 살아온 사람들도 뽑아 버리려는 거죠."

얼마나 많은 올리브나무가 사라진 건가요?

100만 그루 이상이죠. 이스라엘은 1948년 침략 이후 지속적으로 올리브 숲을 파괴해 왔습니다. 그 절반 이상이 2차 인티파다 이후 7년간의 올리브 숲 파괴 정책으로 사라졌습니다. 명분은 늘 '안보 문제'였죠. 숲에 사람이 숨어들거나 올리브나무 뒤에서 공격할 수 있다며 정착촌 근처의 숲은 모조리 베어 버렸으니까요.

지금도 여전히 올리브 숲이 파괴되고 있나요?

2002년부터 분리장벽을 쌓으면서 서안지구 수자원의 85%를 빼앗아 갔어요. 물 없이 나무가, 사람이 어떻게 살 수 있겠어요. 게다가 장벽은 마을과 올리브 숲 사이를 가로막으며 건설된 곳이 많아 농부들은 제때 올리브나무를 돌볼 수조차 없어진 거죠. 결국 올리브 작황은 반 이하로 줄어들었고, 농부들이 밭을 떠나고 있어요.

이스라엘은 왜 그토록 올리브 숲에 집착하는 것일까요?

결국 목적은 땅이죠. 이스라엘은 지금도 고대 오토만 법에 따라 4년 이상 경작하지 않은 땅은 국가가 소유한다는 '유기토지회수법'을 가지고 있죠. 경작하지 않은 것이 아니라 분리장벽과 부족한 물 때문에 올리브 농사를 지을 수 없었던 거라고 아무리 호소해도 그때는 이미 늦은 거죠.

엄혹한 여건 속에서 '공정무역'이 어떻게 가능할 수 있었는지 궁금해요.

올리브를 재배하는 과정부터 추수하고 출하하기까지 팔레스타인 농부들은 땅이나 가뭄이 아니라 이스라엘 검문소와 씨름해야 합니다. 의도적으로 농사를 방해하고 출하를 지연시켜 농업이 고사되어 가길 원하는 것이 이스라엘의 정책이니까요. 일반 시장에서 싸고 좋은 올리브 오일을 찾는 소비자들에게 어떻게 그걸 다 설명할 수 있겠어요. 하지만 공정무역을 하는 단체들이 팔레스타인 올리브의 현실을 알리기 시작하자, 사람들이 팔레스타인 올리브 오일에 붙어 있는 점령의 비용을 함께 부담해 주기 시작한 거죠. 유럽이나 일본, 한국 같은 먼 곳에서 올리브 오일 한 병을 사주는 일이 이곳의 올리브나무 한 그루, 한 가족의 삶을 지키는 일이라는 것을 기억하는 이들이 없었다면 우린 더 많은 올리브 숲과 땅을 잃어버렸을 거예요.

여행자들이 팔레스타인 사람들에게 어떤 도움이 될 수 있나요?

2002년 시작된 올리브 추수 캠페인으로 세계 각처에서, 또 이스라엘에서 장벽을 넘어온 이스라엘 시민들이 팔레스타인 사람들과 뒤섞여 올리브를 따기 시작하자, 이스라엘 군인들이 더 이상 총을 쏠 수 없게 된 놀라운 일이 일어났어요. 이제 가을이면 팔레스타인 사람들은 올리브 열매와 함께 그 숲을 찾아오는 여행자들을

기다리죠. 그들은 우리가 혼자가 아니라는 것을 이야기해 주는 소중한 친구들입니다.

사디는 올리브 추수철에 팔레스타인에 다시 한번 찾아오라며 명함을 건넸다. 정말 와도 되겠느냐 묻자 그는 ATG를 가르쳐 주었다.

"이스라엘을 떠나기 전 꼭 ATG를 만나 보세요. 당신이 듣고 싶은 많은 이야기를 들려줄 거예요."

그는 친절하게 그들의 주소와 연락처를 적어 주었다. 직접 찾아가고 싶은 마음에 예루살렘 어디쯤 있는지 위치를 묻자 그는 너무 오래전에 가보았던 터라, 예루살렘의 지리는 설명해 줄 수도 알 수도 없다며 미안해했다. 예루살렘은 라말라에서 버스로 30분이면 도착하는 곳이 아닌가. 의아함에 그를 쳐다보자 그는 또렷한 음성으로 말했다.

"저는 예루살렘에는 가지 않아요."

그의 말은 자신은 예루살렘 출입 허가증이 없다는 뜻이었다. 어떤 조직적 활동도 하지 않는 것을 전제로 서약한, 이스라엘에 피해를 끼치지 않을 순수하고 선량한 팔레스타인 시민에게만 발급해 주는 '블루 패스포트'를 스스로 거부한 사디, 그는 예루살렘에 갈 수 없는 것이 아니라 가지 않는 것이었다. 자신이 가질 수 있는 보다 나은 일자리와 삶 대신, 점점 좁아지는 세계인 서안지구의 라말라에 서서, 팔레스타인 농부들의 삶과 자신의 삶을 올리브나무 삼아 그 땅을 지켜 가고 있는 것이었다.

팔레스타인의 눈으로 쓴 최초의 가이드북
『팔레스타인 그리고 팔레스타인 사람들 (PALESTINE & PALESTINIANS)』

대안여행 그룹 ATG 지음

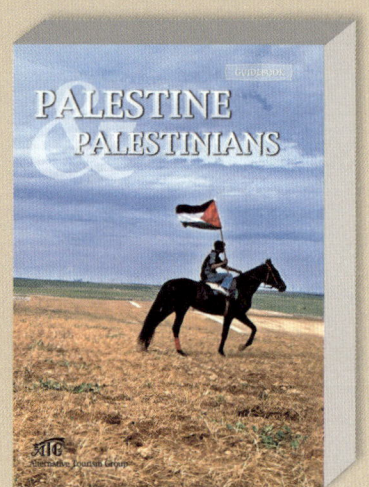

팔레스타인 사람의 눈으로 팔레스타인을 바라보고 여행할 수 있는 최초의 가이드북. 이 책은 이스라엘-팔레스타인을 여행하려는 여행자를 위한 숙소와 식당, 볼 것과 살 것, 하이킹과 바이킹 같은 다양한 활동을 안내하고 있다. 뿐만 아니라 팔레스타인의 노래와 시, 아름다운 문화와 역사는 물론 정착촌, 분리장벽, 시온주의 같은 팔레스타인의 현실을 이해할 수 있는 정치적 주제들에 대한 설명도 담겨 있다. 책의 저자인 ATG는 책을 낸 이유를 이렇게 말한다.
"팔레스타인이 가진 여러 얼굴과 모습은 감춘 채 팔레스타인 사람들은 테러리스트이며 팔레스타인은 위험하다고만 말해 왔죠. 팔레스타인에 대한 고정된 이미지를 넘어 진짜 팔레스타인을 경험하게 돕고 싶었어요."

> 공정여행 팁

이스라엘 평화여행을 위한 가이드

작은 성지를 방문한다 해도, 같은 갈릴리 호수에 간다고 해도 누구의 시선으로 그곳을 바라보는가에 따라, 누구를 만나 어떤 이야기를 듣는가에 따라 사뭇 다른 여행이 될 것이다.

인구 800만, 한반도 5분의 1의 작은 나라지만 이스라엘 여행은 유대인과 팔레스타인인의 문화와 종교, 갈등과 평화를 바라보는 시선의 차이를 극명하게 경험할 수 있는 소중한 배움의 시간이 될 것이다. 그러나 두 민족의 시선을 모두 이해하는 여행을 하기 위해선 따로 정보를 모으고 사람을 만나려는 노력과 준비가 필요하다.

공항 입출국 심사

다른 나라와 달리 이스라엘은 공항 입출국 시 보안요원의 짧은 인터뷰가 있다. 질문은 대부분 정해진 것이니 미리 준비한다면 당황하지 않고 입출국 심사를 통과할 수 있다.

입국 시 : 이스라엘에 온 목적은? 체류 기간은? 방문 지역은? 숙소는?

출국 시 : 입국 때의 같은 질문과 함께 폭발물 테러 감시를 위한 질문이 이어진다.

　　　　　이 짐을 싼 사람은 누구인가?
　　　　　이스라엘 체류 기간 동안 누군가로부터 배달받은 물건은 없는가?
　　　　　모르는 상자나 열어 보지 않은 선물 같은 것이 들어 있지는 않은가?
　　　　　거리에 가방을 방치해 두거나 오랫동안 놔둔 적은 없는가?

당황하지 않고 침착하게 이야기하면 상대도 거친 태도를 보이지 않고, 성지순례 여행자나 일반 관광객들에게는 관대한 태도를 취하는 편이니 특별히 긴장할 필요는 없다.

입국 도장은 노 땡큐

이스라엘 입국 시, 여권에 시리아, 레바논, 이란 등 이스라엘과 적대적 관계에 있는 중동 국가의 입국 도장이 찍혀 있다면 이스라엘 입국은 불가능. 때문에 중동 여행 시에는 입국 도장을 찍어 주려 할 때 반드시 "노 스탬프 No Stamp"라고 말하고, 다른 종이를 준비해 그곳에 입국 도장을 받아 지참해야 한다.

이스라엘 & 팔레스타인 여행하기

01 이스라엘 사람들을 만나 그들의 이야기에 귀 기울이고 싶다면

이스라엘 홈스테이 네트워크 www.bnb.co.il : 텔아비브, 예루살렘, 하이파 등 대도시 중심으로 홈스테이가 잘 발달되어 있다. 이스라엘 사람들의 일상, 세상을 바라보는 시선을 이해할 수 있는 기회가 될 것이다.

이스라엘 키부츠 네트워크 www.kibbutz.co.il : 키부츠는 2개월 이상 공동생활을 하며 일하는 프로그램 외에 리조트, 게스트하우스, 수영장, 헬스센터 등도 운영하고 있다. 특히 지중해 연안이나 갈릴리 호수의 키부츠는 고급 리조트를 능가하는 아름다운 경관과 시설로 유명하다.

02 팔레스타인 사람을 만나는 여행을 하고 싶다면

무작정 이스라엘에 가서 팔레스타인 여행사나 팔레스타인 사람들이 운영하는 숙소를 구하는 일은 쉽지 않다. 가장 쉬운 방법은 예루살렘을 이동의 중심으로 잡아 예루살렘 내의 팔레스타인 사람들이 운영하는 숙소에 묵으며, 하루 관광이나 특별한 여행 프로그램을 문의하는 것. 팔레스타인의 문화와 사람들의 정서, 시선을 느끼는 특별한 여행을 기획해 보자.

개인여행자를 위한 팔레스타인 게스트하우스 – 예루살렘

Citadel guest house : 예루살렘 성 뉴게이트에서 5분 거리의 유명한 유스호스텔. 옥상에 올라가면 예루살렘 성 전체가 보이고, 깔끔한 시설과 경영으로 서양인 여행자들이 끊이지 않는다. 다양한 여행 프로그램을 연결해 주고 있고, 무료 인터넷과 주방을 이용할 수 있다.

Palm guest house : 뉴게이트와 정반대 편 아랍지구인 다마스쿠스 게이트에 들어오기 전, 성문 밖에 있다. 예루살렘 성내에 비해 30% 정도 싼 가격과 서안지구로 출발하는 모든 차편의 출발지라는 것이 장점. 평화운동가들이 장기 체류하는 경우가 많아 다양한 국제활동과 자원활동 정보를 얻을 수 있고, 재래시장도 가깝다. 무료 인터넷은 물론, 주방에서 조리가 가능하다. 주변에 저렴한 게스트하우스들이 연이어 있어 여행자 거리를 형성하고 있다. 방이 없다면 언제든 옆집으로~

팔레스타인 여행사를 통한 패키지 프로그램

많지는 않지만 하루 여행 프로그램에서 일주일, 열흘의 장기 패키지까지 서안지구와 이스라엘을 넘나들며 이스라엘과 팔레스타인 사람들을 모두 만나는 여행 프로그램을 운영하는 팔레스타인 여행사들도 있다. 그 대표적인 여행사가 아부핫산 대안여행사와 팔레스타인 대안여행 그룹이다. 그들은 헤브론 평화여행, 이스라엘 정착촌 방문, 팔레스타인 난민촌, 올리브 심기, 추수하기, 베들레헴 와이너리 탐방, 사해 여행 등 다양하고 폭넓은 여행 프로그램들을 운영하고 있다. 무엇보다 이 여행사들을 통해 여행한다면 팔레스타인 지역 경제에 직접적으로 기여할 수 있으므로 공정여행을 꿈꾸는 이들에게 강추.

- **대안적 여행 그룹 ATG** www.atg.ps
- **팔레스타인 책임여행 그룹** www.pirt.ps

새로운 여행

세상을 바꾸는 여행, 글로벌 익스체인지
여행은 나를 바꾸고, 나는 세상을 변화시킨다

글로벌 익스체인지는 행동하는 시민 혹은 여행자들의 네트워크다. 세계화, 전쟁, FTA 등 북반구 주도 국제정치가 세계에 만들어 가는 짙은 그늘, 점점 멀어져만 가는 1세계와 3세계 사이의 격차, 지구를 파괴할 뿐 아니라 다른 사람의 삶마저 파괴해 가는 1세계 사람들의 소비적 삶 속에서 글로벌 익스체인지는 거대한 지구적 문제에 대해 고민하고 연구하며 새로운 희망을 만들어 갈 수 있는 일상의 길을 모색했다. 그것은 바로 여행! 그들은 그 여행을 '리얼리티투어'라 부른다.

30개국, 60여 개의 리얼리티투어 프로그램

리얼리티투어는 인권, 환경, 지속가능한 개발, 예술과 문화, 평화, 여성, 종교, 노동과 경제 등 9개의 주요한 주제를 가지고 세상을 만난다. 만남은 이해를 낳고, 이해는 변화를 낳고, 변화는 행동을 낳는 것! 국가와 국가가 아니라 사람과 사람, 지역과 공동체가 만나는 새로운 국제화의 물꼬를 여행으로 트고 있는 것이다. 바로 아래로부터의 세계화다.

여행이 가져온 변화는 그리 작은 것이 아니었다. 리얼리티투어를 바탕으로 한 공정무역 캠페인은 스타벅스가 공정무역 커피를 판매하도록 결정하게 했고, 대학에서는 아동노동으로 만든 티셔츠 대신 공정무역 티셔츠를 단체 티셔츠로

하는 생활 속의 변화를 만들기도 했다. 특히 국가의 일방적인 전쟁 결정에 맞서, 평화를 원하는 시민들에 의한 '시민외교'를 꿈꾸는 평화여행 프로그램은 미국의 점령으로 고통받는 아프가니스탄과 이라크, 미국이 적대적 대외정책을 펴고 있는 이란과 북한, 쿠바 등을 넘나들며 커튼 뒤에 가리워진 사람들의 삶을 마주하고 있다. 그리고 점령의 실체를 증언하는 여행은 미국의 대외정책 변화를 촉구하는 로비 활동으로 이어지기도 했다.

12월엔 커피 여행을!

해마다 12월에 파라과이의 공정무역 커피 농장으로 떠나는 커피 여행이 있다. 크리스마스와 신년휴가를 의미 있게 보내고 싶은 여행자들을 모아 파라과이에서 공정무역 커피 농가들의 추수에 참여한다. 마을 사람들의 집에서 묵고, 농장일이 끝나면 집에 돌아와 전통 요리법도 배우고, 마을축제도 함께한다. 여행에 참여하는 사람 중에는 평소 공정무역 커피를 즐겨 먹던 이도 있고, 커피에 관심이 많거나 일반적인 여행에 지쳐 특별한 여행을 떠나 보고 싶은 이들도 있다. 그러나 누구라도 이 여행을 함께한다면 내가 마시는 한 잔의 커피가 누군가의 삶을 파괴할 수도 있고, 희망의 싹을 틔우게 할 수도 있음을 느낄 수 있을 것이다.

쿠바 여행, 여행으로 무너뜨리는 경제봉쇄

글로벌 익스체인지의 첫 프로그램이자 리얼리티투어의 중심은 쿠바 여행이다. 쿠바 경제봉쇄 정책 중 하나는 미국인들이 쿠바를 여행할 수 없도록 한 관광봉쇄 정책이었다. 그러나 이들은 "쿠바를 여행할 권리를, 쿠바에 자유"를 외치며 다양한 방법으로 쿠바를 여행해 왔다.

그렇게 쿠바의 예술을, 쿠바의 유기농업을, 쿠바의 의료제도와 사회보장제도를, 쿠바의 아름다운 자연을 마주한 여행자들은 자신이 만난 쿠바를 미국 사회에 알리기 시작했다. 친구에게, 이웃에게 전하기도 하고, 때론 언론으로, 강연으로 그곳 사람들의 삶과 사회의 긍정적 측면을 소개하며 국가가 막은 장벽을 넘나들었다. 그렇게 여행자들은 이라크 전쟁, 팔레스타인 문제 등 미국이 관여하는 국제정치의 잘못된 부분들을 끊임없이 고발하고, 증언하며, 변화를 촉구해 오고 있다. 2016년 마침내 오래된 미국의 쿠바 경제봉쇄가 무너졌고, 쿠바를 찾는 글로벌 익스체인지의 발걸음은 축하와 축복으로 그득했다.

아프간 여성을 만나는 여행

아프가니스탄의 여성단체 Afghans4tomorrow와 깊은 관계를 맺고 있는 글로벌 익스체인지는 해마다 아프간 여성들을 만나는 여행을 떠난다. 아프간은 오랜 전쟁으로 많은 것을 잃었다. 많은 아버지와 아이들이 죽고, 여성들은 오랜 차별과 전쟁, 가난 속에서 고된 삶을 살아내고 있다. 그러나 그들이 만나는 여성은 그 현실 속에서 피해자로 희망을 버린 여성들이 아니라, 자기가 선 자리에서 스스로 희망을 일구어 가는 여성들이다.

여성들을 위해 학교를 만들고 운영하는 여성단체, 전쟁으로 남편을 잃은 미망인들의 자립을 위해 만든 작은 가게와 수공예품 공장, 여성들의 문맹률을 낮추기 위해 지역에서 글을 가르치는 활동가들, 여성 인권 문제를 조사하는 여성 인권 단체, 높은 차별의 벽을 뚫고 사회적 위치를 얻은 전문직 여성들, 카불 대학의 대학생들…. 다양한 사람들을 만나 눈을 맞추고, 함께 얘기하고 노래하며 그들이 느끼는 아프간의 현실, 소중함, 무엇보다 더디더라도 조금씩 만들어 가려는 희망에 귀 기울이고 관계 맺는 여정이다. 물론 아프간의 박물관과 미술관, 시장, 음악과 사람을 느끼는 여행의 호흡을 잃지 않는다. 여행은 여행이니까.^^

여행에 참여하려면 글로벌 익스체인지 웹사이트에서 주제별, 국가별, 시기별로 정리되어 있는 수십 개의 여행 프로그램을 살펴보고, 자신의 여행 시기와 관심에 맞는 여행 프로그램을 신청하면 된다. 보통 여행 목적지에서 모여 바로 시작하는 경우가 대부분이다. 미국에서 참여하는 이들이 많지만, 세계 각처에서 오는 경우도 많기 때문이다.

◉ **글로벌 익스체인지** www.globalexchange.org

:: 티베트, 관광지가 된다는 것

　티베트로 들어가는 통로인 중국 쓰촨 성의 꺼얼무에서 티베트 수도 라싸까지 육로로 오르는 길, 차를 운전해 준 한족 기사는 라싸에 도착하면 티베트인 기사와 차를 구하고 싶다는 우리에게 말했다.

　"지프 값이 1~2천만 원씩 하는데 그걸 살 만한 티베트 사람이 얼마나 되겠어요? 티베트에 가서 차를 구해도 어차피 다 한족 차예요."

　티베트에 도착해 고산증에 조금 적응하자마자 시작한 일은, 조캉 사원 근처의 여행자 거리에서 티베트 여행사를 찾는 일이었다. 그러나 그 많은 여행사의 주인은 한족이었고 티베트인들은 직원으로 일하고 있는 경우가 대부분이었다. 그 한 귀퉁이에서 티베트 여성이 운영하는 여행사를 겨우 찾아냈다. 시원한 목소리의 여성사업가 돌마(가명), 그녀에게 우리의 바람을 이야기하자 그녀가 웃으며 말했다.

　"홈스테이요? 그건 당신이 미국 국적을 가진 티베트인이라 해도 허락되지 않는 일이에요. 수많은 망명 2, 3세 해외 젊은이들이 이곳에 오죠. 하지만 그들이 친척 집에서 하룻밤을 묵는 것도 허락되지 않는 걸요."

　우리가 티베트의 가정집에서 하루를 묵으면 5단계 감시 구조로 그 집은 감시되고 보고될 것이며, 피해는 우리가 아닌 그 집 가족들에게 고스란히 남게 된다고 낮은 목소리로 덧붙였다. 그럼 티베트 가이드를 구할 수 없는지 다시 물었다.

"죄송하지만 요즘은 티베트 가이드를 구하는 일조차 쉽지 않아요. 중국 정부가 티베트 사람에게는 가이드 자격증을 내주지 않거든요. 게다가 지금은 중국 관광객들을 맞는 데에도 일손이 부족한 상황이에요."

티베트의 실상을 보겠다는 것도 아니요, 취재를 하겠다는 것도 아니요, 티베트를 여행하는 동안 티베트 사람이 운영하는 숙소에 묵고, 티베트 식당에서 밥을 먹고, 티베트 가이드의 눈으로 티베트를 보고 싶다는 소박한 바람마저 이토록 어려운 일이 될 줄 우리는 미처 몰랐다. 중국의 서남공정西南工程 중 가장 중요한 전략이 '티베트의 관광지화'라던 말이 그제야 현실로 다가오기 시작했다.

철도가 가지고 온 것

중국의 한족 이주정책이 꽃을 피운 것은 2006년 6월 '칭짱철도' 개통과 함께였다. 칭짱철도 개통 이전 120만 명이었던 티베트 관광객은 지속적으로 증가해 2006년 180만, 2007년 400만, 2009년 550만, 2010년 680만에 달한다(www.citibet.org.cn).

그러나 라싸에서 만난 티베트인들의 삶은 너무 빈한했다. 연변에서 살다가 티베트로 와서 관광업을 한 지 5년 정도 되었다는 한 조선족 가이드는 그 이유에 대해 이렇게 답했다.

"칭짱철도 개통 이후 최대 관광객들은 외국인이 아니라 한족이에요. 하지만 대부분 베이징(북경)이나 청뚜(청도), 시안(서안) 등의 중국 여행사와 연결된 패키지 관광객들이죠. 당연히 티베트에 있는 중국인 여행사와 연결되는 거구요. 게다가 영어를 좀 하면 일반적인 직장인 수입의 7~8배를 버니까 중국에서 일하려고 오는 젊은이들도 꽤 많아요. 티베트 사람들은 영어도 중국어도 잘 안 되니 밀릴 수밖에 없어요. 물론 자본력도 문제구요."

칭짱철도 라싸역

그는 급증하는 한국 관광객으로 꽤 잘나가는 가이드 중 하나였다. 더욱이 중국 정부는 사업을 시작하는 한족들에게는 세금감면 혜택과 더불어 낮은 이자의 융자까지 제공하고 있어, 한족들은 쉽게 라싸의 상권을 장악하고 땅과 건물들을 소유해 나갔다. 장사 혹은 관광이란 어떻게 돌아가는 것인지 본 적도 배운 적도 없는 티베트 사람들이 셈 빠른 중국 사람들을 당해 낼 수 없다는 것은 애초부터 불을 보듯 뻔한 일이었다.

유목민에서 점원으로

2007년 6월, 하루 종일 라싸에서 한족과 장족들을 찾아 인터뷰했던 간디학교의 학생들은 말했다.

"시내에 나이키 매장이 있는 거예요. 최신 전자제품 상가까지 있어서 가봤더니,

주인은 다 한족이었어요. 한국의 대형마트 못지않은 쇼핑센터도 있어서 정말 놀랐어요. 티베트 사람들은 종업원으로나 있지, 손님으로 오지는 못하는 것 같았어요. 재래시장에도 갔었는데 거기 좌판은 대부분 티베트 사람들이었어요. 물건을 사는 사람도 티베트 사람들이구요."

1993년의 한 통계에 의하면 라싸에 1만 2,827개의 가게와 식당이 있었고, 그중 티베트인의 소유는 단 300개였다. 티베트의 두 번째 도시 시가체에선 192개의 가게 중 3개만이 티베트인 소유였고, 다른 지역도 별반 다를 것이 없다는 놀라운 기록이었다. 하물며 수십 년의 시간이 흐른 지금은 어떠할 것인가.

티베트에서 관광업을 겸하며 선교를 하고 있는 한 선교사는 1997년 300만 원 정도였던 건물 값이 지금은 100배가 올라 3억을 호가하고, 칭짱철도가 개통된 이후에만도 3~4배가 올랐다고 했다. 티베트 사람들은 이제 더 이상 라싸에서 집을 살 수도, 가게를 차릴 수도 없는 것이다. 그렇다고 돌아갈 유목의 땅과 삶이 남아 있는 것도 아니다.

80%가 유목이나 농업에 종사했던 티베트 사람들은 중국의 티베트 개발 과정에서 그들의 목초지를 강제수용 당하고, 농지는 이주한 한족들을 위한 채소 경작지로 빼앗겼다. 그렇게 삶의 터전을 잃어 가는 티베트인들을 위해 중국은 유목민을 위한 정주정책을 실시했다. 그러나 그들이 들판을 버리고 정주할 삶이 어떤 것인지에 대해서는 다 말해 주지 않았다.

추운 들판에서 밤을 새워야 하는 유목의 삶보다는 레스토랑의 웨이터가, 호텔의 청소부가 되는 편이 생활도 편안하고 현금을 얻기도 쉬웠다. 티베트의 젊은이들과 여성들은 한족이 운영하는 호텔의 객실청소부로, 인력거꾼으로, 식당의 접시닦이로, 웨이터로, 기념품 판매원으로 하나둘 그들의 들과 산을 떠나 이주하기 시작했다. 2015년 기준, 인구 50만 명의 라싸에 몰려드는 관광객은 700만 명. 티베트인들은 이 수백만 명의 관광객들을 위해 1년 내내 일을 하고 있는 것이다. 그러나 그 오래고 고된 노동으로도 그들은 새로운 길을 만들거나, 잃어버린 들판을 되찾을 수는 없었다. 유목의 삶에서 정주의 삶으로 이주 당한 그들이 선택할 수 있는 삶은 좁았다. 그 사이 한족들은 치밀한 도시 계획 속에서 그들의 정주지를 더욱 넓고 견고하게 만들어 가고 있었다.

관광지가 된다는 것

고도 라싸에 들어선 한족타운과 도로들은 티베트인들의 성스러운 순례마저 가로막고 있었다. 몇 달씩 수천 킬로미터의 길을 오체투지로 라싸에 다다른 티베트의 순례자들은 도로 한가운데로 위험을 무릅쓰고 건너야 했고, 차들은 그들을 무시하기 일쑤였다. 더욱이 몇 달의 순례 끝에 다다른 포탈라 궁은 북경 인민광장의 얼굴을 한 채 그들을 맞고 있었다. 포탈라 궁 앞에 다다라 감격의 절을 드리는 순례자들은 동시에 높이 게양된 오성홍기에도 절을 하는 셈이었다. 순례자뿐이랴. 티베트의 상징, 포탈라를 사진으로 간직하고 싶은 이들은 포탈라와 더불어 휘날리는 중국의 오성홍기를 함께 담아야 했다. 포탈라는 중국의 것이었고, 중국은 오성홍기 없이 포탈라를 바라보는 것을 허락하지 않고 있었기 때문이다.

1959년 달라이 라마를 납치하려던 중국의 계획이 알려지자 포탈라 궁에는 그를 지키려는 수만 명의 티베트인들이 모여들었다. 그러나 중국은 군중을 향해 무차별 발포를 했고, 순식간에 1만 5,000명의 사람들이 주검으로 변해 광장을 붉게 물들였다. 그날 시작된 저항과 봉기로 죽은 사람의 수는 라싸에서만 8만 5,000명을 헤아렸다.

10년의 문화혁명 기간에도 50여만 명의 티베트 승려 중 10만이 넘는 승려들이 고문과 사형으로 죽어 갔고, 2만 명이 승직을 박탈당하고 강제노동에 끌려가거나 구금되었다. 그 모든 기록과 진실을 들려준 것은 티베트의 가이드도, 유네스코도 아니었다. 티베트를 탈출해 살아남은 이들의 기록은 진실이 허락된 티베트의 저 바깥, 인도 다람살라에 위치한 티베트 박물관에 있었다. 관광지가 된다는 것은 그렇듯 삶의 존엄과 더불어 진실의 기록과 기억마저 삭제해 나가야 하는 냉혹한 정치의 과정이기도 한 것이다.

공정여행 팁

대안적 티베트 여행을 위한 가이드라인

그렇다면 우리는 티베트 여행을 그만두어야 할까? 고민하는 여행자들을 위해 '프리 티베트(www.freetibet.org)'는 티베트 사람에게 도움이 될 수 있는 여행을 안내해 주고 있다.

1. 종교적 자유를 지지하자

티베트 승려나 오체투지 순례자들에게 기부를 하는 것은 티베트 사람들에게 소중한 격려가 된다.

2. 티베트의 물건을 소비하고 티베트 사람에게 구매하라

티베트 사람과 티베트의 문화와 경제를 지원하고 싶다면 티베트 사람들이 운영하는 가게에서 물건을 사라.

3. 골동품을 사지 말자

제발 티베트의 문화유산들을 그곳에 그대로 놔둬 달라. 특히 누군가가 당신에게 은밀히 접근해서 귀한 골동품을 사라고 유혹한다면 그것을 사서는 안 된다.

4. 야생동물을 보호하자

야생동물로 만든 것을 사지 말자. 히말라야 눈표범이나 호랑이, 영양의 뿔 같은 멸종위기의 것이라면 더더욱!

5. 티베트 가이드를 고용하자

당신이 티베트를 여행하는 동안 티베트 사람을 가이드로 고용한다면 티베트에 대해 한층 더 깊은 이해를 가지게 될 것이다.

6. 티베트 사람들을 곤경에 빠뜨리지 말자

만약 당신이 티베트 사람에게 정치적인 문제에 대해 이야기하거나 그가 민감한 정치적인 이야기를 했다면, 어떤 기록에도 그들의 이름이나 대화 내용을 공개해서는 안 된다.

7. 티베트 여행자가 가져가서는 안 되는 것

달라이 라마와 관련된 책, 카세트테이프, 비디오테이프나 티베트 국기 등을 소유하고 있을 경우 구금과 투옥이 잇따를 수 있다. 그러므로 그런 물건을 가져가지 말기를, 티베트 사람들에게 주지 말 것을 강력히 권고한다.

8. 여행 후 티베트를 지원하는 NGO에 참여하거나 지원하자

해외: 인도 사회복지 기관 LHA www.lhasocialwork.org

국내: 록빠 www.rogpa.com

*자료 출처: international campaign for tibet-the alternative travel guide tibet by free tibet

새로운 여행자

사진을 보여줄 수 있나요?

페와 호수 가까운 곳에 있다는 티베트 난민촌은 현지인도 잘 모르는 외진 곳이었다. 그러나 골목을 따라 들어가자 티베트 전통 옷을 입은 사람들이, 오색의 타르초들이 펄럭이기 시작했다.

티베트를 지나왔으나 제대로 된 티베트 이야기를 듣지 못한 우리는 네팔의 작은 난민촌에서 티베트의 참 모습을 찾아보고 싶었다. 그저 잠시 들러 기념품을 사고 나가는 관광객들 틈에서 고향의 기억을 묻고 귀 기울이자 사람들이 오히려 우리에게 묻기 시작했다.

"티베트엔 한족이 많던가요?"
"사람들은 여전히 조캉 사원으로 순례를 오던가요?"
"팅그리에도 가보았나요? 거긴 우리 부모님이 살고 계시는데…"

이런저런 물음에 우리가 본 만큼 성심을 다해 대답을 하다 문득 주위를 둘러보니 어느새 한 무리의 사람들이 우리를 에워싸고 있었다. 그때 함께 여행하던 사진작가 임종진 씨의 커다란 카메라를 바라보며 누군가 물었다.

"혹시 티베트 사진도 있나요?"

웃으며 그가 고개를 끄덕이자 다시 조심스레 물어 왔다.

"우리에게 티베트 사진을 보여줄 수 있나요?"

작은 부탁이었으나 선뜻 대답할 수 있는 일이 아니었다. 안나푸르나 트레킹을 떠나려던 일정 때문이었다. 한참을 망설이다가 결국은 트레킹 대신 난민촌 사람들과 함께 하루를 보내기로 결정하고, 저녁 무렵으로 약속을 정했다. 사진을 보여주

려면 컴퓨터나 빔 프로젝트 같은 장비가 필요한지라 혹시나 하는 마음으로 난민촌 사무실을 찾았다. 작은 난민촌이었지만 뜻밖에도 그곳은 인도 다람살라 망명정부에서 운영하는 공식 정부기관이었다. 조심스레 도움을 구하자 사무관 툽텐은 다 함께 사진을 볼 수 있도록 빔 프로젝트를 준비하고, 저녁엔 마을에 방송을 하겠노라며 도리어 고마움을 전했다. 그렇게 난민촌에서 장비를 점검하는 사이 우리는 폭우 속에 산행을 시작하는 일행들을 배웅하기 위해 히말라야 산자락까지 갔다가 길을 되짚어 난민촌을 향했다.

큰비는 잦아들고 이제 가는 빗줄기만 내리고 있었건만 마을 어귀엔 어르신들이 우리를 위해 우산을 들고 나와 계셨다. 비 때문에 30분이나 늦는 우리를 걱정하며 그렇게 기다리셨던 것이다. 티베트 사진을 보여준다는 소식에 마을의 할아버지와 할머니들이 모두 강당에 모여 계셨다. 하지만 막상 도착해 보니 독일에서 보내주었다는 낡은 빔은 부품을 구하지 못해 쓸 수가 없는 상태였다. 장비가 없어서 다 같이 보기 어려우니, 나중에 DVD로 보내 드리겠노라 정중히 사과와 설명을 드렸다. 그런데 사진을 보여 드릴 수 없다고 해도 어른들은 좀처럼 집으로 돌아가질 않으셨다. 그 곤혹한 상황을 어쩌지 못해 그저 서로 얼굴만 바라보는데 툽텐이 조심스럽게 부탁을 했다.

"불편하겠지만 노트북으로라도 보여줄 수 없을까요?"

시간을 건너는 여행

12인치 작은 노트북에 불이 켜지고 어둑해져 가는 강당에서 사람들은 동그마니 그 불빛을 에워쌌다. 고원의 먼 길을 지나오며 임종진 작가가 카메라에 담았던 티베트의 풍경이 열리자 아홉 살, 열 살 소년과 소녀였을 적 그곳을 떠나온 할아버지와 할머니들은 50년 전 길을 떠나던 그 고향을 향해 한 걸음 한 걸음 여행을 시작하시는 듯했다. 중국의 여느 도시처럼 변해 버린 라싸의 사진을 볼 때는 깊은 한숨들이, 오체투지로 순례하는 사람들을 볼 때면 기쁨의 웃음이 터져 나오기도 했다. 그렇듯 사진을 보는 그분들은 어느새 수십 년 전 라싸를 떠나던 아이로 돌아간 듯했다. 네팔에서 태어나 네팔에서 자랐을 젊은이들은 생경한 눈으로 티베트를 바라보기도 했다.

전에 없던 중국 문화인 인력거를 보면서는 혀를 차기도 했고, 예전과 다를 바 없는 시골의 풍경들을 보면 안심한 듯 웃기도 했다. 사진을 보는 동안 여기저기서 터져 나오는 사람들의 질문에 답을 한 후, 내년을 기약하며 자리를 접으려는 순간, 누군가가 물었다.

"티베트 안에 사는 사람들은 행복해 보이던가요?"

그 물음엔 쉬이 할 말을 고를 수 없었다. 행복하다 하면 돌아갈 수 없는 곳을 향한 간절함이, 불행해 보인다 하면 두고 온 이들에 대한 애달픔이 마음을 저밀

터…. 우리는 대답 대신 티베트를 여행할 때마다 난민촌에 와서 사진을 나누겠다고, 당신의 고향에 들를 수 있다면 그곳의 풍경을 기록해 오겠다는 약속을 건넬 뿐이었다. 그때 누군가가 나지막이 말했다.

"여행자들은 다 그렇게 말하죠. 하지만 여태껏 사진을 받아 본 일은 한 번도 없어요."

그 때문이었을까? 내년에 다시 뵙자는 우리들의 인사에 어른들은 그저 잘 가라고, 고맙다고만 답할 뿐이었다. 늦도록 강당에서 통역을 해주던 툽텐은 카트만두에서는 가끔씩 여행자들이 티베트 사진을 보여준 일도 있었으나, 작고 외진 이곳 난민촌 사람들이 티베트의 구석구석을 사진으로 보는 것은 처음이라고 했다.

그렇게 몇 장의 사진으로 국경을 건너고 히말라야를 넘어 두고 온 고원을 함께 여행하던 그 저녁, 사진이 길어낸 시간의 길들은, 따스한 빛의 풍경들은 어떤 여행보다 깊은 기억의 길을 우리 안에 남겼다.

여행의 작은 선물

이듬해 우리는 티베트 난민촌과 한 약속을 지키지 못한 채 봄을 보내고 여름을 맞고 말았다. 2008년 3월 14일 포탈라 궁 앞을, 라싸를, 티베트의 곳곳을 적시는 시위와 중국의 학살로 티베트로 향하는 모든 길은 막혔고, 국경을 넘는 다리는 열릴 줄을 몰랐다. 떠나온 이의 심정이 어떠한 것인지를, 다시 그곳에 다다를 수 없는 이의 마음이 어떠한 것인지를, 그 오랜 시간을 그 마음으로 살아왔을 난민촌 사람들을 헤아려 보던 그 봄. 몇 달의 기다림과 망설임 끝에 마침내 마음을 모았다. 티베트에 갈 수 없다면, 티베트 밖의 티베트, 다람살라에 가자고, 그곳에서 인도를 거쳐 네팔로 들어가 다시 가겠다던 우리 약속을 지키자고. 그러고는 이내 작년에 찍었던 티베트 사진들을 고르고, 크게 인화해서 작은 가방을 꾸렸다.

7월 5일, 늦었으나 다시 난민촌에 다다랐다. 들어서는 우리를 가장 먼저 알아보는 것은 아이들이었다. 지난해 찍었던 사진들일망정 한국에서 정성껏 출력해 온 티베트 사진을 꺼내자 모두 함박 웃어 주었다. 아이들 중 몇은 우리 이름을 기억하기도 했고, 할머니들은 등을 쓸어 주시기도 했다. 작은 전시회를 하고 싶다는 우리의 제안에 티베트 청년들과 아이들 몇몇이 모여 함께 준비를 시작했다.

사진은 큰 종이에 붙이고, 그 밑에 영어로 설명을 적는 간단한 작업이었다. 티베트어를 아는 친구들이 그 밑에 티베트어로 한 번 더 설명을 적어 주었다. 액자도 조명도 없는 허름한 전시회…. 사람들은 기도 장소로 쓰이는 강당 벽에 붙은 액자를 모두 떼어 내고 함께 만든 사진 벽보들을 한 장 한 장 정성스레 붙여 주었다. 망명정부 사무실에선 난민촌 전체에 티베트 사진전이 열리고 있다고 광고를 해주었다. 저녁기도 대신 함께 사진을 보자고, 한국에서 지난해 사진을 보여주었던 여행자들이 다시 왔노라며 소식을 전해 주었다. 해질 무렵 강당엔 다시 하나둘씩 사람들이 찾아들기 시작했다. 지난해 얼굴을 마주했던 할머니들, 할아버지들이 반가운 웃음을 지었다.

내년에 와…

강당에 모인 사람들은 벽에 붙여 둔 사진을 오래오래 바라보았다. 할머니는 안경을 고쳐 쓰며 포탈라 궁과 새로 닦은 거리의 자동차 광고를 들여다보셨다. 여기서 태어나 여기서 자란 젊은 스님은 조캉 사원 앞에서 기도하는 사람들의 사진 앞에서 떠날 줄을 몰랐다. 그렇듯 사진을 바라보다가 우리와 눈이 마주치면, 이내 고맙다고 손을 붙잡아 주곤 했다.

그곳에서 따스한 모모(티베트 만두)로 만들어 준 저녁을 먹고 사진 이야기를 나누었다. 함께 여행한 솔가와 네팔 친구 프란좔은 오후 내내 연습한 티베트 가수의 노래를 사람들과 함께 부르기도 했다. 지난해엔 작은 노트북으로 보아야 했던 사진들을 이번엔 제대로 큰 화면으로 보았다. 큰 화면으로 보지 않으면 느낄 수 없는 아름다운 티베트의 하늘이, 호수들이, 산들이 펼쳐졌다. 그리고 이어, 지난해 난민촌에 머물던 시간 동안 찍었던 그곳 사람들 사진을 화면에 한 장 한 장 커다랗게 띄우자, 이내 여기저기서 웃음이 터져 나왔다. 사진 속의 사람들이 모두 아는 얼굴이었으니 다들 한마디씩 거들 말이 있었던 것이다. 사진의 맨 마지막은 티베트 여행을 가지 못하는 날들 동안, 한국에서 티베트를 다녀온 여행자들이 거리로 나와 티베트를 기억하며 한 걸음 한 걸음 놓아 갔던 평화의 오체투지였다. 낯익은 인사동 거리에 낯선 티베트 전통 옷을 입고 선 티베트 여행자들, 그들이 놓아 가는 어설픈 오체투지에 난민촌 사람들은 마음의 박수를 보내 주었다.

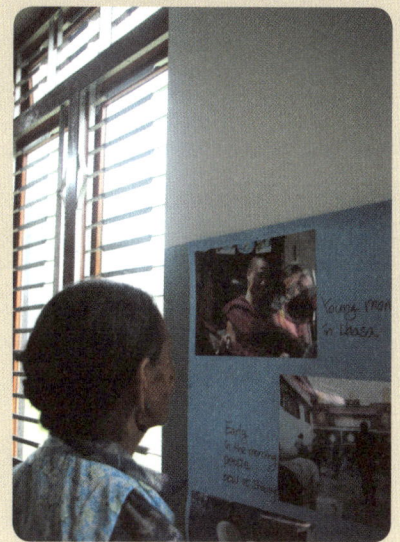

크게 준비한 것도 화려한 음식이 있는 것도 아니었으나 마음의 성찬을 나누었던

그 저녁, 떠나기 위해 짐을 싸는 우리 곁에 한 할머니가 오셔서 손을 꼭 잡으셨다. 가만히 살펴보니 아까 노래 한 곡만 들려 달라고 그토록 졸라도 부끄럽다며 거절하셨던 난민촌의 가수라는 할머니였다.

"내년에 오면 그땐 내가 꼭 노래할게. 내년에 와…."

몸집이 너무 작아 스러질 것 같은 할머니의 어깨를 꼭 안아 드리며 새로운 약속을 가지고 다시 난민촌을 떠나는 길. 끝까지 우리를 배웅해 주던 난민촌의 엔지니어 타쉬가 조용히 말을 건넸다.

"마을 사람들은 오늘밤을 쉽게 잊지 못할 거예요. 정말 고마워요."

뒤늦은 걸음, 그것도 올해의 사진을 가져온다는 약속조차 지키지 못한 미안함에 고개를 젓자 그는 목소리를 가다듬어 다시 말했다.

"우리에게 당신들이 소중한 건, 당신들이 보여준 것 때문이기도 하지만 더 중요한 건 멀리서 당신들이 한 행동들 때문이에요."

타쉬…, 나이를 모른다는 그였다. 다만 그에게 세월의 기준이 있다면 티베트를 떠나온 지 30년이 되었다는 것. 다시 티베트에 가게 된다면 팅그리의 사진을 찍어다 달라는 그에게 조심스레 고개를 끄덕였다. 무어라 말할 길 없는 뜨거움에 그저 깊은 포옹을 하고 차에 오르는 사람들의 손을 잡으며 그는 티베트 식 인사를 위해 고개를 숙였다. 따스한 이마를 손등에 대며 그가 말했다.

"떠나는 이에게 하늘의 축복을 비는 티베트의 인사예요. 다시 만날 때까지 평화를…"

다시 난민촌을 떠나는 길, 누구도 지난해처럼 섣부른 약속을 꺼내지는 않았다. 그러나 이미 우리 배낭 속엔 가수 할머니의 초대가, 타쉬의 축복이 따스하게 담겨 있었다. 한국을 떠나올 때 짐 가방에 꾸렸던 몇 장의 사진들…. 그 사진이 열어 준 길은 사진 속에 담긴 길보다 깊고 따스한 어떤 것이었다. 어떤 이에게 사진은 그저 자신의 추억…. 그러나 어떤 이에게 사진은 약속이었다.

새로운 여행자

다람살라에서 능력자 되기!

다람살라는 이상한 곳이다. 일단 한번 발을 들인 여행자들은 좀처럼 이곳에서 헤어 나오지 못한다는 곳, 잠깐 들러보려고 갔다가 한 달, 두 달, 몇 달씩 머물고 말았다는 여행자들의 증언이 넘쳐 나는 곳, 다람살라에 무엇이 있기에? 도대체 무엇이 여행자들을 눌러 앉히는 걸까?

따시델레 다람살라!

인도 북서부 히말라야 기슭, 해발 1,700미터 산속. 이곳은 히말라야 설산의 풍광과 서늘한 기후 때문에 일찍이 식민지 지배자였던 영국인들의 휴양지로 이용되던 곳이었다. 그러나 지금은 티베트 망명정부가 들어서 있고, 달라이 라마의 거처로, 죽음을 무릅쓰고 히말라야를 넘어 티베트를 탈출한 망명자들의 마을로 세계 뉴스에 등장하는 곳이 되었다.

델리에서 점심쯤에 출발해 밤새 달린 버스는 새벽 어스름부터는 머리를 하늘로 두고 가파른 산길을 오르기 시작했다. 후텁지근한 버스 안으로 신선하고 시원한 바람이 스며들더니 이내 긴팔 옷을 꺼내 입어야 할 만큼 서늘해졌다. 아침 안개 사이로 산들이, 집들이 모습을 드러냈다 사라지곤 하는 사이 고도는 점점 높아지고 날은 점점 밝아졌다. 마침내 버스는 아침 햇살 속 다람살라 마을 한가운데에 우리를 내려 주었다.

중국의 무자비한 무력 침공을 피해 히말라야 설산을 넘어온 14대 달라이 라마가 이곳에 망명정부를 세우고 티베트 난민들의 구심이 되기 시작한 것은 1959년

부터였다. 전 세계에 흩어져 있는 15만 명의 티베트 난민 가운데 이곳 다람살라에 2만 명의 난민들이 살고 있다. 그리고 이 숫자는 계속해서 늘어나고 있는데, 티베트 말을 배울 수도 없고, 자신들의 전통 교육을 받을 수도 없는 티베트에서 목숨을 건 탈출이 계속되고 있기 때문이다.

중국의 점령과 죽임과 파괴에 맞서 달라이 라마가 일관되게 이끌고 있는 평화적인 독립운동이 전 세계에 깊은 감명을 주면서 이곳 다람살라를 찾는 여행자 또한 꾸준히 늘어 왔다. 다람살라에는 수천 명의 외국인이 티베트의 전통적 삶과 달라이 라마와 티베트 불교를 접하기 위해 머물고 있으며, 하루에도 수백 명의 여행자가 찾아오고 있다. 우리도 그 수백 명에 섞여 버스에서 내린다. 따시델레! 또 하나의 티베트여 안녕!

오직 당신의 뜻대로

게스트하우스에 짐을 풀고 아침 거리로 나섰다. 카페와 식당, 음반 가게, 서점이 빼곡한 골목길을 천천히 걷는다. 카페와 가게들 사이, 담벼락과 전봇대에는 온갖 포스터와 벽보가 가득하다. 꼼꼼히 살펴보니 프리 티베트를 외치는 티베트 독립운동에 관한 행사 홍보부터 건강과 치유를 위한 티베트 요리 배우기, 티베트어 배우기, 티베트 전통 악기 배우기, 히말라야 요가 수련, 티베트 독립을 위한 콘서트, 바자회 등 수많은 목소리와 프로그램들이 다람살라 곳곳을 가득 채우고 있었다. 바로 이것이 여행자들이 다람살라를 사랑하는 이유다. 이곳에는 삶의 속도를 늦추고 내면을 바라볼 수 있는 깊은 휴식과 배움의 공간이 열려 있는 것이다.

마음이 끌리는 프로그램을 찾아 몰두해 보거나, 달라이 라마의 법문에 귀를 기울이거나, 가까운 산마을로 트레킹을 가거나, 하루 종일 차를 마시며 산을 바라보거나, 책을 읽거나, 음반을 고르며 마음을 쉬거나… 그건 오직 당신의 뜻. 활기가 넘치지만 번잡스럽지 않은 이 작은 마을은 여행자에게 언제나 문을 열어 놓고 있다. 그리고 인도 북서부 이 먼 곳까지 온 여행자 가운데는 내면의 길을 찾는 고수들이 있기 마련. 수차례 다람살라를 방문한 고참 여행자나 아예 월세를 얻어 눌러앉은 장기 여행자들을 사귀게 된다면 좋은 친구와 여행의 고급 기술을 한꺼번에 얻을 수도 있다.^^

마음만 있다면 당신은 능력자!

또 한 가지 다람살라의 특별한 매력은 어떤 여행지보다 많은 자원활동 프로그램이 있다는 것이다. 예술, 환경, 농업, 어린이, 청소년, 인권, 정치, 컴퓨터, 기술, 출판, 미디어, 편집, 번역, 종교, 문화, 교육…. 이 여러 가지 항목마다 도움이 필요한 일들이 빼곡하다.

하루 한두 시간씩 기타, 피아노, 드럼 등을 가르쳐 줄 수 있는 사람, 봄이나 가을에 사원 텃밭에서 농작물을 돌보고 스님들에게 농사법을 가르쳐 줄 수 있는 사람, 어린이와 청소년에게 환경활동을 지도해 줄 수 있는 사람, 미술을 지도해 줄 수 있는 사람, 티베트 인권센터에서 업무를 도울 수 있는 사람, NGO의 웹디자인, 웹 호스팅, 프로그래밍 등을 도와줄 사람, 도서관의 컴퓨터를 점검하고 고쳐 줄 사람, 여성들에게 컴퓨터 기본 이용법을 가르쳐 줄 사람, 지역 소식지 디자인을 도와줄 사람, 티베트 필름 페스티벌 같은 행사로 기금 모금 활동을 도와줄 수 있는 사람…, 간호대나 의대를 다니는 학생이라면 병원 보조 일까지 헤아릴 수 없이 많은 일들이 여행자를 기다리고 있다.

영어가 꼭 필요한 일도 있지만 영어를 잘 못해도 할 수 있는 일도 많다. 나눔이란 재능을 나눌 수도, 시간을 나눌 수도, 마음을 나눌 수도 있는 것. 다섯 살 아기들과 놀고 기저귀를 갈아주는 데, 묵묵히 책상을 고치고 페인트칠을 하는 데 무슨 대단한 말이 필요한가. 마음만 있다면, 다람살라에서 당신은 능력자!

록빠, 돕는 이, 친구

우연히 한 식당에 갔다가 우리는 특별한 부부를 만났다. '카페 리'의 주인이기도 한 한국 여자 빼마와 티베트 남자 잠양은 다람살라에서 유일한 무료 탁아소를 운영하는 사람들이었다.

'록빠'. 그들이 꾸리고 있는 NGO의 이름이었다. '록빠'는 '돕는 이, 친구'라는 뜻의 티베트어다. 록빠는 5년째 3세 미만의 아이들 40여 명을 돌보는 무료 탁아소와 여성들의 자립을 위한 수공예 작업장을 운영하고 있는데, 가장 큰 힘이 되는 것은

바로 다람살라를 찾아오는 여행자들. 록빠에서 자원활동을 하고 가는 여행자만 해도 1년에 50개 나라 200명이 넘는다고 한다. 하루 이틀씩 돕고 가는 친구들도 있고 몇 달씩 머무르며 돕는 친구들도 있다. 그중에는 해마다 잊지 않고 찾아오는 친구도 적지 않다.

다람살라를 여행하다 록빠를 알게 된 여행자들이 탁아소에서 자원봉사를 하고, 돌아가 록빠를 지원하는 모금 행사를 열기도 하고, 여행할 친구에게 록빠를 소개하기도 하고, 친구와 함께 다시 다람살라를 찾기도 한다. 물론 한국 여행자들은 가장 든든한 후원자들이다.

여행하다 록빠를 알고 사랑하게 된 한국 여행자들은 돌아와 한국에서 여행자들의 모임을 만들었다. 한국에서 활동하는 록빠 회원들은 주말이면 홍대 앞 프리마켓에 나와 다람살라 여성들이 만든 물건과 회원들이 기증한 물건을 판매하기도 하고, 기금 모금을 위한 찻집을 열기도 한다. 그리고 티베트 난민을 돕기 위한 록 공연 '세이브 티베트 페스티벌'의 열기는 4년째 계속되고 있다. 모든 일은 오직 록빠 회원들의 자원활동으로 이뤄지며 공연자들 또한 무료로 출연하고 있다. 세이브 티베트 페스티벌에서 만난 손해인 씨는 자원활동을 하는 이유를 이렇게 들려주었다.

"작년에 다람살라로 여행을 갔어요. 그때는 티베트 역사도 그렇고, 다람살라에서 사람들이 어떻게 살아가는지도 잘 몰랐어요. 그냥, 다람살라에 한번 가보고 싶다는 동경 같은 것이 있었는데요, 가서 우연히 빼마를 만나고, 탁아소를 알게 되고, 너무 예쁜 아기들을 만나면서 무언가 돕고 싶은 마음이 생긴 것 같아요. 그 뒤로부터 티베트에 대해 알아가기 시작한 거죠."

우연히 다람살라로 떠난 여행이 한국에서 이런 활동으로까지 이어질 거라곤 상상해 보지 않은 일이었다. 그냥, 여행을 떠난 것뿐이었으니 말이다. 다람살라가 여행자에게 주는 진짜 매력은 다람살라에는 이런 만남이 있고, 타인을 도울 기회가 있고, 이런 만남이 자신의 삶까지 변화시키고 있다는 데 있지 않을까. 사실 원래 여행이 그런 것. 그렇다면 다람살라에 진짜 여행이 있다고 해야겠다. 다람살라에 무엇이 있는지 확인하러 한번 떠나 보고 싶지 않은가?

Interview 록빠의 왕언니 빼마

여행이 나를 여기로 데리고 왔네요

다람살라에서 티베트 난민을 돕는 NGO '록빠'를 만든 사람, 한국인 빼마. 10년 전에는 그녀도 이곳을 찾은 여행자 가운데 한 사람이었다. 공부를 위해 인도에 왔다가 다람살라에서 잠양을 만나 사랑에 빠졌다. 잠양은 모든 가족이 총살된 뒤 죽음 직전에 티베트를 탈출한 부모님의 슬픔 아래서, 난민이라는 갑갑한 현실을 증오하며 청소년 시절을 보냈다. 그러다 폐지로 공책을 만드는 법을 가르쳐 주는 서양인에게서 기술을 배우며 다른 삶을 꿈꾸게 되었다. 그리고 빼마를 만난 것이다.

수녀가 되겠다고 결심했던 빼마 역시 잠양을 만나 다른 꿈을 꾸게 되었다. 그리고 두 사람은 결혼했다. 결혼은 언어와 문화의 차이를 넘는 일이고, 편견으로 바라보는 사람들의 시선을 넘는 것이었다. 결혼 후 한국에서 2년 가까이 살다가 다시 다람살라로 돌아온 건 5년 전.

두 사람의 꿈은, 죽음을 넘어 히말라야를 넘어왔지만 난민이라는 신분으로 자유와 꿈이 꺾인 사람들과 더불어 희망을 꿈꾸는 일이었다. 그래서 가장 먼저 시작한 일도 아기를 가진 엄마들을 돕는 일, 아이들을 지키는
일이었다. 부모가 일해서 자립할 수 있도록 무료로 탁아소를 열고, 재생지 노트를 만들고 카드를 만드는 여성 작업장을 열었다. 그리고 2007년 2월, 여전히 기본적인 교육체계가 마련되어 있지 않은 다람살라에서 어린이 교육을 할 작은 교육센터의 문을 열었다. 5년 동안 무료 탁아소를 운영했던 부부에겐 숙제 같은 일이었다.

"어린아이가 난민으로 산다는 것은 어릴 때부터 무엇이든 참아야 한다고 강요당하는 거예요. 아이들에겐 자유롭게 표현할 수 있는 기회가 있어야 한다고 생각해요. 그게 그림이든, 음악이든, 뭐든 간에요…. 그래서 아이들이 스스로를 치유하고, 밝고 옳게 자라났으면 좋겠어요."

지난겨울 잠깐 한국에 들른 빼마는 짧은 시간 가운데 짬을 내 2008년 12월 '공정여행축제'에서 록빠와 록빠에 자원활동을 하고 있는 여행자들 이야기를 들려달라는 청에 응해 주었다. 여행에서 만난 사람을 다시 만나면 마음은 한순간에 그를 만난 그곳으로 달려간다. 다람살라로 돌아간 듯 그 풍경과 사람들을 더듬고 있는데, 발표를 마친 빼마가 새로운 소식을 들려주었다.

"지난가을에 드디어 '록빠 가게'를 열었어요. 여행자들이 달려들어 못 박고 페인트칠해 만들었죠. 가게에서 이런 일이 있었어요. 차를 마시러 온 손님이 주문을 하면서 보니까 주인이 뭔가 접고 있잖아요. 그러니까 그게 뭐냐고 심심한데 자기도 하고 싶다고 그러는 거죠. 록빠 홍보물을 만들고 있었거든요. 그러겠냐고 줬더니 내용을 읽어 가며 재미있게 접는 거예요. 다른 손님이 보더니 자기도 접겠다고 그

래요. 나중에는 모든 손님이 브로슈어를 접는 진풍경이 벌어졌죠. 덕분에 이틀 치일이 1시간 만에 다 끝나 버렸어요."^^

이야기만으로도 그 풍경이 눈에 선해 흐뭇한 웃음이 났다. 카페 한쪽은 여행자들이 기증한 옷을 싼값에 파는 재활용 옷가게. 옷을 산 여행자가 또 다른 옷을 기증하기도 하고, 델리로 떠나는 여행자들이 이젠 필요 없어진 옷들을 무더기로 기증하기도 한다. 수익금은 탁아소와 어린이센터를 위해 쓸 거라고.

어린이센터의 아이들이 자라면 다음에는 청소년을 위한 공간을 만들겠다고 하지 않을까? 젖을 떼면 밥 먹일 걱정하고, 쑥쑥 자라면 입을 옷을 염려하고, 공부시키려고 하루하루 저축하는 부모처럼 말이다. 이 부부의 마음은 어디까지 닿아 있는 걸까. 여행은 빼마와 잠양의 삶을 여기까지, 그들 스스로도 생각지 못했던 곳까지 오게 만들었다. 그들이 앞으로 다다르게 될 곳이 어디일지, 여전히 그들은 알지 못할 것이다. 그것은 여행이 끝나야만 알게 되는 것. 충실한 여행자인 그들은 '지금'을 열심히 밀어 가고 있는 중이다.

🔸 록빠 www.rogpa.com

한국에서 만나는 다람살라 _ 사직동 그 가게

가게 문을 열고 들어서는 순간 누구나 운영자가 되는 이곳은 바로 '사직동 그 가게'. 서울 사직공원 근처 시립어린이도서관 맞은편 부근에 위치한 이 가게는 티베트 난민의 자립과 평화 독립운동을 지지하는 시민단체 록빠가 마련한 공간으로, 매니저와 자원활동가의 재능기부로 운영된다. 카페지기, 카레지기 등 독특한 이름의 봉사 직군이 있고, 요일별로 시간을 정한 지기들이 순환하며 공간을 꾸려 나간다.

테이블 서너 개와 작은 조리 공간이 마련된 아담한 가게에서는 티베트 여성들이 직접 만든 수공예품과 간단한 식사 메뉴, 짜이 등을 판매한다. 현지의 색채가 도드라진 각종 소품과 인도식 카페 메뉴를 동시에 즐길 수 있는 이곳은 빈티지하면서도 소박하다. 벽에 걸린 사진과 그림, 티베트 문화를 알려주는 손때 묻은 책 등을 보고 있노라면 짜이 한 잔을 마시는 시간조차 허투루 흘려보내면 안 될 것 같은 기분이 든다.

(소개 출처 : 깬님, blog.naver.com/home1473/220661494637)

◌ 사직동 그 가게 블로그 blog.naver.com/rogpashop

가둘 수 없는 자유, 다람살라 속으로!

한 번만 가보면 훤히 꿰어지는 여행지가 있는가 하면, 가고 또 가도 늘 새로움을 보여주는 곳도 있다. 1시간이면 걸어서 이 끝에서 저 끝에 다다를 수 있는 작은 마을, 다람살라. 그 길들에 촘촘히 들어선 게스트하우스에서는 여행자들의 작은 파티가 열리고, 식당에서는 요리 교실이 열리고, 수많은 NGO에서는 활기찬 활동이 펼쳐지고 있다. 중국의 폭압적인 점령으로 고향 티베트를 탈출한 정치 난민들의 마을이지만 다람살라는 세계의 관광지 그 어느 곳보다 꿈틀거리는 생명의 공간이다. 티베트 난민과 여행자들이 함께 짜는 희망의 그물이 있기 때문이다.

01 문픽 에스프레소 Moonpeak Espresso

남걀 사원과 티베트 박물관에 들렀다 다시 숙소로 돌아가는 길에 우리는 그저 커피가 마시고 싶었다. 그때 카페 문픽이 보였을 뿐이고~! 들어가 커피를 시켰을 뿐인데, 둘러보니 티베트 평화 시위를 담은 아름답고 깊은 사진들이 카페 벽을 수놓고 있었다.

아, 이 사진들은 누가 찍은 것일까. 사진을 보다가 종업원에게 물었더니 그 주인공은 카페의 사장님인데 지금 오고 있다는 것이다. 사진을 좋아하는 주인인가 보다 하면서, 만난다면 얘기라도 나누면 좋겠다 생각하는 사이 그가 들어섰다. 그런데 놀랍게도 그는 『AP통신』, 『가디언』, 『워싱턴 포스트』, 『USA 투데이』 등에 글과 사진을 기고하고 있는 저널리스트 아시위니 바티아Ashwini Bhatia였다.

바티아와 마주 앉아 그의 삶과 더불어 세상에 무언가를 알리고 변화를 이끌어 낸다는 것에 대한 이야기를 나누었다. 바티아는 강인하면서도 여리고 깊은 눈을 가진 사람이었다. 그는 인도인이다. 1997년 처음 다람살라에 도착했을 때, 그는 기자도 사진가도 아니었다. 출판 기획자였던 그는 다람살라에서 책을 기획하기 위해 온 것이었다. 그러다 취미로 꽃을 찍기 시작했고 꽃에서 사람으로 그

의 관심도 차츰 넓어졌다. 그러다 중국의 티베트 점령에 대한 국제적인 비난이 일어나면서 이곳 다람살라에 대한 그의 관심도 한층 깊어졌다. 그리고 오랫동안 다람살라에 머물고 있던 그는 현지 소식을 전해 달라는 매체들의 요청을 받았다. 그도 이미 티베트 난민들과 깊은 친구가 되어 그들의 현실을 세계에 전하고 싶었다. 그렇게 그는 저널리스트의 명함을 갖게 되었다.

사람들은 묻는다. 티베트 사람들과 그렇게 가깝게 지내면서 객관적인 기사를 쓸 수 있겠냐고. 하지만 그의 대답은 간명했다. "그들을 잘 알기 때문에 더 깊이 취재할 수 있어요. 완벽한 객관이 있을 수는 없는 거니까요. 나는 이곳 사람들의 친구입니다. 그리고 기자입니다."

그는 자기 안, 마음의 눈이 응시하는 곳으로 카메라 렌즈를 향하게 했고, 자신의 마음을 움직이는 이야기를 글로 썼다. 그리고 사람들은 그의 렌즈와 글을 통해 티베트를 읽었다. 카페와 나란히 사진관을 운영하며 그 또한 수익의 일부를 떼어 티베트 독립운동을 지원하고 있다.

문픽Moonpeak. 히말라야의 봉우리 그리고 초승달의 뾰족한 끝이라는 이름을 가진 카페. 달은 다시 가득 차기 위해 여위어 간다. 다람살라에 간다면 달의 스러짐을 기억하는 작은 카페, 바티아의 아름다운 사진 아래에 앉아 커피를 마시면 어떨까. 카페 겸 갤러리에 전시된 바티아의 사진을 구입할 수도 있다.

02 룽타 레스토랑과 구추섬

버스 스탠드 광장에서 우체국 거리를 따라 왼쪽 길로 접어들어 계속 걷다 보면 숲길 사이에 소복소복 자리 잡은 식당과 게스트하우스를 만난다. 그 길 가운데 '바람의 말'이란 뜻의 '룽타 레스토랑'이 있다. 주인은 일본인 부부다. 모르고 간다면 여행지 어디에나 있는 평범한 일식집으로 생각하고 오랜만에 찰진 쌀밥 한 그릇 먹고 스쳐 나오게 될 식당. 그러나 '구추섬 사무실'이란 이름이 걸린 이 건물에서 일어나고 있는 수많은 일들은 그렇게 스쳐 지날 수 없는 깊은 것들이었다.

'구추섬 운동(The GuChuSum Movement of Tibet)'은 1993년에 시작됐다. 구추섬은 1987년과 1988년 세 번에 걸쳐 일어났던 티베트 본토에서의 대규모 시위를 상징한다. 중국 정부는 군대를 앞세워 시위를 진압하며 수많은 승려와 민간인을 학살하고 구속하고 잔인하게 고문하고 구타했다. 구추섬 운동은 지금도

티베트의 감옥에서 끔찍한 고문을 견디고 있는 양심수와 그 가족들을 지원하고 티베트를 탈출한 사람들이 자립할 수 있도록 돕고 있다.

구추섬은 옥에서 풀려난 양심수의 증언을 통해 티베트 내부에서 일어나고 있는 일을 알리고 있다. 14명 양심수의 자서전을 출간했고 인권문제를 알리는 잡지도 발간한다. 또한 티베트를 탈출한 난민들의 건강을 돌보고, 머물 곳을 주고, 적응과 자립을 위한 교육을 받도록 해주고 있다. 1년 동안 영어, 컴퓨터, 직업 교육 등을 받을 수 있는데, 이 과정에서 구추섬이 가장 중요하게 생각하는 것은 그들이 다시 자존감을 회복하도록 돕는 것이다. 이러한 과정을 통해 양심수나 난민들이 요리를 배워 훌륭한 요리사가 되기도 했다.

룽타 레스토랑은 날마다 80명의 난민들에게 무료로 식사를 제공하며, 일본에서 벌이는 룽타 프로젝트로 기금을 모금해 구추섬 운동을 지원하고 있다. 레스토랑 한쪽에는 티베트 전통 옷과 지갑, 손수건 등 수공예품을 파는 어여쁜 가게가 딸려 있는데, 이 물건들은 모두 레스토랑 뒤에 마련된 '테일러링센터'에서 티베트 난민 여성들이 직접 만든 것들이다. 이 물건들은 일본을 비롯한 여러 나라에 수출되기도 한다. 테일러링센터와 레스토랑의 수입은 구추섬 운동의 중요한 재정이 되고 있다.

그곳에 들러 밥을 먹는 것만으로도, 가게에서 마음에 드는 선물을 고르는 것으로도 티베트 양심수들을 돕는 일에 참여할 수 있다. 한 걸음 더 나아가고 싶다면 구추섬 학교에서 자원봉사를 할 수도 있다.

🌏 구추섬 페이스북 www.facebook.com/GuChuSum/

03 이터널 크리에이션 Eternal Creation

버스 스탠드에서 메인 바자르를 따라 걷다 보면 눈이 번쩍 뜨일 만큼 아름다운 가게가 나타난다. 신비롭고 화사한 꽃문양의 옷과 가방에 이끌려 들어간 가게 안에는 히말라야 산속 다람살라에서 만나리라고 상상하지 못한 아름다움이 가득했다.

이터널 크리에이션. 이 새로운 프로젝트를 시작한 사람은 오스트레일리아 여성 프랜시스 캐링턴 Frances Carrington이다. 시드니에서 패션 디자인을 공부한 프랜시스는 자신의 재능으로 다른 나라 사람들을 돕고 싶어 1994년 해외 자원봉사를 신청했다. 그녀가 지원한 곳은 아프리카였지만 우연찮게 그녀의 발걸음이 닿은 곳은 인도, 그것도 다람살라였다.

티베트 난민들에게 재봉일과 디자인을 가르치는 사이 프랜시스는 자신도 모르게 인도와 히말라야와 티베트 문화를 너무나 사랑하게 되었다. 어떻게든 이 지역에 도움이 될 일을 궁리하던 그녀는 1995년, 급기야 아버지에게 5천 달러를 대출받아 가게를 시작한다. 3명의 티베트 여성을 고용해 잠옷과 액세서리를 만들어 판매하는 작은 가게였다. 작은 수입이라도 생기면 티베트 양심수를 돕는 구추섬 운동을 후원하고, 난민들이 직업 훈련을 받을 수 있도록 작업장의 문을 열었다. 수많은 어려움 속에서도 사업은 빠르게 성장했다. 인도와 티베트의 전통을 살린 동양적 디자인이 서양 시장에서 호응을 얻은 것이다. 이제는 오스트레일리아에서 유럽, 아시아까지 전 세계에 200개가 넘는 매장이 운영되고 70여 명의 직원이 일하는 다람살라에서 가장 규모가 큰 사업체로 성장했다.

그 10여 년의 과정에서 가장 큰 고비는 사업이 이제 막 성장하려고 날개를 펼 때 닥쳤다. 주문이 밀려들기 시작하자 공급 물량을 도저히 맞출 수가 없었다. 우기에는 폭우로, 건기에는 가뭄으로, 수시로 끊어지는 전기 사정으로 모든 것이 마음대로 되지 않는 데다 사람들은 마음처럼 부지런히 움직여 주지 않았다. 답답했다. 눈앞의 기회를 놓치기 싫었던 프랜시스는 다른 지역에 하청을 주는 것을 심각하게 고민했다.

그러나 그것은 티베트 난민들이 자신의 삶을 찾아가도록 도우며 운영하겠다고 다짐한 첫 마음을 저버리는 일이었다. 프랜시스는 더디더라도 사람들을 교육하고 천천히 함께 성장하는 것이 원래 목표였음을 다시 기억했다. 가능한 최고의 품질로 시장에서 인정받는 것, 정당한 임금을 지급하고 윤리적인 기업을 운영하는 것, 이 두 가지를 모두 이루겠다는 것이 이터널 크리에이션의 끝없는 도전이다.

다람살라에서 능력자 되기

다람살라에는 여행자가 시간을 나눌 많은 방법과 기관들이 있다. 자원활동이 필요한 기간이 각각 다르니 확인하고 신청하자. 그 가운데 몇 곳을 소개한다.

  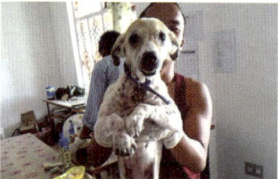

- **Lha Charitable Trust**
  인도의 가장 큰 자원봉사 기관으로서 자원활동이 필요한 곳의 자세한 정보를 분야별로 일목요연하게 정리해 놓았다. 100가지가 넘는 항목이 여행자를 기다리고 있다.
  www.lhasocialwork.org

- **The Clean Up Dharamsala Project**
  망명정부의 복지부에서 운영하는 환경보호 활동, 수공예 재생품 생산, 녹색가게와 환경교육센터. 미리 신청하면 티베트인 가정에서 머물며 환경보호 자원활동을 할 수 있다.

- **Tibetan Volunteer for Animals**
  동물보호활동을 벌이는 비영리단체. 병들거나 다친 동물을 치료하고 보호한다.

록빠 www.rogpa.com

티베트 난민을 돕는 NGO '록빠'. 무료 탁아소와 어린이 센터를 운영하고 있다. 전 세계의 여행자들이 가장 든든한 후원자. 탁아소와 어린이센터에서 자원활동도 할 수 있다.

문픽 에스프레소 www.moonpeak.org

티베트 문제 전문 저널리스트이자 사진작가인 아시위니 바티아에 의해 시작된 문픽은 사진가와 여행자, 예술가들의 커뮤니티로 발전해 가고 있다. 잡지를 발행하기도 하고 다람살라를 기반으로 국제 사진전, 영화제 등 다양한 행사들을 기획해 왔다. 진한 커피와 아름다운 바티아의 사진을 감상할 수 있다.

주소 : Temple Road McLeod Ganj Dharamsala
전화 : 91-98160-69746
이메일 : ashwini@ashwinibhatia.com

이터널 크리에이션 www.eternalcreation.com

티베트 난민들의 자립을 돕는 공정무역 가게. 1995년 프랜시스라는 오스트레일리아 여성이 3명의 티베트 여성과 아버지에게 대출받은 5천 달러로 시작한 작은 가게였다. 지금은 유럽, 아시아까지 전 세계에 200개가 넘는 매장과 70여 명의 직원, 직업훈련센터까지 갖춘, 다람살라에서 가장 규모가 큰 사업체로 성장했다. 액세서리부터 의류까지 인도와 티베트의 전통을 서구적으로 재해석한 아름다운 패브릭으로 가득하다.

주소 : Temple Road, Macleod Ganj, Dharamsala - 176219, Himachal Pradesh.
전화 : 01892 223580

남걀 사원

Tsuglagkhang Complex

포탈라 로드

룽타 레스토랑 www.lung-ta.org

일본인이 운영하는 일식 식당. 티베트 양심수와 그 가족들을 지원하는 구추섬 운동을 후원한다. 이 건물 2층이 구추섬 운동 사무실이다. 티베트 난민을 위한 테일러링센터와 여기서 만든 옷과 소품을 파는 가게를 함께 운영한다.

주소 : Jogibara Road McLeod Ganj Dharamsala
이메일 : info@lung-ta.org

Tashi Choeling Monastery

Fair Travel
MAP

INDIA
다람살라

관광객은 구경하기 위해 여행하는 사람이고
여행자는 만남과 배움을 위해 여행하는 사람입니다.

- 필리핀 딸란디그 부족장 다투

Betwwen Europ & Asai

여행과
문화

우리가 유럽을 여행할 때
우리가 아시아를 여행할 때

쿠바는 힙합이지
당신이 나를 구경할 때
세계를 소장한 유럽의 박물관들
우리 안의 아시아, 우리 안의 유럽
인간 사파리, 관광 상품이 된 사람들
평화의 부족, 필리핀 딸란디그 사람들
존중과 배움이 있는 만남은 신의 축복입니다
내 친구 아키에게
에니그마타 크리에이티브 서클
딴따라의 여행 이야기

쿠바는 힙합이지

활은 두 달 동안 남미를 여행한 뒤에 태국, 미얀마, 베트남 등 여러 나라를 돌아다녔다. 2010년에는 방송국 편성 피디를 그만두고 스페인으로 삶의 터전을 옮겨 살았고, 2017년 현재 한국에서 여행생활자 삶을 이어가며 정류장이라는 새로운 플랫폼에서 도예와 예술치료를 통해 다양한 사람과 공간을 만나고 있다.

서른한 살 활의 첫 여행이 시작되었다. 말라콘에서 출렁이는 바다, 파도처럼 춤추는 사람들, 혁명, 체 게바라…. 무엇보다 쿠바가 그녀를 흔들리게 한 건 '부에나 비스타 소셜 클럽'의 음악 때문이었다.

쿠바의 수도 아바나에 도착하자마자 활은 쏜살같이 내셔널 호텔을 찾아가 부에나 비스타 소셜 클럽의 공연 티켓을 샀다. 물론, 다큐멘터리에 등장하는 그들 중 몇몇은 이미 이 세상 사람이 아니므로 오리지널 공연은 아니었지만, 쿠바의 음악을 직접 만나야만 했다. 디너쇼 형식인 공연의 티켓은 42달러라는 적지 않은 값이었다. 그러나 이 공연을 보기 위해 지구 반대편에서 날아온 여행자에게 그 정도는 문제가 될 수 없었다.

🔴활 공연을 기다리는데, 가슴이 터질 것 같았어요. 아, 내가 정말로 영화 속에서 보고 꿈꾸기만 했던 곳에 왔구나 싶어서.

🔴솔 공연은 어땠어요? 아름다웠겠죠?

🔴활 음… 솔직히… 안타깝게도…, 공연은 정말 아무런 느낌도 주지 않았어요. 그야말로 디너쇼였죠. 식사를 하는 동안 배경음악을 깔아 주는 공연 같았어요. 그 이상도 이하도 아니었죠.

🔴솔 아…, 정말 그랬단 말이에요? 실망인데요.

🔴활 참 허탈하더라구요. 내가 이 42달러짜리 밥을 먹으러 그 먼 시간을 건너온 건가…. 그런데 이게 끝이 아니었어요.

말라콘을 혼자 걷고 있으면 쿠바 사람들이 스스럼없이 인사를 해왔다. "올라!" 활도 웃으며 인사를 하면 이야기가 시작되곤 했다. 그러곤 꼭 묻는 말, "쿠바에는 왜 온 거니?" 그럼 활이 대답했다. "부에나 비스타 소셜 클럽의 음악을 만나려고 왔어."

그럼 대개 비슷한 반응이 돌아왔다. '응…, 그러냐'는 듯이 머리를 천천히 끄덕 끄덕. 자신들의 문화와 예술에 끌려온 외국인에 대한 반응치고는 좀 실망스런 것이었다고 할까? 그런데 며칠 뒤에 그 까닭을 알 수 있었다. 20대 초반쯤으로 보이는 남자와 이야기를 나누다가 역시 똑같은 질문과 대답이 오갔다. 그런데 그 친구는 씩 웃더니, 이러는 거다. "야~ 쿠바는 힙합이지." 엉? 뭐지? 활은 할 말을 잃었다.

🔴활 부에나 비스타 소셜 클럽의 음악은 우리나라로 치면 남진, 나훈아? 조금 더 내려오면 조용필 정도에 비견할 만한 음악이었던 거예요. 그때 뭔가 탁 깨지는 것 같

은 느낌이 있었어요. 물론 쿠바의 젊은이들이 힙합을 좋아할 거라는 상상을 해본 적이 없어 당황스럽기는 했지만, 여행자가 갖는 환상 같은 것이 실제로 현지에 사는 사람들의 진짜 모습과는 참으로 동떨어진 것일 수 있겠다 하는 깨달음 같은 거요. 생각해 보면 참 당연한 일인데 그걸 몰랐어요. 내가 보고 싶은 것만 보려고 하니까 그랬나 봐요.

그 뒤로 여행지를 보는 눈이 조금 달라진 것 같아요. 특히 아시아를 여행할 때 그렇죠. 관광객을 위해 만들어진 공연들. 공연을 하는 원주민들도 전혀 즐거워 보이지 않는 그런 공연을 보면 불편한 마음을 이렇게 위로해요. 저런 공연으로라도 생활에 좀 보탬이 된다면 좋겠다… 하구요.

솔 활 이야기를 들으니까 훌라춤 이야기가 생각나요. 하와이 하면 누구나 제일 먼저 떠올리는 게 훌라춤과 와이키키 해변이잖아요. 하와이에 도착하면 비키니 입은 여인들이 달려와 꽃을 걸어 줄 거라는 상상을 할 정도로. 하지만 원래 훌라춤은 신에 대한 찬미와

일요일마다 열리는
쿠바 하멜 룸바 페스티벌

기도를 담은 원주민들의 제사 의식이었대요. 여자만 추는 것도 아니고, 삶의 여러 통과 의례로 춘 훌라춤은 사회를 통합하는 중요한 매개였죠. 이걸 서구인들이 접대용 환락의 춤으로 변질시켜 관광 상품으로 만들어 버린 거예요.

활 훌라춤이 그런 거였어요? 하와이 사람들은 관광객들에게 자신들의 문화를 빼앗겨 버린 거네요…. 올해 초 회사에서 직원 연수로 태국에 갔을 때, 치앙마이에서 조금 떨어진 치앙라이라는 곳에 갔는데요, 오두막 몇 채를 빌려 놓고 밤에는 술을 엄청들 마셨죠. 일정이 빠듯해서 뭐든 빨리 많이 하는 콘셉트였으니까. 원주민 오두막에서 묵는 하룻밤 체험이 목적이었지만 정말 그것이 그들의 삶이었을까? 하는 의문이 들더라구요. 미얀마 인레 호수 위의 카렌족 마을을 갔을 때도 비슷한 느낌이었어요.

솔 여성들 목에 길게 놋쇠 고리를 차는 카렌족 말이죠?

활 맞아요. 다큐멘터리에서 보던 카렌족을 실제로 보니까 우선 신기하고 놀라웠어요. 하지만 그들의 얼굴은 하나같이 무표정했어요. 목에 놋쇠 고리를 길게 감을수록 미인이라고 하는데 그렇게 하고 있는 게 즐거울 리가 없잖아요. 화려한 전통 복장을 차려입은 카렌족 여성들은 무겁고 긴 목을 겨우 가누며 기념품을 팔고 있었는데, 그들도 원하는 삶인지 정말 묻고 싶었어요. 하지만 묻지 못했죠. 그 답을 듣는다 해도 제가 아무것도 해줄 게 없으니까.

솔 관광객들은 텔레비전에서 봤던 소수부족 사람들의 모습을 진짜라고 생각하니까, 오히려 그런 가짜 마을, 연출된 삶이 생기는 것 같아요. 동물을 박제하듯 사람들을 어떤 이미지 속에 가두는…. 여행하면서 원주민의 문화가 살아 있는 그런 곳은 없었나요?

활 남미를 여행하면서 볼리비아와 페루가 참 비교되었는데요, 잉카문명의 중심지 페루는 관광 기반을 잘 갖추고 있

어요. 관광을 산업으로 인식하고 영리하게 이용하고 있다는 느낌이랄까. 관광객을 위한 편의시설, 교통, 숙박 이런 것도 잘 갖춰져 있고 값도 싸다고 할 수 없을 정도로 받아요. 관광객도 많이 오구요.

그런데 볼리비아는 그렇지 못해요. 어딜 가나 불편함이 넘치죠.^^ 하지만 여행자들은 볼리비아를 가장 남미다운 나라라고 해요. 인디오 혈통이 가장 많이 남아 있는 곳이기도 하고, 그만큼 전통이 많이 남아 있죠. 세상에서 가장 높은 도시, 세상에서 가장 높은 호수, 아름답고 새하얀 소금사막을 가졌지만 볼리비아 사람들은 아직 그걸 상업화할 줄 모르는 것 같아요. 그래서 그들은 가난해요. 어른들은 코카 잎을 씹으며 힘겨운 노동을 견디고, 대여섯 살 된 아이들도 길거리에서 장사를 하죠.

    여행이 그들의 고단한 삶에 도움이 되었으면, 그들의 순박한 웃음까지 지켜 줄 수 있으면 참 좋을 텐데. 하지만 관광객이 많이 간다고 좋기만 한 건 아닐 거예요.

나 같은 사람이 자꾸 찾아가서 숨어 있는 아름다움마저 망쳐 버리는 건 아닌가 그런 고민을 하기도 했어요.

솔 오지에 사는 순박한 사람들을 만나러 가서 관광에 목이 매여 자기들의 삶을 잃어버린 모습을 보고 싶은 사람은 아마 없을 거예요. 우리가 세상의 아름다움을 보았다면 그걸 지켜 줄 책임도 생기는 게 아닐까 싶어요.

활은 남미 여행에서 돌아온 뒤로 직장 생활 중에도 짬을 내어 스페인어를 배우고 있다. 활이 페루에서 잉카 트레킹을 할 때였다. 첫날 저녁에 밥을 먹고 텐트에 모여 앉아 이야기를 하는데, 아르헨티나 사람 6명, 독일 커플, 베네수엘라 아저씨, 콜롬비아 친구 2명, 스리랑카 친구 1명, 이렇게 자신을 제외한 모든 일행이 스페인어로 떠들며 노는 게 아닌가. 눈치코치로 희희낙락 장단을 맞추며 재미있게 놀기는 했지만, 그때 자신을 탓하며 활은 이렇게 결심했다.

"꼭 스페인어를 배워야지. 이렇게 영어가 안 통하는 넓디넓은 지역이 있는데 오직 영어만 고집하다니…, 정말 어리석었어."

남미를 떠나는 버스 안에서 당장 다시 남미가 그립더라는 활. 남미 땅을 밟고 사람들을 만나고 때로 외롭고 때로 행복한 여행이 다시 시작되리라는 걸 그녀는 알고 있는 것 같다.

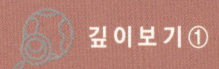

당신이 나를 구경할 때

아프리카 콩고의 피그미족 남성, '오타 벵가Ota Benga'
키 150센티미터, 체중 46킬로그램의 작은 체구의 그는
사진 속에서 환히 웃고 있지만 평범한 삶을 살지 못했다.
놀랍게도 그의 몸에 관한 기록이 남아 있는 곳은
그가 전시되었던 뉴욕 브롱크스 동물원의 안내서다.

1904년 아프리카 콩고를 침략한
벨기에군의 학살에 아내와 두 아이를 잃은 그는
학살자에게 생포되어 노예 상인에게 팔렸다.
23세의 그가 팔려간 곳은 뉴욕 브롱크스 동물원이었다.
때로 그는 사육사를 도와 원숭이들에게 먹이를 주기도 했고,
그의 숲에서 그랬듯 오랑우탄과 구르고 소리치며 놀기도 했다.
외로웠던 그는 오랑우탄에게 그의 고향말로 이야기를 걸냈다.
오랑우탄은 때로 그를 이해하는 듯했다.
그러나 오타 벵가가 해야 했던 가장 큰일은
원숭이를 돌보는 일이 아니라
그의 일거수일투족을 관람객들에게 보여주는 일,
그 자신을 전시품으로 내어놓는 일이었다.

처음에 사람들은 그 혹은 그것이 무엇인지 알아채지 못했다.
원숭이보다는 사람에 가까웠고,
사람이라 하기에는 너무 작고, 검고, 원시적이었다.
동물원의 전시기획자는
'다윈의 진화론을 입증하기 위한 인류학적 전시'라고 홍보했다.

그는 원숭이 우리 한쪽에 마련된 그물침대에서
원숭이들과 함께 잤고 그곳에서 먹고 마셔야 했다.
곧 뜨거운 뉴스가 된 동물원 속의 유인원, 오타 벵가를 보기 위해
동물원을 찾은 사람은 하루 4만 명에 육박했다.
그 수많은 사람들은 원숭이에게 하듯
그의 몸과 행동을 보고 웃음을 터뜨렸다.
어떤 이들은 그의 옆구리를 찌르기도 했으며, 물건을 던져 보기도 했다.
사람들은 오타 벵가가 가는 곳마다 소리를 지르고 키득거리며 쫓아다녔다.
그러다 오타 벵가가 화를 내기라도 하면
아프리카 흑인은 자기를 통제할 줄 모르는
위험한 야만인이라는 걸 보여주는 것밖에 되지 않았다.

그 전시는 미국의 목사들, 다윈의 진화론에 반대하는
기독교인들에 의해 큰 논란거리가 되었다.
흑인 목회자들은 흑인을 겨냥한 명백한 인종차별임을 강력히 항의했고,
몇몇 목사들은 오타 벵가를 하워드 유색인 피난처에 보내 머물게 했다.

1910년, 동물원과의 계약이 끝나자 오타 벵가는
동물원을 떠나 미국 버지니아주 린치버그로 보내졌다.
뾰족한 이빨은 평범해 보이도록 덧씌워졌고,
그의 이름은 오타 빙고로 바뀌었다.
그곳에서 임시직 일자리를 전전했고
때때로 담배공장에서 일하기도 했다.
사다리를 이용하지 않고도 담배공장 굴뚝에 올라가

일을 처리하는 등 능력을 인정받기도 한 동물원 바깥에서의 삶….

그러나 오타 벵가는
1916년, 32세의 나이에
스스로 심장을 향해 권총을 겨누었다.
자살하기 전
그는 혼자서 피그미족 전통 춤과
의식을 행했다고 전해진다.

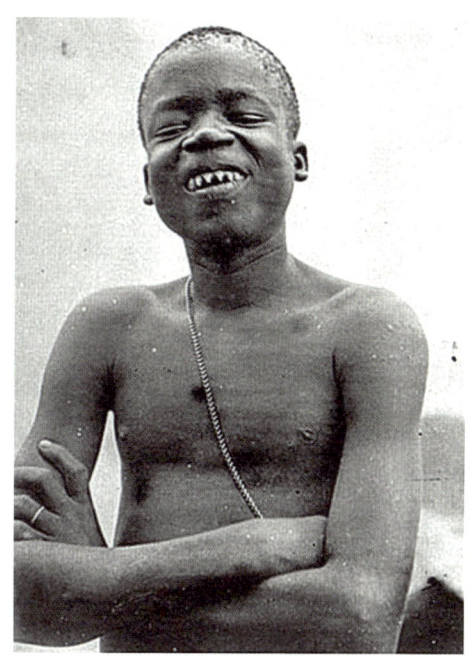

*참고 자료 : 『뉴욕 타임즈』, 2006.8.6, 'The Scandal at the Zoo'

유럽을 뒤흔든 식민지 인종전시회

같은 시기 유럽과 미국에는 수백 수천의 오타 벵가가 존재했다. 1877년부터 1912년까지 파리 불로뉴 숲에 있는 동물원에서는 스물네 번의 인종전시회가 개최되었다. 1878년에만 100만 명의 관객이 다녀갈 정도로 전시회의 인기는 폭발적이었다. 유명한 동물무역상으로 '동물의 왕'이라고 불렸던 칼 하겐베크가 기획하고 전시한 라플란드인(유럽 최북단의 선주민)의 전시를 보기 위한 인파였다. 독일에서는 1878년에서 1927년 사이에 50여 개의 '스펙터클'이 개최되기도 했다. 1887년과 1898년에는 아샨티인(아프리카 가나 남부의 삼림지대 사람들)들이 비엔나 동물원에 전시되었고, 1908년에는 브뤼셀과 프라하, 런던에서 스리랑카인 전시회가 열렸는데 500만 명의 관객이 몰려들었다. 하겐베크가 데려온 에스키모인들이 1877년에 코펜하겐에서 그리고 같은 해 브뤼셀과 파리에서 전시되었던 것처럼, 전시단은 대개 유럽 전역을 돌며 순회공연을 했다.

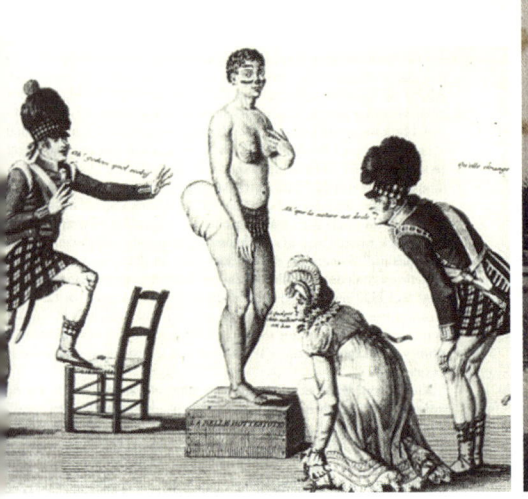

구경거리를 내놓아라 – 시선의 폭력

상상만 하던 이국적인 존재를 직접 눈앞에서 볼 수 있다는 사실은 사람들을 흥분시켰다. 그러나 군중의 호기심은 낯선 것의 발견에 대한 게 아니라 단지 선입견을 확인하려는 것일 뿐이었다. 그저 상상 속 야만인들이 할 법한 미개한 행동을 그들이 실제로 하는지 보고 싶었던 것이다.

그들에게 가해졌던 가장 큰 억압은 "자연스러워 보여라"는 것이었다. 마치 사람들이 먼 여행을 떠나 지금 막 그 나라에 다다른 것 같은 이국적 느낌을 그대로 보여 달라는 것이었다. 하지만 유럽인들이 보고 싶어 하는 장면을 보여주기 위해서는 결코 자연스럽지 않은 연출이 필요했다.

세인트루이스 축제에서 오타 벵가와 함께 전시되었던 피그미인들의 일이다. 가을바람이 불기 시작하자 피그미인들은 움막 속으로 들어갔다. 그러자 일부 방문객들이 화를 냈다. 그들을 잘 볼 수도 없고 원하는 사진도 찍을 수 없다고 분통을 터뜨렸다. 화가 난 한 방문객이 피그미인들에게 달려드는 바람에 그들을 제지해야만 했다. 1931년 카나크인(남태평양 멜라네시아 원주민의 하나)들은 그들의 고통을 이렇게 호소하기도 했다.

"우리는 돌보다도 딱딱한 거대한 나무 둥치를 파내어 카누를 만들어야 했다. 그리고 여자들은 정해진 시간에 필루필루 춤을 추어야만 했다. 나머지 시간에는 추위에도 불구하고 짐승 소리를 내지르며 물속에서 멱을 감고 헤엄을 쳐야만 했다."

100년 전엔 그런 일들이 있었다. 이제 사람을 동물원에 전시하는 시대는 끝났지만 다른 문화를 약탈하고 소유하는 일은 여전히 되풀이되고 있다.

깊이보기 ②

:: 세계를 소장한 유럽의 박물관들

아름다운 이집트 석상들의 사진을 발견한 건 어떤 여행자의 블로그에서였다. 사진만 보고는 이집트를 다녀온 여행 이야기인가 싶었다. 그러나 포스트 제목은 '영국 대영박물관.' 한 해 전 세계에서 600만 명의 관람객이 찾는, 이집트보다 더 많은 이집트 유물이 있다는 곳이 세계 3대 박물관 중 하나인 대영박물관이다.

카이로의 이집트 박물관

카이로 박물관의 로제타 스톤 전시관 앞에는 이런 안내문이 붙어 있다.

"로제타 스톤의 진품은 대영박물관에 보관되어 있습니다."

그것은 영국 정부를 향한 이집트 정부의 명백한 항의와 저항의 표시였다. 고대 이집트의 비문이 새겨진 로제타 스톤은 1799년, 나폴레옹의 이집트 원정군에 의해 발견되었다. 그러나 1801년 이집트에서 프랑스군을 패배시킨 영국군은 로제타 스톤을 다시 빼앗았고, 영국은 200년이 지나도록 그것을 이집트에 돌려주지 않고 있다. 1999년 로제타 스톤 발굴 200주년을 기념해 카이로 박물관에서 이집트 특별 유물전을 준비한 이집트 정부는 영국 정부에 로제타 스톤의 반환을 간절히 요청했다.

"이집트의 유물을 모두 돌려 달라는 것은 아니다. 희귀한 문화재만이라도 돌려주기를 바란다."

그 요청에 대영박물관의 이집트 관장은 이렇게 일축했다.

"이집트 정부에서 아무런 요청도 받은 바 없다. 설사 요청이 있더라도 로제타 스톤이 대영박물관을 떠나는 일은 없을 것이다."

1999년, 결국 로제타 스톤 발굴 200주년 기념대회는 이집트가 아니라 로제타 스톤을 발굴하고 해석한 것을 기념하는 프랑스와 소장을 자랑하는 영국에서 성대히 열렸다. 대영박물관장은 친절하게도(?!) 로제타 스톤의 반환을 요청했던 이집트 고대유물 최고협의회 관장에게 로제타 스톤 기념행사 초청장을 보냈다. 그 초청장을 받은 그는 이렇게 되물었다고 한다.

"우리는 보물을 도둑맞았다. 그런데 무엇을 축하하란 말인가? 로제타 스톤의 부재를 축하하란 말인가?"

보존하고 관리해 준 것에 감사하라

유물 반환 논쟁이 국제무대에 오른 것은 다만 로제타 스톤만이 아니다. 그리스 파르테논 신전의 조각으로 이루어진 '엘긴 마블Elgin Marbles', 우리나라의 청자와 백자를 비롯한 유물들…. 수만 점의 세계적인 문화재를 보유한 유럽의 박물관들은 식민지 시절 강제로 빼앗거나 도굴꾼이 훔쳐 가거나 점령군과 함께 세계를 누빈 외교관이나 고고학자, 인류학자들이 헐값에 사들인 세계의 유물들을 유물의 영토주의에 입각해 돌려 달라는 요청으로 골머리를 썩고 있다. 그러나 그 많은 유물 반환 논쟁과 사건에도 불구하고 그들의 입장은 변함이 없다.

2004년 그리스 올림픽을 앞두고 영국 대영박물관에 소장되어 있는 엘긴 마블을 돌려 달라는 그리스의 강력한 요청과 세계에서 일어난 캠페인에 영국은 이렇게 답했다.

"엘긴 마블은 대영박물관 소유다. 단 하나의 소장품도 원래 있던 나라에 되돌려줄 계획이 없다. 매년 대영박물관을 찾는 600만 명의 관람객이 아름다운 파르테논 신전 조각품을 감상하고 이를 통해 그리스 문명의 위대한 업적을 알게 된다는 점을 (그리스 정부는) 고려해야 한다. 첨단 시설에서 유물을 보존하기 때문에 그리스에 돌려줄 경우 오히려 공해 등 여러 가지 이유로 훼손될지도 모른다. 해마다 600만 명이 감상하는 엘긴 마블은 그리스만이 아니라 인류 전체가 감상할 권리가 있다."

그러면서 영국은 그리스의 문화재 반환 요구를 '민족주의에 기반한 집단 이기주의'로 몰아붙였다. 심지어 엘긴 마블을 보관하고 관리해 온 영국에 감사해야 한다고 큰소리를 치기까지 했다. 영국의 터무니없는 논거에 쓴웃음을 삼키며 그리스 측은 이렇게 반문했다.

"공해라면 런던의 공해가 아테네보다 심하지 않을까? 많은 사람들이 그리스 유

그토록 지적 소유권에 민감한 유럽에서 우리 돈 4만 원에 팔리고 있는 시리아 고대 유물 미니어처. 옆에는 이집트 석관의 모형도 보인다. 유럽의 박물관들은 이 유물들의 소유권을 넘어 저작권까지 가질 권리가 있을까?

물을 볼 수 있도록 소장하고 있다면 왜 엘긴 마블을 중국 북경에 가져다 놓지 않는가?"

2004년 올림픽을 맞아 그리스는 대규모의 아크로폴리스 박물관을 신축했다. 그러나 영국은 끝내 그리스에 엘긴 마블을 되돌려 주지 않았다. 게다가 같은 해엔 대영박물관이 엘긴 마블을 철수세미로 닦다가 표면에 상처가 나자 갈색으로 색칠해 버린 사실이 폭로되어 그들의 유물 보존론은 세계의 비웃음거리가 되었다.

지금도 대영박물관의 월드 컬처 숍World Culture Shop에서는 로제타 스톤 지우개, 필통, 자 같은 문구류와 기념품이 판매되고 있다. 그것은 로제타 스톤을, 엘긴 마블을, 청자나 백자를 돌려받을 힘도 없는 나라의 관광객들이 저 기념품 가게에 들러 유물의 미니어처라도 구입하는 것으로 위안을 얻기 바라는 일종의 배려일까?

루브르는 프랑스 박물관인가?

프랑스와 한국의 유물 반환을 놓고 실무를 진행했던 이보아 씨는 그 과정에서 몸으로 겪은 그들의 문화제국주의를 각인하며 전 세계에서 일어난 유물의 약탈과 반환에 관해 연구해 책으로 펴냈다. 그 책의 제목이 바로 『루브르는 프랑스 박물관인가』였다. 그녀는 '문화재 약탈과 반환의 역사'를 통해 강대국들이 문화재를 돌려주지 않는 진짜 이유를 이렇게 지적한다. 첫째 박물관 공동화에 대한 두려움, 둘째 약탈문화재 반환의 도미노 우려, 셋째 관광 수익의 감소 때문이라고….

그녀의 조언을 따라 유물 반환 논쟁을 살짝 비켜서, 그렇듯 어마어마한 유물을 보존하고 전시하는 것으로 박물관이 벌어들이고 있는 경제적 수익을 산출해 본다면 이야기는 사뭇 다른 시각을 열어 줄 것 같다.

루브르 경제학

UNWTO 통계에 따르면 2016년 방문 해외관광객 수가 가장 많은 나라는 프랑스로 총 8,260만 명을 기록했다. 프랑스의 뒤를 이어 미국(2위 총 7,560만 명), 스페인(3위 총 7,560만 명), 중국(4위 5,930만 명), 이탈리아(5위 총 5,240만 명) 순이다. 장마르크 에로 외무장관은 "우리의 목표는 2020년 연간 외국인 관광객 숫자를 1억 명으로 끌어올리는 것"이라고 밝혔다.

관광을 통해 프랑스가 벌어들이는 소득은 약 454억 달러(한화 52조 이상)로 프랑스 GDP의 9.1%를 차지한다. 더구나 루브르를 찾은 1,000만 명의 관광객 중 입장료를 내고 관람하는 유료 관람객은 860만 명으로 2015년 세계 박물관 입장객 수 1위를 기록하고 있다. 영국 대영박물관이 680만으로 2위, 미국 메트로폴리탄 박물관 650명으로 3위를 점하고 있다(theartnewpaper.com). 그러나 더 놀라운 것은 지난 10년간 루브르는 1위 자리를 (단 한 번도) 내어 준 적이 없다는 사실이다. 최저 9유로에서 최고 16유로에 달하는 입장료 수입만 평균 10유로씩만 계산한다 해도 한 해 약 1,300억 원을 넘어서는 엄청난 규모다.

그러나 루브르가 만들어 내는 수익은 여기서 그치지 않는다. 이미 세계에서 가장 품격 있는 명품 브랜드가 된 루브르, 그 루브르가 만들어 내는 문화적 가치와 산업적 규모를 문화전문가 정장진 씨는 '루브르 경제학'이란 제목의 칼럼에서 이렇게 분석했다.

"루브르 박물관을 두고 '루브르 경제학'을 말할 수 있는 것은 입장객이나 파리의 랜드마크로서 루브르가 거둬들이는 관광 수입 때문이 아니다. 루브르는 최근 아랍에미리트의 수도 아부다비에 30년간 루브르 분관을 허락하는 대가로 약 4억 유로의 로열티를 받았다. 이 4억 유로는 순수하게 루브르라는 이름을 사용하는 대가로 받은 금액이며, 기타 유물 대여, 박물관 유지 및 작품 디스플레이 컨설팅 등의 비용을 합하면 약 9억 5,000만 유로, 한화로 1조 3,000억이 넘는 천문학적인 금액이 나오게 된다(당시 환율 기준). 이제 루브르라는 단어는 아무나 함부로 사용할 수 없는 하나의 브랜드가 된 것이다"(정장진, 『이데일리』, 2008.8.22).

또한 화요일에 문을 닫는 루브르는 삼성이나 명품 패션 브랜드, 다국적 기업들의 리셉션 장소로 상당한 고가에 임대되기도 한다. 그럼에도 불구하고 루브르의 화요일 저녁을 예약하기 위해 줄을 서는 것은, 세상에 하나밖에 없는 루브르라는 문화의 특권과 권위를 이미지로 차용하고 싶은 까닭일 것이다. 그러나 특수층을 위한 파티 장소로서의 루브르, 부티크boutique로서의 루브르, 박물관으로서의 루브르, 브랜드로서의 루브르가 벌어들이는 모든 수익을 넘어서는 루브르의 수익 사업이 있으니, 그것은 바로 루브르가 소장한 엄청난 유물들을 빌려주는 유물 임대료에서 나온다.

뮤지엄 숍, 건물 임대료 그리고 유물 임대 등에서 나오는 수익이 한화로 대략 9조 원에 달한다. 공장도 굴뚝도 필요 없는 문화 산업의 대국 프랑스에서 루브르는 가장 큰 수익을 올리는 박물관이다. 언제나 길게 줄을 서서 기다리는 관람객 중 대부분이 〈모나리자〉나 〈밀로의 비너스〉를 보러 간다. 하지만 루브르 박물관을 문화 산업의 관점에서 볼 줄 아는 이들에게는 이런 유물이나 작품보다도 길게 줄을 서서 마치 진공청소기 속으로 빨려 들어가듯이 유리 피라미드 속으로 들어가는 전 세계 사람들이 더 눈에 들어올 것이다(정장진, 같은 글).

루브르여, 좀 더 쿨~해질 수 없는가?

여행자 이경미 씨는 루브르를 나오며 규모의 차이만 있을 뿐 그 미술품과 유물의 수집 경로를 짚는다면 그다지 다를 바 없을 여러 유럽의 박물관을 떠올렸다. 그리고 이렇게 물었다.

"루브르뿐만 아니라 세계의 유물을 수집(약탈)해 명성을 쌓은 유명한 박물관, 미술관들이 자신들은 관리비나 유지비 정도만 챙기고 나머지는 다시 전 세계에 환원한다는 자발적 협약이라도 맺으면 좋겠다. 그런 '쿨~'한 모습을 기대하기엔 역시 무리겠지?"(이경미, 『오마이뉴스』, 2008.6.13).

그러나 루브르가 그렇게 쿨~해질 수 없는 이유에 대한 답은 관광통계가 말해 주고 있다. 2016년 전 세계 여행자 중 서유럽을 여행하는 여행자의 수는 1억 8,150만 명, 여행자의 15%에 이르는 막대한 규모다. 더 나아가 스페인이나 동유럽, 북유럽까지 포괄하는 유럽 전체 여행자 통계를 살펴본다면 결과는 더욱 놀랍다. 무려 6억 1,600만 명. 그것은 정확히 관광 수입으로 이어져 전 세계 관광산업이 벌어들인 관광수입 중 약 37%에 해당하는 4,474억 달러(2016년 기준)가 유럽에서 쓰였다. 그것이 바로 유럽이 가지고 있는 문화의 힘, 박물관의 힘, 예술의 힘 때문이라는 것을 유럽의 국가들은 누구보다 잘 알고 있다.

그 때문이었을까? 그토록 자존심이 강하기로 유명한 프랑스의 대통령 사르코지는, 2008년 올림픽 보이콧 발언에 분노한 중국 여론으로 프랑스를 찾는 중국 여행자가 70%나 감소하자 즉각 자신의 발언을 취소하고 베이징으로 날아가 올림픽 개막식에 참여해 중국을 달래는 에피소드를 낳기도 했다. 2015년 프랑스를 찾은 중국인 관광객이 200만 명을 넘어서면서 아시아 관광객이 22.7% 증가한 것으로 조사됐다. 중국의 해외여행 인구는 어마어마한 속도로 증가하고 있으며, 이미 유럽 관광시장의 빼놓을 수 없는 주요 소비자로 급부상한 까닭이다. 문화의 향기는 그윽하지만, 그 문화가 담보하고 있는 힘과 권력의 현실은 이토록 차고 엄정하다.

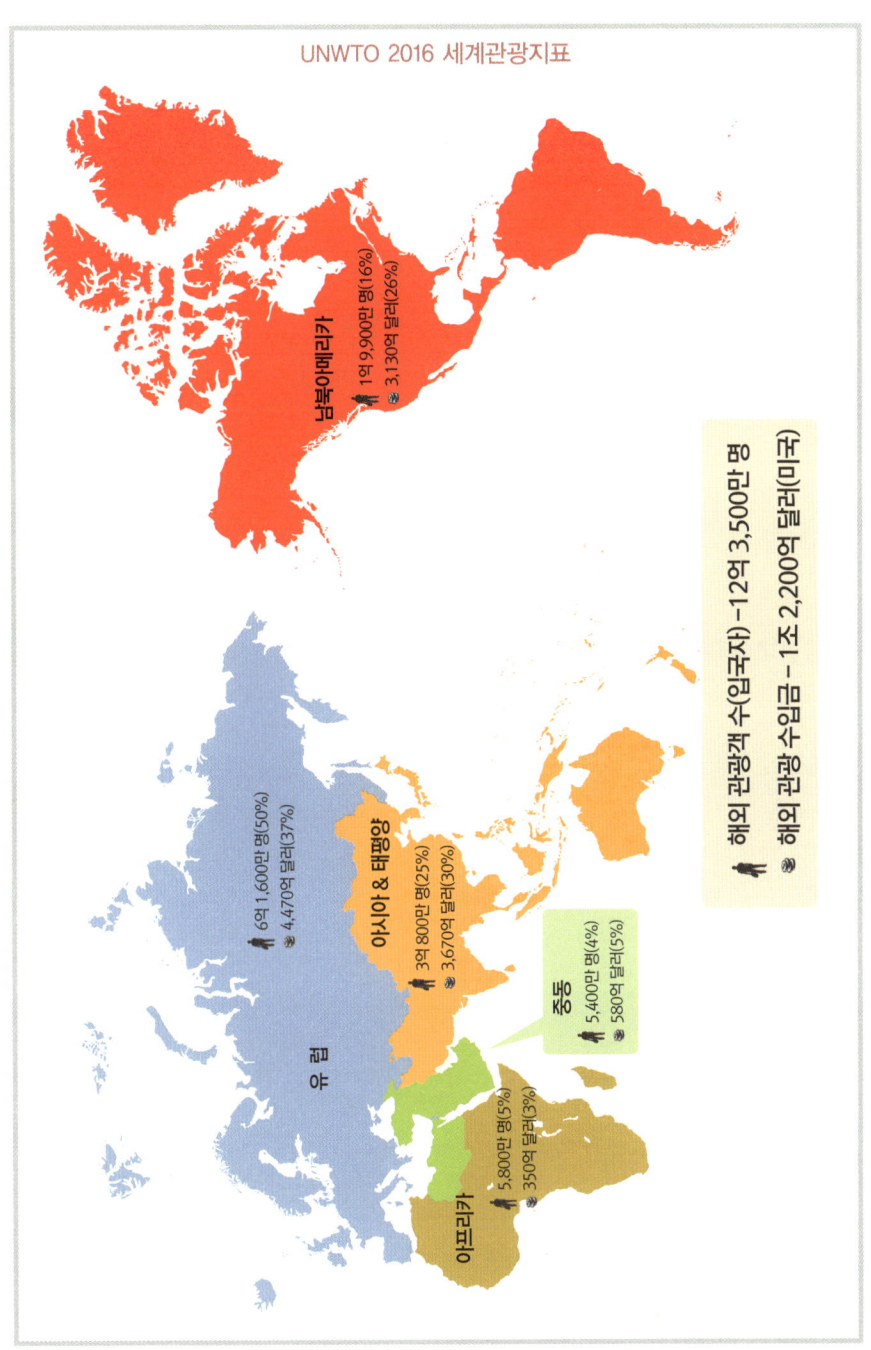

깊이보기 ③

:: 우리 안의 아시아, 우리 안의 유럽

"500만 원, 그리고 한 달의 시간을 준다면, 어디로 가고 싶은지 써서 지도 위에 붙여 보세요."

몇 해째 비슷한 질문을 초등학생부터 대학생까지 두루 만나며 물어보지만 지도 위에 나타난 답은 늘 비슷하다. 색색의 접착 메모지가 촘촘히 붙어 있는 곳은 늘 유럽, 2위는 미국이나 캐나다로 이어진다. 3위에서 간혹 순위 다툼이 있지만 호주 혹은 일본 등 선진국이 경합한다. 여행 하면 유럽을 떠올리는 것은 비단 아이들만이 아닌 모양이다. 2007년 여행사 직원들을 대상으로 진행된 설문조사에서 여행을 업으로 살아가는 여행사 직원들의 40% 또한 로또에 당첨된다면 가고 싶은 여행지 1위로 유럽을 꼽았다. 그렇다면 사람들이 가장 많이 여행하고 있는 곳도 유럽일까?

가고 싶은 여행지 1위 유럽, 방문한 여행지 1위 아시아

재미있게도 2014년 국민해외여행 실태조사를 살펴보면 한국인이 여행한 나라 1위에서 5위까지 유럽은 단 한나라도 존재하지 않는다. 한국인이 가장 많이 여행하는 국가는 1위 중국 32.2%, 2위 일본 19.9%, 3위 태국 9.4%, 4위 미국 7.2%, 5위

필리핀 5.4%로 1위부터 5위까지 미국을 제외한 네 곳 모두 아시아다. 그것은 비단 한국만의 현상은 아니다.

중국 여유국의 발표에 의하면 2015년 중국을 방문한 관광객 1위는 한국이 차지하고 있다. 또 2015년 사상 최대의 기록을 세우며 2,000만 관광객을 돌파한 일본 방문 관광객 1위 역시 한국인이다. 한국에 이어 2위는 중국, 3위는 대만, 4위는 홍콩 5위는 태국으로 일본 방문 관광객의 85%를 아시아 국가들이 차지하고 있는 모양새는 비슷했다.

중국 정부가 4.5일 근무, 2.5일 휴무제를 시행한다면, 짧은 시간 동안 아시아를 여행하는 중국인 인구수는 더욱 폭발적으로 증가할 것으로 예측하고 있다. 심지어 조금 떨어진 필리핀 관광객 1위 역시 135만 명으로 한국이 차지하고 있다. 그 1위 자리는 중국, 한국, 일본이 서로 순위를 바꾸어 가며 지속적으로 차지하고 있으니, 아시아가 아시아를 여행하는 현상은 크게 변하지 않을 것이다.

아시아를 찾는 아시아인들의 마음, 한국인의 마음은 어떤 것일까?

2007년 여름, 하나투어를 통해 여름휴가를 떠난 10만 명의 여행자 중 아시아로 떠난 80.3%의 사람들에게 아시아를 택한 이유가 무엇인지 물었다. 1위를 차지한 응답은 '싸고 편해서'였다. 싸고 편한 아시아에서 여행자들이 한 일은 무엇이었을까? 2014년, 시간이 흘러도 아시아를 찾는 한국인의 근저는 크게 변한 것이 없다. 국민 해외여행 실태조사에 따르면 목적지 선택 이유 1위 역시 저렴한 경비(36.3%)였다.

싸고 편한 아시아를 여행하는 아시아의 여행자들

싸고 편한 아시아를 구경하고, 쇼핑하는 것은 비단 한국만의 일은 아니었다. 아시아에서 가장 먼저 대량 관광객을 해외로 송출하기 시작한 것은 일본이었다. 1964년 해외여행 자유화가 시작된 일본은 2000년 1,780만 명, 2014년 약 1,690

만 명, 2016년 1,712만 명(한국관광공사)의 출국자 규모를 유지하고 있다.

그러나 일본 여행자들이 여행을 통해 얻은 두 가지 별명은 그리 달갑지 않은 것이었다. 아시아의 일본 단체 관광객들이 첫 번째로 얻은 별명은 '섹스 애니멀Sex Animal', 그리고 또 하나는 유럽에서 얻은 별명인 '명품 쇼핑족'이었다. 아시아에서 싸고 편한 성매매 관광을 즐긴 일본 관광객들은 유럽에선 다른 걸 원했다. 교과서에서만 볼 수 있었던 명작들을 보고 싶어 했고, 〈플랜더스의 개〉와 〈캔디〉에서 나오던 유럽의 성들을 오르고 싶어 한 것이다. 유럽의 박물관과 미술관들은 일본 기업의 후원에 힘입어 주요 고객이 된 일본인 관광객들을 위해 일본어 브로슈어와 오디오 가이드를 설치했고, 명품 숍에는 일어를 하는 전담 직원을 배치하기도 했다.

한국, 여행을 시작하다

일본의 뒤를 이은 한국 또한 결국 비슷한 경로를 되밟고 있다. 1989년 해외여행 자유화 이전 50만 명에 불과하던 관광인구는 2007년 1,300만 명을 넘어섰고 2016년에는 무려 2,238만 3,000명을 기록했다. 대한민국 관광인구의 증가율은 일본의 관광인구 증가율에 견주어 보면 무려 2배의 속도였다. 『연합르페르』 장성배 기자는 '해외여행 변천사'라는 기획기사를 통해 당시 풍경을 이렇게 기록하고 있다.

"1983년 50세 이상의 성인에게 여행자유화를 1차로 시작했으나 그것은 여러 장치를 갖추고 있는 것이었다. 일례로 정부는 무분별한 해외여행을 자제시키기 위해 일종의 브레이크 장치로 관광예치금 제도를 두었는데 금융기관에 200만 원을 1년 동안 예치해야 해외여행을 떠날 수 있었다. 게다가 당시 여행 상품의 가격은 일본 5박 6일 상품이 55만 5,800원, 미국 및 일본 17박 18일 상품이 206만 6,400원이었다. 당시 대기업 대졸 신입사원의 월급이 20만 원 안팎이었던 것으로 미루어 보면 서민들에게는 다가가기 힘든 꿈이었다."

초기 여행 상품을 출시했던 세방여행사의 한 관계자는 당시 풍경을 이렇게 회고

한다.

"고객의 대부분은 남자였습니다. 신사유람단처럼 남자들만 우르르 몰려다니니 어디서나 눈에 잘 띄었죠. 그때는 왜 그랬는지 외국에선 꼭 양복을 입어야 하는 줄 알았습니다. 하와이에서도 한국 관광객들은 전부 양복을 입고 다녔으니까요. 수영장에서도 바지만 걷고 발을 담그곤 했습니다"(장성배, 『연합르페르』, 2007.1).

하와이에선 예절을 지키기 위해 수영장에서도 바지만 걷고 발을 담그던 '신사'들은 아시아에선 일본의 자리를 고스란히 대신하며 '섹스 애니멀'이란 꼬리표를 물려받았다. 여행자 1,300만 명, 필리핀 관광객 1위가 미국과 일본에서 한국으로 바뀌던 해외여행의 최고점에 달한 2007년, 필리핀의 유명한 관광지 세부에서 한국 관광객들의 행태를 직접 조사했던 제천간디학교 학생들은 호텔 직원과 관광 가이드 등 필리핀 사람들의 말을 전하며 부끄러움을 감추지 못했다.

"호텔에서 술 먹고 떠들다가 다른 손님들 항의로 쫓겨난 한국인, 로비에서 술 취해 옷을 벗고 다니는 사람들, 관광객들이 많은 관광지에서 여자 가이드를 때린 한국인 남자…, 뭐 창피해서 다 입에 담을 수가 없어요."

그렇듯 아시아가 아시아를 무시하는 관광의 풍경은 쉽게 사라질 것 같지 않다. 이미 일본과 한국을 추월한 중국 관광객들이 존재하기 때문이다.

1995년 관광이 시작될 초기 450만 명이던 중국의 관광객 수는 2006년 3,450만 명을 넘어섰고, 2015년에는 드디어 1억 명을 돌파했다. 중국 여유국에 의하면 2015년 한 해 세계를 여행한 1억 2,800만 명의 중국인들이 사용한 돈은 약 250조 규모로 추산된다. 전체 중국인이 여행한 총 해외여행 숫자는 무려 8,000만 회, 단체관광보다는 자유여행을 즐기는 것으로 나타났다. 1인당 평균 소비액은 1만 1,624위안(한화 약 212만 원)에서 최대 250조 원으로 추산된다. 심지어 세계 사치품 구매 시장의 43%를 중국 관광객들의 소비가 차지하고 있다(『연합뉴스』, 2015.11.20).

전 세계 각국에서는 큰 수익을 안겨다 주고 있는 중국 관광객들의 여행이 기쁘면서도, 동시에 중국 대량 패키지 관광객들이 빚어내는 관광의 깊은 그늘 속에서 대안을 찾기 위해 고심 중이다.

책임여행 전문가 헤럴드 굿윈 교수 역시 이미 아시아나 유럽 곳곳에서 중국 대량 관광객들의 문제가 심각하게 제기된다며 아시아 여행자들에 대한 염려를 감추지 못했다.

그 수많은 중국 여행자와 일본 여행자, 한국 여행자들이 서로의 나라를 방문하며 중국을, 일본을, 한국을 존중하고 그 문화를 배우고 경험하기 위해 진정한 여행자의 자세를 가지는 이들은 얼마나 될까? 서로가 서로의 땅을 무시하고 경멸하면서, 서로의 삶의 자리를 관광이란 행태로 구경하고 파괴하며 지나가고 있는 아시아의 현실을 다시 한번 아프게 마주한다.

여행의 역사가 깊어지며 우리가 직면하는 가장 큰 배움은 우리는 누구나 여행자이며 동시에 누군가를 맞이하는 호스트가 될 수도 있다는 사실이다. 우리가 여행에서 도착하는 곳은 무인도가 아니라 누군가의 도시, 누군가의 마을, 누군가의 집이라는 것을 기억하면 좋겠다. 우리가 다른 이의 집에 들어가는 손님으로서 예의와 존중을 잃지 않을 때 세계가 세계를 만나는 아름다운 여정과 환대가 소멸되지 않고 소중한 문화로 지속될 수 있을 것이다.

:: 인간 사파리, 관광 상품이 된 사람들

2012년 1월 영국 『가디언』은 충격적인 제목의 기사 하나를 세계에 타전했다. 인간 사파리. 믿어지지 않는 제목의 기사를 클릭하면, 자동차에 탄 사람들이 벌거벗은 소수부족에게 음식을 던지며 춤을 추라고 요구하는 믿을 수 없는 모습의 영상이 나타났다.

영상 속의 자라와족은 인도양 뱅골만 아다만 제도, 외부와의 접촉이 차단된 보호 지역의 정글 속에서 살아가는 부족이다. 이들은 지난 1998년에야 바깥 세상에 존재가 알려진 소수부족으로 외부와의 접촉에 대한 면역체가 없어, 현재 400명 정도만 남아 있는 것으로 추정된다. 이들이 살고 있는 정글은 멸종을 막기 위해 인도 정부에 의해 보호구역으로 지정되었다. 그 입구에는 사진금지(No Camera), 입장금지(No Entry) 등의 간판이 버젓이 붙어 있었다. 그러나 관광객을 태운 지프차를 몰고 들어가 나체의 원주민 부족들에게 먹을 것을 던져 주며 춤을 추라고 요구하고 동영상을 찍도록 허락한 사람들은 이 부족을 지키기 위해 배치된 경찰이었다.

『가디언』은 "멸종위기에 놓인 자라와족의 약점을 이용한 관광업자들과 현지의 부패한 경찰들이 손을 잡고 원주민들을 동물원처럼 전시하는 믿을 수 없는 인간 사파리 관광 상품을 개발했다"라고 보도했다. 심지어 이 상품을 체험하려고 관광객들은 약 350파운드(약 60만 원)의 거금을 지불했고, 그중 200파운드가 경찰의 손에 쥐어지고 있었다. 인간 사파리를 폭로한 사진작가 게딘 체임벌린은 "매일 아침마다 수백 명의 관광객들이 인간 사파리를 체험하기 위해 차를 타고 자라와족 보호구역으로 들어간다. 관광객들은 나체의 자라와족 주민에게 춤을 추거나 노래를 부를 것을 요구한 뒤 마음에 들면 비스킷이나 바나나 등을 던져 준다"라고 폭로했다. 현지 언론인이자 자라와족 보호운동에 참여하는 독립언론인 데니스 자일스 역시 "자라와족은 자신들의 경찰들의 보호를 받고 있다고 생각하지만 사실은 부패한 경찰이 그들을 돈벌이 수단으로 이용하고 있는 것"이라고 지적했다.

2013년 3월 2일, 인도 법원은 자라와족 인간 사파리 상품을 불법으로 규정하고 행위를 근절시키겠다고 발표했다. 그러나 자라와족 및 소수부족의 인권을 위해 20년간 싸워 온 영국의 시민단체 서바이벌 인터내셔널은 말한다.

"한시적으로 그들은 자라와족을 보호하는 것처럼 보입니다. 그러나 여론의 관심이 사라지면 다시 비슷한 위기에 처할 것이고, 멸종위기로 치닫는 것이 정해진 순서입니다. 사람이 사람의 삶을 구경하는 행위는 인도뿐 아니라 세계 어느 곳에서든 일어나서는 안 되는 일이며, 원천적으로 금지되어야 합니다."

미국의 동물원에 원숭이들과 함께 전시되었던 오타 벵가에서 인도의 자라와족까지 인간이 인간을 전시하고, 그 삶을 구경하는 이 시선의 폭력과 인권의 유린은 도무지 어떻게 멈추게 할 수 있는 것인가…. 깊은 질문 하나가 무겁게 내려앉는다.

유엔 산하기구인 WGIP(Working Group on Indigenous Populations)의 발표에 의하면, 전 세계에 원주민으로 불리는 소수 토착민은 3억에서 3억 5,000만 명 정도이다. 세계 인구의 6%를 차지하는 이들 토착민의 70%는 아시아에 살고 있다. 그들은 고유한 자신들의 문화를 유지하며 산업사회에 편입되지 않고 살고 있다. 그들을 눈여겨 본 것은 관광산업이었다. 그리고 그들의 삶을 상품화하기 시작했다. 100년 전에는 그들을 '문명세계'로 데리고 왔지만, 이제는 '문명인들'이 그들을 직접 보러 간다는 것이 달라진 점이다. 그들은 어떤 삶을 살아가고 있는 걸까? 그들이 처한 상황은 100년 전 원주민들과 크게 다르지 않은 듯하다. 그 답은 중국을 넘어, 태국 북부에 위치한 치앙마이 고산족을 통해 들려온다.

목이 길어 슬픈 카렌족

트레킹의 메카 태국 북부에 자리 잡은 치앙마이. 그곳은 해마다 수십만 명의 사람들이 코끼리 트레킹, 고산부족 트레킹을 즐기기 위해 찾는 손꼽히는 트레킹의 메카다. 그 고산부족 가운데 카렌족이 있다. 놋쇠 고리를 찬 긴 목의 여성들로 유명한 고산부족 카렌족. 그들은 태국 북부 미얀마와의 접경지대인 매홍손을 중심으로 치앙마이 등지에 약 3만 명이 난민으로 살아가고 있다.

여자들의 목에 놋쇠 고리를 채우는 것은 카렌족의 오랜 전통이다. 보통 다섯 살이 넘으면 묵직한 놋쇠 고리를 목과 다리에 걸기 시작해 3~4년에 한 번씩 놋쇠 고리를 점차 큰 것으로 바꿔 걸며 평생 조금씩 목을 늘려 간다. 매홍손뿐 아니라 골든 트라이앵글 지역에 분포한 카렌족 마을로 수많은 관광객들이 찾아와 신기한 풍경을 카메라에 담고 기념품을 구입해 간다.

관광객이 카렌족을 만나려면 우선 입장료를 내고 마을에 들어가야 한다. 1인당 250바트, 우리 돈 8,000~9,000원 정도다. 보통 마을은 100여 가구, 200명에서 500명 사이의 규모인데, 매홍손에만 이런 마을이 세 곳이다. 태국 정부의 통계에 의하면 미얀마의 군사독재를 피해 태국 북부의 국경 지대로 쫓겨 온 카렌족은 미얀마 고산족 전체의 1% 정도이다. 이들은 엄연히 군사독재를 피해 탈출해 온 난민들이다. 일반적으로 정치적인 난민은 난민촌에서 집단생활을 하며 난민 지위를 인정받아 차례차례 유럽이나 호주 등 제3국으로 망명을 떠난다. 그러나 카렌족은 난민촌에 들어가 살 수 없

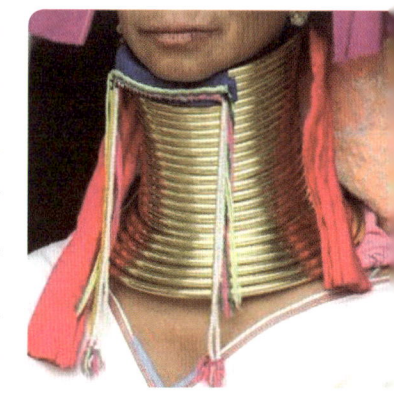

다. 다른 수많은 미얀마 난민과 달리 카렌족이 격리되어 별도의 마을에 머무는 데에는 특별한 이유가 있다.

"우리가 받는 돈은 하루 50바트예요. 우린 이 관광을 통해 저 사람들이 얼마를 버는지 몰라요. 다만 우리가 받는 일당이 50바트라는 것과 판매한 기념품 판매비 가운데 10%를 그들에게 줘야 한다는 거예요. 하지만 비수기엔 손님이 없어서 일당을 받을 수 없어요. 비수기엔 난민들에게 배급되는 쌀로 살아가다가 다시 성수기가 되면 관광객을 상대해야 하죠"(KBS, 〈특파원 현장보고〉, 2008.3.15).

KBS에서 인터뷰한 카렌족 마을 이장은 그들의 현실을 정확히 알고 있었다. "카렌족은 연간 수십억 원의 관광 수익을 창출하는 관광자원인 셈입니다. 지난 2년간 2만여 명의 미얀마 고산족들이 유럽과 호주 등 제3국에 망명해 자유로운 새 삶을 찾았습니다. 그러나 카렌족에게는 꿈같은 이야기입니다. 태국 정부는 카렌족이 태국을 떠나지 못하도록 난민 지위를 인정해 주지 않고 있습니다."

그러나 보도의 영상 속에서 더욱 충격적인 사실은 카렌족 여인들의 기다란 목에 있었다. 전문가들의 조사 결과 여성들의 긴 목은 목뼈가 늘어난 것이 아니라 늑골과 쇄골이 내려앉은 탓이라는 것이었다. 의사들이 보여주는 엑스레이 사진 속에선 내려앉은 쇄골의 가파른 경사가 선명했다. 한 카렌족 여성이 놋쇠 고리를 풀어 카메라 앞에 맨살을 드러내자, 그 자리엔 무거운 놋쇠 고리에 짓눌린 흉터와 깊숙이 패인 상처가 가득했다.

자살하는 소수민족

수많은 나라에서 소수부족은 말 그대로 '소수자'로 존재한다. 그들이 조상대대로 살아오던 땅은 '국익'을 위해-댐, 도로, 보호구역, 지역개발 등-국가에 귀속되었다. 하지만 그 개발의 혜택은 그들에게 미치지 못했고, 그 땅의 원래 주인이었던 원주민들은 사회의 가장자리로 내몰리곤 했다. 때로 그들은 땅을 포기한 대가로 새로운 주거 공간, 공교육, 사회복지 등의 혜택을 얻기도 했다. 그러나 생각해 보면 그들은 숲과 하나인 집을 가지고 있었고, 그들의 삶은 유목이거나 농경이었으며, 그들은 늘 필요한 것들을 자연에서 얻었고, 부모로부터 배워 왔다. 국가는 그들에게 보상해 준 것을 기억할 뿐 그들에게서 빼앗아 간 것은 좀처럼 기억하지 않았다. 때문에 정부는 그런 지원에도 불구하고 왜 그들이 알코올 중독에 빠지는지, 게으름과 실업으로 극한의 빈곤을 면치 못하는지, 그 답을 그들 종족의 유전자적 열등성 혹은 결함에서 찾곤 했다.

뉴질랜드의 유명한 선주민인 마오리족은 뉴질랜드 사람들에 비해 평균수명이 15~20년 정도 짧다. 소수민족에 관한 다른 조사에 의하면, 1985~2000년 사이에 브라질 구아라니족 청소년 가운데 무려 300명 이상이 자살을 시도했다. 그중 가장 어린아이는 겨우 아홉 살이었다.

캐나다 전체 청소년 자살률이 10만 명당 12명을 기록하고 있을 때, 캐나다 내 소수민족의 자살률은 10만 명당 180명으로 10배가 넘었다. 또 10대 원주민 청소년은 알래스카 청소년 인구의 20%에 불과하지만 청소년 자살 인구에서 이들이 차지하는 비율은 61%에 이르는 것으로 나타났다. 자살자의 약 80%는 남성이었다.

왜 그들은 자살하는 걸까? 소수민족 아이들은 무엇보다 자신이 속한 공동체의 붕괴, 인종차별, 기회의 박탈 등으로 크게 상처를 받는데, 이로 인한 상실감, 열등감, 좌절감 때문에 자살을 한다고 유니세프는 보고한다. 알래스카주 보건당국 관계자는 "알래스카 원주민들은 고유의 문화를 잃어버렸으며 가족을 부양할 수단을 갖고 있지 않다"며 "이러한 절망감은 젊은이들에게 특히 심하며 알코올, 마약 중독 등을 흔히 볼 수 있다"고 지적했다. 그들의 삶이란 원주민 보호구역에 관광을 위해 오는 사람들에게 자신의 삶을 전시하고, 민속을 값싼 공연으로 보여주며, 기념품을 팔아 생계를 연명하는 것 그 이하도 그 이상도 없다.

평화의 부족, 필리핀 딸란디그 사람들

아침부터 벌써 아이들이 북을 붙잡았는지 북 만드는 탐블로이의 집은 악기 두드리는 소리로 그득하다. 하루 종일 발룩토에게 북을 배우느라 손이 퉁퉁 부어올랐다며 바닥도 못 짚던 아이들은 눈을 뜨자마자 들려오는 북소리에 달려가 저렇게 다시 북에 매달리고 만다. 어제 대나무 피리를 만들다 완성하지 못한 아이들은 아침을 먹자마자 와와이의 작업실에 불을 피우기 시작했다. 어제도 연기로 눈이 빨개져 콜록거리면서 피리 만드는 일에 열중하더니 재미가 단단히 든 모양이다. 대나무 잎으로 길이를 재고, 장작불에 쇠를 달구어 구멍을 내면 멋진 대나무 피리가 만들어진다. 와와이는 그 피리에 작은 칼로 딸란디그 부족의 숲과 하늘을 담은 아름다운 문양을 새겨 주기도 했다. 하지만 아이들이 피리를 가르쳐 달라고 조르기 시작하자 와와이는 피리에 대해 천천히 이야기했다.

"피리는 다른 악기와 참 다르죠. 숨으로 부는 악기니까요. 누군가 내 피리소리를 듣는다는 건 그의 귓가에 내 숨결이 들어간다는 뜻이에요. 피리를 연주하는 내 속에 분노가 있으면 분노가 그에게 가고, 내 속에 기쁨과 평화가 있으면 기쁨과 평화가 전달되는 거죠. 그래서 피리를 불 때는 연주 기술보다 마음이 더 중요해요. 평화가 없다면 연주하지 말아야 하는 거죠."

예술은 누가 줄 수도 빼앗아 갈 수도 없는 것

  악기를 만들고, 피리를 불고, 북을 연주하는 것으로, 춤을 추고 노래하는 것으로 자신들의 이야기와 정신을 지켜 가는 딸란디그 부족의 문화적 리더인 와와이 사와이, 그는 그렇듯 멀리서 찾아오는 이들뿐 아니라 부족의 아이들에게 그런 이야기를 들려주며, 평화의 심장에서 나온 연주를 들려주며 부족의 문화와 전통을 지켜 왔다.

  제천간디학교 학생들과 세 해째 오는 길이다. 우리가 올 때면 늘 밥을 지어 주시는 어머니들은 어느새 얼굴을 기억하며 친척이라도 온 양 기쁘게 맞아 주시고, 한 해 사이 쑥욱 자란 마을 아이들은 우리가 깨기도 전에 우리가 머무는 집 마당에 모여든다. 외국인을 잘 볼 수 없는 산속 마을이기도 하지만, 우리가 올 때마다 나누는 풍물과 공연, 함께하는 놀이를 아이들은 잊지 않고 있었다. 지난해에 두고 간 장구, 꽹과리 같은 악기는 이제 그 아이들이 우리보다 더 잘 다루는 것 같다. 악기의 특성을 익혀 어느새 자신들의 리듬으로 연주해 내는 아이들의 이마에 땀이 송글송글 맺힌다.

그렇듯 깊은 환대로 사람을 맞이해 주는 와와이의 마을엔 호텔은커녕 그 흔한 식당 하나가 없다. 그저 마을 사람들이 밭을 일구고, 악기를 만들고, 그림을 그리며 살아가다가 먼 곳에서 귀한 손님들이 온다는 기별이 있으면 방 한편을 깨끗이 치우고, 밭에서 키우는 푸성귀와 산나물로 정갈한 밥상을 차려 주신다. 또 저녁이면 마을의 전통 옷을 입고 나와 마을의 귀한 손님에게 대대로 해오는 환영의 행사를 베풀어 준다. 대여섯 살 꼬마부터 어르신들까지 붉은 딸란디그 부족의 옷을 입고, 밤이 깊도록 북소리에 노래와 춤을 싣는 그 환대의 축제…. 거기엔 보여주는 이도 구경하는 이도 없다. 누가 춤을 추면 다 같이 춤을 추고, 누군가 연주를 하면 저마다의 악기와 노래, 춤으로 다 함께 그 음악이 될 뿐이다. 그리고 다음 날이면 사람들은 다시 밭에 나가고, 소를 몰고, 악기를 만든다.

그러나 딸란디그 부족이 뿌리내리고 살아가는 땅 필리핀 민다나오는 그렇듯 평화로운 부족이 머물기엔 너무 치열한 분쟁의 땅이다. 가톨릭 정부군과 무슬림 반군의 오랜 갈등으로 3년이 멀다하고 내전이 터지는 분쟁의 섬, 플랜테이션과 자원개발을 하려는 다국적 기업의 불도저가 새로운 땅을 기웃거리는 민다나오에서, 땅문서 하나 없이 그저 조상 대대로 살아온 그들의 땅을, 숲을, 문화를 지킨다는 것은 그리 녹록한 일이 아니었다.

땅과 삶을 빼앗으려는 관광개발 기업들, 플랜테이션 농장들

"몇 해 전부터 정부와 관광개발업자들은 우리 부족이 위치한 산속에 헬리콥터를 타야 갈 수 있는 고급 관광구역을 만들려고 계획하고 있어요. 마닐라나 세부처럼 더운 대도시에서 높은 고산지대로 휴양을 오려는 부자들과 외국인 관광객들을 위한 초호화 럭셔리 리조트가 되겠죠. 하지만 그 산은 그렇게 함부로 나무를 베어 내거나, 아무나 드나드는 관광지로 만들 수 있는 곳이 아닙니다. 대대로 수천 년을 내려온 신성한 숲이에요. 그리고 여긴 우리 땅입니다."

위협은 관광타운만이 아니었다. 와와이의 마을 바로 옆까지 파고든 거대한 바나나 플랜테이션 농장은 와와이 마을의 영토로 농장을 넓히고, 마을 사람들을 싼 일꾼으로 쓰길 원했다. 그러나 자급자족 수준의 농사를 짓고, 전통문화를 지키며 악기를 만들고 그림을 그리는 것으로 자신들의 자존을 지켜 가는 딸란디그 부족 사람들에게 그것은 가당치 않은 소리였다. 그러자 그들은 군대에 위험한 거짓 정보를 제공하기 시작했다.

"1년에도 몇 번씩 군인들이 마을을 수색하러 오기 시작했어요. 바나나 플랜테이션 농장에서 자꾸 제보가 들어온다는 거였죠. 우리 부족이 무슬림 반군의 무장투쟁을 돕고 있다는. 그런 긴장감이 감돌던 날들이 계속되다가 2007년 가을, 마침내 산에서 총을 쏘는 일이 일어났어요. 너무 놀라 산으로 달려가 보니 멀리서 동생이 뛰어오고 있는 거예요."

그는 늘 하듯 산에 사냥을 하러 갔다가 수색 중인 군인들과 마주쳤다고 했다. 그는 총을 내려놓으며 사냥 중이었다고 설명했지만 군인들은 그를 향해 발포했다. 사력을 다해 마을로 뛰는 그의 등 뒤로 총격은 멈추지 않았다. 단지 총을 들고 있다고 해서 군인들이 그를 향해 총을 쏘는 것은 명백한 불법이었다.

"그가 살아온 건 천운이었어요. 등 뒤로 총알이 여러 번 박혔지만 다행히 등에 멘 가방에 아이들에게 주려고 산에서 따온 커다란 야생과일이 그득했던 거예요. 과일이 방패가 되어 준 거죠."

군인들의 손으로 만든 평화센터

커피를 마시며 와와이의 집 앞으로 드넓게 펼쳐진 부키드넌의 고원을 바라보며 와와이 마을을 둘러싼 이야기에 귀 기울이던 그때, 총을 든 한 무리의 군인들이 우르르 몰려왔다. 와와이는 커피 잔을 내려놓고 그들을 맞이하기 위해 나가며 씽긋 웃었다.

"이제 친구들이에요. 걱정하지 말아요."

그들은 와와이의 작은 집과 거실, 부엌을 차지하고 밥을 먹고 차를 마시고 난 후에도 한참을 머물렀다. 군인들의 아침을 챙겨 주고 돌아온 와와이가 친구가 된 군인들에 관한 이야기를 들려주었다.

"그때 제 동생이 총에 맞아 죽을 뻔한 일이 일어나자, 마을 사람들은 우리 마을을 다녀간 여러 친구들에게 소식을 알리고, 도움을 구하는 편지를 보냈어요."

원주민의 인권을 위해 일하는 미국과 유럽의 국제단체, 언론인, 민다나오의 소수부족 인권을 위해 일하는 단체들…. 바람처럼 빨리 그 소식은 퍼졌고, 마닐라의 군사령부로 해외에서 보낸 공식 항의서가 속속 전달되었다. 와와이 마을의 평화를 경험한 이들이 만든 마음의 연대, 그것이 이끌어 낸 행동이었다.

"놀란 마닐라 사령부에서 부키드넌에 있는 부대에 연락을 했고, 일이 커질 게 무서웠던 지역 사령관은 즉각 다시 군인들을 보냈죠."

다시 찾아온 군인들은 딸란디그 부족장인 다투를 찾아왔다. 총격을 가한 것에 대해 사과는 물론이었거니와 오히려 그에게 물었다. 무언가 군대가 마을을 도울 일이 없겠는지. 그때 마침, 마을의 평화를 위해 노력하며 전통문화를 보전해 가는 딸란디그 사람들에게 깊은 감명을 받은 한국의 NGO 정토회에서 평화센터를 지을 수 있도록 지원한 건축자재들이 쌓여 있었다(정토회는 돈이나 인력을 지원하지 않고, 필요한 자재만을 지원한다는 원칙을 가지고 있다). 2층짜리 커다란 평화센터를 짓기 위해선 건장한 남자들의 노동력이 많이 필요하던 참이었다. 그때부터 마을 청년과 군인들은 여름 내내 센터를 짓기 위해 함께 땅을 파고, 기둥을 세우고, 돌을 나르며 땀을 흘렸다.

그렇게 군인들의 손으로 완공된 평화센터에서 민다나오 사람들과 함께 연 첫 공식행사는 민다나오에 분쟁이 멈추고 평화가 깃들기를 염원하며 필리핀 북부에서 남부까지 평화의 행진을 한 '피스 카라반Peace Caravan'이었다. 오늘 군인들이 마을

에 온 건 평화센터 오픈을 축하하고, 또 행사에 참여하는 가톨릭 주교와 무슬림 이맘, 정부 고위층 인사 등을 경호하기 위한 것이라 했다. 그 모든 이야기를 듣고서야 총을 든 군인들을 집에 들여 밥과 차를 내어 주고, 그들과 웃음을 나눈 와와이의 마음이 다다른 평화를 헤아릴 수 있었다.

민다나오 24개 부족의 대표들이 가톨릭 주교, 무슬림 이맘과 함께 마닐라에서 민다나오까지 함께 걷고 여행하며 평화의 메시지를 전한 피스 카라반의 최종 종착지가 된 송코 마을의 평화센터…. 우리도 카가얀에서 부키드넌까지, 제주에서 제천에서 민다나오까지, 평화의 여정에서 가져온 평화의 메시지들을 펼쳤다. 까미귄에서부터 함께 동행한 청년들은 분필을 꺼내 초크아트chalk art를 시작하고, 와와이 마을의 친구들을 대나무를 세워 평화의 솟대를 올렸다.

마을의 어르신들, 아이들, 예술가들이 저마다 그 리본에 평화의 메시지를 적는 동안, 군인들이 유심히 그것을 지켜보고 있었다. 한 아이가 다가가 그에게 펜을 내밀었다. 민다나오의 평화를 위해 메시지를 적어 달라고…. 잠시 머뭇거리던 그는 긴 리본을 들고 솟대로 걸어왔다. 그 리본을 걸고 난 후 그는 솟대에 매달린 다른 메시지들을 하나하나 천천히 읽었다. 그의 모습을 보고 뒤에서 망설이던 동료들을 다른 아이들이 초대하자 그들은 멋쩍게 웃으며 모두 솟대로 다가왔다. 모두 리본에 메시지를 적고, 기념사진까지 촬영을 하며 아이처럼 기뻐했다. 이어서 모두 평화콘서트를 위해 센터로 올라가는데 한 군인이 묻는다.

"혹시 저희도 안에 들어가서 평화콘서트를 봐도 될까요?"

그는 규율 때문에 군화를 벗을 수 없어, 무례가 될까 봐 들어가지 못한 채 바깥에서 소리만 듣고 있었다고 했다. 다투에게 물어보자 그는 웃으며 말한다.

"군화를 벗을 수 없다는 걸 알려주었으니 이미 무례가 아닙니다. 어서 들어오세요."

Interview 딸란디그 부족장, 다투

존중과 배움이 있는 만남은 신의 축복입니다

"생태계에 종 다양성이 필요하듯, 인간에게도 종 다양성은 소중한 것이다.
소수부족은 약자로서 보호의 대상이 아니라
인류의 문명을 풍부하게 해주는 보물로서
소중히 여겨져야 한다."
- 세계 소수부족 인권대회

부족을 떠나 대학에서 인류학을 전공하고 도시에 뿌리내리고 살다가 부족이 위기를 맞자 다시 돌아와 헌신한 다투는, 현재 딸란디그 부족의 인권뿐 아니라 전 세계 소수부족의 권리를 대변하는 인권운동가다. 그의 아내는 평화의 어머니회를 조직해 부키드넌 지역의 여러 갈등을 조정해 가는 평화운동가이자 여성운동가로 활발히 활동하고 있다.

이매진피스(이) 방문객이 해마다 조금씩 늘어나는 것 같네요.

다투(다) 멀리서 오는 소중한 친구들의 방문은 우리에게 귀한 선물이고 기쁨이죠. 이젠 평화센터가 완공되었으니 더 많은 이들이 편하게 묵을 수 있을 거예요. 우리는 '손님은 신의 축복이다'라고 믿고 있어요. 누구도 신의 인도 없이 이곳에 다다를 수는 없죠.

이 많은 사람들이 찾아와 부족의 문화를 보고 경험하고 싶어 하는데 마을 사람들이 지치지는 않을지 염려돼요.

다 우리는 우리의 삶을 살아갈 뿐이고 그들은 우리의 사는 방식을 배우러 오는 것이니까 크게 힘들 일은 없어요. 입던 옷을 입고, 짓던 농사를 짓고, 만들던 악기를 만들 뿐이에요. 하지만 우리가 그들을 위해 갑자기 뛰어들어가 옷을 갈아입어야 하고, 하던 일을 내려놓고 악기를 만드는 척해야 한다면 힘들겠죠. 그건 쇼니까요. 우리는 꾸며진 쇼 같은 공연은 하지 않아요.

이 카가얀에서 딸란디그 부족의 옷과 비슷한 옷을 입은 사람들이 나오는 에코 빌리지 광고 포스터를 본 적이 있어요. 라다크Ladakh의 레Leh(인도 북서부 티베트 접경 지역)도 처음엔 그들의 문화를 배우고 싶어 하는 이들이 방문하기 시작했지만, 결국 너무 알려지며 관광지가 되어 젊은이들이 그들의 문화를 잃어 가는 아픔을 겪었죠. 마을의 정신과 문화가 알려지며 혹 그런 식으로 관광지화 될 위험은 없을까요?

다 몇 해 전 어떤 미국인 사진가가 마을에 들어왔어요. 우리 마을에 문이 있는 건 아니니까요. 그러고는 허락도 구하지 않고 사진기를 들이대며 마을 사람들을 찍기 시작했죠. 한 사람이 물었어요. "당신은 왜 사진을 찍고 있는가? 누구에게 허락을 얻었는가?" 그는 아무 대답도 할 수 없었고, 마을 사람들은 그의 무례함에 대해 화를 내며 내쫓았죠. 누구든 타인의 공간을 방문할 때는 예의를 지켜야 합니다. 더군다나 우리를 어떤 신기한 대상으로 보고 구경거리로 삼으려 한다면 그것

이 관광객이든 언론인이든 허락할 수 없어요. 설사 군부대가 수색을 하러 온다고 해도 우리의 동의가 있어야 들어올 수 있어요. 그건 우리가 소수부족 인권운동으로 얻어 낸 소수부족의 영토에 대한 가장 큰 권리 중 하나입니다.

이 관광은 돈을 가져다주고, 또 개발은 늘 이익을 약속하죠. 혹 마을 사람들이 그 약속에 유혹될 수도 있지 않을까요?

다 우린 이미 많은 것을 잃어 보았던 사람들이에요. 내가 마을로 돌아오던 15년 전, 주말이면 저 광장에서 록 음악과 콜라와 술이 나뒹구는 파티가 열리고, 아이들은 우리의 언어와 전통을 잊은 채 학교에서 영어를 배우며 열등생의 자리를 차지하고 있었죠. 어른들은 농사 대신 대규모 플랜테이션 농기업 노동자로 하루 종일 땡볕에서 농사를 짓고 몇 푼 되지 않는 돈을 가지고 돌아오는 희망 없는 노동으로 삶을 살고 있었어요.

하지만 이제 누구도 그런 삶을 꿈꾸지 않아요. 우리의 문화를 잃으면 우리의 삶을 잃는다는 것을 우린 이미 배웠으니까요. 그때 그런 문화에 찌들었던 아이들에게 와와이가 음악과 그림을 가르치기 시작해 지금은 그 아이들이 도시에서 전시회를 열고, 해외공연에 초대받는 훌륭한 연주자들이 되었죠. 돈을 벌 수 없어도 우리가 음악을 하고 그림을 그리고 있다면, 우리는 예술가라는 것을, 우리의 문화를 지키고 보전해 나가는 것 자체가 진보하는 삶이라는 것을 아이들은 배우고 있는 거죠. 도시로 나갔던 많은 아이들이 되돌아오고 있는 것이 그 증거라고 생각해요.

이 방문자와 관광객을 어떻게 구분할 수 있나요?

답 방문자는 우리의 문화에 대한 존중을 가지고 배우고 익히려는 사람이라면, 관광객은 그저 자기의 즐거움을 위해 구경하는 사람들이죠. 우리는 우리의 문화를 배우려는 이들에게, 우리의 존엄을 지키고 함께 연대하려는 이들에게만 마을의 울타리를 열고 있어요.

이 우리의 여행과 방문이 우리도 모르는 사이 나쁜 영향을 끼치고 있는 것은 없을까요?

답 아이들은 이미 드라마를 통해, 또 한국인 관광객들의 행태에 대한 뉴스를 통해 한국을 접해 왔어요. 하지만 당신들을 만나면서 아이들은 한국에는 드라마나 뉴스에 나오는 것처럼 물질과 욕망을 좇는 사람들도 있지만, 다른 문화를 존중하고 타인의 고통을 나누고 행동하려는 평화의 사람들이 있다는 것을 배우고 있지요. 서로를 존중하고, 서로에게 배울 게 있는 만남은 충분히 훌륭한 것입니다.

공동체에 기반을 둔 여행
Community Based Tourism

공동체에 기반을 둔 여행은 에코투어리즘, 책임여행 등에서 두루 쓰이는 개념이다. 그러나 일부 잘못된 상업적 에코투어리즘의 경우, 진짜 공동체나 마을이 아니라 리조트처럼 인공적으로 개발된 민속촌 형태의 마을을 조성해 두고, 원주민들을 멀리서 이주시켜 그들을 고용해 전통공연을 하게 하고, 옷감을 짜게 하는 등 상업적인 관광 상품의 일환으로 사람들을 이용하기도 한다. 물론 그러한 과정을 통해서도 원주민들에게 일자리가 제공되고, 수익이 증대된다고 볼 수도 있겠으나, 그 결과로 수많은 그들의 공동체가 깨어지고, 그들의 문화는 싸구려 구경거리 문화로 전락해 버리는 부작용도 심각한 문제점으로 제기된다.

진정한 공동체에 기반을 둔 여행은 마을 사람들이 방문자와 방문객들의 프로그램에 대한 결정권을 가지고 주체적으로 방문객을 맞이하며, 그 방문을 통한 수익이 마을 사람들에게 직접 전달되는 프로그램을 말한다. 또 그 방문을 통해 마을의 전통이 파괴되는 것이 아니라 더욱 보전되고, 사람들의 존엄이 세워지며, 서로가 동등한 인격으로 서로의 영향을 주고받을 수 있는 만남과 교류가 일어나는 것이어야 한다.

민다나오 송코 마을에 띄우는 편지 – 문용포

내 친구 아키에게

필리핀 민다나오 부키드넌 송코의 내 친구 아키야!
열여드레 동안의 필리핀 민다나오 평화여행은 참 행복한 시간이었어.
민다나오의 아름답고 색다른 풍경들, 삶과 전통이 어우러진 독특한 문화와
그것을 지켜 가는 부족 사람들의 따뜻한 마음…. 그리고 함께 어울려 놀았던 날들….
송코 마을 평화 홀에서 열린 청소년 평화캠프 문화제 때였어.
모두가 어울려 춤을 추는 자리에 들어가지 못하고 망설이던 나에게
네가 함께 춤을 추자며 손을 내밀었지.
네 손을 잡고 춤을 추던 순간이 아직도 기억에 생생하단다.
피스 홀 마당에서 손가락 씨름을 하고 한국 동요도 부르고,
노래와 춤을 섞어서 한국말을 가르쳐 주기도 하고,
네 엄마께서 보내 주신 '달란단(제주의 하귤과 비슷함)'을 서로 나눠 먹었지.
그리고 송코를 떠날 때, 마을 어귀까지 따라 나온 너는 작은 꾸러미를 내밀었어.
네가 흙으로 직접 빚은 조각과 꾸빙(대나무로 만든 작은 악기),
그리고 다바오까지 5시간 걸리는 버스 안에서 먹으라며 준 과일….
그리고 네가 나에게 건넨 마지막 말, I'll be missing YOU.
너와 헤어지고 다바오로 가는 긴 시간 동안 그런 생각을 했어.
다음에 다시 내가 민다나오에 온다면 그건 아키 너를 만나기 위해서가 아닐까….
민다나오의 어떤 풍경, 어떤 사연보다도 너를 다시 만나고 싶은 마음,

너를 보고 싶은 그리움 때문이 아닐까 싶더구나.
제주도의 어린이들에게 너와 함께 지낸 일들을 얘기해 주었더니 이렇게 묻는 거야.
"어떻게 대화를 나눴어요?"
"손짓, 몸짓, 얼굴 표정 그리고 짧은 영어로 했지."
"어른과 아이가 어떻게 친구가 될 수 있어요?"
"그럼, 너희들과 나는 친구가 아니란 말이야??"
"아뇨! 그건 아니지만…. 우리도 아키를 만날 수 있어요?"
"언젠가는… 꼭 만날 수 있었으면 좋겠구나."
민다나오에 여전히 분쟁이 끊이지 않고
적지 않은 사람들이 분쟁 때문에 고통을 안고 살아가고 있어서 마음이 아프단다.
네가 사는 마을처럼 민다나오 곳곳에 평화가 깃들면 정말 좋겠어.
한국에서 온 이들에게 늘 맑은 미소와 따뜻한 웃음으로 대해 준
너희 마을 사람들도 모두 건강하고 행복했으면 좋겠구나.
나와 함께 이야기 나누고, 노래하고, 놀던 마을 아이들도 모두 건강하길 기원해.
내 친구 아키에게도 늘 건강과 행복이 함께하길!

언젠가 다시 만날 날을 기대하며,
한국 제주도에서 친구 포가.

곶자왈 작은학교 문용포 선생님은 학교가 시작되던 2006년부터 우리나라 아이들과 함께 팔레스타인, 민다나오, 아체, 파키스탄, 베트남, 티베트 등의 분쟁 지역을 찾고 있다. 또한 아이들과 평화장터를 열어 이 지역을 돕는 기금을 모아 지원하고 있다.

새로운 여행

민다나오의 생태 · 평화 · 예술을 만나다
에니그마타 크리에이티브 서클
Enigmata Creative Circle

세 사람의 만남, 세 사람의 예술

2008년 11월호 『세부 퍼시픽 매거진』은 세 친구의 우정과 예술 이야기를 7페이지에 걸친 컬러 화보로 담았다. 세 사람의 공통점이 있다면 모두 마닐라 혹은 세부 같은 큰 도시에서 돈을 벌 수 있는 기회들을 버리고 분쟁의 섬 민다나오에 내려와 평화의 예술을 일구어 가고 있다는 것이다. 깊은 생태주의와 평화의 감수성, 인지주의적 철학 기반, 어디에도 얽매이지 않되 자신들이 정한 일에 대해 분명한 책임을 질 줄 아는 진정한 예술가와 운동가들의 네트워크, 에니그마타 크리에이티브 서클을 이끌고 있는 행위예술가 로잘리 제루도, 음악가 와와이 사와이, 조각가 쿠불라이 밀란, 세 사람이 만난 건 1997년 마닐라에서였다.

와와이와 로잘리는 1997년 마닐라에서 열린 비스트로 잼 세션에서 서로의 존재를 처음 마주했다. 그때 와와이는 부키드넌의 산 위에 살아가는 자신의 부족, 딸란디그 사람들의 이야기를 들려주었고, 그 이야기는 로잘리의 마음 깊은 곳에 자리했다. 그리고 이내 그녀를 마닐라에서 민다나오로, 다바오에서 부키드넌 산속으로 이끌었다.

그 깊은 산속의 마을에서 예술이 다만 아름다움이 아니라 삶의 존엄을 위한 도구일 수 있음을, 한 부족의 생사를 가누는 투쟁이 될 수 있음을, 미래를 만들어 가는 힘이 될 수 있음을 로잘리는 깊이 마주했다.

카가얀이라는 큰 도시의 대학에서, 세부에서 음악을 하다가 진정한 음악을 찾

아 다시 자신의 고향으로 돌아와 아버지의 음악을, 할아버지의 악기를, 부족의 소리를 찾아 그것을 새로운 선율로 빚어 가던 와와이… 마약을 하고, 록 음악에 취해 살다가 와와이의 음악에 끌려 북 만드는 법을 배우고, 하루 종일 북을 치고 피리를 불고, 그림을 그리는 것으로 자신들의 정체성을 찾아가는 마을의 아이들, 그들에게 우리와 우리의 땅을 지키는 길은 우리의 문화를 지키는 것 외에는 없다며 살아 있는 전통학교를 세운 그의 형 다투…

자신 안에 있는 예술성과 그 예술을 통해 할 수 있는 일의 간극 사이에서, 또 1997년 밀어닥친 글로벌 경제 위기 속에서, 마닐라의 도시적 삶에서 지칠 대로 지친 로잘리의 영혼 깊은 곳에 있던 어떤 눈이 떠지는 순간이었다. 그 마을에서 내려온 로잘리는 다시 마닐라로 돌아가기 위해 다바오를 찾았다. 그곳에서 친구의 소개로 다바오의 청년 예술가를 만났다. 아직 조각을 시작하기도 전인 민다나오의 대표적인 조각가 쿠불라이였다. 그 역시 마닐라에서의 성공적인 광고 디렉터의 자리를 버리고, 자기 예술의 뿌리를 찾아 민다나오로 내려와 어찌할 수 없는 에너지로 그리고 만들고 부수며 자신의 세계를 터트리는 어떤 열병에 시달리고 있었다. 서로의 심장 깊은 곳에 뜨거운 용암 같은 열정을, 세상을 바꾸어 가는 예술을 향한 꿈을 가늠한 그들은 그렇게 우연처럼 만났다. 그들이 새로운 예술을 열어 갈 평생의 벗이 될 것을 모른 채….

1998년 새로운 예술가 세 사람은 민다나오에서 다시 만났다. 로잘리는 마닐라의 삶을 버리고 민다나오로 들어와 와와이, 쿠블라이와 함께 새로운 작업을 시작했다. 그들은 분쟁의 땅 민다나오에서 내전으로 고통받는 사람들, 아이들과 함께 걷고 노래하고 춤추며 새로운 음악을 빚고, 조각을 하고, 공연을 기획했다. 그 사이 그들 주변에는 공연예술가 지자이, 퍼커셔니스트 따땅, 비주얼 아티스트 닉 같은 놀라운 예술가들이 모여들었다. 내전이 터질 때면 사람들과 함께 평화의 행진을 했고, 내전이 멈춘 동안에는 상처 입은 아이들의 트라우마 치유를 위한 예술 작업을 하기도 했다.

로잘리의 트리하우스 명상정원

누구도 그들에게 돈을 대주거나 그림을 그릴 종이 한 장 사주는 사람은 없었다. 저마다 번 돈을 조금씩 모아 뜻을 모은 일들을 해나갔고, 가능한 많은 아이들을 만나려 애썼다. 로잘리는 까미귄에서 생명과 평화를 주제로 아이들을 만나고, 쿠불라이는 다바오에서 부모를 잃은 아이들과 장애아들, 난민촌 아이들을 만나며 예술을 만나고 예술에 눈을 뜰 기회를 주기 위해 최선을 다했다. 와와이는 초등학교 졸업도 포기한 부족의 아이들을 모아 악기를 만들고, 자기만의 리듬을 찾고, 소리의 길을 내는 법을 가르쳤다.

예술은 선물, 예술은 나눔

그토록 생의 열정을 다해 자기 길을 달려오는 사이, 로잘리는 민다나오 북쪽의 작은 섬 까미귄에 트리하우스라는 에코 게스트하우스와 갤러리로 둥지를 틀었고, 트리하우스는 세계 10대 생태적 게스트하우스로 뽑힐 만큼의 명성을 얻기도 했다. 아이들과 함께한 환경 교육, 멀티미디어 교육으로 각종 국제 컨퍼런스의 발표자로 세상을 여행하기도 했다. 와와이는 로잘리와 쿠불라이가 주머니를 털어 만든 첫 앨범 이후로 여섯 장의 앨범을 내는 사이, 민다나오를 대표하는 뮤지션으로 사랑과 존경을 받았다. 그가 가르친 부족의 아이들이 자라 필리핀 예술상을 수상할 만큼 자기 세계를 인정받는 예술가들이 되었다.

쿠불라이는 다바오 국제공항을 시작으로 민다나오의 24개 주에 비행기에서 보아야 그 크기가 가늠되는 거대한 평화조각을 설치하는 프로젝트를 끝내고, 다바오 시내에 100명의 아이들을 실물 크기로 조각한 시민공원을 만들기도 했다. 뿐만 아니라 모든 공간을 그의 작품으로 채운 갤러리 호텔, '폰세 스위트'를 오픈해 민다나오의 예술창고이자 문화적 허브의 역할을 하고 있었다. 2008년 11월 『세부 퍼시픽 매거진』은 그들이 자기 안에 있는 예술성을 이토록 꽃피울 수 있었던 것은 그들의 재능만이 아니라 서로의 열정을 믿은 그들의 '우정' 때문이었다고 쓰고 있다.

쿠불라이의 아름다운 건축물

자신의 예술적 방향과 길을 명확히 찾은 그들은 2003년 다시 한 번 까미귄에 모였다. 마음과 시간을 모아 공동의 프로젝트를 시작한 것이다. 역시 특별한 후원자는 없었다. 그저 주머니를 털고, 바툰 시간을 내어 아이들에게 새로운 세상을 보는 다른 눈과 감수성을 열어 주기 위한 어스 캠프Earth Camp를 시작한 것이다. 까미귄의 아이들 200여 명과 함께한 캠프에는 놀이와 노래와 축제, 창작 워크숍으로 그득했다.

그곳에서 아이들은 버려진 쓰레기도 아름다운 예술작품이 될 수 있고, 흙과 나무만으로도 멋진 그림을 그릴 수 있고, 몸과 목소리만 있다면 누구나 음악을 할 수 있다는 것을, 작은 대나무 가지 하나도 영혼의 숨결을 담는 악기가 될 수 있다는 것을 배웠다. 섬에 버려진 비닐이 몇 백 년이 지나도 사라지지 않는다는 것을, 지구온난화로 인해 바다가 아파하고 있다는 것을 몸으로 배우고 익히며 생명과 평화의 감수성을 향해 눈뜨고, 자신 속에 잠자던 창조성을 일깨웠다. 그런 배움은 어느새 아이들의 서툰 손과 여물지 않은 시선 속에 자연스레 스며, 며칠 동안 배운 솜씨로 자신들의 목소리를 담은 다큐를, 노래를, 이야기를 만들어 갔다.

와와이, 쿠불라이, 로스. 그들은 때로 같이 있었고 때로 따로 있었으나, 그들이 한결같이 집중한 것은 '눈을 뜨는 삶'이었다.

"와와이도, 저도, 쿠불라이도 모두 절망의 바닥을 디뎌 본 사람들이죠. 그러나 우리가 지금 여기 서게 된 건, 예술의 눈을 뜬 그 순간이 있었기 때문이에요. 내가 아무것도 가지고 있지 않아도, 배운 것이 없어도, 누가 돕지 않아도, 내 몸으로, 내 손으로, 내 영혼으로 할 수 있는 단 한 가지. 그게 예술이란 걸, 내 스스로 나의 예술을 멈추지 않는다면, 누구도 나의 존엄을 짓밟을 수 없다는 걸 아이들에게 가르쳐 주고 싶었어요. 한번 뜬 눈은 쉽게 감을 수 없는 거니까요."

◎ 에니그마타 크리에이티브 서클 enigmatatreehousecamiguinbiodiversity.blogspot.kr

딴따라의 여행 이야기
―아비뇽에서 민다나오까지

홍성 풀무학교 시절, 연극반을 만들면서부터 무대를 꿈꾸었던 솔가는 연극과 아무 상관없는 성공회대학 사회학과에 입학했다. 이후 무작정 연극을 하고 싶다는 열정만으로 극단 노뜰에 들어가 연극을 배웠고, 5년여 아시아를 넘어 유럽까지 많은 국제 페스티벌을 여행하며 세상의 예술가들을 만났다. 공연이 세상의 막힌 벽에 창을 내는 도구가 될 수 있다는 믿음을 갖고 다시 학교로 돌아갔고 마지막 학기에 성공회대학의 일본 교환학생 프로그램인 피스보트를 타고 세계를 일주했다. 사회적 기업 노리단에서 공연자로서의 삶을 지나 바람의 노래를 듣고 나누는, 노래하는 솔가로 살아가고 있다.

누구나 첫 여행이 마음에 남잖아요. 솔가의 첫 여행은 어떤 것이었나요?

2001년 처음 유럽행 비행기를 탔어요. 극단 노뜰의 연극배우로 '아비뇽 페스티벌'에 참가하기 위해 프랑스로 가는 길이었죠. 13시간이라는 긴 비행시간 동안 높은 고도가 적응되지 않아 한잠도 못 자고 와인만 잔뜩 마셨어요(공짜니까^ ^). 생각해 보면 영화나 책, 엽서에서만 봤던 유럽의 도시를 걸어 볼 수 있다는 설렘에 깊이 잠들 수가 없었던 것 같아요.

도착 후 느낌이 무척 궁금하네요.^ ^

프랑스에 도착하자마자 환상이 현실의 풍경으로 펼쳐지는 것 같았어요. 거리 곳곳의 야외 테라스에서 에스프레소를 마시는 사람들 모습, 저녁 하늘을 물들인 푸른 빛과 붉은빛의 향연, 막 구운 패스트리와 바게트 빵 냄새…. 그런데 이상한 건 그 이국적인 색채가 가져다주는 신비로움이 내가 넘을 수 없는 어떤 고귀한 성벽처럼 느껴져 부담스러우면서도 내가 저 품격 있는 문화를 직접 경험하고 있다는 행복감이 찾아오는 거예요.

아비뇽은 어땠나요?

아비뇽 페스티벌에서 펼쳐지는 공연은 거리공연까지 합치면 2천여 개가 넘죠. 뿐만 아니라 세계 전역에서 12만 명이 넘는 사람들이 해마다 여름이면 아비뇽을 관람하기 위해 프랑스로 찾아오는 거대한 페스티벌이에요. 지금은 많은 한국 공연이 세계 무대에 서고 있지만 당시 아시아에서 온 팀은 한국과 일본을 비롯해 몇 개의 나라뿐이었어요. 경제적 문제와 함께 높게 둘러쳐진 유럽의 문화적 장벽을 넘어서는 일이 어렵고 높다는 뜻이기도 해요. 물론 그  곳에서 성공하고 주목받는 아시아의 공연들도 있어요. 그곳에서 성공하려면 유럽의 색채에 딱 맞게 버무려진 것이거나 그들의 문화적 장벽에 도전장을 내미는 형식이어야 하죠. 오리엔탈리즘이 강한 동양 연극이나 악극이거나 이해하기 힘든 예술성 짙은 신체극과 표현극 같은. 문화적 장벽이란 결국 그들의 코드에 맞춰야 한다는 것이 아닐까 싶어요. 문제는 아시아 문화와 유럽 문화의 차이를 격차로 보고 우열을 매기는 권위가 유럽 혹은 선진국들에 있다는 것이겠죠. 우리가 유럽의 문화는 존중하고 격찬하면서 아시아의 문화는 그저 '쇼'로 취급하는 것도 그런 기준이 어느새 우리 속에 깊이 스며들었기 때문일 거예요.

그럼 아시아를 여행했을 때의 느낌은 어땠는지 궁금하네요.

지난해 여름 네팔을 여행했을 때였어요. 안나푸르나가 보이는 포카라의 페와 호수

주변에 네팔 전통공연을 볼 수 있는 아름다운 레스토랑들이 있었어요. 연주자와 댄서 10여 명이 좁은 무대에서 1시간여 춤과 연주, 노래를 하는 공연이었는데 때로 애절하기도 하고 때로 익살맞기도 한 네팔 전통공연이었지만 연주하고 춤추는 이들의 얼굴에는 공연자로서의 어떤 생기가 묻어나질 않았어요.

레스토랑을 가득 메운 사람들도 그 공연을 그저 공짜 술안주 정도로 생각할 뿐 누구도 제대로 공연을 주목하지도 제대로 박수를 쳐주지도 않았어요. 'TIP'이라고 써 있는 박스는 이미 물건을 올려놓는 탁자 정도로 변한 지 오래였고요. 공연이 끝나고 그들의 악기와 춤에 대해 이야기를 듣고 싶어 하는 나에게 팀 리더는 흥분되지만 의외라는 듯이 설명해 주었지요. 왜 우리는 이들의 문화에 대해서는 묻거나 궁금해 하지 않는지, 왜 더 긴 역사를 이어 온 그들의 예술에 대해서는 경이롭게 생각하지 않는지 의아했어요. 하지만 그동안 나조차도 그들의 예술과 공연을 그저 흥미 있는 구경거리 정도로만 생각해 왔는지도 모르겠다는 생각을 했지요.

그건, 유럽에서 아시아의 문화를 가지고 서본 솔가의 직접적인 경험이 없다면 참 듣기 어려운 이야기일 것 같아요. 그럼 혹시 그런 문화의 벽을 넘어서는 공연을 경험해 본 적은 없었나요?

2008년 여름에 노리단이 런던 트라팔가르 광장에서 열린 '한국 단오제'에 초대되어 갔었어요. 그 공연은 런던 시에서 후원한 러시아 축제를 보고 한국 기획자가 만든 한국의 축제였어요. 영국을 방문하는 외국인들에게 영국이 아니라 그 속에 속한 이주민 혹은 이방인의 문화를 보여준다는 발상이 참 재미있더라구요. 노리단

이 공연을 준비하는 동안 광장에는 신기한 동양인들을 구경하는 호기심 어린 눈빛들이 가득했지요. 환경문제에 관심이 높은 유럽 사람들은 타이어, 화학약품 통, 플라스틱 배관, 페트병 같은 폐자재로 만든 노리단의 악기에 상당한 관심을 보였어요.

버려진 패트병들이 멜로디와 비트로 음악을 빚어 내고, 자전거 바퀴와 폐자재로 만든 거대한 원형악기가 광장을 돌며 꽹과리 소리가 퍼져 나가기 시작하자, 사람들의 눈빛은 어느새 호기심에서 음악에 대한 공명으로 바뀌어 갔죠. '어메이징!', '판타스틱!'을 연발하던 사람들은 어느새 난장에 참여해 함께 어우러지기 시작했어요. 구경의 벽을 넘어 소통으로 나아간 짜릿한 순간이었어요. 그렇게 트라팔가르 광장에서 모두가 함께 어우러지는 난장을 펼쳤지요. 바로 벽을 허무는 공연, 무대와 객석이, 나라와 나라 사이의 거리가 좁혀지는 느낌이었어요.

여행하며 아시아의 문화에 그렇게 깊이 공명한 순간도 있을 것 같은데요.
제가 참 운이 좋았어요. 필리핀의 분쟁 지역인 민다나오에서 음악, 미술, 공연이 그대로 삶인 예술가 친구들을 만나지 못했더라면 아직도 저는 아시아의 예술이 무엇인지, 예술이 어떻게 사람과 사람 사이, 문화와 문화 사이의 벽을 뛰어넘을 수 있는지 몰랐을 거예요. 민다나오에서 만난 예술가들 중 누구도 대학에서 음악이나 미술을 배운 사람은 없었어요. 마치 그들에게 예술은 배우거나 학위로 권위를 인정받아야 하는 어떤 것이 아니라 그저 자기의 열정을 따라가는 삶의 일부인 것 같았죠. 그런데 처음 만나는 그들과 한번도 맞춰 본 적 없는 공연을 하게 되었어요. 심지어 제가 부르는 노래를 그들은 들은 적도 없었죠. 불안해 하는 제게 딸란디그 부족의 예술적 리더인 와와이가 다가와 이렇게 얘기해 주었어요.

ⓒ 유태영

"솔가. 우리 마을에선 음악을 가르치지 않아요. 어떻게 피리를 부는지, 어떻게 북을 치는지는 몸이 이미 알고 있거든요. 그 소리에 먼저 귀 기울이고 몸이 그 소리를 따라가기만 하면 되죠. 솔가, 두려워하지 말고 무대 위에 올라가 바위처럼 서요. 그리고 솔가의 노래를 여행하게 하세요. 그러면 우리가 함께 걷기 시작할 거예요."
무대에 올라갔어요. 제가 노래하기 시작하자 딸란디그 마을의 퍼커셔니스트 발룩토와 술탄은 그 자리에서 제 노래에 깊이 귀 기울이며 제 노래를 따라 완벽하게 호흡하는 연주를 해주었죠. 우리가 그 자리에서 처음 연주하고 있다는 것을 알아차린 사람이 없을 정도였어요. 관객들도 알 수 없는 한국 노래였으나 그 순간 온전히 집중해 그 노래를 경청해 주었어요. 예술이, 음악이 그런 깊은 경청으로만 가능한 일이라는 것을, 노래하는 이, 공연하는 이에 대한 깊은 존중에서 나온다는 것을 배운 놀라운 무대였어요. 짧은 여정이었지만 한국에 돌아와서도 그들에게서 받은 감동은 쉽게 사라지지 않았어요. 몸과 마음이 지칠 때면 그들이 떠올라요.
나의 예술은, 나의 마음은 어떤 빛으로 사람들과 소통하고 있는가 하는 성찰과 함께…

책상은 세상을 바라보기에는 위험한 장소다.

- 존 르 카레

Learning by Experience

여행과
배움

여행이 내게 가르쳐 준 것들

지구를 여행하는 바다 위의 학교, 피스보트
만남은 화해의 시작입니다
그랑투르를 아시나요?
움직이는 학교, 길 위에서 자라는 아이들
다람살라, 배움의 여행자들을 만나다
여행에서 만나는 모든 이들이 우리의 선생이다
인도로 가는 버스가 우리에겐 학교였죠
사는 법을 가르치는 학교, 맨발대학

Fair Travel Story
Fair Travel Guide Book

지구를 여행하는 바다 위의 학교, 피스보트

피스보트는 1년에 네 차례 지구를 가로지르는 여행을 하는 일본의 NGO 단체다. 20년 역사를 가진 피스보트는 이제 일본과 아시아의 역사를 넘어 지구의 환경, 인권, 여성, 분쟁, 빈곤 문제 등 학교와 언론이 가르쳐 주지도 들려주지도 않는 다양한 세계의 모습을 직접 만나기 위해 그곳에 사는 사람들에게 듣고 배우며 쉬지 않고 여행하고 있다. 피스보트는 일본의 가장 영향력 있는 NGO로 성장했을 뿐 아니라 유엔에도 등재된 국제 NGO로, 여행을 통해 다양한 국제교류, 연대, 자원봉사, 구호활동 등을 펼치고 있다. 2007년 56회 피스보트 지구일주를 마치고 노리단에서 활동하고 있는 피스 퍼포먼스 솔가를 통해 바다 위에서 펼쳐진 새로운 여행의 풍경을 만나 보자.

　　　망망대해. 세상의 모든 것을 가진 것 같기도 하고 아무것도 없는 세상에 던져진 것 같기도 한 묘한 여행의 시작. 102일간 흔들리는 배의 리듬을 따라 그치지 않았던 그 기분 좋은 울렁거림. 처음으로 '한국인'임을 자각하게 했던 바다 위의 작은 일본 사회. 수평선 너머의 아침 태양에 설레던 마음 뒤로 나를 울리던 가난과 분쟁의 현장들. 위대한 인간 너머 끊이지 않는 파괴와 싸움의 현장들. 그렇지만 늘 그 속에 묻어 있던 사람들의 땀 냄새, 삶의 향기···. 내가 기억하는 세계일주의 기억들이다. 피스보트에서 보낸 2007년 나의 여름은 바로 이런 기억의 씨줄과 날줄이 얽히고설킨 여행이었다.

세상이 내 안에, 내가 세상 안에

처음엔 말 그대로 '그냥 여행'이 하고 싶지 않아서 시작한 여행이었다. 그런데 준비할 일이 얼마나 많던지 여행을 결심한 그때부터 이미 여행이 시작된 것 같았다. 일제침략부터 일본군 '위안부' 할머니 문제, 그리고 일본의 핵 문제까지 한국과 얽혀 있는, 또는 일본 그 자체에 대한 공부가 이 여행의 시작이었다. 단순히 세계를 여행하다 돌아오는 것이 아니라, 일본과 한국을 놓고 해야 할 많은 이야기들을 미리 준비해 가고 싶었다. 이 여행은 단순한 지구일주가 아니라 100여 일의 긴 시간 동안 현장에서 일본인들과 만나 많은 이야기를 나눌 수 있는 한·일 교류의 장이기도 했기 때문이다.

56회 크루즈에 함께 탄 한국인은 나 말고도 3명이 더 있었다. 성공회대학교의 교환 프로그램으로 피스보트에 탄 우리 4명은 일본에 대한 스터디를 시작으로 '지구대학'의 세 가지 주제에 대해 담당 교수님과 함께 공부해야 했다. 캄보디아의 지뢰 문제, 보스니아의 분쟁 문제, 엘살바도르의 환경문제 등이 가장 큰 이슈였고, 그 외에도 우리가 몰랐던 세계의 많은 분쟁, 환경문제 등을 다양한 시각에서 공부하는 멋진 기회였다.

그러나 피스보트의 매력은 이런 세미나와 스터디에만 있는 것은 아니다. 피스보트에서는 생각과 관심거리와 표현 방식이 다른 600명의 승객들이 서로의 생각을 이해하고 고민을 나누고 다른 사람에게 배우고 다양한 방식으로 즐기는 놀라

운 교류와 소통의 축제가 날마다 벌어진다. 그건 바로 '자주기획'이라고 부르는 배움의 프로그램이었다. 102일간 600명의 승객이 매일 쉬지 않고 끊임없이 펼쳐내는 자주기획은 여행을 아주 특별한 만남으로 채워 갔다. 또 기항지마다 각각의 나라에서 초대되는 환경, 인권, 개발, 언론, 문화, 예술 등 다양한 전문가들은 대강의부터 소그룹 워크숍, 각 나라의 문화와 음악을 소개하는 공연까지 다채로운 프로그램들을 열어 주었다.

600명의 여행자가 서로에게 배우는 여행, 자주기획

피스보트에서 주최하는 운동회, 지구의 날 행사, 적도 기념식, 세계 여러 나라의 날, 콘서트, 패션쇼, 댄스파티 같은 공식 행사도 흥미로웠지만, 역시 우리의 가슴을 뛰게 만든 건 자주기획이었다. 자주기획으로 하루에 쏟아지는 프로그램이 얼마나 많고 다양한지, 어디에 참여할지 머리를 싸매야 할 때가 많았다. 밤 11시 59분에서 12시 사이에 '아프로진자'라고 아프로 머리를 한 일본인 친구가 하루를 마감하는 시간을 함께 갖는 재미있는 기획부터 차 마시는 모임, 신문 읽는 모임, 동화책 읽어 주는 시간, 사진, 오카리나, 사교댄스 배우기, 역사 모임, 야구, 축구, 수영, 마술 등등 날마다 200개가 넘는 프로그램이 빼곡하다. 프로그램을 기획하는 사람이 참여자가 되고 참여자가 기획자가 되는 커다란 어울림. 이 놀라운 활기에 우리도 슬슬 몸이 풀리고 있었다. 나와 세 명의 친구들은 기획 보따리를 풀기 시작했다.

그 첫 번째 보따리는 '위안부 할머니 문제'를 다룬 연극 퍼포먼스와 영상 강의였다. 당시 연극배우이기도 했던 나는 '마음으로 이해할 수 있는 무언가'를 만들어내고 싶었고, '여자의 일생'이라는 제목으로 할머니의 일생을 그린 퍼포먼스를 준비했다. 나는 그분들의 아픔과 고통을 표현하기 위해 공연 중에 여성성의 상징인 머리카락을 자르고 삭발을 했다. 예상치 못한 뜻밖의 상황에 관객들은 충격을 받았다. 그리고 위안부 할머니들의 영상이 나오고, 그들의 목소리가 흘렀다. 잠시 후 여기저기서 우는 소리가 들려왔다. 위안부 할머니들의 그 깊은 슬픔과 아픔에 마음이 닿은 사람들의 눈에서 눈물이 떨어졌다. 어떤 현실도 쉽게 바뀌진 않겠지만, 적어도 그날 참석한 많은 일본인들은 마음으로 그 역사를 받아들이지 않았을까.

56회 크루즈에는 스리랑카 학생들, 캐나다 원주민운동을 하는 랩퍼 여성들, 남미 운동가들이 게스트로 초대되었다. 그리고 보스니아와 크로아티아, 팔레스타인과 이스라엘에서 온 친구들…. 서로를 향해 쌓은 장벽을 넘어 만난다는 것, 그들에게는 피스보트에서의 만남 자체가 새로운 공간이 열리는 경험이 되었다. 나는 그들을 보면서 '분쟁'이라는 주제로 연극 퍼포먼스를 해보고 싶어졌다. 제목은 '버스정류장'.

버스정류장에서 서로 모르는 사람들이 같은 버스를 기다리지만 서로 다른 방식과 차이, 오해로 부딪치며 생기는 작은 분쟁을 그린 연극이었다. 참여하고 싶다는 사람을 모아 보니, 한국, 일본, 미국, 보스니아, 크로아티아 등 국적이 다양했다. 이것이 바로 '다국적 무대'. 나라와 문화와 세대가 다른 사람들이 모여 토론을 거듭해 나가면서 '분쟁'을 새로운 각도에서 이해하며 극을 만들어 나갔다. '버스'라는 같은 목표를 가지고 있어도 그것을 타기 위한 과정에서 생기는 오해와 배반이 그 연극의 핵심이었다. 연극을 함께 만든 이들, 관객이 되어 주었던 이들이 함께 보스니아 땅을 밟으며 평화란 무엇인지 서로에게 묻고 보스니아 사람들에게 묻기도 했다.

우리 기획의 마지막은 '평화 콘서트'였다. '평화란 무엇인가'라는 질문을 던지고 버려진 천 조각에 사람들이 생각하는 평화의 메시지를 받기 시작했다. 그리고 10여 명의 사람들이 날마다 모여 노래를 연습했다. 우리가 날마다 함께 입을 모아 노래한다는 것 그 자체만으로도 우리 안에 어떤 움직임이 시작되고 있었다. 드디어 콘서트의 막이 올랐다. 평화의 메시지가 담긴 색색깔의 조각 천들은 아름다운 나뭇잎으로 반짝였고, 스페인, 미국, 보스니아, 일본, 한국인이 다함께 부르는 '아리랑'이 조용히 울려 퍼졌다. 그리고 한국을 유난히 좋아하는 일본 아저씨는 영화 〈박치기〉에 삽입되어 널리 알려진 노래인 〈임진강〉을 서툰 한국말로 불렀다. '임진

강 맑은 물은 흘러흘러 내리고, 물새들 자유로이 넘나들며 날 건만, 내 고향 남쪽 땅 가고파도 못 가니, 임진강 흐름아 원한 신고 흐르느냐…' 마지막으로 이정미 씨의 노래를 한국말과 일본말로 부르면서 콘서트는 막을 내렸다.

공연자인 내게 인생의 전부가 무대라면, 나는 그 무대에 무엇을 담을 것인가를 찾기 위해 여행한다. 그리고 내가 가진 예술을 통해 사람들과 더 쉽고 평화롭게 소통을 만들어 내고 싶다. 전쟁의 상처도 국가 간에 높게 쌓인 벽도 쉽게 허물 수는 없지만, 나는 '무대'라는 작은 배움터를 만들어 그곳에서 다시 소통의 열쇠를 꽂아 넣고 있었다. 그것이 내가 할 수 있는 여행이고, 내가 세상과 소통하는 방법이다.

배움과 여행, 그리고 만남 _ 여행자 빠요

피스보트는 경험을 통해 배우고, 만남을 통해 성장하는 삶이 어떤 것인지를 100일 내내 가르쳐 주었다. 600명이라는 배 위의 친구들은 언제나 새로운 만남을 선사해 주었다. 피스보트가 도착한 수많은 기항지에서의 여행 말고도 또 하나의 여행이 있었으니, 그건 배 위에서 날마다 떠나는 사람 여행이었다. 그중 피스보트의 여정이 끝난 지금도 나와 함께 여행하며 일하고 있는 한 친구를 소개하고 싶다.

본명은 '히카키 카요'. 친구들끼리는 '빠요'로 통하는 일본인이다. 빠요를 알게 된 건 여행 초반 아직 약간은 멋쩍은 한국인 승객으로 배 위를 배회하던 무렵이었다. 그날의 만남이 한국까지 이어지는 인연이 될 줄은 빠요도 나도 상상하지 못했다. 빠요는 피스보트를 마치고 성공회대 교환학생으로 한국에 왔다. 1년의 교환학생 기간이 끝나고 노리단에서 공연을 배우며 살고 있는 빠요. 일본의 젊은이인 그녀가 피스보트에서 배운 것은 무엇이었을까? 그 여행은 그녀의 삶을 어디로 데려다 주었을까…

솔가(솔) 어떻게 피스보트를 타게 됐어?

빠요 오래전부터 '공정여행' 같은 프로그램으로 스터디투어Study Tour를 해보고 싶었어. 특히나 캄보디아에 가서 학교나 마을에서 공원을 만드는 볼런티어투어Volunteer Tour를 가보고 싶다고 생각했는데 시간을 내기 어려웠어. 그런데 우연히 피스보트센터에 가게 되면서 새로운 여행 방법도 알게 됐고, 운이 좋게 내가 관심 있는 '캄보디아'랑 '환경'에 대한 주제를 다룬 56회 크루즈에 타게 됐지.

솔 참가비가 부담스러웠을 텐데 어떻게 마련했어?

빠 학교를 다니면서 틈만 나면 피스보트센터에 나가 거의 1년 정도 자원활동을 했어. 포스터 3장을 붙이면 천 엔을 감해 주었거든. 비용의 반은 자원활동으로 충당하고 나머지는 졸업 전에 아르바이트로 벌어서 탈 수 있었어.

솔 피스보트에서 가장 하고 싶었던 게 뭐였어?

빠 환경에 관심이 많아서 일본에 있는 청년환경 NGO에서 '지구의 날' 행사를 기획해 보기도 했는데, 그걸 배 위에서 해보고 싶었어. 실제로 배 위에서 지구대학 다음으로 중요한 것이 지구의 날 행사를 기획하고 재생지 워크숍을 해보는 거였지.

솔 지구대학이 빠요에게 가장 크게 영향을 준 것은?

빠 현지에 가는 것도 좋았지만, 그곳에 가기 위해 캄보디아 문제에 대해서 끝없는 토론을 했던 경험이 좋았어. '배'라는 특수한 상황에서 24시간 끝장토론을 했었는데, 굉장히 많은 사람들과 집중해서 이야기할 수 있었어. 재미있는 것을 넘어서 그런 경험을 해봤다는 것 자체가 좋았지. 그리고 교환학생 프로그램으로 한국에 오게 되어 여행에서 기대했던 것보다 훨씬 더 다양한 삶을 살고 있어. 너무 좋아! ^^

그녀의 새로운 꿈은 이제 이런 여행을 그 스스로 기획하고 만들어 내는 스태프로 일하면서 여행하고 싶다는 것이다. 여행은 내 자리에서만 보았던 나라들, 나름대로 알고 있다고 생각한 나라들에 대한 선입견을 넘어, 부자 나라 일본 사람이라서 불가능했을지도 모르는 경험과 시선을 얻게 해주었다. 그리고 '어떻게 살아야 올바르게 살 수 있을까?'에 대해 고민하면서 빠요는 오늘도 또 다른 여행을 기획하고 있다.

물 위를 떠다니는 평화의 마을
피스보트 Peace Boat

피스보트는 일본 젊은이들이 중심이 되어 띄운 지구일주 크루즈다. 1982년 일본 역사교과서에서 일본의 아시아 군사 침략을 '진출'로 표현한 것에 대해 세계 곳곳에서 비난 여론이 거세게 일었을 때, 이제까지 자신들이 배워 온 역사가 진실인가 하는 의문을 품은 일본 젊은이들이 있었다. 그들은 '그렇다면 현지에 가서 우리들의 눈으로 확인해 보자'고 생각했고 그것을 실행에 옮긴 것이 피스보트의 시작이었다.

유엔 경제사회이사회의 협력기구로서 지위를 가지고 있는 국제 비정부기구(NGO) 피스보트는 평화, 인권, 지속가능하고 민주적인 발전, 환경에 대한 존중으로 각 기항지의 NGO나 학생들과 교류하며 국가 간의 이해관계를 넘어서는 풀뿌리 연대를 만들어 가고 있다. 이런 지구시민의 네트워크 형성을 위해 1983년부터 지구일주 등 총 92회의 크루즈를 기획하고 180곳이 넘는 세계의 항구를 여행해 왔다. 그동안 피스보트로 세계를 여행한 사람은 3만 명이 넘는다(2016년 8월 말 기준).

수백 가지의 프로그램 | 1,000여 명이 함께 타고 있는 배 안은 그야말로 '물 위를 떠다니는 평화의 마을'이다. 일정표를 빼곡히 채우는 각종 강연과 토론회, 취미활동모임 등으로 배 안은 쉴 새 없이 북적인다. 물론 쉬고 싶은 사람은 마음껏 잠을 자도 되고, 소파에 앉아 책을 보든 하루 종일 장기를 두든 모든 것은 자유. 그러나 하나라도 더 경험하고 배우려는 승객들은 피스보트에서 마련한 프로그램에 참여하기도 하고 스스로 프로그램을 만들기도 하면서 물 위의 마을을 활기차게 하고 있다.

대표적인 프로그램은 '선상 안내인'이라 불리는 게스트와 함께하는 강좌. 세계 여러 나라에서 초대된 교수, 저널리스트, 작가, 뮤지션, 아티스트 등 다양한 분야 전문가들의 강연과 공연이 펼쳐진다. 또 한 가지 재미있는 것은 '자주기획自主企劃'이라는 프로그램이다. 참가자 스스로 자신의 재능과 지식을 활용해 다채로운 기획과 이벤트를 만들어 내는 것. 그리고 원조물자를 직접 현지에 전달하는 국제협력 프로젝트나 축구공 하나로 국제교류를 하는 피스볼Peace Ball 프로젝트 등 다양한 프로젝트팀이 꾸려져 활동하고 있기도 하다.

지구대학 | '지구대학(Global University)'은 한층 더 깊이 있는 평화교육 프로그램이다. 기항지에서의 현장 체험과 배 위의 세미나를 조합한 특별한 커리큘럼에 따라 평화, 인권, 환경 등 다양한 국제적 이슈에 대해 깊이 공부할 수 있다. 지구대학은 저널리즘, 교육, 지역 활동 등 다양한 영역에서 '평화를 만드는 사람'을 길러 낸다.

국제장학생 프로그램 | 피스보트는 국제장학생(통칭 IS, International Students) 프로그램으로 평소 접할 기회가 적은 나라와 지역의 학생들을 초대해 함께 배우고 교류하고 있다. 이스라엘과 팔레스타인, 인도와 파키스탄 등 분쟁 관계에 있는 나라의 학생들을 초청하기도 하고, 세계 각지의 NGO, 대학, 연구기관의 젊은이들이 초대되기도 했다.

피스 앤 그린보트 | 평화롭고 지속가능한 아시아의 미래를 위해 피스보트와 한국 환경재단이 공동 기획하는 배 여행. 2005년부터 시작된 피스 앤 그린보트는 한국과 일본의 시민과 여러 분야 전문가들이 함께 아시아를 항해하며 역사, 환경, 사회, 경제 문제를 체험하고 교류하며 대안을 찾는 여행이다.

피스보트에 대해 궁금한 점이 있다면?
- 피스보트 www.peaceboat.org
- 전화 81-3-3363-8047
- 이메일 pdglobal@peaceboat.gr.jp
- 피스 앤 그린보트(환경재단) www.greenboat.org
- 전화 02-725-4884
- 이메일 greenboat@greenfund.org

*피스보트코리아

2016년 4월부터 한국에서 피스보트 탑승 신청이 가능해졌다. 피스보트 코리아와 착한여행(www.goodtravel.kr)이 함께 지구일주 크루즈를 시작하고 있으며 통역 자원봉사(한-일, 한-영) 등으로도 탑승 가능한 다양한 기회들이 열려 있다.

Special Interview 피스보트 공동책임자 노히라 신사쿠

만남은 화해의 시작입니다

노히라 씨는 피스보트의 공동대표 중 한 사람으로, 북한에 대한 일본의 강한 적대감을 넘어서기 위해 일본인들이 북한을 방문해 현지 사람들과 교류하는 프로그램을 기획했고, 종군위안부 문제 등을 위해 오랫동안 노력해 온 평화운동가. 현장에서 미처 다 나누지 못한 물음과 대답은 피스보트 스태프인 이선행 씨의 도움으로 서면 인터뷰를 통해 더 깊이 묻고 답할 수 있었다.

한국에서 공정여행, 책임여행이라는 개념이 소개되기 시작한 것은 2007년부터입니다. 2007년은 1989년 해외여행 자유화가 실시된 이후 20년 만에 한국인 관광객이 1,300만 명을 돌파하고 해외관광지출 순위 10위를 차지하는 등 여러 기록을 쏟아 내던 해이기도 합니다. 그러나 동시에 한국인 관광객들의 부끄러운 모습들, 미성숙한 여행문화의 결과들이 보도되며 관광의 그늘에 대한 성찰이 일어나기도 했습니다. 한국보다 훨씬 앞선, 1964년 해외여행 자유화를 시작한 일본은 우리보다 먼저 그런 경험과 고민들이 있었을 듯한데요.

일본이 해외여행 자유화를 시작했던 1964년은 제가 태어난 해이기도 합니다. 이

해는 도쿄에서 올림픽이 개최된 해였습니다. 당시는 1달러당 360엔의 고정환율로, 외화 반출이 1인당 연간 500달러까지로 제한되어 있었기 때문에 실제로 그해의 해외여행자 수는 15만 명 정도에 불과했습니다. 관광객이 급증한 것은 주요 선진국 재무장관, 중앙은행총재회의에서 엔고가 합의된 1985년의 플라자합의 이후이죠. 2007년에는 1년간 약 1,700만 명이 넘는 관광객이 해외로 나갔습니다.

해외여행자가 증가함에 따라서 일본인 관광객의 행동이 아시아의 다른 나라들에서 비판받게 되었습니다. 예를 들어 70년대에 매춘투어로 한국을 방문한 일본인 남성 수는 매년 50만 명에 달했다고 합니다. 이에 대해 한국과 일본의 여성들이 성매매 관광 반대운동에 나섰습니다. 이 운동이 '위안부' 문제에 나서는 한일 시민연대의 기반이 되기도 합니다. 80년대 이후로, 일본인 남성 관광객은 동남아시아의 환락가로 몰려갔습니다. 그 결과로 빈곤층 아동의 인신매매도 일어나고 있습니다. 그 외에 관광개발로 인해 현지인들이 살고 있던 땅에서 퇴거를 강요당한 사례 같은 다양한 문제들이 있습니다.

일본에서도 일찍이 대안적 여행운동이 시작되었을 것 같은데요. 윤리적 여행, 책임여행, 공정여행 등 대안적 여행의 개념이 언제 어떻게 소개되었고, 시민들의 인식 정도는 어떠한지 궁금합니다.

1980년대, 일본에서는 NGO가 주최하고 그 NGO를 후원해 주시는 분들을 현지에 안내하는 식의 '스터디투어'가 이루어졌습니다. 이는 후원자들이 단체의 활동을 잘 이해할 수 있도록 하기 위한 것이었으며, 매우 효과적인 활동이었다고 생각합니다. 90년대 들어 일반인으로 대상을 좀 더 확대한 스터디투어가 이루어졌는데, 그러자 스터디투어에 참가하는 이들의 의식이나 태도가 문제되는 경우가 나타났습니다. 현재 몇몇 NGO나 대학에서는 대안적인 여행을 '익스포저투어Exposure Tour'라 부르고 있습니다. 이는 종래의 스터디투어가 '관찰하는 쪽과 관찰당하는 쪽' '조사하는 쪽과 조사당하는 쪽'이라는 관계성이 뚜렷했던 데 비해, 영어 EXPOSE(드러내다)의 의미대로 스스로를 현장에 노출시킴으로써 자기 자신을 현지 사람들에게 내보이고, 스스로의 존재방식을 되묻는 계기로 삼자는 의미를 담은 명칭입니다. 익스포저투어라는 명칭이 부분적이기는 해도 NGO나 대학에서 사용되고 있다는 것은 대안적 여행에 대한 인식이 일본에서도 깊어지고 있다는 것을 상징한다고 저는 보고 있습니다.

시민들의 인식이 어느 정도인지를 판단하는 것은 어렵습니다만, 눈에 보이는 현상으로서는 체험형투어나 에코투어라 불리는 것들이 유행하고 있습니다. 그러나 이것은 자연과 접할 기회가 있으면 에코투어라 부르는 정도인 경우가 많아서, 현지에 이익이 얼마나 환원되었는지, 생태계의 순환에 따른 활동이었는지 등 그 깊이가 충분하다고는 할 수 없습니다.

새로운 여행운동이라는 관점에서 피스보트가 해온 시도와 노력이 있다면 어떤 것들이 있을까요?

국교가 없는 나라를 민간인이 방문하는 것은 그 여행 자체가 대안적인 운동이라고 생각합니다. 잘 아시겠지만 일본에서는 조선민주주의인민공화국(이후 북한)에 대해 납치, 미사일, 매스 게임 등 특정 부분만이 반복해 보도되고 있어서, 북한에도 우리와 똑같은 사람, 즉 평범한 가족이 있고 친구가 있고 울고 웃으면서 매일을 살아가는 사람들이 있다는 것을 상상할 수도 없게 되고 말았습니다. 제가 평양에 갔을 때, 회의 때문에 즐겨 보는 텔레비전 드라마를 못 본다며 실망하는 사람을 만나고 눈물이 나올 만큼 기뻤던 기억이 있습니다. 일본에서 줄곧 생활하다 보면 자신과 같은 평범한 감정을 지닌 인간으로서 북한 사람을 실감할 수 없게 되니까요. 피스보트에서는 이제까지 북한을 여섯 번 방문했고, 이를 통해 약 2,000명이 방북했습니다. 일본 사회에서 북한에 대한 편견이 어느 정도 허물어진 데에는 그 여행의 공헌이 있었다고 생각합니다. 동시에 일본에도 북한 시민들과 우호적인 관계를 바라는 사람들이 있다는 사실을 북한 시민들에게도 전한 셈이지요.

또한 이스라엘, 팔레스타인이나 구 유고슬라비아 등 분쟁 지역의 젊은이들을 배로 초청해 화해를 위한 워크숍을 열고 있습니다. 배라는 중립적 공간을 살려, 다른 지역의 분쟁을 함께 배움으로써 젊은이들은 화해를 위한 돌파구를 찾습니다.

피스보트와 한국의 환경재단이 공동으로 주최하는 '피스 앤 그린보트'는 그 과정 자체가 상호간의 이해로 이어지고 있습니다. 한일 관계와 같이 역사적으로 큰 갈등을 안고 있는 양국의 시민이 다른 나라의 문제를 접하고 함께 이야기함으로써 자신들의 문제를 한결 객관적으로 생각할 기회를 갖는 것은 여행의 방식으로도 특별하지 않을까 싶어요.

영국의 책임여행 이론가 헤럴드 굿윈 교수는 이미 1억을 넘어선 중국 관광객, 그리고 2,000만 가까운 한국 관광객, 세계 관광시장의 주요한 축인 일본 관광객 등 동북아시아 관광객들의 경제력, 관광 규모, 또 그와 동시에 지닌 파괴력 등에 대해 모니터링과 대응이 필요하다는 걱정과 당부를 전했습니다. 아시아의 NGO로서 아시아에서의 공정여행 운동에 대해 어떤 고민이나 방향을 가지고 있는지 궁금합니다.

아시아 안에는 다양하고 거대한 세계가 들어 있습니다. 그런 만큼 '공정여행'운동을 추진하는 데 스스로의 위치를 자각하는 것이 가장 중요한 것 같습니다.

피스보트는 평소 "국경을 넘어서 시민들이 직접 만나 얼굴이 보이는 관계를 쌓는 것이 중요하다"고 호소해 왔습니다. 하지만 세계를 둘러보고 절감한 것은 국경을 넘고 싶어도 넘을 수 없는 사람들이 대다수라는 점입니다. 그렇다면 피스보트에 탈 수 있는 저희들 쪽에서 국경을 넘고 싶어도 넘지 못하는 이들에게 눈을 돌리고 그 어려움을 현지 사람들과 함께 해결해야만 한다고 생각하게 되었습니다. 때문에 최근에는 "국경을 넘는 것이 중요하다"고 말하기보다는 "세상에는 국경을 넘고 싶어도 넘을 수 없는 사람들이 많이 있다. 그러니 정치적·경제적으로 특권을 누리고 있는 우리들 쪽에서 그들, 그녀들을 만나러 가자"고 외치고 있습니다.

피스보트가 모잠비크의 난민 캠프를 방문했을 때, 저희 스태프 중 한 사람은 이런 일을 경험했습니다. "한 난민이 일본에서는 난민을 얼마나 받아들이고 있는지를 묻기에 연간 10명도 안 된다고 대답했다. 그러자 그는 '난민을 받아들이지 않는 나라니까 일부러 멀리까지 난민을 보러 왔느냐'고 말했다. 나는 아무 말도 할 수 없었다."

저 자신도 비슷한 경험을 한 적이 있습니다. 피스보트에서는 일본군 '위안부' 피해자 분들의 이야기를 들을 기회가 몇 번이나 있었습니다. 하루는 그 피해자께서 이런 말씀을 하셨습니다. "저번에 여러분이 오셨을 때도 나는 같은 이야기를 했습니다. 그 뒤에 나 같은 피해자에게 일본 정부가 사죄와 배상을 하도록 여러분은 무엇을 했습니까." 피스보트의 참가자들은 매번 바뀌므로 그 증언을 듣는 것이 처음이었지만, 그분의 입장에서는 몇 번이나 같은 이야기를 한 셈이었던 것이죠. 제가 위안부 문제 해결을 위해 활동하는 것은, 어떤 진실을 알게 되었다면 아는 것에서 그치지 않고 그 문제의 해결을 위해 행동할 책임이 있다고 생각하기 때문입니다. 즉 앞으로의 아시아 공정여행운동에 있어서, 만남을 가진 현지 사람들에게 확실히 답하는 것은 가장 중요한 일이며, 그 결과 아시아 전체에 통하는 방향성이 보이게 된다면 그로서 족하다고 여기고 있습니다.

피스보트가 어느덧 한 세대를 넘어서는 시간을 여행해 왔습니다. 저희들은 한국에서 요네나 빠요 같은 피스보트 지구대학 경험을 통해 사회적 책임을 새롭게 생각하고 성공회대학에 유학을 오고, 새로운 삶의 방향을 설정해 가는 일본의 젊은이들을 보기도 합니다. 지난 시간과 여행들을 통해 피스보트가 일궈 온 가장 큰 성과가 있다면 무엇이라 생각하시는지요.

말씀하신 대로 한 세대를 넘 는 세월이 흘렀습니다. 피스 보트에 지금 참가하고 있는 자원봉사자들 대부분이 피스 보트가 발족했을 때는 아직 태어나지 않았던 사람들입니 다. 이제까지 총 3만 명이 피 스보트에 탔습니다.  그 과정에서 피스보트가 계기가 되어 사회적 사업이나 평화 운동에 참여하게 된 요네나 빠요와 같은 존재를 저는 자랑스럽게 생각합니다. 가 장 큰 성과는 이제까지 지구를 몇 바퀴나 돌면서, 국경을 초월한 사람과 사람과의 네트워크를 쌓아 온 게 아닐까요. 엄밀히 말하자면 이 네트워크는 아직 '성과'라기 보다는 '자산'이지요. 이 자산을 어떻게 살려 갈 것인가로 피스보트의 진가를 시험 받게 된다고 생각합니다.

귀한 시간 내어 주신 것, 무엇보다 오늘까지 피스보트를 있게 하고 이끌어 온 피스보트 대표들과 스태프들의 수고에 깊은 경의와 감사를 드립니다.

노히라 신사쿠 | 피스보트 공동대표. 1992년부터 피스보트 스태프로 활동하고 있다. 1998년 선상의 강 좌와 현지에서의 체험을 연동한 평화교육 프로그램 '지구대학' 프로그램을 창설했다. 또한 위안부 문 제, 역사교과서 문제, 야스쿠니 문제 등 역사 인식 문제에 대해 다양한 시민단체와 함께 활동을 펼치고 있다.

:: 그랑투르를 아시나요?

그랑투르Grand Tour, 배움과 콤플렉스 사이

17세기부터 유럽에서는 귀족들의 자녀 교육방법으로 여행이 하나의 사회적 현상이 되기 시작했다. 그랑투르라고 불린 이런 여행은 18세기 영국 귀족 사회에서 특히 유행처럼 번져 나갔다. 영국의 귀족과 상류 엘리트인 젠틀맨들은 자녀들을 2~3년 동안 가정교사와 함께 프랑스와 이탈리아에 보내서 언어, 정치, 문화, 예술에 대해 배우도록 한 것이다.

그랑투르는 영국의 경제적 발전과 정치적 안정, 계몽주의의 토양에서 자란 귀족과 사회 엘리트들의 지적 욕구와 교육에 대한 불신, 인쇄술과 교통의 발전으로 더욱 확산된다. 영국은 18세기 들어 명예혁명, 스페인과의 왕위 계승 전쟁의 승리 등으로 정치적 안정을 찾았고, 더불어 식민지 시장의 확대, 해상권의 장악, 상업의 발달로 경제적 풍요의 시대를 맞이했다.

또 이전에는 종교적 갈등 때문에 이교도들과의 접촉을 두려워한 사람들이 여행은 위험한 것이라고 생각했지만, 종교전쟁이 끝나자 사회가 안정되고 인간에 대한 신뢰를 회복하면서 해외여행에 대한 경계심을 풀게 되었다. 오늘날과 마찬가지로 당시에도 교육 시스템에 대한 불신이 적지 않아 그것이 또한 그랑투르를 권하는 이유가 되곤 했다. 이와 더불어 인쇄술이 발달하면서 여행에 대한 정보가 대중적으로 퍼져 나갔다. 여행문학과 안내서들이 줄줄이 출판되자 사람들은 여행에 대한 환상과 동경을 가지기 시작했고, 그랑투르는 영국을 넘어 유럽 사회 엘리트들의 사회문화적 통과의례이자 한번쯤은 다녀와야 할 유행이 되었다. 영국에서는 그랑투르를 다녀오지 못했다면 고전문학에 대한 이해와 예술에 대한 심미안을 갖추지 못한 것이 되었고, 그들은 '시골뜨기'로 취급되어 주류 사회에 진입할 수 없을 정도였다.

하지만 영국과 유럽의 엘리트들이 그토록 앞다투어 그랑투르를 떠난 데에는 다른 이유가 자리하고 있었다. 바로 그들이 가지고 있는 프랑스와 이탈리아에 대한 문화적 콤플렉스 때문이었다. 이들은 프랑스에서 귀족답게 식사하는 법, 옷 입는 법, 춤추는 법, 대화하는 법, 사랑하는 법, 결투하는 법 등을 익혔고, 이탈리아에서 르네상스로 부활한 고전세계에 대해 배웠다. 프랑스와 이탈리아에서 체계적인 언어 교육을 받는 것도 중요했는데, 일상의 대화에서 프랑스어와 라틴어를 섞어서 말해야 품위 있게 보인다고 믿었기 때문이다.

사무엘 존슨 박사는 "이탈리아를 다녀오지 않은 사람은 언제나 열등감을 느낀다"고 고백했고, 리처드 라셀은 "그랑투르를 다녀온 사람만이 리비우스(고대 로마의 역사가)와 카이사르(로마의 장군이자 정치가)를 이해할 수 있다"고 칭송하기도 했다. 그랑투르는 유럽 사회의 동질성을 만들었으며 예술적 심미안과 공동의 행동양식과 규범, 문화적 가치를 공유하게 했다. 그러나 그랑투어에 대한 비판의 목소리도 들려오기 시작했다. 이 호화판 외국 유학을 위해 필요한 어마어마한 돈은 귀족들의 하층계급 착취, 식민지 국가 수탈에서 충당되고 있었기 때문이다.

애덤 스미스는 "여행에서 돌아온 소년들은 거만하며 방종하고 방탕하여, 학업이나 사업에 진지하게 몰두할 수 없는 상태다. 그가 고국에 머물렀더라면 훨씬 짧은 기간에 그보다 더 나은 성취를 이룩했을 것이다"라며 그들을 비판했다. 그들은 파티와 무도회에서 시간을 낭비하고 관광과 옷과 보석, 예술품 수집 등에 재산을 낭비했다. 또한 프랑스와 이탈리아는 이들이 벌이는 사랑놀이의 중심지가 되었으며, 그랑투르는 유럽의 젊은 귀족들에게 도박과 음주의 장이 되었다. 그랑투르는 시간이 흐름에 따라 교육이라는 초기의 목적은 희석되고 젊은 귀족뿐 아니라 중년의 귀족들이 참가하는 유흥과 관광으로 그 성격이 변질되어 간 것이다.

그럼에도 불구하고 그랑투르는 증기선 및 철도 보급과 더불어 급격하게 확산되면서 대중화되기 시작한다. 그리고 저렴한 방법으로 귀족이나 엘리트뿐 아니라 다양한 사회계층이 관광에 참여하게 된다. 이제 그랑투르는 19세기에 등장하는 대중관광(Mass Tourism)의 원형으로서 대중관광 발전의 사회적 토대를 형성하게 되었다(윌리엄 L. 랭어, 『뉴턴에서 조지 오웰까지』, 푸른역사, 2004).

한국판 그랑투르 – 조기유학

18세기 유럽의 그랑투르는 이탈리아의 화려한 고전예술과 문화 그리고 프랑스의 화려한 귀족문화에 대한 유럽의 엘리트들이 가진 맹목적 동경에서 시작된 것이었으며, 거기엔 사회의 교육 시스템에 대한 불신이 깔려 있었다. 그런 면에서 오늘날 한국의 조기유학의 풍경 역시 크게 다르지 않은 듯하다. 유학의 목적지가 하나같이 영미권 국가를 향하고 있는 것은 현 교육 시스템에 대한 불신과 더불어 영어 콤플렉스에서 기인함을 말해 주고 있으니 말이다.

1998년 1,562명이었던 조기유학생이 2005년 2만 400명으로 2만 명을 넘었고, 2006년에는 44.6% 증가하여 2만 9,511명에 이르렀다. 이는 해외파견 이주 및 이민에 의한 출국 인원을 제외한 순수 유학생들에 대한 통계로, 실제 외국에서 공부하는 한국 학생 숫자는 훨씬 많을 것이다. 한 설문조사(정한울, 「국내 대학의 위기와 조기유학 인식」, 2007)에 따르면 부모들은 자녀의 조기유학지로 미국을 첫 번째로 꼽았으며(30.7%), 캐나다 20.8%, 호주/뉴질랜드 18.7%, 영국이 13.2%로 영미권 국가에 선호도가 집중되어 있었다. 실제로도 가장 많은 학생들이 미국으로(31.9%, 2006년 기준) 유학을 떠나고 있다. 미국 국토안보부 이민세관국 산하 유학생 교환학생 정보 시스템(SEVIS)에 따르면, 2007년 말 미국에 체류 중인 한국 유학생은 10만 3,394명으로 전체 외국인 유학생의 14%를 차지하고 있으며, 이는 인구가 많은 중국이나 인구 및 경제 수준에서 한국보다 높은 일본의 유학생을 훨씬 앞지르는 수치다.

2015년 환율의 영향과 학비 인상 등으로 주춤해 8만 명으로 줄어들었으나 여전히 중국, 인도에 이어 3위권을 차지하고 있으며 인구 대비 미국 유학생 비율로 따져 본다면 여전히 1위에 다름없다. 그러나 조금 더 시야를 넓혀 중국 유학생 분포도를 살펴보면 미국의 유학생 수가 왜 줄어들었는지 확연히 이해할 수 있다. 2015년 중국 유학생 1위 역시 6만여 명의 한국 유학생이었다. 누구보다 성공의 요건과 시류를 빨리 읽는 부모들은 이미 중국 내 국제학교를 통해 영어와 중국어라는 두 마리 토끼를 쫓기 시작했고, 중국의 일반 대학에 진학하는 한국인 대학생의 수도 상당수에 이른다.

조기유학을 열망하는 데는 우선 공교육에 대한 불신이 자리 잡고 있다. 한국 공교육에 대한 학부모들의 만족도를 살펴보면 초등학생 학부모의 78.4%, 중학생 학부모의 83.1%, 고등학생 학부모의 83.5%, 그리고 대학생 학부모의 88%가 부정적이라고 응답했다. 초중고 교육뿐 아니라 대학교육에 대한 불만족도도 높게 나타났다. 대학 진학 이후에도 높은 청년 실업률과 낮은 취직률에 대한 불안, 그 이전 대학교육 자체에 대한 불신도 조기유학에 영향을 주고 있는 것이다.

해외관광이 되어 버린 수학여행

청소년들이 그랑투르를 경험하는 것은 단지 부모의 선택에 의한 조기유학만이 아니다. 교육부 조사에 따르면 지난 2010~2012년 사이 전국 615개 초·중·고등학교 소속 학생 중 약 12만 3,000여 명이 미국, 유럽, 중국, 일본 등 해외로 수학여행을 다녀온 것으로 나타났다. 2016년 충남 논산시는 시비를 지원해 논산 시내의 13

개 고2 재학생 약 2,200명 전원에게 해외 수학여행을 지원하기로 결의하기도 했다.

　더구나 수학여행을 다녀온 고등학교의 1인당 수학여행비 격차가 최대 122배에 달하는 것으로 드러났다. 미국·독일 등 해외로 수학여행을 다녀오며 1인당 수학여행비가 200만 원을 초과한 곳은 대부분 과학고·외고 등 특수목적고였다(신하영, 『이데일리』, 2014.4.21).

　수학여행은 낯선 공간에서 학생들의 직접적인 경험과 살아 있는 체험을 통해 자발적 배움이 일어나는 장이며, 학생들에게 '어떻게' 여행해야 하는가를 가르치는 공식적인 첫 교육의 장이다. 또한 수학여행은 여행을 통한 교육이라는 점에서 특수성을 가진 교육활동이다. 수학여행은 '수학修學', 즉 교육을 목적으로 이루어지는 '여행旅行'인 것이다.

　그러나 오늘날 수학여행은 교육이 아닌 관광이 되었다. 수학여행에서 학생들의 참여 공간은 보장되지 않는다. 학교 당국이 결정한 관광지를 조용히 잘 따라다니면 된다. 학교 교육의 연장이라지만 여행지에 대한 사전교육과 준비는 거의 이루어지지 않고 있다. 자발적 참여의 기회를 원천적으로 뺏긴 학생들에게 수학여행의 최대 미덕은 '학교를 떠난다는 것', 그것만 남은 것은 아닐까. 여행지의 역사와 문화를 배우기 전에 쇼핑을 하고, 길 위의 사람들과 교감하기 전에 사진 찍기에 바쁘다. 학생들에 대한 사전교육과 교육을 위한 준비도 없이 여행업체를 낀 단체관광식 수학여행은 여러 문제를 발생시켰다.

　2007년 중국 수학여행단 성매매 파문은 대표적 사례다. 저렴하다는 이유로 유해업소가 밀집된 지역에 있는 호텔이 숙소로 정해지면서 학생들은 자연스럽게 유흥업소와 성매매 퇴폐업소에 노출되었다. 열악한 수익구조 속에서 현지 가이드들은 학생들에게 성매매 업소를 소개하고 업소에서 소개료를 챙겼고, 교육활동 시간을 줄여 가며 쇼핑을 해야만 했다.

　수학여행은 교육체계 속에서 처음으로 진정한 여행의 의미, 여행자의 사회적 책임을 배울 수 있는 소중한 교육 과정이다. 그러나 이런 식의 수학여행에서 학생들이 배우는 것은 과연 무엇이겠는가(서정기, 「여행과 배움의 역사」, 연대 박사과정 교육인류학 연구논문 중, 2008.12.8).

새로운 통과의례 - 해외 단기연수

영어 교육을 목적으로 이루어지는 단기영어캠프, 교환학생 프로그램은 지난 10여 년간 급속하게 성장한 교육사업 분야다. 특히 지난 1997년 3학년 이상의 초등학생에게 영어 교육을 의무화하는 정부의 교육정책과 맞물려 지속적으로 증가하고 있다. 초기에는 국내 영어캠프 프로그램을 중심으로 확산되었지만, 곧이어 급속도로 해외 단기영어캠프, 해외 단기연수라는 형태로 해외에서 이루어지는 영어캠프가 초등학생들에게 유행하게 되었다. 이후 이 같은 해외 영어캠프를 주최하는 곳은 유학원, 사설 영어교육기관, 언론사, 교육출판사, 종교기관, 청소년 수련관 등 다양화되었으며, 프로그램의 운영이나 내용도 단순히 해외로 캠프를 가는 것을 넘어 현지 자연캠프에 참가하고 현지 학교에서 단기유학을 한 뒤 크루즈 여행 상품과 결합하는 등 다양한 형태로 개발되어 운영되고 있다.

그러나 더 큰 문제는 이 같은 해외 단기연수 프로그램의 '부정적 교육 효과'다. 해외 단기연수의 경우 교육기본법상의 유학에도 해당하지 않아 운영업체의 자격에 대한 정확한 제한이 없다. 때문에 현지 프로그램 진행 역시 전문 교육기관이 아닌 현지 여행사나 개인 사업자가 운영하는 경우가 많다.

"해외캠프나 단기연수는 아이들하고 하는 단체관광과 별 차이가 없어요. 캐나다나 호주에 와서 낮에는 학교에 가 있거나 영어학원 다니고, 수업 마치면 관광하고, 그리고 홈스테이 집에 가서 자고…, 그렇게 3주 보내는 거죠. 사실 3주 공부해서 영어가 느나요. 영어학원으로 가면 현지 애들하고 있나요? 다 영어 못하는 중국, 한국, 일본 아이들이 대부분이고… 아이들도 놀러오는 거라고 자기들이 그래요"(P 유학원 담당자).

해외연수, 조기유학, 수학여행… 그것이 어떤 이름이든 여행의 목적은 낯선 문화, 사람, 사회를 만나는 비교문화적 체험을 통해 새로운 지식을 배우고 견문을 넓히는 것이다. 그것은 언어뿐 아니라 그 국가와 문화가 가지고 있는 다양한 가치들을 습득하여 성장과 배움을 확장하는 데 목적이 있다. 그러나 현재 교육이라는 이름으로 이루어지고 있는 수많은 여행들은, 심지어 공교육 안에서 일어나는 수학여행마저도 본연의 목적을 상실한 채 교육이 아니라 '관광 상품'이 되어 버린 듯하다.

글 : 서정기

:: 움직이는 학교, 길 위에서 자라는 아이들

갭이어, 새로운 지도 위에 나를 세울 자유

　영국 최고의 학교라 불리는 이튼스쿨을 나온 영국 왕자 윌리엄은 세인트앤드루스 대학에 들어가기 전 1년간 입학을 유보했다. 자신만의 1년을 얻은 윌리엄 왕자는 카리브 해 소국 벨리즈에서 정글 훈련을 하고, 아프리카 섬나라 모리셔스를 여행했다. 1년의 경험을 마친 후 그는 "시간당 10달러를 받고 영국 시골에서 농부로 일한 게 가장 값진 경험이었다"라고 자신이 경험한 삶의 가치를 높이 평가했다.

　그러나 이것은 우리나라 대학생들이 많이 선택하는 휴학과는 차원이 다른 것이었다. 무엇보다 근본적인 차이는 학교가 제도를 마련해 학창시절 세상을 경험하고 자신을 돌아볼 시간과 경험을 권장하는 공교육의 일부라는 것이다. 영국과 미국의 유수한 대학들은 신입생의 입학 전 1년간 입학을 유보하고 세상을 경험한 후 공부를 시작하도록 하는 '갭이어Gap Year' 제도를 마련하고 그것을 신입생에게 적극적으로 알리기 위해 노력하고 있다. 한 예로 하버드 대학은 1970년대부터 합격통지서에 갭이어를 장려하는 문구를 싣고 있다. 하버드의 입학사정 학장 윌리엄 피츠시먼은 "갭이어는 학생들이 삶의 초점을 다시 맞추고 에너지를 재충전할 수 있는 기회이며, 지적으로 또 감정적으로 성숙의 기회가 되기도 한다"라고 말한다. 하버드의 경우 연간 4~5%의 학생들이 입학을 연기하고 있는데, 미국 전체 대학 중에서 입학 연기 비율이 꽤 높은 편이다. 심지어 하버드는 학생에 따라서는 입학 허가 조건으로 갭이어를 하고 올 것을 요구하기도 한다. 스워스모어 칼리지의 입학담당 국장 제임스 복은 "1년간 더 현명해지고 더 똑똑해졌기 때문에 공부할 준비가 되어 있는 학생들"이라고 갭이어의 교육적 효과를 높이 평가했다(정석창, 『한국일보』, 2007.6.4). 영국에선 윌리엄 왕자의 영향으로 갭이어를 선택한 대학생이 2002년 7%에서 2005년 10%로 늘어났다고도 한다.

두 번째는 갭이어를 떠나는 학생들의 목적이 출세나 성공, 경쟁에서의 우위가 아니라 자신이 살아가야 할 세계를 이해하고, 공부해야 하는 목적을 찾기 위한 자기 배움의 일환이라는 것이다. 이미 영미권에서는 갭이어에 관한 책이 200권 이상 나와 있고, 학교에는 갭이어 혹은 교환학생 제도를 지원하는 담당 교원이 있어 학생들이 자신의 관심과 적성에 따라 갭이어를 준비하고 실행하도록 돕고 있다. 이런 갭이어는 대학 과정에만 국한된 것이 아니다. 아일랜드의 경우, 갭이어처럼 글로벌한 활동 폭을 가진 것은 아니지만, 지역사회 내에서 자신과 세계를 공부할 수 있는 '특별학년제'라는 프로그램이 학교와 정부의 지원에 의해 시행되고 있어 주목받고 있다.

한국의 갭이어, 휴학?

혹자는 한국의 휴학을 영어로 번역하면 그것이 갭이어이니 유별날 게 없다고 한다. 하지만 그것은 정말로 치환할 수 있는 시간일까?

한국 대학생들의 현실을 담은 여러 기사들 속에서 가장 믿기 어려운 것 가운데 하나는 청년 부채와 대학 휴학률이다. 2012년 『조선일보』는 전국의 216개 4년제 대학 8,069개 학과의 휴학률을 조사했다. 전수조사 결과 휴학률이 30%가 넘는 학과는 총 3,390개(42.0%)에 달했다. 이 중 휴학률이 40%대인 학과는 753개였고,

휴학률이 50%를 넘는 학과도 249개나 됐다. 교육부 발표에 의하면 2000년대 중반 본격화되기 시작한 대학 휴학률 증가는 2012년 정점에 이르러 2015년까지 가파르게 상승했다. 대학생 전체 인구 300만 중 100만이 휴학을 했지만 청년 실업난 30%에는 포착되지 않는 시간이다.

일찍이 『조선일보』에선 '5년제 한국 대학'이란 제목의 글을 통해 휴학이라는 이름의 현상의 본질이 갭이어와 같은 준비와 도약이 아니라 두려움에 의한 졸업 유예 현상임을 날카롭게 짚어 낸 바 있다.

"한국에서 대학을 마친 학생들은 군 복무를 제외하고도 남학생은 평균 1년, 여학생은 7개월 더 학교에 적籍을 뒀다는 취업 정보업체 조사가 나왔다. 한국판 갭이어라고 할까. 영·미의 갭이어는 일부 학생들의 선택이지만 우리는 워낙 보편적이어서 대학이 5년제가 돼버린 셈이다. 그 내용도 하늘과 땅 차이다. 다른 취업 업체가 조사한 대학생 휴학 사유는 취업 준비, 등록금·생활비 마련, 어학연수, 고시 등 시험 준비 순이었다. 졸업생 열에 네댓이 백수가 되는 취업 현실의 그늘에 짓눌린 휴학이다. 갭이어가 활달하고 창조적인 자기 개척과 봉사 기회라는 걸 생각하면 한국판 갭이어는 짠하기까지 하다"(주용중, 『조선일보』, 2006.5.18).

삶을 위한 교육, 삶을 위한 멈춤이 필요하다

한국 대학생 3명 중 1명이 대학을 멈추고 자신의 삶을 점검하고 있다. 그러나 더욱 아픈 것은 이들이 멈추고 하는 일은 여행이나 돌아봄, 스스로의 삶을 세워 가는 계획이 아니라 스펙 쌓기와 취업 준비라는 또 다른 달리기라는 사실이다. 대학 입학을 위한 학교를 졸업하고 이제 취직을 위한 대학에서 그 경주를 계속하고 있는 것뿐인 셈이다. 취업이력서에 기입할 한 줄의 스펙을 위해 새로운 언어를 배우거나 자원봉사를 떠나는 청년들은 타의에 의해 타인을 만족시키기 위한 삶의 길 위에 놓여 있다. 이들에게 다른 세상을 만나는 진정한 여행은 가능한가? 자기를 마주하고 발견하는 깊은 배움의 시간이 되는 여행은 불가능할까?

물론 일부 대학에서는 해외 자원봉사를 학점으로 인정하기도 하고 다양한 지원책을 펴기도 한다. 또 워크캠프, 정토회의 선재수련, 개척자들의 평화캠프 같은 다양한 민간 프로그램들을 통해 학생 스스로 길을 찾고 새로운 길을 만들어 가는 경우도 많다. 그러나 경쟁을 떠나 세상을 보고 자신을 돌아볼 시간을 제도적으로 허용하고 격려하는 문화, 200여 권이 넘는 갭이어 가이드북과 축척된 정보망, 영어가 아닌 진정한 경험과 배움을 목적으로 한 봉사활동 등이 교과과정으로 자리하고 전문적인 지원과 피드백이 이어지는 여행과 배움의 전통은 우리에겐 아직 낯선 풍경인 듯하다.

삶을 위한 멈춤, 옆을 돌아볼 자유

갭이어가 대학생들을 위한 프로그램이라면 고등학생들을 위한 갭이어도 존재한다. 바로 아일랜드의 전환학년제도(Transition Year)다. 초·중등교육 기간이 11년인 아일랜드의 경우, 젊은이들에게 '1년 더 유예기간을 주자'는 취지로 1974년부터 전환학년제를 본격적으로 시작했다. 그러나 별다른 프로그램이 없어 재수학년이란 오명이 붙기까지 했던 이 제도는 2000년, 아일랜드 교육부가 전담 부서를 두고 현장 교육을 위한 프로그램을 공급하면서 진정한 배움과 삶을 경험하는 시간으로 바뀌기 시작했다.

그러나 발린티어스쿨의 오스틴 교장은 이 제도가 시작되었던 초기에는 교육의 흐름을 깬다는 이유로 학부모들의 반발이 적지 않았다고 회고한다. 아일랜드 역시 식민의 경험과 차별, 빈곤한 자원 속에서 교육에 매달렸던 국가였던 탓이다. 정부는 학교마다 전담교사 1~2명을 배치해서 학생들의 현장학습을 도왔다. 또 직업체험과 봉사활동을 합쳐 4주로 하한선을 정하고 학생들이 자신의 적성과 관심에 따라 다양한 경험을 해볼 수 있도록 지역사회 기관과 기업들에 협조를 구하고 매

뉴얼을 개발하기도 했다. 그런 노력의 결과로 아이들은 전환학년 기간 동안 회사, 공장, 호텔 등에서 각각의 관심 분야를 직접 경험할 수 있었다(정시행, 『조선일보』, 2006.4.9).

자율제도로 단 세 곳의 학교에서 시작된 전환학년제도는 40년이 흐른 후 이상한 부작용(?)을 나타내고 있었다. 무엇보다 전환학년제를 마치고 다시 진학한 아이들의 학업 성취도가 월등히 높게 나타나기 시작한 것이다. 어른들에게는 의문과 놀람의 연속이었으나 아이들은 그 이유를 선명히 알고 있었다. 그들은 1년간의 경험과 배움, 만남 속에서 자신이 하고 싶은 일과 해야 할 일을 찾았고, 공부의 목적이 분명해졌다고 이야기했다. 무엇보다 이 제도의 장점은 학생들이 해외로 떠나는 여행이 아니라 자신이 살고 있는 지역사회, 공동체에서 새로운 배움을 찾아 떠나는 만남과 경험을 체계적인 준비와 도움 속에서 얻게 된다는 것이었다(EBS, 〈나를 키워 가는 진로교육〉, 2011.12.13).

덴마크의 애프터스콜레는 중학교 졸업생들이 고교 입학 전 인생을 설계할 수 있는 1년짜리 기숙학교다. 학교의 연장이 아니라 자신이 해보고 싶은 다양한 경험을 통해 자신의 인생과 재능에 대해 묻고 배우고 만나는 탐구의 시간인 것이다. 『오마이뉴스』는 2016년 3월, 한국 최초의 덴마크 형 에프터스콜레를 개강한 '꿈틀리 인생학교'를 설명하며 덴마크 인생학교를 이렇게 소개한다.

"덴마크의 에프터스콜레는 9학년(한국의 중학교 3학년)을 마친 뒤, 고등학교 진학 대신 인생을 설계하는 시간을 갖기 위해 들어가는 특별한 과정이다. 에프터스콜레는 덴마크 전역에 자리 잡고 있는(약 250개) 특유의 교육제도로 인생학교에서는 에프터스콜레를 본떠 '국영수' 대신 농사 짓기, 밥하기, 토론하기, 공부하기, 여행하기 등을 통해 '1년간 옆을 볼 자유'를 제공한다"(이준호, 『오마이뉴스』, 2016.2.23).

다행히 한국에서는 꿈틀리 인생학교를 비롯해 다양한 멈춤의 학교들이 시작되고 있다. 일산과 용인에서 개교한 '열일곱 인생학교'와 '꽃다운 친구들'은 민간 차원에서, 전환학년제인 '오디세이 학교'와 마을교육공동체인 '꿈의 학교'는 민간과 교육청이 함께하는 형태로 삶을 위한 교육의 실험들이 씨앗을 뿌리기 시작했다.

또 '한국갭이어'라는 청년 단체가 2012년 활동을 시작해 휴학을 하고 새로운 길을 찾는 청년들에게 새로운 길과 만남을 안내하고 있기도 하다. 그 이름이 무엇이든 간에 "1년간 옆을 볼 자유, 1년간 세상을 만날 자유, 1년간 스스로를 발견할 자유"라 이름 붙일 수 있는 시간을 아이들에게 선물할 수 있는 사회, 삶을 위해 경주를 멈추고 가만히 서서 스스로에게 길을 묻고 사람을 만나는 법을 배우는 여행, 그것이 우리가 서구의 갭이어나 전환학년제를 보면서 그토록 부러워했던 시간의 알짬 아니었을까.

새로운 여행자

다람살라, 배움의 여행자들을 만나다

티베트 망명정부 환경부가 운영하는 '클린업 다람살라 프로젝트' 사무실은 제법 넓었다. 그곳은 단순히 사무실이 아니라 재활용 종이로 만든 노트, 티베트 사람들이 생산하는 친환경 제품을 판매하는 상점과 작은 강당을 갖춘 교육 공간이었다. 우리가 찾아간 아침, 마침 강당에서 북적거리며 무언가를 준비하고 있는 서양 친구들을 만나게 되어 무엇을 하는 거냐고 물었더니 한 친구가 대답해 주었다.

"우린 캐나다에서 온 대학생들인데 한 달 간의 홈스테이와 자원봉사를 마치고 내일 돌아가요. 오늘이 마지막 날이라 파티 준비 때문에 다 모여 있는 거예요." 갑작스런 인터뷰 요청에도 그들은 불던 풍선과 접던 종이를 내려놓고 흔쾌히 응해 주었다. 하지만 기대치 않았던 이야기가 그들 안에 숨어 있었다. 제일 처음 이야기를 걸었던 나탈리는 학생이 아니라 교수였고, 이 프로그램을 기획하고 진행한 사람이었다.

어떻게 다람살라에 오게 되었나요?

나탈리 개인적으로 캐나다 월드뷰라는 해외자원봉사 프로그램을 경험한 적이 있어요. 평소 요가도 배우고, 인도와 티베트에 관심이 많았어요. 자연히 티베트 소식들에도 예민하게 귀 기울이게 되고 티베트의 상황, 인권운동에 관심을 가지고 있었는데, 올해 티베트 사태 소식을 듣게 되었죠. 무언가 함께하고 싶은 마음에 학교의 자원봉사 학점 제도를 활용해 이 프로그램을 기획했고, 지원한 학생들과 함께 온 거예요.

얼마 동안 어떻게 머물렀나요?

이자벨 한 달 정도 티베트 망명정부 환경부의 캠페인인 다람살라 클린업 프로젝트에 참여했어요. 머무는 동안 쓰레기를 치우고 마을을 가꾸는 일뿐 아니라 아이들

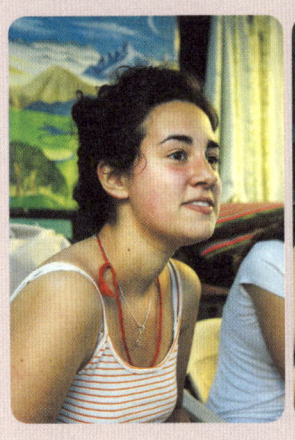  

도 만나고, 티베트에 대해서도 배울 수 있는 소중한 경험을 정말 많이 했어요. 한 달이 충분한 시간은 아니었지만 참 많은 것을 배운 것 같아요. 다만 우리가 큰 도움이 되지 못해 죄송한 마음이죠.

한 달 동안 어디에서 묵었나요?

탐 티베트 사람들 집에 한두 명씩 홈스테이를 했어요. 전 남자고 키도 크잖아요. 집이 너무 작아 처음에는 우리가 머무는 게 미안했는데, 오히려 우리가 조금이라도 불편할까 봐 세심하게 배려해 주시는 가족들의 마음에 지금은 진짜 가족처럼 편안해졌어요.

한 달의 시간 동안 배운 것을 나누어 줄 수 있을까요?

마타 전 이탈리아에서 캐나다에 교환학생 프로그램으로 와 있다가 이 프로그램에 참여했어요. 개인적으로 가장 기억에 남는 순간은 수요일에 열린 집회에 참여했을 때예요. 중국의 티베트인 학살에 관한 건 물론 뉴스로도 들었던 이야기였죠. 하지만 직접 티베트 사람들 속에 섞여 그들의 함성을 듣고 눈물을 보는 경험은 상상하지 못한 어떤 살아 있는 경험이었어요. 그 순간 마치 어떤 존재가 제 안에서 깨어나는 것 같았어요.

디에나 내게 소중한 배움은 '듣는 법', 경청을 배운 일이에요. 듣기 위해 온 건 우리들인데 오히려 티베트 사람들이 우리에게 귀 기울여 주고 있는 거예요. 그런 깊은 귀 기울임이 제 속에 어떤 귀를 열어 준 것 같아요.

데프니 티베트 사람들에겐 특별한 힘이 있는 것 같아요. 뭐랄까… 평화의 힘? 혹은 용서의 힘? 우리가 머무는 동안 시위가 그칠 날이 없었어요. 그런데도 다람살라엔 분노와 증오가 아니라 평화를 원하는 요구로 가득했어요. 때로 울기도 하고, 소리치기도 했지만 그 속에서도 티베트 사람들의 얼굴엔 평화가 깃들어 있는 것 같았어요.

다른 여행자들과 스스로가 다른 점이 있다면 어떤 것일까요?

나탈리 어느 날 집을 나오는데 거리에 화려한 옷을 입은 여행자들의 옷차림이 눈에 띄었어요. 장발에 피어싱, 화려한 인도 옷…. 그런데 우리 옷차림은 지금이랑

비슷했거든요. 그냥 청바지에 티셔츠 정도. 홈스테이를 하다 보니까 우리도 모르는 사이 늘 수수하게 입는 티베트 사람들과 비슷하게 맞추려고 평범한 옷들을 고르고 있는 걸 깨달았어요. 그건 옷뿐 아니라 시선의 변화이기도 했어요. 한 달의 시간이 흐르면서 티베트 사람들이 우리를 바라보는 시선이 바뀌는 것을 느꼈어요. 그리고 우리 역시 여행자의 눈으로 티베트 사람들을 구경하던 위치에서 티베트 사람들의 눈으로 여행자들을 바라보게 되는 시선의 변화를 경험한 것 같아요.

돌아간 후 어떤 계획이 있나요?
디에나 학교에 돌아가면 내 경험을 친구들과 깊이 나누고 싶어요. 내가 만난 티베트 사람들이 정말 평화롭다는 것과 그들에겐 그들의 땅과 진정한 평화가 필요하다는 것을 사람들에게 전하고 싶어요. 큰 힘은 없지만 가족, 친구들과 이야기를 나누고 대학 캠퍼스나 블로그, 웹 등을 통해서도 최선을 다해 이야기를 나누어 가려고 계획 중이에요.

마지막 파티를 준비하던 그들에게 갑자기 청한 인터뷰였으나, 그들은 티베트의 환대를, 깊은 경청과 평화의 순간을 나누어 주었다. 서로의 눈빛을 마주하며 자신 안에 있던 배움에 대해, 어떤 순간에 대해, 돌아가서 하고 싶은 일들에 대해 이야기하는 이 푸르른 여행자들에게 배움은 여행의 다른 말인 것 같았다.

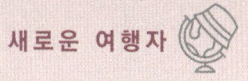 새로운 여행자

여행에서 만나는 모든 이들이 우리의 선생이다
– 여행평민대학 교사, 한김지영의 배움을 찾아 떠난 여행

한김지영은 덴마크 린더스벌드 여행평민대학의 교사다. 여행자였던 그녀가 여행을 통해 스스로 배움을 찾는 학교의 교사가 되기까지 그 여정과 꿈에 귀 기울여 본다.

어떻게 배움의 방법으로 여행을 선택했나요?
사범대를 다니던 시절, '인생을 어떻게 살아야 할까?'라는 질문에 답을 찾고 싶어 이스라엘에서부터 한국까지 배낭여행을 나선 적이 있습니다. 그런데 아프가니스탄에 도착했을 때 제가 발견한 것은 전쟁 직후의 참혹한 현실이었지요. 순간, '여행은 사치'라는 생각이 들어 그곳 사람들을 도울 수 있는 국제구호활동을 찾다가 한국 JTS를 만나게 되었습니다. JTS를 통해 아이들의 교육과 난민 식량 배분활동을 했고, 이란 지진 긴급구호와 인도 불가촉천민 대상 교육 봉사활동에도 참여하기도 했습니다.
한국으로 돌아와서 국제구호 관련해서 일을 계속하고 싶었지만 종교, 연령, 능력, 이념, 국적을 초월하여 활동할 수 있는 단체를 찾기가 쉽지 않았습니다. 그래서 영국에 있는 국제개발협력학교에서 교육을 받던 중 여행평민학교를 알게 되었죠. 영국에 있는 여행평민학교에서 14개월의 과정을 마친 후, 덴마크의 '린더스벌드 여행평민대학(Lindersvold Traveling Folk High School)'으로 가 교사훈련을 받고 지금은 교사공동체에 속해 교육가와 국제구호활동가를 양성하는 일을 함께하고 있습니다.

아프가니스탄 카불 근교. 교육 지원을 위해 책을 분배하고 있는 한김지영

여행평민대학은 어떤 곳인가요?

전 세계에 있는 여행평민대학은 국제구호활동가를 양성하기 위해 만들어진 학교입니다. 기아, 질병과 같은 세계화와 관련된 이슈에 대해서 이론과 실제를 함께 배우는 학교이기도 하지요.

그 바탕은 자유와 인간애입니다. 우리에게 자유가 주어질 때 그에 따른 책임을 지게 되고, 사람들과 함께 살아갈 때 각자에게 역할과 책임이 주어진다는 것을 강조합니다.

여행평민대학은 공부와 노동이 분리되지 않고, 교사와 학생의 서열을 만들지 않고, 교사와 학생이 함께 운영하는 학교로 '행함으로 배운다(Learning By Experience)'는 교육철학을 가지고 있습니다. 그래서 교사는 국제구호활동가 양성 프로그램을 먼저 경험한 사람으로 학생들이 그 프로그램을 잘 따라올 수 있도록 돕는 조력자 역할을 합니다.

왜 학교 이름에 '여행'이 들어 있는지 궁금합니다.

1970년에 생긴 여행평민대학은 버스를 타고 덴마크에서 인도까지 여행하는 프로젝트로 시작되었습니다. 여행을 하면서 기아, 질병, 문맹 등으로 고통받고 있는 개발도상국 사람들을 직접 만나고 그들의 어려움을 알게 되었지요. 그래서 그들을 돕기 위해 계속 여행평민대학이라는 이름으로 단체를 운영하게 되었습니다.

참고로 덴마크는 학교를 만드는 조건이 까다롭지 않고 작은 단위의 자유학교도 인정하고 지원을 아끼지 않습니다. 학생 수가 15명 이상이면 정부에서 승인을 받아 학교를 만들 수 있어요. 우리나라는 학교라는 테두리 안에서 배움의 한 방식으로 여행을 접하지만, 덴마크에서는 여행 그 자체를 통해 배우는 학교를 만드는 게 가능한 거예요. 이렇게 만들어진 여행평민대학은 여행을 통해 다양한 사람을 만나고, 세상을 보는 눈을 키우고, 자신의 틀에서 벗어나 더불어 사는 삶을 배우는 곳으로 운영되고 있습니다.

여행평민학교에 입학하는 데 나이나 인종 등 입학에 제한은 없나요?
성, 나이, 종교, 경제력, 국적에 상관없이 교육과 개발, 공동체 삶에 관심 있는 사람이라면 누구나 입학할 수 있습니다. 현재 덴마크의 린더스벌드 여행평민대학에는 18세에서 67세의 학생이 20명 있고, 예전에 교사였던 사람, 청소부를 했던 사람, 고등학교를 갓 졸업한 사람, 과학자였던 사람, 음악을 했던 사람, 성소수자 등 다양한 사람들이 들어와 함께 공부하고 있습니다.

입학은 쉽지만, 공부는 쉽지 않을 것 같은데요.^^
여행평민대학은 모든 사람들은 각기 다른 배경, 능력, 성격, 경험, 의견을 갖고 있고 학생들은 이와 같은 '다름'을 통해 성장하는 데 중심을 둡니다. 이 세상에는 완벽한 사람이 없고 모든 사람에게는 잘하는 것과 부족한 것이 있습니다. 그래서 함께 협력하고 부족한 부분을 상호 보완하고 잘하는 것들을 키우면서 성장하는 것이지요. 이러한 철학적 바탕은 학교라는 작은 사회에서 벗어나 실제 국제구호활동을 하는 데도 가장 기본적인 자세입니다. 프로젝트를 진행하려면 다른 문화를 이해하고 주민들과 협력하여 상생해야 하니까요.
그리고 학교는 학생(Development Instructor)들에 의해서 운영되기 때문에 함께 요리도 하고 건축도 하며 삶을 살아가는 데 필요한 기본적인 기술을 익히고 자신의 맡은 역할에 대해서 책임을 져야 하죠. 학생들은 학습, 홍보, 모금활동도 해야 하기 때문에 부담이 많은 편입니다.

학생들이 스스로 경비를 마련한다는 일이 쉬운 일은 아닐 것 같은데요.

1년간 덴마크에서 교육을 받고 아프리카나 인도로 떠나기 때문에 개인이 준비해서 프로그램에 참여하면 경제적으로 부담이 많이 됩니다. 그래서 학교에서는 학생들의 부담을 줄여 주기 위해 학교와 연계된 일을 할 수 있도록 했습니다. 린더스벌드 학교에서는 여행평민대학뿐만 아니라 사회적으로 도움이 필요한 청소년을 대상으로 하는 작은학교(small school)와 돌봄의 집(care home)을 운영하고 있어요. 이곳에서 교사나 보조교사로 일하거나 헌옷 수거를 하면서 등록금을 번답니다.

여행평민대학이 직접 참여하는 국제개발의 현장이 있나요?

여행평민대학들은 'Humana People to People(www.humana.org)'이라는 NGO와 연계해서 프로젝트를 진행하고 있습니다. Humana People to People에서는 앙골라와 모잠비크에 '미래의 교사를 위한 대학(EPF: Escola de professores do Futuro)'이라는 이름으로 14개의 사범대학을 만들기도 했고요.

앙골라와 모잠비크의 경우 문맹률이 높고 교사들 또한 에이즈나 말라리아로 사망하는 경우가 많아서 초등학교 교사의 수요가 높기 때문에 사범대학을 만든 것입니다. 사범대학 프로젝트 이외에도 거리 아동과 고아들이 다니는 학교 프로젝트(Street Children Project), 에이즈 양성자들의 재활을 위한 희망 프로젝트(Hope Project), 건축·농업·비즈니스 등을 배울 수 있는 직업훈련학교(Vacational School), 헌옷 판매 프로젝트(Clothes Selling Project), 교육·건강·경제 분야에서 주민들이 자생할 수 있도록 활동하는 아동원조(Child Aid), 에이즈 발생을 줄이기 위해 각 지역을 돌아다니며 콘돔 분배와 성교육 등의 활동을 하는 전염병 예방 프로젝트(Total Control Epidemic Project) 등이 있습니다.

현장에 참여하는 것도 교육 프로그램에 포함되나요?

저는 6개월간 모잠비크로 파견되어 거리 아동 프로젝트를 맡아 활동했습니다. 그런데 제가 사는 지역에 백선이라는 피부전염병이 퍼져 있었기 때문에 이것을 치료하는 것이 급선무였어요. 보건복지부에서 지원받은

거리 아동 프로젝트에서 만난 유치원 학생들. 많은 아이들이 자기 동생을 업고 학교에 온다.

한정된 약으로 2주 동안 매일 치료를 해야 했지만 아이들은 치료 과정이 힘들어 대부분 3일 만에 포기를 하곤 했습니다. 어머니들에게 대신 치료할 수 있도록 약품을 주기도 했지만, 약을 바르면 피부가 반짝여 보인다는 걸 알고 미용을 위해 이용되는 일도 있었습니다.

8개월이면 충분한 훈련이 되나요?

8개월이란 시간은 현지에 적응하기에도 그리고 문제를 발견하고 해결하기에도 너무 짧은 시간일 것입니다. 그러나 저는 백선을 치료하는 데 다른 대안적인 방법이 없을까 찾아보았고 한 선교단체가 운영하는 아나메드 자연치료센터(ANAMED Natural Medicine Center)를 알게 되었어요. 저는 그곳에서 자연치료 약품을 만드는 방법을 배워서 마을의 교사와 여성클럽 멤버들에게 전수해 주었습니다. 그리고 제 후임으로 오는 국제구호활동가에게도 자연치료법에 대한 정보를 주어서 제가 없어도 백선 및 다른 질병들이 치료될 수 있도록 체계를 만드는 일을 진행했죠. 대안적인 방법을 찾는 것, 그리고 제가 없어도 프로젝트와 프로그램이 운영될 수 있도록 하는 것이 저의 중요한 역할이었던 것입니다.

가장 어려운 일이 있었다면 무엇이었나요?

백선을 치료받는 아이들

그곳에 있는 동안 일부다처제, 자유로운 성문화 등 문화적 차이를 극복하는 것이 쉽지 않았습니다. 그렇지만 제가 살아온 환경의 잣대로 그들을 판단하기보다 그들의 입장에서 이해하려고 노력했어요. 그들의 문화에 대해 시비를 따지는 저의 모습을 늘 경계했지요. 현지인처럼 옷을 입고 핸드폰, 사진기, 반지 등의 사치품을 갖고 다니지 않고, 현지인 집에서 파리가 날아다니는 음식을 함께 손으로 먹고, 무거운 짐을 머리 위로 함께 짊어지고, 성인식과 장례식 등에 참석하여 그들과 함께 희로애락을 나누었기에 현지인들과 신뢰를 쌓으며 활동할 수 있었던 것 같습니다.

가장 크게 배운 것이 있다면요?

가난하지만 함께 나누며 살아가고, 작은 것에서 행복을 느끼는 그들을 보면서 삶이란 무엇인지에 대해서 다시 배웠습니다. 세계의 역사, 문화, 정치 등에 대해 책이 아닌 경험을 통해 알게 됨으로써 세상을 바라보는 지평이 넓어진 것도 있겠지요. 질병과 기아라는 척박한 환경에서도 행복해 하는 사람들을 만나면서 행복은 주변 환경에 달려 있는 것이 아니라 자기 자신에게 달려 있다는 것을 깨달았습니다. 자신의 행복과 에너지를 주변에 있는 사람들과 나누는 것, 그리고 함께 협력하며 문제를 해결해 나가는 것이 국제구호활동가가 추구해야 하는 것이 아닐까 생각합니다. '인간의 연대', 이것이 세상을 변화시키는 유일한 힘이라고 믿습니다.

여행평민대학을 졸업하고 국제활동가 대신 교사를 택한 이유는 뭔가요?

국제구호에 관심 있는 사람이라면 누구나 다른 사람들을 돕고 싶고 더 나은 세상을 만드는 데 기여하고 싶은 마음이 크다고 생각합니다. 하지만 경험이 없다고, 능력이 부족하다

모잠비크 나칼라에서 열린 여성의 날 이벤트

고, 너무 어리거나 나이가 들었다고, 또는 종교가 다르다는 등의 이유로 제약받는 현실이 너무 안타까웠어요. 여행평민대학은 누구나 뜻이 있다면 온라인 학습생태계를 이용한 자기주도적 학습과 현장실습 등을 통해 국제구호활동가가 되도록 돕는 곳입니다. 덴마크의 린더스벌드 여행평민대학에서 교사로 있는 동안 이곳의 좋은 교육 프로그램의 혜택이 유럽의 친구들에게만 주어지고 있는 현실이 안타까워서 한국에 알리고 한국 친구들이 참여할 수 있는 프로그램도 만들었습니다. 곧 더욱 많은 사람들이 여행평민대학의 교육을 받아, 국제구호활동가나 교육가가 될 수 있으리라 생각합니다.

앞으로의 계획이 있다면

여행평민대학에서 학생과 교사로서 지낸 경험을 토대로 새로운 프로젝트를 만들어 보고 싶습니다. 유럽의 여행평민대학들에 있으면서 제 자신이 창의적이고 활동적인 것을 좋아하는 사람이라는 것을 깨달았습니다. 교사공동체에서 다양한 프로젝트에 참여하여 경험을 쌓고 한국의 다양한 교육 단체들과 네트워크를 만들고 싶습니다. 기회가 된다면 아시아에 여행평민대학을 만드는 일도 꿈꾸고 있어요.

여행평민대학에 입학하고 싶은 이들을 위한 Q&A

Q 전 세계에 몇 개의 캠퍼스가 있나요?
A 유럽에는 영국, 덴마크, 노르웨이에 있고, 아메리카 대륙에는 미국과 세인트빈센트 섬에 있습니다.

Q 지금 현재 한국인이 얼마나 있나요?
A 비자 문제로 현재는 한국인이 없으나, 2016년 5월부터 워킹홀리데이 비자를 받을 수 있게 되어 만 18~30세의 한국인도 참여 가능합니다.

Q 캠퍼스 중 한국인이 입학 가능한 곳은 어디인가요?
A 세인트빈센트, 미국과 덴마크 여행평민대학에 입학 가능합니다.

Q 학비 & 생활비는 얼마나 드나요?
A 학비는 어느 나라의 여행평민대학에 가느냐에 따라 달라집니다. 덴마크 린더스벌드 여행평민대학의 입학금은 1만 DKK(약 180만 원)이고 등록금은 11만 2,000DKK(약 1,900만 원)입니다. 등록금에는 숙식비와 아프리카나 인도로 가는 비용이 포함되어 있습니다. 하지만 등록금은 학교에서 생활하는 동안 여러 가지 활동으로 충당할 수 있습니다. 기타 생활비는 각 나라의 물가와 개인의 쓰임새에 따라 다르겠지요.

Q 정기적으로 학생을 선발하나요?
A 린더스벌드 여행평민대학은 1년에 6팀으로 구성되어 있고, 한국인의 경우 매년 2월과 8월에 입학할 수 있습니다.

Q 한국인이 참여할 수 있는 프로그램은 무엇이 있나요?

A 2년 과정의 교육 프로그램과 기후 변화와 환경에 대해 공부하는 9개월 과정의 교육 프로그램에 참여할 수 있습니다. 교사공동체에 관심 있는 분들은 워크어웨이로 참여 가능합니다. 한 달 이상 1주일에 25시간씩 학교와 관련된 일을 하고 공동체에서 함께 살면서 숙식을 무료로 제공하고 있습니다.

- 여행평민대학 www.oneworldcenter.dk
- 린더스벌드 여행평민대학 www.facebook.com/Lindersvold.drh
- 한김지영의 교사공동체 카페 cafe.naver.com/lindersvold

Interview 여행평민대학 교감 존 발센 John Balsen

인도로 가는 버스가 우리에겐 학교였죠

덴마크의 수도 코펜하겐에서 기차로 1시간, 그리고 다시 완행열차로 30여 분, 그리고 팍세Fakse라는 간이 기차역에서 다시 한참을 기다려 마을버스를 타면 린더스벌드 여행평민대학에 다다른다. 잘 정돈된 유럽 농촌 마을의 굽잇길을 따라 난 한적한 교외의 밀밭 속 작은 마을 린더스벌드는 오늘날 전 세계에서 긴급구호 활동가를 꿈꾸는 이들이 배움을 위해 찾아오는 곳이 되었다.

유럽을 휩쓸아쳤던 68운동이 실패로 끝났지만 새로운 사회에 대한 이상과 열망은 청년들의 가슴에 남은 채 세상 속에 묻혀 갔다. 변화를 꿈꾸었던 덴마크의 청년들 중 자신들이 변혁시키고자 했던 세상이 무엇인지, 전쟁과 사회경제적 불평등에 고통받는 세계란 무엇인지, 빈곤의 고통이 어떠한 것인지 말이 아니라 실존적으로 체험해야 한다고 생각한 이들은 세상을 배우는 여행을 시작했다.

존 발센은 버스를 빌려 인도로 여행했던 최초의 버스여행에 참여했으며, 이후 교사공동체에서 활동해 왔고 지금은 린더스벌드 여행평민대학의 교감으로 일하며 후배들을 양성하고 있다.

"1960년대 말에 청년들은 세상을 보고 싶어 했어요. 진짜 문제가 무엇인지가 궁금했죠. 그래서 우리는 중고 버스를 빌려서 집처럼 꾸미고 수많은 국경을 넘어 인도까지 가기로 했어요. 인도로 가면서 우리는 진짜 세상의 모습을 봤고 세상을 배웠어요. 신문에서 떠들어 대고 텔레비전이 보여주는 그런 세상이 아닌 진짜 현실을 본 것이죠. 우리들은 길 위에서 사람들을 만날 수 있었죠. 바로 그들이 살아가고 있는 그곳에서 말이에요. 가난이 어디에 존재하는지, 빈곤이 무엇인지 알 수 있었어요."

1달러도 안 되는 돈으로 살아간다는 것이 무엇인지, 한 알의 항생제가 없어, 건강하게 마실 수 있는 물 한 모금이 없어 죽어 가는 이들의 현실은 더 이상 책과 미디어 속의 추상적 지식이 아닌 실존적 체험으로 그들을 변화시키기 시작하였다. 이제 여행의 매 순간 그들과 함께하는 모든 것들은 스승이 되었고 교실이 되었으며 성장의 출발점이 되었다. 그렇게 초기 여행평민대학의 교육과 훈련은 버스여행을 통해 이루어졌다.

"인도 버스여행에서 돌아온 저와 친구들은 우리를 통째로 바꾸어 놓은 그 놀라운 경험을 친구들과 나누고 싶었어요. 뜻을 같이하는 이들과 교사훈련학교(DNS – Necessary Teacher Training College)를 세웠고 여행평민대학을 만들었어요. 그래서 작은 섬에 있는 낡은 호텔을 하나 빌리고 학생들을 모았죠. 그리고 다시 버스를 빌려 인도로 갔죠."

그들은 그곳에서 함께 공동체 생활을 하며 또 다른 인도로 여행을 시작했고, 버

스여행은 어느새 이 학교의 전통이 되었다. 그리고 길 위에서 수없이 마주한 가난으로 고통받는 이들과의 만남은 자연스럽게 국제개발 활동으로 이어졌다.

"1970년대 당시 아프리카에서는 해방을 위한 혁명운동이 시작되었죠. 식민지 지배에 맞서 자유를 향해 투쟁하며 독립을 얻어 내기 시작했지만 그 과정은 아프리카 국가에 많은 고통을 안겨 줬어요. 그곳에서 들려오는 소식에 귀를 기울이던 우리는 아프리카를 향한 여행을 시작했죠. 결국 그곳에 국제구호기구인 Humana People to People을 설립해 지금까지 함께 일하고 있어요."

여행평민대학은 언제든 무엇인가 알고 싶고 궁금하다면 그곳으로 떠나는 여행을 시작했다. 그리고 그곳에서 알고 배우게 된 것에 대해 자신들이 할 수 있는 일을 찾아 작은 걸음으로 쉼 없이 삶을 나누어 왔다. 당시 남미 상황에 대해 관심을 가지면서 남미로 여행을 떠나기도 했다.

"인도 여행, 아프리카 여행, 남미 여행…, 이 세 가지 여행이 여행평민대학과 교사공동체의 근간을 이루는 것이었다고 해도 과언은 아닐 거예요."

　인도를 향해 떠났던 그 첫 여행은 이토록 긴 여행이 되었다. 인도, 아프리카, 남미…, 70년대 그 모든 길 위의 여행과 만남을 함께하며 공동의 시간, 공동의 경제, 공동의 일을 함께하는 것으로 생을 보낸 존은 이제 여행평민대학을 이끌며 더 많은 이들이 세상을 배우는 여행을 하도록 돕고 있다.

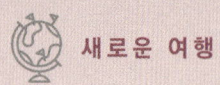 새로운 여행

사는 법을 가르치는 학교, 맨발대학
Bare Foot College

> 배움은 학위로 입증할 수 있는 것이 아니다.
> 그 배움이 삶에 쓸모 있는 것인가, 아닌가?
> 공동체를 위한 것인가, 아닌가?
> 그것은 다만 배운 이의 삶을 통해 증명될 뿐이다.
> 때문에 누구도 종이로 된 증명서를 발급받을 필요는 없다.
> - 세상의 모든 학위를 거부하는 맨발대학 창립자, 벙커 로이

라자스탄 주 틸로니아를 비롯해 인도 13개 주에 20개의 캠퍼스를 가진 자발적 배움의 그물망 맨발대학. 그곳엔 회계사, 예술가, 영화제작자, IT전문가, 물 전문가, 태양열 기술자, 건축가, 디자이너, 보건위생 관리자 등 다양한 전문가들이 공부하며 지역개발 프로젝트를 진행하고 있었다.

인근 150개 마을의 5세 미만 영유아를 위해 영양식을 공급하는 일, 여성들에게 피임과 안전한 출산에 대해 가르치고 진료하는 일, 안전한 물의 중요성과 교육의 중요성을 가르치는 일에서부터 직접 교육하는 일에 이르기까지 틸로니아 지역에서 맨발대학이 하는 일은 실로 방대했다. 그러나 다른 개발 프로젝트와 다른 것이 있다면, 맨발대학의 프로젝트가 늘어날수록 외지에서 온 전문가와 단체가 아니라 지역의 일꾼들이 늘어난다는 것이었다. 맨발대학은 글을 읽지 못하는 농부, 천민, 여성들에게 배울 기회를 열어 그들이 프로젝트의 중심에 서게 했다. 그 말은 그들

이 뜻을 세우고 배우고 익혀 스스로 전문가가 될 때까지 기다렸다는 뜻이다. 때문에 맨발대학의 개발 프로젝트들은 늘 더디고 느렸다. 그러나 40년에 가까운 세월이 흐르는 동안 맨발대학은 틸로니아에 4천 명이 넘는 지역의 전문가를 길러 냈고, 지금도 1만 5천 명의 아이들이 맨발대학을 통해 배움의 기회를 얻고 있다. 결국 맨발대학이 일구어 낸 개발은, 사람이었다.

펌프를 놓아 드릴까요? 펌프 놓는 법을 가르쳐 드릴까요?

어렵게 시간을 내어 마주한 맨발대학의 창립자 벙커는 초창기 맨발대학이 시작되던 시절의 이야기를 들려주다가 불쑥 사진 한 장을 내밀었다. 펌프를 둘러싼 여성들, 그리고 한 남성이 중앙에 앉아 있는 풍경이었다.

"그 사진이 뭐 하는 장면 같은가요?"

"글쎄요. 한 전문가가 우물 파는 법을 가르치고, 여성들이 배우는 것?"

우리의 예상은 빗나갔다. 그것은 마을 여성들이 펌프를 설치하고, 한 남성이 돕고 있는 것이었다. 벙커는 가뭄과 물 문제로 고통받는 마을에서 펌프를 설치하다

가 그녀들에게 물었다.

"외부에서 온 전문가에게 기대는 것이 좋겠습니까? 아니면 직접 배워 문제를 해결해 나가는 것이 좋겠습니까?"

외부의 전문가는 늘 남성이었고, 권위적이었으며, 부르기 어려웠다. 그러나 누구도 그녀들에게 전문가가 되겠느냐고 물어본 적은 없었다. 그들은 천민이었고, 더욱이 여성이었다. 그러나 그들은 처음 찾아온 그 물음 앞에서 용기를 내어 배우고 익히고 싶노라고 답했다. 맨발대학은 마을에 펌프를 설치해 주는 대신 마을 여성들에게 펌프 설치하는 법을 가르치기 시작했고, 그녀들은 스스로 전문가가 되었다. 새로운 전문가들이 지역마다 생겨났으나 늘 배우는 이들이 있을 뿐 '교사'는 없었다. 먼저 배운 여성들이 나중에 배우기 시작한 여성들을 가르쳤을 뿐이기 때문이다. 그렇게 맨발대학을 통해 자신들의 능력에 대해, 권리에 대해 눈뜨기 시작한 여성들은 상상할 수 없는 열정으로 맨발대학을 함께 일구기 시작했다.

전기세가 너무 비싸요? 그럼 전기를 만듭시다!

틸로니아에서 사람들이 가장 고통받는 두 가지가 있다면 그것은 물과 에너지였다. 펌프 설치로 물 문제를 어느 정도 해결해 가고 있을 때, 사람들은 에너지 문제를 하소연하기 시작했다.

"정부 에너지는 너무 비싸요. 전기세가 무서워 하루에 한두 시간밖에 전기를 쓸 수 없고, 가스가 떨어지면 밥을 지어 먹을 수도 없어요."

틸로니아는 가스가 떨어졌다고 해서 베어다 쓸 나무조차 사라진 황막한 초원이었다. 그때 맨발대학에선 사람들을 향해 이렇게 물었다.

"그렇다면 정부의 비싼 전기에 의존하지 말고, 우리가 직접 전기를 만들어 쓸 수 있는 방법은 없을까요?"

"어떻게요? 전기를 우리가 어떻게 만들어 써요."

틸로니아의 해는 강하고 뜨거웠다. 때문에 땅은 어느 지역보다 건조했고, 나무를 가꾸는 일도 쉽지 않았다. 그때 생각한 것이 태양열 에너지를 이용한 '쏠라쿠커'였다.

메마른 땅을 걸어 물을 길어야 했던 여성들이 직접 펌프를 설치하기 시작했고, 여성들의 손으로 만들어진 펌프는 그들 자신에게 새로운 상상력을 열어주는 배움의 공간 그 자체가 되었다.

"두 사람이 한 조가 되어 쏠라쿠커 하나를 만드는 데 걸리는 시간은 한 달, 교육생들은 석 달 정도를 머물며 배우면 돌아가서도 자립적으로 기계를 만들 수 있게 되죠. 보통 8인용 조리기구 하나로 한 달에 14킬로그램, 마을을 위한 100인용 조리기구로는 84킬로그램의 가스를 절약할 수 있는 생활도구가 되니 무척 실용적이죠. 게다가 기술을 배운 여성들은 태양열 조리기구 전문가로 일자리를 얻을 수도 있으니까 힘들지만 배워 볼만한 일이에요."

쏠라쿠커를 만들던 책임자가 잠시 일손을 놓고 설명해 주었다. 여성들의 손으로 만들어 가고 있는 것은 조리기구만이 아니었다. 글도 못 읽는 시골 여성들은 쏠라쿠커는 물론, 태양열 축전지 제작법, 태양열 집열판 설치 및 수리법까지 배워 인도 전역에 그것을 보급하는 전문가가 되어 있었다. 이미 350개가 넘는 인도의 마을에서 태양열 에너지를 사용하고 있다고 한다.

이제 쏠라쿠커와 쏠라램프를 만드는 법을 배우기 위해 문을 두드리는 것은 인도의 가난한 여성들만이 아니다. 몇 해 전부터 노르웨이 재단의 지원을 받아 온 아프간 여성들을 시작으로 부탄, 잠비아, 시에라리온, 멀리 남미에서까지…, 가난하고 돈이 없는 이들이 맨발대학의 기술을 배우기 위해, 맨발대학이 지역에 뿌리

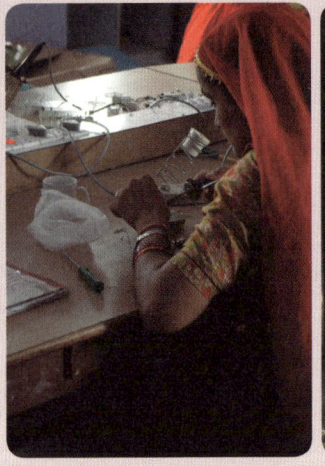

를 두고 스스로의 삶을 일으켜 온 여정과 정신을 배우기 위해 맨발대학을 찾아오는 여행을 시작하고 있었다. 몇 달씩 맨발대학에 머물며 기술을 배우는 여성들 중 영어를 할 줄 아는 사람은 거의 없었다. 기술을 배우는 데 필요한 건 언어가 아니기 때문이다.

쏠라램프 만드는 법을 가르치는 교실에는 무지개 색으로 태양의 색을 분해해 그것을 어떻게 활용하는지 기계를 조립하는 방법을 설명하는 그림들이 붙어 있었다. 그 교실에서 이미 수많은 이들이 언어의 장벽을 넘어 몇 개월 만에 태양열 조리기구 제작법을, 태양열 전등 제작법을 배워 그들의 땅으로 돌아갔다.

맨발대학 여성들에게 가장 큰 전문성이 있다면 그것은 말이 통하지 않는 사람들, 또 학교 문턱에도 가보지 않은 이들에게도 이 어려운 기술을 가르칠 줄 안다는 것, 그녀들이 배울 수 있었던 것처럼 그들도 그러할 수 있으리라는 믿음이 아닐까 싶었다.

나이트 스쿨

맨발대학이 또 하나 마음을 쏟고 있는 일은 학교에 다닐 수 없는 아이들을 교육시키는 것이었다. 맨발대학의 특별한 배려로 우리는 그 아이들을 직접 만나 볼 수 있었다. 차는 맨발대학을 빠져나와 메마른 들판과 어둠을 뚫고 시골길로 접어들었다. 다시 10분쯤 가니 마을이 하나 나타나고 골목골목 울퉁불퉁한 길을 차로 들어가다가 곧 내려 걷기 시작했다. 30분 남짓한 거리를 왔을 뿐이건만 어떤 시간의 문을 지나온 듯, 어둠 속에서 희미하게 드러난 마을은 오랜 가난으로 찌들어 시간이 멈춰 버린 것 같았다. 손전등 하나에 의지해 짙은 어둠이 내린 좁고 거친 골목들을 겨우 더듬어 가는데 어둠 저편에서 시끌벅적한 소리가 들려왔다. 소리를 따라 마지막 모퉁이를 돌아서니, 거기 아이들이 있었다.

작은 등불 하나에 의지해 맨땅에 앉아 칠판을 마주하고 빙 둘러앉은 아이들….

책상이나 의자는커녕 하늘을 가릴 천막도 없이 밤하늘 아래 등불 하나를 밝히고 아이들을 가르치는 곳, 그것이 나이트 스쿨이었다. 마침 공부가 시작된 듯 선생님은 자루를 열어 연필도 종이도 없는 아이들에게 찌그러진 칠판과 석필을 나누어 주었다. 행여 방해가 될까 싶어 한쪽 끝에 앉자 선생님은 싱긋 웃으며 우리를 소개했다.

긴 인사 대신 준비한 한국 동요를 하나 불러 주었더니 아이들은 마냥 신기해 하며 웃음을 멈추지 못했다. 노래가 끝나자 선생님은 아이들에게 자기소개를 부탁했다. "저는 람미구요. 일곱 살이에요. 낮에는 염소를 돌보고, 밤에는 나이트 스쿨에 와서 공부를 해요." "저는 소날리구요. 열세 살이에요. 낮엔 동생 셋을 돌보고, 집안일과 소 치는 일을 해요." "저는 롤리예요. 열 살인데 농사와 집안일을 도와요."

자신이 돌보고 있는 동물들을 수줍게 말하는 것이 자기소개인 아이들…. 그렇게 소개가 끝나자 선생님은 아이들에게 손님들이 노래를 불러 주셨으니, 우리도 같이 노래를 하나 들려주자 했다. 아이들은 킥킥대며 쑥스러운 표정으로 한참 토

닥거리더니 간신히 노래 한 곡을 정했다. 예닐곱 살 꼬마부터 십대의 아가씨 같은 아이들까지 모두 한목소리로 우리를 향해 노래를 불러 주었다. 고마운 마음에 박수를 치고, 기쁜 웃음으로 노래를 들었다. 노래가 끝나자 선생님은 노래의 뜻을 설명해 주셨다.

"아빠, 왜 저를 그렇게 일찍 시집보내셨나요? 저는 엄마 아빠 곁에 조금 더 살고 싶어요. 엄마, 저는 집이 너무 그리워요. 아빠, 왜 저를 그렇게 일찍 보내셨나요."

슬픈 삶을 한탄하는 노랫말을 듣고는 그만 웃으며 친 박수가 부끄러워 얼굴이 뜨거워졌다. 그 작은 손으로 염소를 돌보고 커다란 소를 돌봐야 하는 아이들이, 새벽부터 물을 긷고 종일 집안일을 해야 하는 아이들이 안쓰러워 마음이 아렸다. 더는 수업을 방해할 수 없어 우리는 한 사람 한 사람 껴안아 인사를 하고 다시 마을을 돌아 나왔다.

"어젯밤 나이트 스쿨은 어땠나요?"

이튿날 아침 맨발대학의 책임자인 왓수가 우리에게 물었다. 우리의 노래와 아이들의 노래 이야기를 들려주는 마음의 무거움을 읽은 왓수가 말했다.

"걱정 말아요. 그렇게 나약하고 불쌍한 아이들이 아니에요. 그런 나이트 스쿨이 150개의 마을에서 밤마다 열리고 있죠. 나이트 스쿨에서 공부하는 아이들은 이미 1만 5천 명이 넘어요. 하지만 나이트 스쿨을 운영하는 책임자는 어른들이 아니라 바로 낮에 염소를 치고 동생을 돌보는 그 아이들이에요. 어린이의회를 만들어 교사 선출 문제나, 나이트 스쿨의 방향, 문제점 등을 개선해 나가고 있죠. 나이트 스쿨에서 우리가 아이들에게 진짜 가르치고 싶은 건 자기 목소리를 찾고, 자기 문제를 스스로 해결해 가는 법이에요. 성공을 위해 마을과 고향을 등지고 떠나는 지식인이 아니라 자기가 선 자리에서 새로운 힘을 깨달아 삶을, 세상을 바꾸어 가는 새로운 아이들이 커나가고 있는 거예요. 난 맨발대학의 미래는 이 캠퍼스가 아니라 밤마다 별처럼 빛나는 그 나이트 스쿨에 있다고 생각해요."

나이트 스쿨의 교사 중 어느 누구도 교사 자격증이 있는 사람은 없었다. 그저 맨발대학을 통해 새로운 배움을 얻은, 그래서 새로운 삶을 살아가고 있는 이들일 뿐이었다. 그들은 농부였고, 경찰관이었고, 어머니였다.

맨발대학을 떠나는 길, 그 숲에 나무가 무성한 것은 그들이 지난 40년간 나무를 심었기 때문이며, 그 땅이 풍요로운 것은 그들이 맨손과 맨발로 땅을 일구었기 때문임을 헤아려 본다. 사는 법을 가르치는 학교, 맨발대학을 떠나며….

➲ 맨발대학 www.barefootcollege.org

맨발대학이 시작된 어떤 여행

맨발대학이 시작된 것은 1960년대, 델리에서 대학을 다녔던 벙커 로이라는 한 브라만 청년의 여행에서부터였다. 1945년 웨스트뱅갈의 브라만 가문에서 태어난 그는 가장 높은 카스트 출신으로 유복한 어린 시절을 보내고 부유층 엘리트만이 입학할 수 있는 델리의 세인트 스테판 대학을 졸업했다. 그의 꿈은 외교관이었고, 대부분 그의 친족들은 정치인, 장군, 외교관, 국회의원 등으로 진출해 그들의 꿈을 이루며 인도의 엘리트 가문을 이끌어 갔다. 그러나 벙커는 대학 시절, 다른 삶이 열리는 어떤 여행을 떠나게 된다.

1960년대 극심한 빈곤으로 아사자가 속출하던 비하르 주를 방문한 그는 굶주리고, 교육받지 못하고, 천대받는 사람들의 삶에 충격을 받고 감당할 수 없는 격정 속에서 스스로에게 묻기 시작했다.

"어떻게 이토록 고통스러운 삶을 살아가는 사람들이 방치되고 있는 것인가? 왜 최고의 교육을 받은 우리들은 이들을 위해 아무것도 돌려주지 않는 건가?"

때로 양심의 고통으로, 때로 현실에 대한 분노로 그가 두고 온 삶의 자리로 쉽사리 돌아가지 못하던 그의 내면에선 "세상을 변화시키기 원한다면 네가 먼저 변화하라"는 간디의 이야기가 살아왔다. 결국 그는 여행에서 마주한 현실을 깊이 직면했고, 치열하게 물어 결국 가장 먼저 그의 물음에 삶으로 답한 사람이 되었다.

틸로니아에 정착하기 전 먼저 아이마르 지역으로 내려온 그는 처음 5년 동안 그 건조한 땅에서 가장 큰 고통을 주는 물 문제를 해결하기 위해 마을마다 우물을 파는 일에 매달렸다. 그 5년간 벙커를 만난 젊은이들은 벙커의 삶을 변화시킨 그 질문을 고스란히 마주해야 했고, 그들 중 몇몇은 벙커를 따라 낯선 땅 틸로니아로 왔다. 그리고 1971년, 드디어 틸로니아에 맨발대학의 터전을 닦기 시작했다.

책임 있는 여행이 있다면
책임 있는 나눔도 있어야 하겠죠?

- 소셜투어의 라지 가왈리

Share by Experience

여행과
나눔

여행자가 만드는 세상의 변화

재난 지역에서 여행자는 무엇을 할 수 있을까?
책임 있는 여행, 책임 있는 구호
나는 지금 네팔에 있습니다
고아원 관광을 멈추어 주세요.
'돕는 사람'이 아니라 '사는 사람'이 되는 곳, 라오스
세상을 배우는 여행을 시작하다

재난 지역에서 여행자는 무엇을 할 수 있을까?

긴급구호와 자원봉사의 허브, 옐로우 하우스

　네팔에 지진이 났다는 소식을 듣고 무작정 달려온 우리가 가장 먼저 찾아간 곳은 타멜의 소셜투어. 그러나 사무실은 텅 비어 있고 마당에서 몇몇 청년들만이 서성이고 있었다. 타멜 곳곳은 호텔이 통째로 함몰되어 흔적 없이 사라져 버렸고, 그 화려하던 거리는 불빛 하나 찾아보기 어려운 폐허가 되고 말았다. 그 지진 속에서 다행히 건물에 어떤 손상도 입지 않은 소셜투어 사무실, 얼마간 기다리자 소식을 듣고 2007년 처음 만났던 비핀이 도착했다. 여진이 강력한데 어떻게 왔느냐며 뜨거운 안부를 나누고 한국에서 온 기금과 약품들, 도움이 쉽게 미치지 못하는 곳을 찾아 그곳을 긴 호흡으로 돕고 싶다는 우리의 마음을 건네자 그는 '옐로우 하우스'로 안내해 주었다. 이미 소셜투어 대표 라지는 사무실 출근도 하지 않은 채 아침마다 옐로우 하우스로 가서 네팔의 청년, NGO 단체, 여행자들과 함께 신두팔촉부터 박타푸르까지 곳곳의 피해 현장을 살피고 필요한 곳에 구호 및 구조팀을 연결해 주는 네팔 지진 맵핑 팀의 지도부로 합류해 있었다.

옐로우 하우스에선 매일 아침 8시 모든 활동가들이 모여 게시물을 확인하고 서로의 구호활동 계획을 공유하는 것으로 활동을 시작했다. 필요 물품 게시판과 긴급구조 게시판으로 나누어져 필요와 계획을 공유하고, 따로 붙여 둔 한 장의 지도 위에는 3가지 색의 압정으로 피해 현황이 맵핑되어 있었다. 빨강은 아직 필요가 채워지지 않은 곳, 노랑은 이미 방문과 조사가 있었던 곳, 초록은 긴급한 구조가 완료된 곳이었다.

매일 아침과 저녁, 누가 어디에 무엇을 전달하고 있는지, 일손이 필요한 곳은 어디인지 구호와 구조의 현황이 파악되고 자원과 활동이 공유된다. 물건은 있지만 일손이 필요한 단체의 경우 자원봉사를 요청하기도 하고 누군가는 차를 가져와 교통문제를 해결해 주기도 했다. 또 몇몇 활동가들은 사무실에서 전체적인 상황을 체크하고 맵핑하며 행정을 지원했다. 오후 5시 반이 되면 하루 동안 전달되고 진행된 일들을 다시 공유하고, 내일의 지도를 그려 가는 것이다. 그 중심에서 네팔의

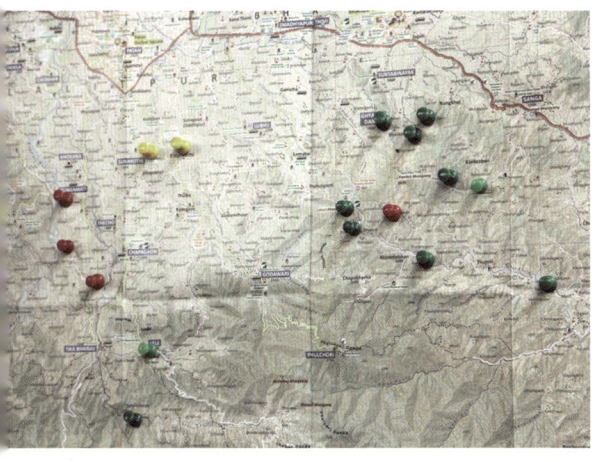

활동가, 사회운동가, 청년들과 함께하는 라지는 말했다.

"지금 네팔은 지진으로 혼란스러운 상태지만 세계 각처에서 온 구호의 움직임들도 지진 못지않게 현지 사람들을 혼란스럽게 해요. 많은 사람들이 오는 것도 중요하지만 피해의 규모와 구조의 현황을 파악하며 협업할 수 있는 시스템이 작동하지 않는, 주먹구구식의 구조는 돈과 시간을 낭비할 뿐이죠."

옐로우 하우스 한편에는 각자 서 있는 곳에서 피해 현황을 맵핑해서 올릴 수 있는 재난 맵핑 앱(nepal earth quake)과 피해 현황을 실시간 업데이트하고 있는 네팔 지진지도 사이트 주소가 안내되어 있었다. 오프라인에서의 맵핑과 공유가 옐로우 하우스를 통해 일어나고 있다면 온라인 상의 공유는 지진지도를 통해 이루어지고 있는 것이었다.

"이 대혼란 속에서 어디서 얼마나 많은 사람들이 다치고 고립되어 있는지 정확히 아는 사람은 아무도 없어요. 각자 조사하고 활동하는 것을 공유할 수 없으면 어디에 도움이 전달되었고, 어디에 여전히 아무것도 전달되지 않았는지 파악할 수 없어요. 그래서 이 긴급한 상황과 한정된 자원을 나누기 위해 옐로우 하우스와 동

시에 지진 맵이 움직이고 있는 거죠. 무엇보다 이 일들의 중심에 네팔 청년들이, 활동가와 전문가들이 있다는 것이 중요해요."

그의 이야기를 듣고 옐로우 하우스를 살피기 시작하니 그곳을 채우고 있는 사람들의 절반 이상이 외국에서 온 NGO 사람들이 아니라 네팔의 대학생, 청년, 활동가들이라는 것을 깨닫는다.

"긴급구호와 외부의 NGO에 의존하는 것으로는 이 지진을 극복할 수 없어요. 네팔 사람들 스스로 이 거대한 재난을 이겨 낼 수 있다는 믿음과 행동이 필요해요. 외부에서 아무리 큰 도움을 준다 해도 의존을 익혀 버린다면 마을의 재건은 불가능한 것이니까요. 어느 단체든, 무엇을 가지고 오든, 어떤 전문가든 네팔 사람들에게 귀 기울이고 네팔 사람들이 이 일의 중심에 서서 일하도록 함께 협업하는 것이 중요하다고 생각해요."

신두팔촉 지역에 10년 전 학교를 짓고 소셜투어를 통해 생긴 수익으로 그곳을 지원해 오던 라지는 필요한 물건들을 싣고 신두팔촉을 향해 떠났다. 곳곳의 산간

지역을 향하는 몇 대의 트럭이 떠나고 또 다른 물품과 지원팀들이 어디론가 갈 준비를 하는 사이, 숀이라는 한 청년이 소리쳤다.

"내일 신두팔촉에 추가로 텐트가 필요해요. 오늘 하루, 텐트와 구호 물품을 모으는 일에 함께하고 싶은 사람 손들어 주세요."

네팔 청년 3명, 그리고 오늘 인도에서 왔다는 영국인 여행자 1명이 손을 든다. 숀에게 이 프로젝트의 팀장으로 지명을 받고 사람들에게 오늘 할 일과 내일까지 모아 올 물건들을 지시하는 친구는 유티나. 설명을 듣고 전화번호를 교환한 후 헤어지는데 누군가 물었다.

"언제부터 이 일에 참여했어요?"

유티나는 얼굴이 빨개지며 대답했다.

"오늘 아침이요. 어제 오빠에게 듣고 오늘 달려왔어요."

어제 온 사람, 오늘 아침에 참여한 사람, 30분 전에 온 사람. 누구라도 언제 도착했더라도 옐로우 하우스에 온 사람들은 이곳에서 제공하는 가득한 정보와 지도를 통해 어려움 없이 봉사를 시작할 수 있다. 제법 활동가처럼 보이는 숀에게 물었다. 그래도 이 많은 일을 조율하고 조직하는 담당자가 따로 있지 않느냐고. 숀은 간단히 답했다.

"각자 자기의 활동을 하는 거죠. 다만 소통할 뿐!"

긴급구호가 필요한 재난 지역에서 개인이나 경험이 없는 청년이 혼자 할 수 있는 일은 거의 존재하지 않는다. 피해와 재난 지역에는 여행금지령이 떨어지고 출입이 차단된다. 카트만두 역시 수많은 여행자들이 일정을 취소하고, 머물던 여행자들마저도 항공편이 복구되자마자 네팔을 떠났다. 그러나 우리는 그 분주한 옐로우 하우스 마당에서 인도를 향해 떠났다가 지진 소식에 다시 육로로 되돌아 온 한 여행자와 마주쳤다.

"이틀 전 네팔 일정을 마치고 인도 국경을 넘으려는데 지진 소식을 들었어요. 머무는 동안 만났던 네팔 친구들이 생각나 발길을 돌렸지요. 무작정 카트만두로 오는 길에 페이스북을 통해서 옐로우 하우스에 소식을 접하고 찾아왔어요."

그 여행자는 마당 한편에 묵직한 배낭을 내려놓고 늦은 아침을 먹기 시작했다. 짧은 시간을 머무는 동안에도 이곳에 오면 누군가를 도울 수 있다는 소식을 들은 청년과 여행자들이 끊임없이 찾아왔다. 마당에는 쌀과 텐트, 물과 약품이 수북이 쌓여 갔다. 지진으로 모든 여행이 멈추어 버린 네팔, 그러나 옐로우 하우스 마당에서 서성이던 수많은 청년과 여행자들을 통해 여행은 결국 국경을 넘고 경계를 건너는 가장 깊은 '만남'임을, 때론 절망을 넘어설 힘을 얻는 작고 따뜻한 '연대'임을 다시 발견할 수 있었다.

:: 책임 있는 여행, 책임 있는 구호

지진으로 단 세 채의 집만 남기고 완파되었던 굼탕 마을

    강도 7.8의 지진으로 수많은 마을들이 무너져 내렸던 2015년 4월, 아직 구호물품이 닿지 못한 가티와 굼탕 지역으로 향하는 라지를 따라 국경 지역의 마을들을 오르내리며 '완파'란 단어의 뜻을 처음으로 배웠다. 지진으로 30여 채의 집들 중 3채만 남기고 고스란히 무너져 내렸던 것이다. 이렇듯 구호단체 차량은 접근조차 어려운 가파른 산중 마을을 돕기 위해 가장 먼저 움직인 곳은 10년 이상 지역과 마을을 돌보아 온 NGO '나마스테 네팔'이었다.

    여러 단체들이 1,000세대에 한 달 치 쌀과 달(콩 수프), 차, 설탕을 나눠 주기 위해서 힘을 합쳐 그곳으로 향했다. 산사태로 인해 가는 길은 험난했고 도착 시간이 지연될수록 먹을거리를 기다리고 있는 수천 명의 사람들이 아른거려 조바심이 났다. 다행히 해가 지기 전 다다른 가티 마을은 고요하고 차분했다. 수백 명의 사람들이 긴 줄을 서거나 앞다투어 나서는 풍경은 어디서도 찾아볼 수 없었다. 식량을 받기 위해 기다리고 있는 사람은 많아야 50명을 넘지 않았다. 한 사람씩 호명된 사람들은 쌀과 달을 받아 차분히 마을로 향했고, 무거운 짐으로 힘들어 하는 어른들이 계시면 청년들이 대신 짐을 지고 올라가 주기도 했다. 문득 배분 방식이 궁금해져 현장을 책임지고 있는 나마스테 네팔의 니마에게 묻자 그가 웃으며 답했다.

"쿠폰 때문이에요. 이틀 전 미리 도착해서 마을 리더들과 상의해 가구마다 똑같이 식량을 받을 수 있도록 명단을 작성하고 쿠폰을 나눠 드렸거든요. 저마다 사는 곳도 다르고, 쌀을 지고 올라야 할 산길도 험한데 그걸 받기 위해 몇 시간씩 줄을 서게 하고 싶지 않아서 찾아낸 방법이에요."

받는 사람의 존엄을 훼손하지 않는 나눔

"나눔의 여정에 사람들의 존엄이 훼손되지 않도록 배려하고 싶었다"는 니마와 나마스테 네팔 사람들. 그 마음이 낸 길을 따라 마을 사람들은 식량이 배분되는 이틀 동안 언제든 내려와 30킬로그램의 쌀과 5킬로그램의 달, 기름과 설탕 그리고 차를 받아 갈 수 있었다. 중복되는 이가 없도록 쿠폰과 명단을 확인하면 그만이었

다. 그러나 문제는 수량이 턱없이 부족한 텐트였다.

　수십만 채의 집이 무너지며 동시에 수십만 동의 텐트가 필요해진 네팔에서 1,000개의 텐트를 구하는 일은 쉽지 않았다. 나마스테 네팔의 요청에 우리가 구할 수 있었던 텐트는 불과 153개. 턱없이 부족한 숫자에 고심을 거듭하다가 현장을 책임지고 있는 니마에게 물었다. 153개라도 먼저 나누어야 할지, 다 구할 때까지 기다려야 할지…. 그러자 그는 망설임 없이 답했다.

　"마을 사람들에게 물어야죠."

　마을에선 이틀 정도 시간이 필요하다고 했다. 그 이틀 동안 마을 리더들이 모여 숙고 끝에 내린 결론은 먼저 구한 만큼의 텐트를 나누는 것이었다. 기준은 "3세 이하의 아이를 둔 엄마들에게 먼저"였다. 식량을 나눌 때와 똑같이 쿠폰을 나눠주었다. 네팔의 청년단체에서 소식을 듣고 의약품과 분유를, 비욘드 네팔에선 대안생리대 세트를 보태어 주었고, 이렇게 만들어진 153개의 보건의료 패키지와 텐트가 3세 이하의 어린아이를 둔 엄마들에게 전해졌다.

거대 구호단체들이 지진 피해자를 돕기 위해 네팔을 찾는 긴급한 재난과 구호의 현장에서 나마스테 네팔이 나누어 가는 걸음은 어쩌면 턱없이 작고 미미한 것이었을지도 모른다. 그러나 그들은 아주 작은 것에서 큰 것을 나누는 과정, 마을에 의견을 묻고 결정을 기다리는 결정적 호흡을 한순간도 놓치지 않았다.

거대한 국제 NGO들이 마을의 필요와 수요에 대한 파악 없이 길가에 뿌려 놓고 간 쌀과 텐트로 인해 분쟁과 소요가 일어나고 경호가 필요하다는 이야기까지 나오던 광폭한 날들. 그 현장 한복판에서 구호를 진행하던 라지는 말했다.

"구호는 주는 일이죠. 하지만 동시에 받는 일이기도 하잖아요. 받을 사람이 무엇이 가장 필요한지, 어떻게 주는 것이 가장 좋은지, 누가 먼저 받아야 하는지 마을에 묻지 않고 던져 준다면 그건 나눔이 아니라 갈등과 의존을 키우는 일이 될 뿐이라고 생각해요. 마을에 묻고, 마을이 결정하도록 도와야죠. 네팔은 아직도 마을을 중심으로 살아가는 공동체니까요. 쌀 한 자루, 텐트 한 장이 마을의 공동체를 파괴한다면 과연 그것이 책임 있는 나눔일까요? 공정여행이나 공정무역처럼 긴급구호라는 영역에서도 서로 동등하게 만나고 서로를 존중하는 '책임 있는 구호(Responsible Aid)'가 절실하다는 것을 지진을 통해 배워 가고 있어요."

지진 후 100일, 태양광 들고 다시 완파된 마을로

다시 오르는 가티와 굼탕 마을의 풍경은 이전과 사뭇 달랐다. 석 달 남짓한 시간 동안 사람들은 저마다의 속도로 매일 조금씩 폐허를 걷어 내고 있었다. 무너진 폐허 속에서 다시 삶의 기둥을 세우고, 임시로 나누었던 텐트와 함석으로 비를 피할 지붕을 이었다. 그렇듯 소중하게 다시 찾은 지붕과 처마 밑에선 다시 옥수수가 빛깔 곱게 말라가고 새로 모를 낸 논은 파릇하게 초록을 찾아가고 있었다.

카트만두에서 멜람치의 커피 농부들 마을을 거쳐 국경 지대인 가티와 굼탕에 다다른 것은 어둠이 내려앉을 무렵이었다. 길가에 있던 숙소들은 여전히 지진과 산사태로 문이 굳게 닫혀 있다. 늦은 밤 숙소를 구할 길이 없어 일행은 하는 수 없이 마을로 들어섰다. 늦은 저녁, 갑자기 도착한 손님들로 마을은 수런거리기 시작했다.

먼 길 온 손님들을 위해 잘 곳을 내주어야 했으나 식구들 누울 공간조차 간신히 만든 처소에 누구 하나 더 들일 형편이 아니었다. 서로 곤혹스러운 기다림을 보낸 후 마을 이장 모한이 환한 얼굴로 내려왔다. 숙소로 가자며 앞장선 그를 따라 들어선 곳은 마을의 간이보건소. 침대 4개가 가지런히 놓여 있었다. 그곳에 가져온 짐과 여장을 풀자 비로소 마을은 안도의 한숨을 내쉬었다.

3개월이 지났건만 여전히 밤이면 마을은 그저 어둠 속에 머물고 있었다. 지진이 일어나기 전에도 전기는 하루 몇 시간도 들어오지 않았으니, 어둠이야 어차피 익숙한 일이었다. 다만 달라진 것이 있다면 마을 여기저기 무너져 있는 돌무더기와 날카롭게 잘린 함석지붕들, 폐허가 된 집의 나무에서 뾰족하게 튀어나온 녹슨 못들이 어둠 속 마을을 위험 그 자체로 만들고 있다는 점이다.

마을 이장 모한은 손으로 들고 다닐 수 있는 태양광 랜턴을 보건소에 두고 함께 사용하기로 뜻을 모아 주었다. 어둠이 깊어지고 태양광 빛을 밝히자 아이들이 모여들었다. '카르마 파운데이션'의 책임자 길부 아저씨는 마을 사람들을 모아 놓고 태양광 사용법을 차근차근 알려주었다. 마을 사람들과 함께 태양광 랜턴을 나누는 일을 마치고 난 후 지난번 태양광 충전기부터 태양광 랜턴까지 빛을 나누는 여정을 함께한 이장 모한이 말했다.

"태양광을 개개인에게 모두 나누어 주기엔 턱없이 부족하죠. 하지만 이건 그저 랜턴이 아니라 빛이잖아요. 태양이 빛을 나누어 주어도 줄어들지 않는 것처럼, 저 빛은 전기처럼 돈을 내야 하는 것도, 나눈다고 줄어드는 것도 아니라는 것을 잘 설명했어요. 지진이 지나간 후 가장 무서운 병 중 하나는 파상풍이에요. 이토록 거대한 폐허 속에 살아가는 일은 처음인 데다가 집 자체가 위험해진 낯선 일상 속에서 어둠을 밝히는 빛은 그저 전기가 아니라 돌봄이고 안전이라는 걸 깨닫고 있는 거죠. 태양광 빛으로 저녁까지 뛰어노는 아이들이 녹슨 못이나 함석에 찔리거나 다치는 일을 피할 수 있을 테니 아이들에게 가장 소중한 빛이 되었네요."

고운 면 생리대, 모두에게 소중한 선물이 될 거예요

모한의 말처럼 나누어도 줄어들지 않는 태양의 빛을 나누고 난 저녁, 다시 그 빛 아래로 마을의 여성 리더들이 삼삼오오 모여들었다. 지난번 굼탕 마을에 이어 가티에 600여 개의 대안생리대를 나누기 위해서였다. 한국에서 하나하나 소중히 만들어 온 것이지만 마을 전체에 나누기엔 부족해 어찌 나누어야 할지 고심하자 이장 모한이 "그건 직접 마을 여성들에게 물어봐야죠"라며 리더들의 모임을 소집했다. 혹여 필요 없는 것을 가져온 것은 아닐지 조심스레 의견을 묻는 자리, 여성 리더 한 분이 마음으로 답해 주셨다.

"여긴 도시랑 달라요. 일반 생리대조차 구하기 어려운 형편인 걸요. 구할 수 있다 해도 그걸 살 현금도 없거니와 누가 그것 하나를 사기 위해 저 먼 산길을 내려

늦은 밤, 마을 여성 리더들이 한국에서 가져온 대안생리대를 어떻게 나눌지 이야기를 나눈다.

가겠어요. 대부분 낡은 천을 접어서 사용하곤 해요. 이렇게 두고두고 쓸 수 있는 고운 면 생리대는 모두에게 소중한 선물이 될 거예요."

이것이 선물이 될 수 있다면, 모두가 필요로 한다면 얼마나 어떻게 나누어야 할지 마음을 맞대고 두런두런 이야기를 나누는 밤. 수줍은 웃음과 서툰 의견을 나누는 모두의 이마 위로 태양광 빛이 맑고 환했다.

여전히 무너져 있는 집과 학교들. 그러나 아침이면 아이들은 샘터에 가서 물을 긷고 어머니들은 밥을 짓느라 분주했다. 함께 나누는 따뜻한 차 한 잔, 작게 부서지던 웃음들, 마음으로 맞이해 주고 마지막까지 배웅해 주던 마을 사람들. 가장 환한 빛은 지진에도 꺼지지 않는 그 웃음과 환대 속에 깃들어 있다는 것을 고요히 깨닫는다.

* 2015년 4월 25일(강도 7.8)과 5월 11일(강도 7.9) 두 차례의 고강도 지진으로 인한 네팔의 사망자는 8,942명, 부상자는 약 2만 2,000명, 파손된 가옥은 무려 84만(완파 14만) 채에 달했습니다(2015년 6월 15일자 네팔 정부 발표 기준). 소셜투어가 만든 공익재단 카르마 파운데이션과 한국의 이매진피스는 여러 벗들의 도움과 나눔으로 5,000여만 원의 기금을 네팔에 전달해 긴급구호 텐트와 태양광을 지원해 왔고, 2017년부터는 가티 평화기금을 마련했습니다. 또 가티 마을 평화도서관 및 평화교육 프로그램을 2018년까지 지원합니다. 함께 마음을 모아 주신 분들에게 감사의 마음을 전합니다.

Interview 라지 가얄리

나는 지금 네팔에 있습니다

　소셜투어가 10년간 지원해 온 국경 지역 산중 마을 가티. 마을의 80~90%가 완파되었다는 소식을 듣고 1,000세대 분의 쌀과 기름, 달을 준비해 마을을 향하는 라지를 따라 우리도 텐트와 태양광을 싣고 합류하기로 했다. 그러나 그곳까지 같이 갈 차량은 따로 구해야 한다기에 소셜투어에 차량이 없는지 물으니 라지가 답했다.
　"우린 차나 호텔을 보유하지 않아요."
　호텔은 그렇다 치고 여행사에 차량 한 대가 없다는 말이 의아해 이유를 물었더니 그가 덧붙여 설명해 주었다.

"그렇게 되면 우리만 부자가 되고, 돈이 지역에 흐르질 않게 되기 때문이죠. 물론 유혹이 있죠. 그 편이 수익도 커지고 편안하니까요. 하지만 여럿이 함께 일해야 수익도 여럿이 함께 나눠 가질 수 있으니 불편해도 지역에서 일하는 여러 차량과 숙소들을 이용하고 있어요. 10여 년 함께 일하며 동료나 다름없으니 필요하면 연결해 줄 수 있어요."

카트만두에서 국경을 향해 끝까지 달려가야 하는 머나먼 여정이었다. 하지만 군데군데 산사태로 막힌 길 때문에 차는 자주 멈춰 서야 했고, 가는 길은 한없이 늦어졌다. 그 길 위에서 라지에게 소셜투어에는 아프거나 다친 사람이 없는지 조심스레 물었다.

"물론 있죠. 동부 출신인 직원의 집이 많이 무너져 내렸어요. 우선 두 달 유급휴가를 주고 재건하는 일에 힘쓰라고 고향으로 돌려보냈죠. 보시다시피 지금은 누구도 여행이나 관광을 할 수 없는 시기니까요."

하루에도 몇 번씩 여진이 찾아오고, 히말라야의 거대한 돌들이 굴러 떨어지는 산사태 속, 이 지진이 언제 그칠지, 길과 집과 도로가 언제 복구될지 누구도 장담할 수 없는 거대한 절망의 시간 속을 오르내리면서도 그는 좀처럼 웃음을 잃지 않았다.

"몇 달 혹은 더 오랫동안 관광객이 찾아오지 못하고 지금보다 더 어려울 수도 있죠. 하지만 어려우니 서로 도울 수 있는 일을 찾아 도와야죠. 지금은 긴급구호팀이 가득하지만 곧 모두 사라지고 이 무너진 집과 길은 오롯이 네팔 사람들의 힘으로 일으켜 세워 가야 해요. 때문에 지금 이렇게 움직이는 거죠. 어려움 속에서 의존이 아니라 자존을 세워 가는 일, 네팔 사람들이 스스로 돕고 일어서도록 돕는 일, 그게 가장 중요한 일이라 생각해요. 책임 있는 여행이 있다면 책임 있는 나눔도 있어야 하는 것 아니겠어요?"

늦은 밤 도착한 가티 마을, 길이 막혀 차량이 들어갈 수 없게 되자, 갑자기 온 마을 사람들이 삽이며 곡괭이를 가지고 나오더니 흙더미와 돌을 치우고 길을 열어 주었다. 집이 무너지고 모든 숙소들이 문을 닫아 재워 줄 곳이 없다며 마을의 유일한 진료소 침대를 내어 주며 태양광 불을 밝혀 준 가티 마을 사람들. 소셜투어는 지난 10년간 그렇게 길 없는 길을 열고, 넘을 수 없는 골짜기를 넘어 여행자와 마을을 잇는 다리가 되어 주고 있었다는 것을 그 어둡고 차가운 밤, 따스한 불빛 속에서 깨달았다.

가티 마을을 여행했던 독일 청소년들이 이곳을 돕기 위해 모금을 진행하고 세 학교의 재건 기금을 모았다는 기쁜 소식을 전해 들었다. 우리나라의 곶자왈학교와 풀무학교 청소년들 역시 마을을 위해 태양광과 텐트를 보내고 평화도서관을 세우는 일에 마음을 보태고 있다. 하지만 정작 이런 귀한 나눔의 길을 열어 준 소셜투어는 차량 한 대, 게스트하우스 한 칸 없이 타멜 한편 누군가의 건물에 깃들어 있을 뿐이다. 그러나 소셜투어가 열어 가는 높고 깊은 길들은 네팔 곳곳의 마을에 아름다운 불을 켜고, 새로운 여행의 길을 내어 가고 있다. 히말라야의 어떤 코스가 가장 아름다웠느냐는 후배의 질문에 답하던 라지의 모습이 오래도록 잊히지 않는다.

"많은 사람이 그렇게 물어요. 하지만 히말라야엔 아름답지 않은 길이 없죠. 어느 길로 올라가도 아름다운 산이 히말라야예요. 그것이 히말라야가 지닌 거대한 아름다움이죠. 무엇보다 어느 길이 가장 아름다웠다고 답할 수 없는 가장 큰 이유는, 30년을 올랐지만 나는 여전히 히말라야의 아주 작은 일부만을 만났을 뿐이기 때문이에요."

자신이 깃든 땅, 산, 사람에 대한 깊은 존중이 있는 깊은 눈으로 안내하는 히말라야. 그것이 소셜투어가 열어 가고 있는 여정임을 아직 그치지 않는 여진 속에서 마음 한편에 소중히 담아 두었다.

모든 여정을 마치던 날, 카트만두 한편에 자리한 공정무역 카페 카르마 커피에서

© 소셜투어 페이스북

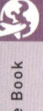

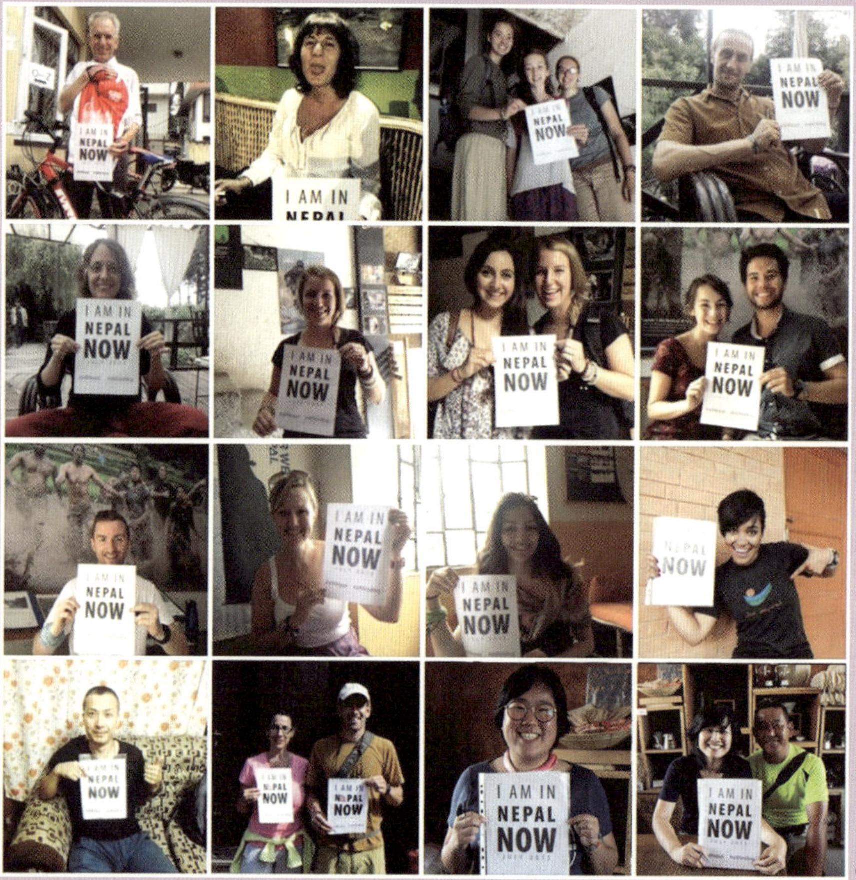

소셜투어의 SNS 사진첩에는 캠페인에 참여한 각국의 사람들이 가득하다.

소셜투어의 라지와 길부를 다시 마주했다. 지나온 여정들과 앞으로 나누어 갈 여정을 나누는 자리. 라지는 아주 특별한 커피라며 한 잔의 따뜻한 커피를 건넸다.

"지진 속에서 살아남은 가티의 커피 열매예요. 너무 소중해서 정성껏 로스팅해 가티를 돕는 사람들과 함께 나누고 있어요."

한 잔의 커피로 가티의 검은 어둠 속에서 번지던 태양광 불빛이 따스하게 살아오는 듯했다. 한밤중에 도착한 우리를 위해 삽을 들고 나와 돌무더기를 치워 막힌

길을 열어 주고 보건소 침대를 내어 주며 환히 웃던 가티 사람들 웃음이 스민 듯도 했다. 한 잔의 커피를 마시며 마을에 다시 세울 학교와 도서관, 아이들이 스스로 만들어 갈 놀이터 이야기를 나누니 지진은 다 지난 일인 양 마음이 밝고 환해졌다.

이야기가 끝나 갈 무렵 카페의 한 친구가 우리에게 종이 한 장을 건넸다. 종이 위에 한 문장이 선명했다.

"I AM IN NEPAL, NOW(나는 지금 네팔에 있습니다)."

소셜투어가 시작한 SNS 캠페인에 올라온 세계 각처에서 온 사람들의 사진이 종이 위로 겹쳐 왔다. 우리 또한 한 사람 한 사람 마음을 담아 정성껏 사진을 나누었다. 라지는 말했다.

"지진보다 무서운 건 사람들이 네팔에 오는 일을 두려워하는 거예요. 우리에게 가장 필요한 건 동정으로 네팔을 위험하고 불쌍하다고 생각하는 것이 아니라 네팔에 함께 머물러 주는 마음, 네팔의 재건을 위해 아름다운 히말라야를 만나기 위해 다시 와주는 여행자들의 발걸음이에요."

카르마 카페에서 함께 이야기를 나눈 한 사람 한 사람 모두 환한 웃음을 띠며 손피켓을 들고, 'I AM IN NEPAL, NOW' 인증샷을 찍었다. 라지는 즉시 페이스북 타임라인에 올렸다. 세상의 곳곳에서 네팔을 여행했던 여행자들이, 멀리 있으나 이곳에 마음으로 함께하고 있는 벗들이 '좋아요'를 눌렀다. 지진과 여진으로 끝없이 흔들리며 걸었던 거친 여정을 마치면서 누군가를 돕는 일보다 소중한 것은 두려움의 자리에 함께 서는 마음이라는 것을 소중히 배웠다.

::고아원 관광을 멈추어 주세요

 2015년 2월 19일, 캄보디아에서 활동하고 있는 유니세프를 비롯한 국제 NGO 들은 새로운 캠페인을 시작했다. 캠페인과 동시에 소개된 포스터에는 상자 속에 갇힌 아이들을 쇼핑하듯 고르는 여행자들의 모습이 담겨 있고 한 문장이 선명히 적혀 있었다.
 "아이들은 당신의 관광지가 아닙니다."
 어린이 인권 보호 및 빈곤 퇴치를 위해 캄보디아에서 일하고 있는 국제단체들이 함께 만든 이 캠페인을 위해 만든 유튜브 영상에는 더욱 놀라운 내용이 담겨 있다. '기부(Donation)'라는 단어가 선명히 쓰여 있는 거대한 기계 속에 누군가 돈을 넣으면 가족과 함께 살고 있던 한 소녀가 순식간에 그 행복한 삶에서 분리되어 어둠 속으로 빨려 들어가고 말았다.
 이 캠페인에 함께 참여한 미국 국제개발처(USAID), 프렌즈 인터내셔널(The Friends International), 유니세프 등의 단체들은 캄보디아뿐 아니라 빈곤 퇴치를 위해 세계 곳곳에서 활동하고 있는 국제 NGO들이었다. 가난한 아이들을 위해, 빈곤 퇴치를 위해 누구보다 아이들의 어려운 형편을 알리고 사람들의 도움과 방문을 요청해야 할 이 단체들이 도대체 왜, 고아원 관광을 멈추어 달라는 낯선 캠페인을 벌이는

것일까? 고아원 관광 근절 캠페인을 시작한 프렌즈 인터내셔널은 말한다.

"당신의 기부는 고아들을 돕는 것이 아니라 더 많은 고아를 만든다."

당신의 방문이 더 많은 고아원을 만든다

고아원을 방문하는 수많은 여행자와 봉사자들의 기부가 주요한 수입원이 되면서 캄보디아의 고아원 숫자는 급격히 늘어났다. 급기야 고아원을 채울 고아가 모자라는 현상까지 벌어지자 일부 브로커들은 시골에서 아이들을 데려왔다. 아이들을 도시에서 공부시키겠다는 허황한 약속과 함께 약간의 현금과 보상을 주면서 가난한 부모들을 설득한 것이다. 이렇듯 여행자의 고아원 방문은 멀쩡한 가족으로부터 아이들을 떼어 내 시설에서 자라도록 하는, 믿지 못할 일을 만들어 냈다.

유니세프에 따르면 1990년대 내전이 종식되던 무렵의 캄보디아에는 50~60만 곳의 고아원이 존재했다. 그러나 경제성장과 사회 변화로 꾸준히 감소해 2000년대 이후 고아원에 수용된 아이들의 수는 계속 늘고 있다. 2005년 6,254명에서 2010년 1만 1,954명으로 늘어났다. 2015년 현재, 600개 이상의 고아원에 4만 7,900명의 아이들이 수용되어 있는 상황이다(『오마이뉴스』, 2015.2.28). 프렌즈 인터내셔널에 의하면 고아원에 일하는 봉사자 중 75% 이상은 고아원의 시스템에 대한 인식이나 전문 지식이 전무한 상태였다.

아이들을 다시 가족에게 돌려보내야 합니다

현장에서 일하는 비정부기구들에 대해 고아원 문제가 이슈로 떠오르자 언론도 심층보도를 이어 나갔다. 『디 에이지』 리포트는 캄보디아 고아원 르포 기사에서 고아원이 어떻게 아이들의 삶을 지옥으로 만들어 가고 있는지 생생하게 전달했다.

어느 더운 여름 오후 프놈펜의 빈민가, 고아 훈련센터에서는 6명의 고아원 어린이들이 전통 크메르 댄스와 원숭이 퍼포먼스 리허설을 펼치고 있었다. 아이들은 몇 시간 후 찾아올 부유한 관광객들을 위해 선셋 칵테일과 공연을 준비 중이었다. 아이들에게는 음식과 연필 혹은 책을 살 수 있도록 공연 후 1달러씩이 주어졌다. 아이들이 손에 1달러의 돈을 쥐는 동안 고아원은 여행사로부터 130달러를 받았다. 그 고아원의 창립자는, 돌보던 11세 소녀를 성적으로 학대한 죄로 수감되었으나 몇 달 후 풀려난 이력이 있었다. 센터의 매니저 챙도우 토웅은 고아원을 방문한 사람들에게 이렇게 말했다고 한다.

"아이들과 자유롭게 만나고 이야기하세요. 아이들은 다 학교에 다니고 있어요. 하지만 학교 다닐 돈과 음식을 사는 일은 여전히 어렵죠. 아이들은 영양실조에 걸려 있어요. 만약 여러분이 도와주실 수 있다면 너무 감사할 거예요."

그것은 기부를 호소하는 일종의 신호였고 방문자들은 당연히 그 요청을 받아들였다. 대부분 고아원의 수입은 외국인 자원봉사자를 통해 일어난다. 10년째 이곳에 살고 있는 15세 소년 벤 랴사는 고아원에서 살아가는 삶의 고단함을 이렇게 증언했다.

"매 시간 낯선 사람이 방문하죠. 우린 알아요. 그 사람이 기부금을 줄 거라는 것을. 다른 아이들도 물론 교육을 받았기 때문에 그 사람을 어떻게 맞이해야 하는지 잘 알고 있고요"(『디 에이지』, 2015.11.26).

연구에 의하면 고아원에서 항상 사람을 맞이해야 하는 아동들은 심각한 정신적 손상을 입는다. 아이들은 누가 오든 친절하고 행복하게 그들을 대해야 하고, 짧은 시간 안에 그들과 친해져야 하는 정신적 과제를 안고 있다. 가족과 격리된 상태에서 단기 자원봉사자들에게 정을 붙이곤 하지만 그들 역시 한두 달 혹은 한두 주 만에 떠나기 때문에 헤어짐에도 익숙해져야 한다. 이러한 시스템은 결국 안정적이고 지속가능한 관계 맺기, 또 자신을 존중하는 태도와 같은 기본적인 삶을 배울 기회를 박탈시킨다.

캄보디아 고아원 자원봉사와 관광의 주요한 그룹은 서구의 대학생들이다. 가장 먼저 멈추어야 할 일은 대학이 이 현실과 시스템을 인식하고 자원봉사 캠프를 조직하거나 학생들을 보내는 일을 그만두는 것이다. 뿐만 아니라 개인여행자들이 자선과 봉사에 대한 개념을 바꾸어야 한다고 고아원 관광 중단 캠페인 책임자 세바스티안 마롯은 세계를 향해 호소한다.

"여러분, 제발 멈춰 주세요. 여러분이 무엇을 하는지에 대해 한번 생각해 보세요. 만약 당신 자신이 좋은 일을 하고 있다는 감정을 느끼기 위해 봉사를 한다면 당장 멈추어야 합니다. 우리가 할 일은, 가족이 있는 아이들이 다시 부모의 곁으로 돌아가도록 돕고, 그 가족들 스스로 아이를 돌보며 학교에 보낼 수 있도록 사회적 지원 체계를 만드는 일입니다."

깊이보기 ③

:: '돕는 사람'이 아니라 '사는 사람'이 되는 곳, 라오스

필리핀에서 2주간의 여정을 마치고 돌아오는 길, 베트남을 거쳐 라오스를 들른 것은 국제개발 전문가 이선재 선생님이 머물고 계시는 방비엥의 청소년센터를 보고 싶어서였다. 처음 찾은 방비엥은 왠지 모르게 친근한 풍경이었다. 마치 외국이 아니라 충청도 어딘가 금강 자락에 와 있는 것 같았다. 내륙 특유의 고즈넉하고 아름다운 강과 산이 둘러싸고 있었다. 다만 한국에서 방영된 〈꽃보다 남자〉라는 드라마의 영향으로 곳곳에 한글이 붙어 있어 눈살을 찌푸리게 했다.

"이 집 짱이에요. 방송 나왔어요!"

작은 행상에도 토스트 가게에도 마사지 가게에도 붙어 있던 호객용 안내글들. 곳곳에 드라마 주인공이 입었던 몸뻬바지를 입고 큰 소리로 떠들며 돌아다니는 한국 여행자들의 모습 때문에 여기가 라오스인지 대성리 엠티촌인지 구분할 수 없을 정도였다. 왠지 모를 쓸쓸함과 부끄러움을 삼키며 선생님이 계시는 마을을 향해 뚝뚝(오토바이를 개조해 만든 택시)에 올라탔다.

청소년센터가 있는 곳은 방비엥 중심부에서 차로 10분가량 떨어진 작은 마을. 라오스로 오시기 전부터 10여 년을 교류하며 세워 온 청소년센터, 이제는 그곳에 함께 살며 청년들의 성장을 지켜보고 지원하고 계셨다. 떠나기 전, 무엇을 준비해 가야 하느냐 여쭈었더니 "아무것도 준비하지 말고, 무엇을 하려 하지 말고 가만히 와서 머물라" 하시던 선생님 말씀에 도리어 마음이 조심스러웠다. 그러나 그 말씀이 무엇을 뜻하는 것인지 깨닫는 데는 그리 오랜 시간이 필요치 않았다.

짧은 날들을 머무는 동안 선생님과 청년들이 나누는 말에 가만히 귀 기울이기도 하고, 마을 어른들과는 눈인사를 나지막이 주고받으며 마을길을 오갔다. 선생님과 함께 찾아간 동네 초등학교는 교장 선생님부터 아이들까지 모두 나와 환히 반겨 주시기도 했다. 교장 선생님은 이선재 선생님을 "탐디"라 부르며 호형호재했다. 국경을 넘어 어느새 15년 우정을 나누고 계신 분들이었다. 이선재 선생님은 연신 '큰사람'이라는 라오스식 이름을 부담스러워하셨지만 교장 선생님은 당신을 통해 우리가 얼마나 많은 것을 배우고 큰 세계를 만나 왔느냐며 도리어 성을 내셨다. 이제 그 큰 세계를 가진 탐디가 이 작은 마을에 머무르니 아이들은 점점 더 큰 세계를 만나게 될 테지만 탐디에게는 미안하다는 말씀도 덧붙이셨다. 그 따뜻한 대화를 드문드문 따라가다 국제활동가인 이선재 선생님이 이토록 작은 마을에 머무르고 계신 연유를 여쭈어 보았다. 지난 3년간 라오스에서 살고 계신 선생님의 삶은 어떤 것이었는지. 반골 기질이 강한 분이라 상세한 답변을 기대한 것은 아니었으나 그의 대답은 턱없이 싱거웠다.

"그냥 살았어요. 마을 사람으로."

"10년 넘게 오가던 마을에 와서 그냥 사는 것, 돕는 사람이 아니라 같이 사는

사람이 되는 것. 그게 제가 살고 싶었던 삶이에요."

무심코 건네준 그 말씀이 마음 어딘가를 툭 치고 지나갔다. 그 이야기가 그토록 이물감 있게 들린 것은 방비엥, 그 작은 마을이 평생을 국제활동가로 살아온 그에겐 너무 작고 느리게 흐르는 곳이라는 섣부른 판단 때문이었다. '여행'이나 '봉사'라는 사건적 시간이 아니라 '그저 특별하지 않은 일상적 시간'을 보낸다는 것, 함께 일하는 것이 아니라 함께 산다는 것은 얼마나 어려운 일인지 걸음을 멈추고 자꾸 되묻게 되는 날들이었다.

다음 날은 마침 한국에서 찾아온 자원봉사 청년들과 라오스 청소년들이 함께 흙벽돌을 만들어 도서관 벽을 세우기로 했다. 공사를 시작하기에 앞서 아이들은 서로를 소개하고 친해지는 프로그램을 진행했다. 이선재 선생님은 그저 인사만 나누고 한쪽에서 지켜볼 뿐 진행은 모두 마을 아이들이 직접 이끌었다. 제법 여러 차례 진행을 해본 듯 라오스 아이들은 한국 청년들을 모아 이런저런 프로그램을 능숙하게 운영했다. 한국 청년들이 라오스말을 할 줄 알아 따로 통역이 필요치 않았지만, 간혹 막히면 선생님에게 물으며 무리 없이 진행해 갔다. 라오스 청소년들은 한국에 탐디와 함께 가본 적도 있다며 간단한 한국어 단어를 툭툭 던져 웃음을 자아내기도 했다. 동네 형이 진행하는 프로그램에 어린아이들은 어깨가 으쓱해지고 그저 앉았다 일어서기만 해도 까르르 웃음보가 터졌다. 서로 이름을 외우고, 파트너를 정하고, 라오스와 한국의 차이를 이해했다. 그렇게 한참이나 웃다가 파트너와 조를 정해 맨발로 흙 반죽을 시작했다. 하지만 온통 미끄덩거리는 통에 아이들은 자주 넘어지고 온몸은 진흙투성이가 되었다. 그 미끄러짐 하나로도 아이들은 하루 종일을 웃었다. 뜨거운 땡볕 아래 오직 물과 흙만을 이용한 단순한 노동이었지만 어느 누구도 불평하는 이가 없었다. 아이들이 더욱 친해지는 동안 어느새 흙 반죽은 완성되었다. 그저 흙과 물과 사람이 만나 만든 반죽이 도서관의 벽이 되는 모습은 하는 사람도 보는 사람도 신기하고 흐뭇했다.

이런저런 작업을 지켜보며 마을을 한 바퀴 둘러보고 학교 운동장을 향하는 길, 저기 멀리서 버스 한 대가 먼지를 내며 달려왔다. 형형색색 옷을 입은 사람들이 버스에서 내리더니 운동장에서 놀고 있는 아이들을 향해 다가왔다. 한눈에도 한국인 단체 관광객인 모양새였다. 그때 한국인 가이드가 라오스 교사에게 소리치며 다가왔다.

"자, 빨리 애들을 줄 세우세요. 선물을 나눠 줄 거예요."

오전 내내 마당을 자유롭게 뛰어다니며 축구를 하고 도서관 공사장에서 까르르 웃던 아이들이 체포나 된 듯이 운동장 한편에 나란히 줄을 섰다. 문구류 등의 선물을 나누어 주던 한 아주머니는 하루 종일 더운 날씨에 뛰어서 까맣게 반짝거리는 아이들을 보며 큰 소리로 이야기하기 시작했다.

"아유 애 좀 봐. 신발도 안 신었네. 삐쩍 마른 것 좀 봐. 먹을 거라도 좀 더 가져올 걸. 애, 웃어 봐."

아이들과 함께 사진 한두 장을 찍고 사진 속 자신들의 표정을 확인하는 관광객들. 운동장에서 뛰어놀던 아이들에게 "한 번만 받아야 해. 받았으면 집에 가"라고 소리치며 요란하게 진행하던 기부 이벤트는 30분도 채 되지 않아 끝이 났다. 가이드는 마지막으로 다시 아이들과 관광객들을 모아 단체 사진을 찍었다. 사진을 찍기 위해 모이는 사이, 그는 한국 사람들에게 친절하게 안내했다.

"라오스에서 아무 데나 기부금 주시면 안 돼요. 꼭 저희 같은 한국 사람을 통해서 주셔야 해요. 떼어 먹는 사람들이 많거든요."

그는 현수막 앞에서 웃으며 학교 선생님께 작은 돈 봉투를 건네는 사진을 찍고 다시 흙먼지를 일으키며 버스를 타고 떠났다. 그것은 한국의 대형 관광회사가 '착한여행' 콘셉트로 진행하는 패키지여행의 어떤 순간이었다. 캄보디아에서는 고아원이나 무료 급식소를 들러 잠시 봉사를 하고, 라오스에서는 시골 학교를 방문해 기념품을 전달하는 일종의 '착한여행'이었다. 그 여행의 현장을 우연히 목격한 우리는 그들을 향해, 또 우리를 향해 되묻는다. 이건 누구에게 '착한' 여행이었을까? 그 모습을 물끄러미 보시던 이선재 선생님이 나지막이 말씀하셨다.

"저런 가이드들이 건넨 기부금에서 다시 자신의 수수료를 챙기는 일들이 비일비재하지만 여행자들은 상상도 못해요. 무엇보다 저렇게 아이들을 줄 세우고 거지 취급하는 자선 방문이 아이들에게 얼마나 폭력적인 일인지, 얼마나 공동체를 파괴하는 일인지 알 턱이 없죠."

그러나 그는 직접 달려가 뜯어 말리지도, 한국인들을 훈계하려 하지도 않았다. 다만 삶으로 그 마을의 아이들을 키우고, 다른 한국인으로 관계를 맺어 가는 더 딘 방법을 택했다.

라오스 여행 붐을 타며 밀려드는 한국인 관광객들과 한국어 안내판이 그득하던 방비엥의 풍경들, 직항까지 개설된 루앙 프라방 곳곳에서 들려오던 한국인 여행자들의 소란한 말소리, 마사지 숍에서 거만하게 서비스를 요청하며 신경질을 부리던 20대 여성들, 현지인들이 일하는 시장에서는 무례할 정도로 값을 깎고서는 외국인이 운영하는 에어컨이 장착된 카페에서는 비싼 커피를 천천히 마시던 여행자들…. 그 모든 관광과 여행이 라오스에 어떻게 스미고 무엇을 망가뜨리는지 고스란히 지켜보면서도 다른 삶으로 새로운 이정표를 놓아 가는 선생님의 삶의 무게가 전해졌다.

여행에서 돌아와 선생님의 안부가 궁금해 이름을 검색하다 OWL(ODA Watch Letter)에 기록된 그의 시선과 생각을 발견했다. 가난한 라오스를, 더운 아시아를, 불쌍한 아이들을 찾아가 착한여행을 하고 싶은 한국인 여행자들에게 라오스의 탐디가 들려주고 싶었던 깊은 이야기. 그 깊은 목소리에 귀 기울이는 것으로 아시아를 점령하고 무시하는 여행이 아니라, 만나고 소통하는 새로운 여행이 시작될 수 있기를 소망한다.

관광객들의 불편한 방문

대부분 아는 얘기지만 라오스는 아주 가난하다. 그래서 많은 사람들이 불쌍하다고 생각한다. 또 어떤 사람들은 라오스가 가난한 것이 사람들이 게으르기 때문이라고 생각한다. 라오스에 오는 한국 사람들은 대체로 이런 부정적인 시각을 가지고 있다. 지극히 상식적으로 생각하는 것일 뿐인데, 나는 이런 상식이 불편하다. 내가 사는 왕위앙은 유명 관광지이기 때문에 한국 관광객들이 특히 많이 온다. 그런데 이들과의 만남이 종종 불편할 때가 있다.

우리 이웃마을 위앙싸마이에서 여러 나라 청년들과 워크캠프를 할 때였다. 마을에 청소년센터를 흙집으로 짓기 위해서 열심히 흙벽돌을 만들고 있었다. 갑자기 큰 소리가 들린다. "콘까올리, 콘까올리~~" 마을 꼬마들이 "한국 사람이야, 한국 사람이야~~"를 외치고 있었다. 아이들의 외침을 좇아 내다보니 한국 사람들을 가득 실은 대형버스가 우리가 일하고 있는 초등학교로 오고 있었다. 한국 여행사에서 단체관광객을 데리고 가난한 마을이나 학교를 방문해서 물건을 기증하는 프로그램을 진행 중이었다. 감성 마케팅, 착한(?)여행의 일환이었다.

버스에서는 30여 명의 한국 사람이 내렸고, 그 사람들은 학교 안으로 들어와 우리가 작업하는 곳으로 우르르 몰려들었다. 나는 그 사람들을 만나기 싫어 반사적으로 몸을 숨기고 모르는 척했다. 수염도 덥수룩하고 남루한 작업복 차림의 나는, 말을 하지 않으면 한국인으로 보지 않는다. 잘 숨어 있었다고 생각하는 순간, 한국 사람들은 일행에 섞여 있던 한국 청년들을 발견했고, 그 청년들에게 책임자가 누군지 물었다. 청년이 가리키는 손가락을 따라 여행객들의 시선이 나에게 쏟아졌고, 곧이어 사람들은 나에게 질문을 쏟아 냈다.

"무엇을 하고 있어요? / 참 어려운 데서 고생하네요. / 이런 봉사활동을 모집하는 사이트가 있나요? / 참 좋은 일을 하네요. 어느 교회에서 왔어요? / 왜 시멘트로 집을 짓지 않고 흙으로 집을 지어요? / 아이고 이렇게 힘든 일을 기계를 쓰지 않고 모두 손으로 만드네요. / 이렇게 아이들이 많이 있을 줄 알았으면 과자라도 사오는 건데. / 아이들이 왜 신발이 없어요? / 아이들이 남루한 옷을 입고 있네요. 한국에는 아파트에서 헌 옷을 많이 모으고 있어요. 어떻게 이곳에 보낼 수 있나요?"

내 대답이 이어졌다. "우리는 외국에서 온 사람들과 마을 아이들이 같이 일을 하기 때문에 힘들지 않아요. / 자원봉사자를 공개적으로 모집하지는 않습니다. 사이트도 없고요. / 이렇게 흙벽돌로 만드는 이유가 있어요. 보통 마을을 도와준다고 건물을 지을 때, 외부 사람이 와서 기술자를 고용해 뚝딱뚝딱 짓고 가버려요. 그런데 이렇게 흙집을 지으면 외부 사람과 마을 사람이 함께 일을 하기 때문에 마을에서 자기 것처럼 애정을 가질 수 있어요. / 우리는 헌 옷을 받지 않습니다."

그냥 간단하고 친절하게 대답하면 될 것을 나는 또 어렵고 길게 이야기를 하고 말았다. 너무 지나치게 설명했던 것이다. 이 사람들도 선한 마음으로 찾아왔을 테고, 우리가 하는 일이 궁금해서

471

물어봤을 텐데 친절하게 대답하지 못한 것에 마음이 좋지 않았다. 이러한 만남이 불편하고 내가 통명하게 대답하는 이유는 한국 사람들이 이미 자기의 틀을 가지고 묻기 때문이다. 듣기보다는 자기가 가진 생각을 확인하거나 나에게 일방적으로 그 생각을 주려고 하기 때문에 정작 내 이야기는 듣지 않는다.

잠시 우르르 방문하다 보니 시간이 짧은 탓도 있지만, 듣는 귀가 없는 사람들에게 어떻게 설명해야 할까? 이 아이들이 가난하기는 하지만 그런 식의 동정을 원하지 않는다는 걸 어떻게 전할 수 있을까? 낡은 슬리퍼를 신고 있지만 날씨가 더운 이곳에서는 운동화를 신는 것보다 훨씬 편하다는 것을 어떻게 말해야 하나? 사탕이나 과자를 준다고, 학용품을 준다고 이 아이들의 생활이 나아지지 않는다는 것을 어떻게 설명할까? 내가 이렇게 고민하고 있는 사이 이들은 약 30분간 호들갑을 떨고는 색연필 2세트, 연필 5다스를 기증하고 갔다. 아니 그보다 훨씬 커다란 자기만족을 남기고 갔다.

-OWL 84호 「라오 이야기」 중에서

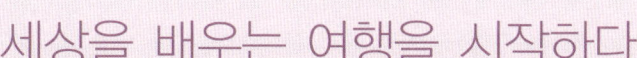

세상을 배우는 여행을 시작하다

　2년 전, 3년 반 동안 근무했던 회사를 그만두자마자 세계일주를 하리라 마음먹었다. 하지만 현실에서 도망치는 여행이 아닌, 새로운 내 모습을 꿈꾸는 여행을 하고 싶어 당장 떠나겠다는 마음을 잠시 내려놓고 세상으로부터 무엇을 배워야 할지 먼저 찾아보기로 했다. 그 2년의 준비 기간 동안 아름다움을 즐기기보다 아픔을 느끼는 여행을 다녔다. 재난 복구 자원봉사 캠프를 위해 필리핀으로, 지진이 났던 2015년 4월과 7월에는 긴급구호를 위해 네팔에 다녀왔다. 그리고 세상에는 서로의 아픔을 보듬으며 함께 행복할 수 있도록 살아가는 사람들이 있다는 것을 점차 깨달았다. 그렇게 세상의 따뜻한 변화를 만들어 가는 사람들을 만나고 돌아오겠다는 목표로 네팔에서부터 세계일주를 시작했다.

　네팔의 지진 재건 캠프를 함께 진행했던 라지가 인도에 정말 아름다운 사람들의

프로젝트가 있다며 알려 왔다. '컴패셔네이트 코지코드Compassionate Kozhikode 프로젝트'가 바로 그것이었다. 캘리컷 지자체에서 관리 운영하지만 별도의 예산 없이 모두 자원봉사와 기부금으로 이루어지는 프로젝트였다. 주변의 어려운 사람을 외면하지 말고 연민의 감정으로 함께 살자고 하는 컴패셔네이트 코지코드는 웹사이트를 통해 도움이 필요한 장소와 기부자와 자원봉사자들을 연결하고 크고 작은 프로젝트를 통해 이웃을 돌보고 있었다. 캘리컷 지자체장 프리산스와 함께 이 프로젝트를 기획하고 진행해 나가는 블루 얀더The Blue Yonder의 고피를 무작정 찾아가 코지코드로의 여행을 시작했다.

마라톤으로 기부하기

코지코드에서 만난 고피는 케랄라 공정관광개발 컨퍼런스 준비에 여념이 없었다. 흥미 있는 주제여서 함께 참석했는데, 컨퍼런스 마지막쯤 캘리컷 미니 마라톤 프로모션 영상과 메시지가 흘러나왔다.

"약속에 늦었거나, 버스를 잡기 위해서, 아침 운동을 위해서…, 당신이 달리는 이유는 다양하겠지요. 그러나 이번에는 달리지 못하는 사람들을 위해서 달려 주세요."

3킬로미터와 10킬로미터 코스로 캘리컷 마을과 해변을 지나는 이 마라톤은 IIM(Indian Institute of Management) 학생들이 주최하고 수익금을 컴패셔네이트 코지코드 프로젝트에 기부하는 자선 마라톤이었다. 영상에서 주는 따뜻한 메시지에 반한 나는 코지코드에서 만난 친구들과 함께 참여하기로 했다.

마라톤이 열린 일요일 이른 아침, 3킬로미터 미니 코스를 신청하고, 번호표를 받으러 부스가 있는 해변으로 갔더니 남녀노소 정말 다양한 사람들이 분주하게 오가고 있었다. 번호표와 함께 초록색 기능성 티셔츠도 받았다. 참가 등록을 돕고 사람들을 안내하는 이들은 수많은 대학생 자원봉사자들이었다.

"사람들이 정말 많네요."

"자선 마라톤으로 매해 개최되었는데 컴패셔네이트 코지코드와 함께하는 것은 이번이 처음이에요. 참가비도 저렴하고, 길지 않은 코스라 매해 정말 많은 사람들이 참가한답니다. 이 티셔츠도 참 좋지 않나요? 가끔 사람들이 참가 신청만 하고 아침에 와서 이 티셔츠만 받아 집으로 돌아가기도 해요. 그래도 어때요? 그 덕분에 기부자가 한 명 늘어나잖아요! 어떤 방법으로든 많은 사람들이 참가할수록 의미가 커지는 것 같아요."

고피의 오랜 친구인 모함메드도 귀여운 두 딸 일곱 살 후스나, 네 살 사나와 함께 참가했다. 나도 3킬로미터의 출발선에 후스나와 함께 섰다. 평소 달리기에 자신이 있다는 후스나를 따라가기로 했다. 출발 총성이 울리자 후스나가 뛰쳐나갔다. 서둘러 후스나를 따라 자원봉사자들이 안내하는 길을 달렸다. 하지만 평소에 운동을 많이 하지 않았던 나는 20분 정도의 짧은 거리에도 헉헉 거친 숨을 내뱉었다. 그런 나를 위해 후스나는 힘껏 달리다가도 지친 나를 돌아보며 천천히 달려 주었다. 일곱 살짜리 최고의 러닝메이트와 함께한 즐거운 마라톤이었다.

도착점에는 컴패셔네이트 코지코드 팀의 부스가 따로 차려져 있었다. 사람들에게 이 프로젝트에 대해서 설명하고, 관심 있는 사람들이 자원봉사자로 등록할 수 있도록 안내하고 있었다. 마라톤은 단순히 수익금을 전달하는 것뿐만 아니라 다양하고 즐거운 자원봉사 활동으로 지역을 함께 변화시키자는 의미를 잘 설명해 참여를 이끌어내는 좋은 기회의 장이기도 했다. 마라톤을 마치고 돌아온 사람들이 줄을 서서 자원봉사를 신청했다.

존엄의 음식, 오퍼레이션 술래마니

캘리컷 버스터미널에서 오퍼레이션 술래마니 자원봉사 팀을 만났다. '존엄의 음식'이라는 뜻을 지닌 오퍼레이션 술래마니 Operation Sulaimani는 코지코드에서는 무슨 이유로든 배고픈 사람이 없게 하겠다는 프로젝트였다. 호텔&레스토랑 협회의 협력으로 이루어지는 프로젝트로, 음식이 필요한 사람 누구든 코지코드 곳곳에 있는 술래마니 쿠폰 배포처(쿠폰 배포처는 인터넷으로 확인할 수 있다)에서 쿠폰을 받을 수 있다. 그 쿠폰을 술래마니 체인 호텔이나 레스토랑에 제시하면 그 사람이 누구인지, 어떤 이유로 쿠폰을 사용하는지 묻지 않고 음식을 내어 준다. 가난해서 음식을 사먹을 수 없는 사람, 노숙자 혹은 지갑을 잃어버린 여행자까지 누구든 쿠폰을 받아 사용할 수 있다. 쿠폰을 받아 음식이 필요한 다른 누군가에게 양보해도 된다. 쿠폰 배포처와 사용처가 다른 이유는 최대한 쿠폰을 사용하는 사람의 존엄을 지키기 위해서다.

주말에는 자원봉사자들이 직접 길거리에서 지내는 사람들을 찾아다니며 술래마니에 대해 모르거나 배포처에 갈 수 없는 사람들에게 직접 쿠폰을 나누어 주는데 바로 이 일에 나도 함께하게 되었다. 양손에 음식이 든 봉지를 들고 시내버스터미널의 노숙자들을 찾아다녔다.

"식사하셨어요?"

자원봉사자들이 노숙자를 마주치면 가장 먼저 식사를 했는지 묻고, 혹시 먹지 못했다면 술래마니 쿠폰을 나누어 주었다. 그러곤 바로 근처에 있는 호텔 위치를 알려주고 식사를 할 수 있도록 안내했다. 혹시 길을 잘 모르는 사람에게는 자원봉사자 중 한 명이 직접 호텔까지 데려다주기도 했다. 자신의 자리를 떠나기 싫어하는 노숙자도 때때로 있었다. 또 다리를 다치거나 몸이 너무 쇠약하여 이동이 불편한 사람도 있었다. 그런 분들에게는 쿠폰 대신 미리 준비하여 가지고 간 음식을 자리에서 나누어 주었다. 제공한 식사 횟수를 파악하기 위해 쿠폰은 현장에서 다시 챙겼다.

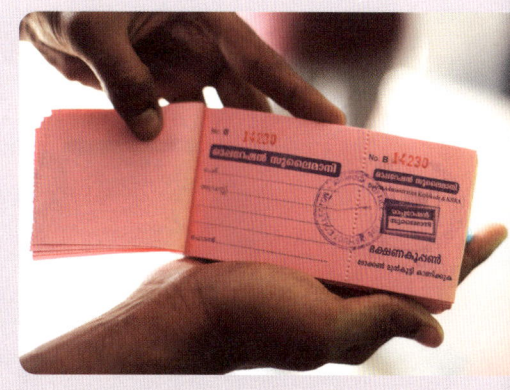

이 프로젝트의 놀라운 점은 다른 컴패셔네이트 코지코드 프로젝트가 그러하듯 정부의 예산 없이 운영된다는 것이었다. 코지코드 곳곳의 레스토랑과 호텔에는 오퍼레이션 술래마니 모금함이 비치되어 있다. 이곳에 사람들이 1루피나 2루피 정도의 적은 돈을 기부한다. 이 모금액은 한 달에 한 번 호텔&레스토랑 협회, 은행, 컴패셔네이트 코지코드 세 단체의 대표자가 참관하여 집계되고, 각 호텔은 이 모금액을 통해 쿠폰으로 제공했던 음식 값을 받는 것이다. 컴패셔네이트 코지코드의 주체인 코지코드 지자체장 프라산스는 작은 것이 모여 큰일을 이루는 것이 아름답다고 생각했기 때문에 한 회사에서 많은 돈을 기부하겠다는 제안도 거부했다고 한다. 그럼에도 불구하고 2016년 2월 현재 여덟 달째 진행되는 이 프로젝트는 1만 2,000명에게 식사를 제공했고 이제까지 모금액이 모자란 적이 없다고 한다.

술래마니 프로젝트는 단순히 음식을 나누어 주는 프로젝트만은 아니었다. 아파 보이는 사람들에게 건강을 묻고, 치료가 필요하면 병원을 수소문해 무료로 도움을 줄 수 있는 병원을 찾아 주었다. 길에서 잠을 자거나 힘없이 누워 있는 사람

들이 숨은 쉬고 있는지 다시 한 번 확인했다. 버스터미널, 기차역, 쇼핑몰, 해변 등 어려운 상황에 놓여 있는 사람들이 있는 곳이라면 어디든 찾아갔다. 허리를 굽히고 머리를 낮추어 그들과 눈높이를 맞추고 그들의 안부를 묻고, 도울 수 있는 부분을 끊임없이 고민했다.

'나는 얼마나 많은 시간, 길 위의 사람들이나 약한 사람들을 찾아보려 노력해 봤을까? 나는 얼마나 많은 시간 그들과 이야기해 보려 했을까? 나는 얼마나 많은 시간 도움을 요청하는 그들의 얼굴을 피하지 않으려 노력했을까?'를 생각했다. 어렵게 느껴졌던 일들이 이곳 자원봉사자들, 청년들과 함께하고 나니 너무도 쉬운 일이었다는 걸 깨달았다. 길 위에서 살아야 하는 사람들을 만나고 이야기하면서, 이들도 우리가 보듬어야 할 이웃이었다는 생각에 눈물이 핑 돌았다.

그렇다고 시종일관 어둡고 심각한 분위기는 아니었다. 인도의 청년들과 오토바이를 타고 다음 목적지를 향해 달리며 대화했던 일은 무척이나 즐거웠다. 술래마니에 함께한 아스와티에게 어떻게 술래마니에 참가하게 되었는지 물었다.

"SNS에서 컴패셔네이트 코지코드에 대한 포스팅을 봤어요. 자원봉사에 참가해 보고 싶어서 함께하게 되었어요. 그런데 새로운 친구들을 만들고, 어려운 사람들을 만나는 것이 참 재미있었어요. 그리고 이 일을 하고 나면 제 마음이 정말 따뜻해졌어요. 주말마다 즐거운 마음으로 자원봉사에 참가해요. 부모님도 처음에는 너무 집 밖으로 나가니 마뜩잖아 하시다가, 제가 무슨 일을 하고 있는지 잘 설명해 드렸더니 무척 흐뭇해 하시더라고요. 지금은 제게 필요한 것이 없는지 챙겨 주시면서 전폭 지원해 주세요. 봉사하면서 제가 느꼈던 따뜻하고 즐거운 마음이 부모님에게도 전달된 것 같아요."

아스와티를 포함한 자원봉사자들과 술래마니를 위해 시내를 돌아다니며 함께한 시간은 3시간이었다. 1주일에 단 3시간은 아스와티를 변화시키고, 아스와티의 부모님을 변화시키기에 충분한 시간이었다. 나 또한 길에서 마주치면 피했던 사람들을 이웃으로 생각하게 만드는 데 충분한 시간이었다.

기부자를 알 수 없는 장학금

"프라산스가 제 아이 장학금을 위해서 라시나를 찾아가 보라고 해서요."

한 여성이 라시나에게 와서 서류를 건네며 말했다. 컴패셔네이트 코지코드는 프로젝트를 위해 캘리컷 지자체장 사무실 한편의 작은 방을 사용하는데, 사무실 앞은 매번 지자체장을 만나기 위한 사람들로 붐볐다. 파산 신청을 하거나 도움을 얻기 위한 사람들이었다. 캘리컷 지자체장 프라산스는 사람들의 이야기를 들으며 아이들의 교육 상황에 대해 판단하고 컴패셔네이트 코지코드 장학금 시스템에 등록하기 위해 꼼꼼히 그 사연을 적었다. 그리고 이 프로젝트의 운영관리를 맡고 있는 자원봉사자 라시나와 이야기할 수 있게 했다. 라시나는 상황을 꼼꼼히 파악하고, 또 필요하다면 집으로 방문까지 한다고 했다. 장학금이 정말 필요하다고 판단이 되면 도움이 필요한 기간과 금액을 컴패셔네이트 코지코드 인터넷 장학금란에 업

로드시켰다.

"이 장학금 제도에서 기부자는 돈을 지원받는 학생의 신원을 절대 알 수 없어요. 대신 그 학생이 어떤 어려움에 처했는지, 어떤 이유로 공부할 수 없는지 그 사연을 설명해 드리죠. 학생도 장학금을 받지만 역시 기부자가 누구인지 알지 못해요. 기부자가 '저 아이는 내가 가르쳤어'라거나 학생이 '나는 저 사람에 빚을 졌어'라는 생각을 갖지 않도록 하기 위해서죠. 도움을 받는 사람의 존엄이 가장 중요하다고 생각해요."

컴패셔네이트 코리아를 꿈꾸며

내가 머물렀던 동안, 다가오는 우기를 대비해 모기 퇴치 프로젝트도 진행되었다. 플래시몹 형태로 100명의 자원봉사자가 모여 버스터미널을 함께 청소하고, 모기를 줄이기 위해서 깨끗한 환경을 만드는 것이 중요하다는 것을 알리는 프로젝트였다. 캘리컷 지자체와 협력하여 자원봉사자와 시민들이 직접 지역의 문제를 찾아내고, 그 문제를 풀어 가기 위해 재미있는 아이디어를 쏟아 냈다. 그리고 그 모든 것의 바탕에는 함께 살아간다는 것의 중요성을 깨닫고 작은 나눔과 봉사를 통해 지역을 살아가는 사람들, 특히 약자들과 관계 맺는 것, 무엇보다 도움을 받는 사람들의 존엄성을 지켜 주는 것이 있었다.

이 모든 일을 가능하게 한 것은 '돈'이 아니라 '사람'이었다. 특별한 기업가와 부자가 아닌 나처럼 평범한 사람들이 이웃의 존엄을 지키기 위해 내어 준 1루피와 1시간이 차곡차곡 모여 세상 어느 곳보다 아름다운 도시를 만들어 가고 있었다. 그것도 아주 재미있고 기발한 방식으로! 컴패셔네이트 코지코드에서 경험했던 열흘이라는 시간은 내게 또 다른 컴패셔네이트 코리아를 꿈꾸게 했다.

컴패셔네이트 코지코드

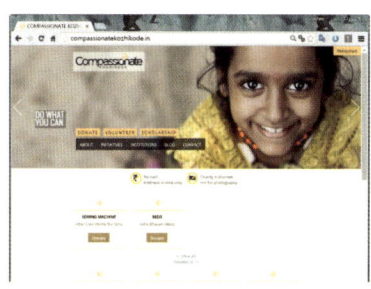

2015년 2월 시작해 2016년 2월 현재 공식적으로 15개의 프로젝트가 진행되고 있으며, 이 외에도 상시적으로 작고 재미있는 프로젝트를 만들어 '즐겁게 나눔'할 수 있는 방법을 고민하고 있다. 또한 컴패셔네이트 코지코드 웹사이트를 통해 기부자와 수혜자, 자원봉사자와 기관을 직접 연결하는 플랫폼을 구축했다.

기부

기부는 돈이 아닌 물건으로 직접 이루어진다. 고아원, 호스피스, 노숙인 보호시설 등 도움이 필요한 기관에서 물품이나 도움 내역을 올리면 사람들이 사이트에서 기부를 약속하고 직접 물품을 구매해 배달까지 해야 한다. 식재료, 옷, 가구 등 요청하는 항목이 매우 다양하다. 기부를 하는 사람이 물품을 직접 구입하고 또 그것을 직접 전달하는 부분이 중요한데, 이것은 단순히 물건과 돈만 건네는 기부가 아니라 직접 찾아가 자신이 도와줄 장소를 둘러보고 만나게 하여 사람 간의 관계를 형성하기 위한 방법이다.

자원봉사

기부와 마찬가지로 도움이 필요한 기관에서 자원봉사자의 기술과 요건을 올리면 사람들이 신청하여 찾아갈 수 있다. 식당 보조부터 화학 선생님, 농부, 목수, 가스 수리기사까지 기부 물품보다도 더 다양한 사람들을 기다리고 있다. 또한 특별한 기술을 가지고 있지 않아도 코지코드 프로젝트에 연락하면 다양한 일에 누구나 참여할 수 있다. 해외의 자원봉사자나 외부에서 온 사람들이 아닌 지역 사람들이 주체적으로 참여하기 때문에 코지코드의 청년들과 지역 사람들을 만나는 최고의 방법이다. 자원봉사자는 지역 사람들로 충분하다. 해외 자원봉사자 같은 마음보다는 코지코드로부터 배우고자 하는 사람을 기다리고 있다.

장학금

웹사이트에는 지원 기간과 금액에 대한 정보만 올라와 있다. 기부자의 지원 가능 사정에 맞는 정보를 선택하여 지원을 약속하면 컴패셔네이트 코지코드 팀에서 연락하여 지원하는 가정의 상황을 안내한다. 학생의 변화와 성취를 공유하지만 기부자와 학생 간 개인정보는 공개하지 않는다. 현재까지 85명의 학생이 장학금을 지원받았다.

운영 프로그램

술래마니 이외에도 어른보다 훨씬 적은 요금을 내고 타는 학생들 대신 어른 손님을 태우려는 버스기사들 때문에 등교에 어려움을 겪는 문제를 해결하기 위한 '사바리 기리기리', 소리 소문 없이 자신의 삶에서 선행을 행하며 살고 있는 사람을 찾아내 재조명하는 '코지코드의 전설', 지역 사람들이 이야기와 정보의 지도를 만들어 가는 맵핑 프로젝트 '코리페디아', 할머니와 할아버지의 말동무가 되는 '요 아포파' 등등 너무나도 재미있고 창의적인 프로젝트들이 넘쳐난다.

- 웹사이트 compassionatekozhikode.in
- 문의 info@compassionatekozhikode.in

※ 공정여행 tip | 케랄라에서 머물 숙소가 필요하다면, 지역 기반 관광과 주민 참여 홈스테이 개발로 베를린 To Do Award를 수상한 '카바니 홈스테이'(www.kabanitour.com)를 이용해 보시길!

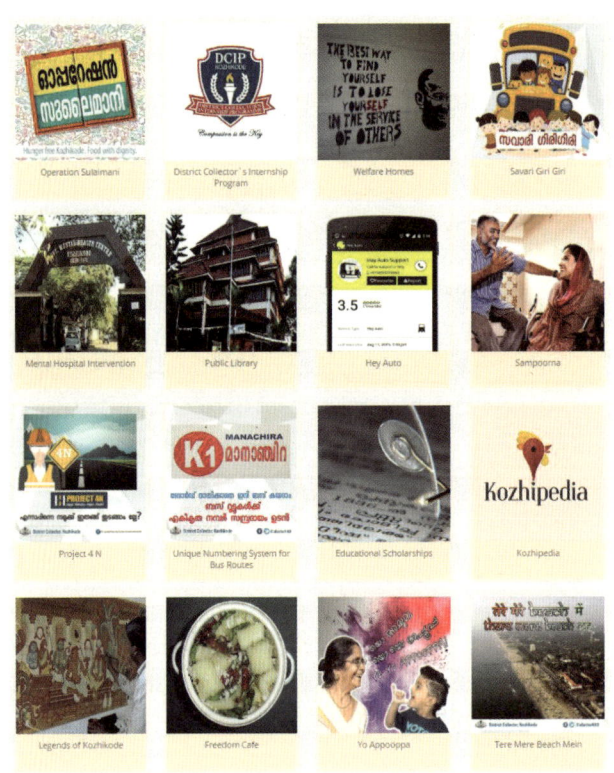

이제 여행에도 '페어플레이'가 필요하다

관광과 공정여행의 가장 큰 차이점이 있다면 그것은 여행을 바라보는 '시선'일 것이다. 관광은 여행을 상품으로 바라보고, 그것을 소비하는 행위이다. 때문에 좋은 관광과 나쁜 관광의 기준은 그 관광 상품을 이용한 소비자가 만족했는가, 그렇지 않은가에 있다. 그러나 공정여행은 여행을 '소비'가 아니라 '관계'로 보는 여행에 관한 새로운 시선이다.

내가 수영하는 풀장의 물이 누군가의 마실 물은 아닌지, 내가 바라보는 에메랄드빛 꿈의 바다가 그 곳의 원래 주인이었던 원주민들을 쫓아내고 만들어진 가짜 천국은 어닌지, 희고 빳빳한 린넨 침대보를 매일 갈기 위해 어떤 여성은 하루 종일 앉지도 못한 채 저임금 장시간 노동에 시달리고 있는 것은 아닌지, 내가 지불한 돈의 대부분이 부자 나라들에게 날아가고 있는 것은 아닌지….

나의 즐거움이 누군가의 삶이, 자연이 파괴된 자리 위에 놓이는 것이 아니라 사람들과 친구가 되고, 배우고, 나누는 새로운 여행은 가능하다. 아니, 이미 많은 여행자들은 이런 여행을 원했고, 새로운 여행을 시도해 왔다. 여기 제안하는 공정여행 가이드라인은 당신이 여행하며 한 번쯤 염려했던 그런 일들에 대한 행동 기준이다. 한두 가지라도 좋다. 내가 할 수 있는 것부터 다음 여행에서 시도해 보자. 누구나 Fair Traveler, 공정여행자가 될 수 있으니까 말이다. 이제 여행에도 '페어플레이'가 필요하다.

'어디로' 떠날지가 아니라 '어떻게' 떠날지를 생각하는 여행

한때 비행기를 탄다는 것, '물 건너온 것'은 고급을 의미할 때가 있었다. 그러나 이제 그 물건이 얼마나 먼 곳에서 온 것인가보다 중요한 것은 물건이 만들어진 과정이다. 물건을 만든 사람도 구입하고 사용하는 우리처럼 행복한지, 정당한 임금을 지불받은 것인지 궁금해 하는 소비자들이 생겨나기 시작했기 때문이다. 한 잔의 커피를 마실 때, 한 조각의 초콜릿을 먹을 때 그것이 누군가의 고통으로 만들어진 것임을 헤아리기 시작했다면, 해마다 먼 곳을 찾아 떠나는 우리들의 여행 또한 같은 시선으로 바라볼 수 있을 않을까?

> **공정여행(Fair Travel)이란?**
> 공정여행이란 우리가 여행에서 쓰는 돈이 그 지역과 공동체의 사람들에게 직접 전달되는 여행, 우리의 여행을 통해 숲이 지켜지고, 사라져 가는 동물들이 살아나는 여행, 서로의 문화를 존중하고 경험하는 여행, 여행하는 이와 여행자를 맞이하는 이가 서로를 성장하게 하는 여행, 쓰고 버리는 소비가 아닌 관계의 여행이다.

공정여행자가 되는 10가지 방법

01 지구를 돌보는 여행
– 비행기 이용 줄이기, 1회용품 쓰지 않기, 물을 낭비하지 않기

비행기가 배출하는 이산화탄소는 전 세계 이산화탄소 발생량의 3% 정도를 차지한다. 그러나 높은 고도에서 뿜어진 이산화탄소가 지구온난화에 끼치는 영향은 지상에서보다 3배나 높다는 데 문제가 있다. 그리고 우리가 여행 중 발생시키는 전체 이산화탄소에서 비행기가 차지하는 비중은 25%, 나머지는 여행지에서 쓰는 에어컨, 자동차 등이다.

여행자 한 사람은 여행을 하는 동안 매일 3.5킬로그램의 쓰레기를 만들고 하루 400리터의 물을 사용한다. 객실 하나당 1.5톤의 물을 사용하고, 지역 주민들이 사용하는 전기량의 30배를 사용한다. 그러나 우리가 머무는 호텔은 때때로 한 가족이 하루 20리터의 물을 얻기 위해 수십 킬로미터를 가야 하거나, 하루 전기가 서너 시간밖에 공급되지 않는 가난한 지역들이다. 투어리즘 컨선에 따르면 인도 고아 Goa에 위치한 한 5성급 호텔은 지역의 다섯 개 마을에서 소비하는 양과 같은 양의 물을 소비한다. 정말 행복한 쉼을 원한다면 여행이 우리에게 주는 즐거움만이 아니라 우리의 안락한 쉼을 위해 파괴되고 사라져 가는 것들에 대해 돌아보며 내 여행을 계획해 보자.

그것은 숲과 바다뿐 아니라 동물에 관해서도 마찬가지다. 코끼리 트레킹, 코끼리 쇼를 위해 길들이는 방식은 너무도 잔혹해 수많은 코끼리들이 죽거나 다치고 정신착란에 빠지고 있다. 동물을 이용한 여행 상품을 이용하지 않는 것, 조개, 모피, 깃털로 된 상품이나 멸종 동식물로 만든 기념품을 사지 않는 것도 중요한 선택이다.

02 다른 이의 인권을 존중하는 여행
– 직원에게 적정한 근로 조건을 지키는 숙소·여행사를 선택하기

관광산업에 종사하는 청소부, 요리사, 운전사, 짐꾼, 호텔 안내원, 식당 종업원들 대부분이 초과근무 수당이나 의료보험도 없이 일을 해야 하며, 고용계약서도 노동조합도 없다. 히말라야 포터의 경우 자기 몸무게에 육박하는 혹은 넘어서는 짐을 지고 일주일에서 이주일 동안 해발 4~5천 미터를 넘나드는 산행을 해야 하지만 그들이 받는 일당은 4~5천 원이 전부다. 그리고 그 돈으로 숙박과 식사까지 해결해야 한다. 그들은 이러한 처우를 받으며 허술한 옷과 신발 차림으로 고가의 등산복과 장비를 갖춘 등산객 뒤를 따라 차가운 바람을 맞으며 산에 오른다. 가난한 농부 출신이 대부분인 그들은 때로 고산증이나 동상으로 손발을 절단하거나 목숨을 잃는 경우도 적지 않다.

그들은 하인이나 기계가 아니라 우리와 같은 사람이다. 그들을 존중하는 태도를 갖고 대화를 해본다면 어떨까. 서비스로서의 웃음이 아니라 당신과의 만남을 즐거워하는 진짜 웃음을 나눌 수 있을 것이다. 그리고 여행사나 호텔에 이런 질문을 던져 보자. 포터들에게 의료보험과 등반 장비가 지원되는가? 한 사람이 지는 짐이 20~30킬로그램 정도를 넘지 않도록 한다는 기준이 있는가? 우리가 묵을 방을 치우는 호텔 노동자들이 최저임금을 보장받고, 의료보험 혜택을 받고 있는가? 그런 깐깐한 질문은, 때로 사람의 생명을 구하는 일이 될 수도 있을 것이다.

03 타인의 인권을 침해하지 않는 여행 – 성매매를 하지 않는 여행
– 아동 성매매, 섹스관광, 성매매 골프관광 등을 거부하기

1980년대 일본인에 이어 1990년대, 2000년대에 아시아를 휩쓸고 있는 관광객 1위는 한국인이다. 필리핀에서 미국과 일본에 이어 입국자 수 3위이던 한국이 2007년에는 1위에 올라섰으며 캄보디아, 태국, 중국 등 주요 아시아 국가에서 한국인 관광객은 큰 고객이다. 그러나 여전히 많은 이들의 여행 목적이 '여행'이 아니라 '성매매 관광'이라는 것이 우리의 부끄러운 자화상이다.

여전히 어떤 이들은 말한다. 여행은 자유이며, 여행에서 내 돈 내고 하는 일에 무슨 상관이냐고…. 그러나 여기 자유의 대가를 지불하는 이들에 대한 엄청난 통계를 보자. 『세계화를 둘러싼 불편한 진실』에 의하면 전 세계 1,300~1,900만 명의 어린이가 관광산업에 종사하고 있다. 유엔 추산으로는 이 가운데 100만 명이 넘는 어린이가 관광객들의 성 노리개로 학대를 받고 있다고 한다. 실제로 스리랑카의 칼루타라 지역 학생들 100명 중 86명이 첫 성 경험을 12세 또는 13세에 외국 여행객과 가졌다고 보고된 사례가 있다(리스폰서블 트레블닷컴). 우리의 여행은 자유다. 그러나 우리의 자유가 누군가의 자유를 빼앗거나 약탈하는 것이어선 안 된다.

04 지역에 기반한, 지역의 삶과 마을을 지키는 여행
– 현지인이 운영하는 숙소, 음식점, 가이드, 교통시설 이용하기

제러미 리프킨에 의하면 세계의 관광산업은 매년 10%씩 성장하지만 관광의 경제적 이익 대부분은 G7 국가에 속한 다국적 기업에 돌아가고 있다. 또한 경제적 이익이 발생했다 다시 빠져나가는 누손율은 네팔 70%, 태국·코스타리카 각각 60%와 45%로 관광 수익의 절반 이상이 나라 밖으로 유출된다는 것이다. 최근 투어리즘 컨선 역시 동일한 조사 결과를 제시하고 있다. "관광업 관계자들에 따르면 70~85%의 관광 수익이 외국인 소유 호텔이나 관광 관련 회사에 의해 해외로 빠져나가고 있다고 한다. 단지 1~2% 정도의 등산여행 수익만이 네팔 산속의 공동체에 남게 된다"는 것이다. 지난 2007년 12월 20일 공정여행 축제에서 공정여행 선언을 한 여행자들은 맥도날드 대신 지역 음식을 먹고, 전세 차량 대신 지역 대중교통을 이용하자는 제안 등을 했다. 관광식민지가 되어 가고 있는 아시아를 여행하는 여행자들에게 다국적 기업이 제공하는 편의 대신 조금 불편하더라도 지역의 숙소와 식당을, 교통수단을 이용하며, 지역과 소통하고 만나 가는 여행을 권유하는 것이다.

05 윤리적으로 소비하는 여행
– 과도한 쇼핑 하지 않기, 공정무역 제품 이용하기, 지나치게 깎지 않기

한 여행사 관계자의 증언에 의하면 동남아 패키지여행의 경우 이곳에서 비행기 값에도 미치지 못하는 저가의 상품으로 모객을 해 관광객을 동남아에 보낼 경우, 현지 여행사에서 1인당 10만 원 정도의 손실 보조금을 한국으로 송금한다고 한다. 때문에 이 여행에서 단체 쇼핑은 필수 코스다.

1인당 10만 원씩 지불한 돈을 뽑고도 남을 만큼 한국인들은 동남아 특산물이나 보석에 열광하고 있다는 것이 현지의 증언이다. 물론 그런 쇼핑을 하지 않는다 하더라도 네팔 카트만두의 타멜 거리에 나서면 한국어로 말을 걸어오는 상인들이 적지 않다. 그들이 이끄는 가게에 가득한 카펫과 스카프 대부분은 네팔 어린이 노동자들과 여성들이 열악한 작업 환경 속에서 만든 제품들이다. 그러나 조금만 관심을 기울여 보면 공정무역 매장을 찾을 수 있다. 또 네팔뿐 아니라 파키스탄, 터키 등지에는 어린이의 노동을 착취하는 카펫 산업에 맞서 노동자의 인권을 존중하는 카펫 공장에 붙여 주는 '러그마크'를 단 공장과 매장들도 있다. 상품을 구입할 때 그 상품이 어떻게 만들어지는 것인지를 묻는 한 번의 질문이, 구매의 거부가, 새로운 선택이 보이지 않는 이들의 고통을 덜고 삶을 바꾸는 힘이 될 수 있음을 기억하며 윤리적 소비자가 되어 보자.

06 친구가 되는 여행
― 현지 인사말, 노래, 춤 배우기와 작은 선물 준비하기

대부분의 한국 배낭여행자들은 유럽에 가서도 한국인만 만나고 오는 경우가 허다하다. 한국인 민박에서 한국인 배낭여행자들과 비슷비슷한 종류의 가이드북을 들고, 서로 어디에 다녀왔는지 묻고, 혹시라도 자신이 빠뜨린 주요 관광지가 없는지 살피는 것으로 내일의 계획을 짜기 때문일 것이다. 이런 여행에서 현지의 친구를 사귀는 일은 한국에서 외국인 친구를 사귀는 것만큼이나 어렵다. 세계 어디에나 내가 머물렀던 곳에 친구가 남는 여행을 하고 싶다면, 우선 몇 마디의 현지어를 연습해 보자. 그리고 먼 길을 동행해 주거나, 음식을 나누어 주거나, 때로 재워 주기도 하는 고마운 이들에게 건넬 작은 선물을 준비해 보자.

한국이나 가족의 사진, 영어로 된 자료들도 준비해, 내가 사는 세계를 알려 주는 건 어떨까. 그곳의 노래나 춤을 배우고, 쉬운 노래를 가르쳐 주며 같이 불러 보자. 웃고 있는 사람들과 함께 웃고, 울고 있는 사람의 슬픔을 헤아리며 함께 울어 주는 마음…. 세계를 여행하며 모아 온 기념품보다는 늘 그곳에서 나를 기억하고 기다리며 다시 맞아 줄 친구를 얻는 일이 여행을 통해 얻을 수 있는 최고의 선물이 아닐까?

07 다른 문화를 존중하는 여행
― 생활 방식, 종교를 존중하고 예의를 갖추기

유럽의 성당이나 정찬을 제공하는 레스토랑에선 여행자들의 짧은 반바지나 소매 없는 옷차림은 입장 금지다. 제대로 된 오페라를 보려 하거나 격식 있는 여행을 하고 싶은 이들은 심지어 정장을 한 벌 챙겨서 다니기도 한다. 몇 만 원의 입장료를 내고 들어가야 하는 루브르나 바티칸 박물관을 이해하기 위해 전문 가이드 비용을 따로 내며 공부하듯 여행하는 이들도 늘어나고 있다. 그러나 아시아를 여행할 때는 그런 문화에 대한 존중과 긴장이 사뭇 달라지곤 한다.

꿈의 리조트로 알려진 몰디브가 무슬림 국가이며 술이 허용되지 않는 나라라는 것을 아는 이가 얼마나 될까? 그러나 몰디브의 수도 말레에선 핫팬츠 차림의 관광객들이 활보한다. 티베트에선 수백 킬로미터를 걸어오면서 지친 오체투지 순례자들을 카메라에 담으려는 관광객들의 플래시 세례가 끊이지 않는다.

여행을 떠난다는 것은 낯선 곳에서 낯선 문화를 마주하고 경험하는 일이다. 혹 무슬림 국가에 갔다면 거리에서 그들이 기도할 때 카메라를 들이대는 대신 조용히 기다리는 예를 갖추고, 티베트에서 오체투지를 하는 이들을 마주했다면 그들의 고통과 독립을 위해 함께 기도해 보자. 어느 곳에 가든 그곳의 문화와 그곳에서 지켜야 할 예의를 묻고 배우며 여행하자. 그런 여행을 하고 돌아온다면, 여행 이후의 일상에서도 다문화를 존중하고 배려하는 마음을 갖게 되고 그러한 풍토도 자연스레 만들어지지 않을까.

08 상대를 존중하고 약속을 지키는 여행
– 사진을 찍을 때는 허락을 구하고, 약속한 것을 지키는 여행

영국 UK poll의 설문조사에 의하면 여행에서 만나는 현지인 중 약 80%가 부유한 외국 여행객들이 다가와 허락 없이 사진을 찍으면 거부감을 느낀다고 답했다. 그뿐만 아니라 몇몇 전통 사회에서는 사진 촬영이 아이들에게 안 좋은 영향을 줄 수 있다고 믿는다. 그러나 무턱대고 사진을 찍는 것보다 더 큰 무례는 약속을 지키지 않는 것이다. 네팔의 티베트 난민촌의 한 사람은 사진을 가지고 다시 오겠다는 약속에 이렇게 말했다.

"여행자들은 누구나 그렇게 말하죠. 그러나 한 번도 사진을 보내 준 사람은 없었어요."

그렇다면 우리의 모습은 어떨까? 여행자가 20명이면 20개의 카메라가 함께하는 것이 요즈음의 여행 풍경이다. 그러나 돌아와 여행지에서 만난 이들에게 약속을 지키고 있는 여행자는 몇 명이나 될까? 약속은 우리에게도 그들에게도 소중한 것임에 틀림없다. 지킬 수 없다면 쉽게 약속하지 말자. 만약 약속했다면 지키기 위해 최선을 다하자.

09 기부하는 여행
– 적선이 아니라 나눔을 준비하자. 여행 경비의 1%는 현지의 단체에!

아시아를 여행하다가 늘 다니는 길에서 몇 번을 마주쳐도 매번 구걸하는 아이들 때문에 곤욕을 치른 경험이 있을 것이다. 가난 속에서 거리로 나온 아이들을 외면하기는 어렵다. 그러나 거리의 아이들에게 1달러를 쥐어 주고 도망치듯 사라지는 것으로 빈곤이 해결되는 것은 아니다. 그렇다면 여행을 떠나기 전 미리 현지의 구호단체를 알아보고 가거나, 호텔 데스크, 여행사, 가이드, 지역 사람들에게 물어서 아이들이나 여성들을 돌보는 기관에 미리 준비한 여행 경비의 1%를 기부하는 건 어떨까. 혹 시간이 된다면 직접 들러 자원봉사나 인터뷰를 해보아도 좋다. 그렇게 스스로 발견해 낸 어떤 기관과의 만남, 기부의 경험은 다른 여행자에게 소중한 여행의 길잡이가 되어 줄 것이다.

10 행동하는 여행
– 세상을 변화시키는 여행

지구촌 곳곳에는 여행을 통해 세계를 변화시켜 온 수많은 이들이 존재한다. 2008년 필리핀 보홀, 서식지만 옮겨도 자살한다는 민감한 야행성 동물인 안경원숭이 타쉬에르를 관광객을 위해 낮에 깨워 두고, 만지고 사진을 찍게 하는 모습을 목격한 제천간디학교 학생들은 보홀 관광청 앞에서 고통스런 타쉬에르를 표현한 퍼포먼스와 공연을 펼친 뒤, 보홀 관광청장에게 타쉬에르 보호에 대한 요청서를 전달했다. 만약 여행 중 동물뿐 아니라 소수부족, 어린이, 여성 등이 본인의 의지와 관계없이 고통받는 현장을 발견했다면 작은 용기를 내어 행동해 보자. 우리는 사진을 찍고, 기록을 남기고, 블로그를 통해 알리고, 다른 여행자들과 생각을 나누고, 시정을 요구할 수 있다.

지난 2008년 9월 미얀마 학살 사태와 2009년 티베트 학살 사태 때 거리에 나와 그 학살을 중단하라고 가장 먼저 외친 것은 미얀마와 티베트를 여행했던 사람들이었다. 여행자들에게 그 국제뉴스는 수없이 스쳐 지나가는 단순한 소식이 아니었다. 그들은 자신의 친구와 자신이 사랑한 땅이 짓밟히고 있다는 슬픔을 느끼고 거리에 나온 것이었다.

생각보다 여행자의 목소리는 힘이 세다. 한 해 수십만에서 수백만 명씩 찾아오는 여행자들이 침묵하지 않고 정의를 요구하며, 불의에 대해 목소리를 낸다면, 또 돌아온 삶의 자리에서 공정한 일상을 일군다면 그 여행은 나와 세상을 바꾸는 새로운 길이 되어 줄 것이다.

떠나기 전 깐깐하게 묻고, 꼼꼼하게 선택하는 여행!
10가지 가이드라인을 꼼꼼히 살피고 지키려다 보면 '공정여행, 이거 너무 깐깐한 거 아냐?' 싶은 생각이 들기도 할 것이다. 그러나 깐깐하게 만들어진 옷이, 깐깐하게 만들어진 영화나 드라마가, 깐깐하게 만들어진 음식이, 맛있고 재밌고 소중하지 않던가? 하물며 그것이 사람을 위한 깐깐함이라면, 한 번 잃어버리면 다시 되찾을 수 없는 지구와 소중한 문화들을 향한 깐깐함이라면, 우리가 여행하는 곳에서 희망을 일구어 내는 일이라면, 조금 깐깐해도 좋지 않을까? 그렇다고 너무 심각하게 눈을 치켜뜰 필요는 없다. 우리는 여행자니까. 자, 웃으면서~. 새로운 여행이 시작되고 있으니까 말이다.^ ^

도움받은 책과 자료

국내 도서와 자료

김경임, 『클레오파트라의 바늘 – 세계 문화유산 약탈사』 (홍익출판사, 2009)

김사헌, 『관광학 연구방법론』 (백산출판사, 2016)

김선화, 「당신들의 '관광', 글로벌시대의 성매매」 (2007)

김소연, 『대영박물관』 (한솔수북, 2008)

김종철, 『이스라엘 – 평화가 사라져버린 5,000년 성서의 나라』 (리수, 2006)

닝왕, 이진형 역, 『관광과 근대성 – 사회학적 분석』 (일신사, 2004)

라이오넬 카슨, 김향 역, 『고대의 여행 이야기』 (가람기획, 2001)

마스다 다카유키, 이상술 역, 『한눈에 보는 세계분쟁지도』 (해나무, 2004)

바네사 R. 슈와르츠, 노명우·박성일 역, 『구경꾼의 탄생』 (마티, 2006)

박선영·박찬걸, 『동남아시아 아동 성매매 관광의 현황과 대책』 (한국형사정책연구원, 2012)

박재환, 『현대 한국사회의 일상코드문화』 (한울아카데미, 2004)

뱅크시, 리경 역, 『뱅크시, 월 앤 피스』 (위즈덤피플, 2009)

버네데트 밸러리, 곽진희 역, 『지구를 구하는 1,001가지 방법』 (수문출판사, 1991)

볼프강 쉬벨부쉬, 박진희 역, 『철도여행의 역사』 (궁리, 1999)

빈프리트 뢰쉬부르크, 이민수 역, 『여행의 역사』 (효형출판, 2003)

성혜영, 『박물관이 나에게 말을 걸었다』 (휴머니스트, 2004)

신광식, 『세계가 내 가슴에 다가왔다』 (개마고원, 2005)

실뱅 다르니·마튜 르 루, 민병숙 역, 『세상을 바꾸는 대안기업가 80인』 (마고북스, 2006)

심태열·최대윤 『세계일주 바이블』 (중앙books, 2008)

야마시타 신지, 황달기 역, 『관광인류학의 이해』 (일신사, 2001)

알렉스 스테픈, 김명남 외 역, 『월드체인징』 (바다출판사, 2009)

앙리에트 아세오, 김주경 역, 『집시 – 유럽의 운명』 (시공사, 2003)

야마자키 미쓰히로, 강신겸 외 역, 『녹색관광』 (일신사, 1997)

여동완·현금호, 『사진을 보면서 읽는 네팔, 히말라야』 (가각본, 2008)

오드 시뇰, 정재곤 역, 『팔레스타인 – 팔레스타인의 독립은 정당한가?』 (웅진지식하우스, 2008)

올리비에 라작, 백선희 역, 『텔레비전과 동물원』 (마음산책, 2007)

유이, 『여행 좋아하세요?』 (또하나의문화, 2006)

유재현, 『샬롬과 쌀람, 장벽에 가로막힌 평화』 (창비, 2008)

유재현, 『아시아의 기억을 걷다』 (그린비, 2007)

윌리엄 L. 랭어 엮음, 박상익 역, 『뉴턴에서 조지 오웰까지』 (푸른역사, 2004)

이보아, 『루브르는 프랑스 박물관인가』 (민연, 2002)

이봉남 외, 『관광학개론』 (백산, 2006)

이진홍, 『여행 이야기』 (살림, 2004)

인태정, 『관광의 사회학』 (한울아카데미, 2007)

임영신, 『평화는 나의 여행』 (소나무, 2006)

엘리자베스 베커, 유영훈 역, 『여행을 팝니다』 (명랑한지성, 2013)

장하준, 이순희 역, 『나쁜 사마리아인들』 (부키, 2007)

전명윤·김영남, 『인도·네팔 100배 즐기기』 (랜덤하우스, 2008)

전진성, 『박물관의 탄생』 (살림, 2004)

제러미 리프킨, 이희재 역, 『소유의 종말』 (민음사, 2001)

카를 알브레히트 이멜, 서정일 역, 『세계화를 둘러싼 불편한 진실』 (현실문화, 2009)

쿤가 삼텐 데와창, 홍성녕 역, 『티벳전사』 (그물코, 2004)

팔레스타인평화연대, 『라피끄 – 팔레스타인과 나』 (메이데이, 2008)

폴 인그램, 홍성녕 역, 『티베트, 말하지 못한 진실』 (알마, 2008)

푸른아시아, 『지구온난화 가이드북』 (교보생명교육문화재단, 2008)

한국소비자보호원·한국관광공사 공동, 『해외 패키지여행 상품 실태조사』 (한국소비자보호원, 2013)

해리 G. 매튜, 김사헌 역, 『국제관광 – 정치사회학적 분석』 (일신사, 2002)

EBS 지식채널 e, 『지식 e』 (북하우스, 2007)

MBC W제작팀, 『W – 세계를 보는 새로운 창』 (삼성출판사, 2008)

해외 도서와 자료

A Nepal Toursim Board Publication, 〈Newsletter 2008.06〉

Alison Stancliffe, 『Looking Beyond Brochure』(Tourism Concern)

Al-Quds University Community Action Center Highlights 2007

Angela Kalisch, 『Tourism as Fair Trade』(Tourism Concern)

Camelia Tepelus, 『For a Socially Responsible Tourism』(The Code of Conduct, Ecpat&Unicef, 2006)

Dennison Nash, 『Tourism as an Anthropological Subject』(The Wenner_Gren Foundation for Anthropological, 1981)

Dibya Gurung, 『Tourism and Gender』(ICIMOD, 2006)

Duncan Beardsley, 『Responsible Travel Handbook』(2006)

ECPAT, 『Child-Safe Organizations Training Toolkit』(2006)

Environment & Development Desk, 〈Green Tibet〉(2007)

Equations, 『The Tour Less Taken』 (The Equations, 2007)

Global Exchange, 〈Be a Socially Responsible Traveler〉

Globalexchange, 〈How to be a responsible traveler〉 (www.globalexchange.org)

Kathmandu Environmental Education Project, 〈Program Report〉 (KEEP)

Kerry Lorimer, 『Lonely Planet The Code Green』(Lonely Planet)

Polly Pattullo with Orely Minelli for Tourism Concern, 『The Ethical Travel Guide』 (Earthscan, 2006)

Porters Progress Nepal, 『On a Donkey's Back』(Yileen Press)

Susan Hoivik and Sherpa Kerung, 『MORE THAN MOUNTAINS』(KEEP, 2004)

The Barefoot Photographers of Tilonia, 〈Who are they?〉(The Barefoot College)

〈Tilonia, Where Tradition and Vision meet〉(Roli Books, 2000)

Tony Robinson, 『Behind The Smile』(Tourism Concern)

Tourism Concern, 〈roughnews〉 (2005 summer)

Tourism Concern, 〈Tourism Concern Annual Report & Accounts〉 (2007 March)

Tourism Concern, 〈Tourism Infocus〉

영상 자료

District Ajmer, 'Children's Republic' (The Barefoot College)

Mohammed Alater, 'The Iron Wall' (Palestinian Agricultural Relief Committees)

Sangita Manandhar, 'Carrying the burden' (BBC Documentary)

Women of Tilonia, 'Protraits Change Part 1,2' (The Barefoot College)